麦读
MyRead

走向上的路　追求正义与智慧

余文恭

上海君伦律师事务所建筑房产部 / 资本市场部合伙人律师，兼任一带一路（中国）仲裁院仲裁员、中国国际工程咨询协会培训中心专家库专家、上海律协证券业务研究委员会委员，曾任财政部和国家发展改革委首批定向邀请 PPP 专家库专家、江苏省法院建设工程审判研究班讲师，曾获深圳保理协会针对商业保理与供应链金融领域颁发的"突出贡献个人"荣誉证书，是基建项目与资本市场领域的法律专家。

著有《基建投资、城市更新、REITs 与财务分析决策》《PPP 模式与结构化融资》，主编《政府与社会资本合作（PPP）模式政策及法律文件汇编》《图解资产证券化：政策法规指引与重点提示》。

General
Contract
for
Construction
Project

建设工程项目总承包合同
基础原理与实务操作

BASIC PRINCIPLES
AND PRACTICAL OPERATION

余文恭 ◎ 著

中国民主法制出版社
全国百佳图书出版单位

前　言

这是一本讨论建设工程项目总承包合同(包括施工总承包合同与工程总承包合同)的实务用书。本书的核心是从总承包合同的争议类型出发,针对总承包合同的理论与实务问题进行系统而完整的介绍。

对于接受传统法学教育的法律人而言,学习建设工程合同时,基本上都会感受到一定程度的困难,其实这种困难的感觉与成文法的民法体系有关。我国作为成文法系的国家,法律条文的编排都是从抽象到具体、一般到特殊。《民法典》合同编第一分编"通则"的规定,原则上是以一时性合同为基础而进行规范;第二分编"典型合同"的规定,基本上是以买卖合同作为有偿合同的典型而进行规范。因此,法律人的脑海中对于一时性合同以及买卖合同的操作是非常熟悉的。但是由于建设工程合同具有继续性合同以及服务合同的性质,再加上建设工程标的额大、工期长、风险高,合同内容涉及许多工程技术的问题,这些因素都会造成建设工程合同背后的法理逻辑,与一时性的财产合同的法理逻辑有很大的差异,从而导致合同的解释与适用须作出很大的调整。

笔者认为,在建设工程合同领域,不能单纯以法律条文、法律概念作为对象,用概念法学式的形式逻辑推演方式去理解建设工程合同,而是要从具体的、现实的争议类型出发来进行分析,当然,笔者所称的争议类型在学理上试图与法学方法理论取得联系。传统的三段论法主张,解释与适用法律应在大前提与小前提之间来回地穿梭思考，但是笔者认为，在建设工程领域中，大前提与小前提之间的距离太过遥远，为了便于操作我们需要一个中介，也就是将"一般的生活事实"修剪后将其变成"具有法律意义的事实"，来帮助我们解释合同，这个具有法律意义的事实，也就是笔者所说的争议类型。由于《民法典》中所规定的建设工程合同的种类较多，本书限于篇幅的关系，所讨论的建设工程合同问题集中在建设工程项目总承包合同，并且将总承包合同的争议类型区分为 5 大类 11 中类 29 小类进行讨论，相关分类的讨论本书第五章有详细的说明。

另外，由于很多人也不理解施工总承包合同与工程总承包合同的核心区别，再加上目前政府投资项目的总投资管控与审计程序，基本上是以施工总承包为核心进行设计的，所以实践中把工程总承包当成施工总承包操作的现象比比皆是。目前国内有一种声音，认为FIDIC 合同文本中"黄皮书"与"银皮书"的核心思想，并不适合国内工程总承包合同的操作，但是他们又提不出施工总承包合同与工程总承包合同的核心区别，其实这种说法并无助于问题的解决。由于工程总承包模式是从外国引进的一个承包制度，所以在讨论施工总承包合同与工程总承包合同的核心区别时，笔者建议可以参考 FIDIC合同文本的核心精神，再进行一些本土化的调整。中国建设工程造价管理协会所出台的《建设项目工程总承包计价规范》可以看得出是朝这个方向努力，笔者也会在本书第二章以及相应的章节中，对该规范的内容进行介绍。

为了让读者更容易掌握本书的内容，笔者拍摄了 40 个讲解视频并将视频二维码放在本书相应的章节，读者只要扫描该章节中的二维码就可以看到视频内容。本书的截稿日期是 2023 年 12 月 5 日。

工作伙伴赖淑美、杨首圣、门继业以及唐燕对本书提出了许多宝贵的意见，对此笔者十分感谢。由于笔者所学有限，欢迎各位读者批评指教。笔者的邮箱是 1438448366@ qq. com，读者还可以电话联系

（13321916083）或是添加微信（微信号同电话号码，加号请告知：姓名—单位—城市），我们很乐意与您进行交流。此外，笔者定时在抖音与视频号（账号：基建微观点）直播间，针对基建领域相关问题进行答疑，欢迎各位读者线上提问。

余文恭

2024 年 3 月

扫一扫二维码，添加我为朋友

政策法规明细及简称对照[①]

一、法律

1. 2024.1.1《中华人民共和国民事诉讼法》,简称《民事诉讼法》;

2. 2021.1.1《中华人民共和国民法典》,简称《民法典》;

3. 2020.1.1《中华人民共和国土地管理法》,简称《土地管理法》;

4. 2019.4.23《中华人民共和国建筑法》,简称《建筑法》;

5. 2019.4.23《中华人民共和国城乡规划法》,简称《城乡规划法》;

6. 2017.12.28《中华人民共和国招标投标法》,简称《招标投标法》;

7. 2007.6.1《中华人民共和国企业破产法》,简称《企业破产法》。

二、法院文件

1. 2023.12.5 最高人民法院《关于适用〈中华人民共和国民法典〉合同编通则若干问题的解释》(法释〔2023〕13 号),简称《民法典合同编通则司法解释》;

2. 2023.4.20 最高人民法院《关于商品房消费者权利保护问题的批复》(法释〔2023〕1 号);

3. 2022.4.10 最高人民法院《关于适用〈中华人民共和国民事诉讼法〉的解释》(经法释〔2022〕11 号修正),简称《民事诉讼法司法解释》;

4. 2022.3.1 最高人民法院《关于适用〈中华人民共和国民法典〉总则编若干问题的解释》(法释〔2022〕6 号);

[①] 本部分内容涵盖了本书所引用的全部政策法规(同一层级按时间排序)。政策法规名称前的日期为该规定的施行日期;无施行日期的,为该规定的通过或发布日期;经修正或修订的,为该规定最后一次修正或修订后的施行日期。另外,鉴于部分政策法规名称较短或未多次引用,因此对其没有配置对应简称。

5. 2022.1.1 最高人民法院《关于人民法院司法拍卖房产竞买人资格若干问题的规定》（法释〔2021〕18 号）;

6. 2021.4.6 最高人民法院《全国法院贯彻实施民法典工作会议纪要》（法〔2021〕94 号）;

7. 2021.1.1 最高人民法院《关于审理建设工程施工合同纠纷案件适用法律问题的解释（一）》（法释〔2020〕25 号）,简称《施工合同解释一》;

8. 2021.1.1 最高人民法院《关于审理商品房买卖合同纠纷案件适用法律若干问题的解释》（经法释〔2020〕17 号修正）;

9. 2021.1.1 最高人民法院《关于审理民间借贷案件适用法律若干问题的规定》（经法释〔2020〕17 号修正）;

10. 2021.1.1 最高人民法院《关于适用〈中华人民共和国企业破产法〉若干问题的规定（二）》（经法释〔2020〕18 号修正）;

11. 2021.1.1 最高人民法院《关于审理独立保函纠纷案件若干问题的规定》（经法释〔2020〕18 号修正）,简称《独立保函规定》;

12. 2021.1.1 最高人民法院《关于人民法院民事执行中查封、扣押、冻结财产的规定》（经法释〔2020〕21 号修正）;

13. 2021.1.1 最高人民法院《关于人民法院办理执行异议和复议案件若干问题的规定》（经法释〔2020〕21 号修正）,简称《执行异议和复议规定》;

14. 2021.1.1 最高人民法院《关于人民法院执行工作若干问题的规定（试行）》（经法释〔2020〕21 号修正）,简称《执行规定》;

15. 2020.5.15 最高人民法院《关于依法妥善审理涉新冠肺炎疫情民事案件若干问题的指导意见（二）》（法发〔2020〕17 号）,简称《新冠疫情指导意见二》;

16. 2020.5.1 最高人民法院《关于民事诉讼证据的若干规定》（经法释〔2019〕19 号修正）;

17. 2019.11.8 最高人民法院《全国法院民商事审判工作会议纪

要》(法〔2019〕254 号),简称《九民会议纪要》;

18. 2018.6.13 最高人民法院《关于加强和规范裁判文书释法说理的指导意见》(法发〔2018〕10 号);

19. 2017.12.29 最高人民法院《关于认真贯彻实施民事诉讼法及相关司法解释有关规定的通知》(法〔2017〕369 号);

20. 2016.11.21 最高人民法院《第八次全国法院民事商事审判工作会议(民事部分)纪要》(法〔2016〕399 号);

21. 2015.12.24 最高人民法院《关于当前商事审判工作中的若干具体问题》(最高人民法院民事审判第二庭庭长讲话);

22. 2011.5.27 最高人民法院《关于依法制裁规避执行行为的若干意见》(法〔2011〕195 号),简称《制裁规避执行若干意见》;

23. 2009.11.4 最高人民法院《关于裁判文书引用法律、法规等规范性法律文件的规定》(法释〔2009〕14 号);

24. 2009.7.7 最高人民法院《关于当前形势下审理民商事合同纠纷案件若干问题的指导意见》(法发〔2009〕40 号);

25. 2011.12.13 北京市高级人民法院民一庭《关于妥善处理涉及住房限购政策的房屋买卖合同纠纷案件若干问题的会议纪要》;

26. 2008.12.17 江苏省高级人民法院《关于审理建设工程施工合同纠纷案件若干问题的意见》(苏高法审委〔2008〕26 号);

27. 2004.12.16 上海市高级人民法院《对当事人在诉讼中主张法定抵销权若干问题的研讨意见》。

三、国务院文件

1. 2020.11.29《中华人民共和国城镇国有土地使用权出让和转让暂行条例》(经国务院令第 732 号修订),简称《城镇国有土地使用权出让和转让暂行条例》;

2. 2020.9.1《保障中小企业款项支付条例》(国务院令第 728 号);

3. 2019.11.20 国务院《关于加强固定资产投资项目资本金管理的

通知》(国发〔2019〕26号),简称《项目资本金管理通知》;

4.2019.4.23《建设工程质量管理条例》(经国务院令第714号修订),简称《质量管理条例》;

5.2019.7.1《政府投资条例》(国务院令第712号);

6.2019.3.2《中华人民共和国招标投标法实施条例》(经国务院令第709号修订),简称《招标投标法实施条例》;

7.2011.1.8《国家重点建设项目管理办法》(经国务院令第588号修订);

8.2004.7.16国务院《关于投资体制改革的决定》〔国发〔2004〕20号,其附件《政府核准的投资项目目录(2004年本)》已废止,目前有效的是《政府核准的投资项目目录(2016年本)》〕。

四、各部委文件

1.2022.8.1财政部、住房城乡建设部《关于完善建设工程价款结算有关办法的通知》(财建〔2022〕183号);

2.2020.9.11住房和城乡建设部《关于落实建设单位工程质量首要责任的通知》(建质规〔2020〕9号);

3.2020.7.24住房和城乡建设部办公厅《工程造价改革工作方案》(建办标〔2020〕38号);

4.2020.3.1住房和城乡建设部、国家发展改革委《房屋建筑和市政基础设施项目工程总承包管理办法》(建市规〔2019〕12号),简称《工程总承包管理办法》;

5.2020.2.26住房和城乡建设部办公厅《关于加强新冠肺炎疫情防控有序推动企业开复工工作的通知》(建办市〔2020〕5号),简称《有序推进开复工工作的通知》;

6.2019.5.10住房和城乡建设部办公厅、国家发展改革委办公厅《关于征求房屋建筑和市政基础设施项目工程总承包管理办法(征求意见稿)意见的函》(建办市函〔2019〕308号),简称《工程总承包管理

办法(征求意见稿)》;

7. 2019.3.13 住房和城乡建设部《房屋建筑和市政基础设施工程施工分包管理办法》(经住房和城乡建设部令第 47 号修正),简称《施工分包管理办法》;

8. 2019.1.1 住房和城乡建设部《建筑工程施工发包与承包违法行为认定查处管理办法》(建市规〔2019〕1 号),简称《发包与承包违法行为认定办法》;

9. 2018.1.3 国土资源部、财政部、人民银行、银监会《土地储备管理办法》(国土资规〔2017〕17 号,有效期 5 年);

10. 2017.7.1 住房城乡建设部、财政部《建设工程质量保证金管理办法》(建质〔2017〕138 号);

11. 2016.5.1 财政部、国家税务总局《关于全面推开营业税改征增值税试点的通知》(财税〔2016〕36 号);

12. 2015.7.1 交通运输部《公路建设项目代建管理办法》(交通运输部令 2015 年第 3 号);

13. 2015.2.16 水利部《关于水利工程建设项目代建制管理的指导意见》(水建管〔2015〕91 号);

14. 2013.7.1 住房和城乡建设部、财政部《建筑安装工程费用项目组成》(建标〔2013〕44 号);

15. 2004.10.20 财政部、建设部《建设工程价款结算暂行办法》(财建〔2004〕369 号);

16. 2004.10.1 交通部《公路工程竣(交)工验收办法》(交通部令 2004 年第 3 号)。

五、合同文本、规范或标准

1. 2023.11.7 住房城乡建设部办公厅《建设工程工程量清单计价标准(征求意见稿)》,简称《2023 版工程量清单计价标准(征求意见稿)》;

2. 2023.3.1 中国建设工程造价管理协会《建设项目工程总承包

计价规范》(T/CCEAS 001-2022,中价协〔2022〕53 号),简称《工程总承包计价规范》;

3. 2022. 11. 25 中国工程建设标准化协会《建设工程工期延误量化分析标准(征求意见稿)》,简称《工期延误标准(征求意见稿)》;

4. 2021. 1. 1 住房和城乡建设部、市场监管总局《建设项目工程总承包合同(示范文本)》(GF-2020-0216,建市〔2020〕96 号),简称《2020 版工程总承包合同文本》;

5. 2018. 12. 12 住房城乡建设部办公厅《关于征求房屋建筑和市政基础设施项目工程总承包计价计量规范(征求意见稿)意见的函》(建办标函〔2018〕726 号),简称《工程总承包计价计量规范(征求意见稿)》;

6. 2018. 3. 1 住房和城乡建设部、国家质量监督检验检疫总局《建设工程造价鉴定规范》(GB/T 51262-2017,住房和城乡建设部公告第1667 号);

7. 2017. 10. 1 住房城乡建设部、工商总局《建设工程施工合同(示范文本)》(GF-2017-0201,建市〔2017〕214 号),简称《2017 版施工合同文本》;

8. 2015. 11. 1 住房和城乡建设部、国家质量监督检验检疫总局《建设工程造价咨询规范》(GB/T 51095-2015,住房和城乡建设部公告第771 号);

9. 2013. 5. 1 住房和城乡建设部、国家质量监督检验检疫总局《建设工程分类标准》(GB/T 50841-2013,住房和城乡建设部公告第 1580 号);

10. 2013. 7. 1 住房和城乡建设部、国家质量监督检验检疫总局《建设工程工程量清单计价规范》(GB 50500-2013,住房和城乡建设部公告第 1567 号),简称《2013 版工程量清单计价规范》;

11. 2021. 5 国际咨询工程师联合会编《施工合同条件》(唐萍、张瑞杰等译,原书 2017 年版,机械工业出版社 2021 年版),简称《2017 版CONS 合同》;

12. 2021.5 国际咨询工程师联合会编《生产设备和设计-施工合同条件》(唐萍、张瑞杰等译,原书 2017 年版,机械工业出版社 2021 年版),简称《2017 版 P&DB 合同》;

13. 2021.5 国际咨询工程师联合会编《设计采购施工(EPC)/交钥匙工程合同条件》(唐萍、张瑞杰等译,原书 2017 年版,机械工业出版社 2021 年版),简称《2017 版 EPCT 合同》;

14. 2017.2 英国工程法学会《工期延误与干扰索赔分析准则》(第2 版)[本书引用条文中文翻译基本参考张水波、吕文学译:《工期延误与干扰索赔分析准则》(第 1 版),北京交通大学出版社 2012 年版],简称《延误与干扰准则》;

15. 2003.5 国际咨询工程师联合会、中国工程咨询协会编译《菲迪克(FIDIC)合同指南》[应用菲迪克(FIDIC)1999 年第 1 版合同条件的详细指南,机械工业出版社 2003 年版],简称《FIDIC 合同指南》。

六、其他文件

1. 2023.5.1 福建省住房和城乡建设厅《福建省房屋建筑工程总承包模拟清单计量规则(2022 年版)》(闽建筑〔2023〕1 号);

2. 2022.9.1 北京市住房和城乡建设委员会《关于合理确定建设工程工期和规范工期管理的指导意见》(京建发〔2022〕236 号);

3. 2020.6.20 浙江省住房和城乡建设厅、浙江省发展和改革委员会、浙江省财政厅《关于在房屋建筑和市政基础设施工程中推行施工过程结算的实施意见》(浙建〔2020〕5 号);

4. 2020.3.3 北京市住房和城乡建设委员会《关于受新冠肺炎疫情影响工程造价和工期调整的指导意见》(京建发〔2020〕55 号),简称《北京新冠疫情造价与工期调整意见》;

5. 2020.2.28 上海市住房和城乡建设管理委员会、上海市司法局《关于新冠肺炎疫情影响下本市建设工程合同履行的若干指导意见》(沪建法规联〔2020〕87 号),简称《上海新冠疫情建工合同履行意见》;

6. 2020. 2. 21 浙江省建设工程造价管理总站、浙江省标准设计站《关于印发新冠肺炎疫情防控期间有关建设工程计价指导意见的通知》(浙建站定〔2020〕5号),简称《浙江新冠疫情计价意见》;

7. 2020. 2. 14 江苏省住房和城乡建设厅《关于新冠肺炎疫情影响下房屋建筑与市政基础设施工程施工合同履约及工程价款调整的指导意见》(苏建价〔2020〕20号),简称《江苏新冠疫情施工合同履约及工程价款调整意见》;

8. 2020. 1. 29 北京市住房和城乡建设委员会《关于施工现场新型冠状病毒感染的肺炎疫情防控工作的通知》(京建发〔2020〕13号)。

目 录

第四篇　其他相关法律问题讨论

第一篇　建设工程项目总承包合同概论

第一章　建设工程项目总承包合同的基本问题
——整体发包、动态发展、合同定性

一、建设工程项目总承包合同的意义

建设工程[①]项目总承包合同是指发包人将建设工程项目以总承包模式发包给总承包人，并由双方签订的一种建设工程合同[②]。至于何谓"总承包模式"，《建筑法》第 24 条第 1 款规定："提倡对建筑工程实行总承包，禁止将建筑工程肢解发包。"《民法典》第 791 条第 1 款后段规定："发包人不得将应当由一个承包人完成的建设工程支解成若干部分发包给数个承包人。"由此可知，建设工程应当由一个承包人完成的，发包人应将该建设工程完整发包给一个承包人完成，而不得支解发包。"应当由一个承包人完成的建设工程"，笔者称之为"完整发包"，而支解发包是完整发包的反义词，有关完整发包与支解发包的内涵，本书将随后说明。因此，发包人将建设工程完整发包给具有总承包资质的承包人，此发包模式被称为"建设工程项目总承包模式"，或可简称为"总承包模式"，还有人称之为"总包模式"。

建设工程项目总承包模式可以区分为工程总承包模式与施工总

---

① 《质量管理条例》第 2 条第 2 款规定："本条例所称建设工程，是指土木工程、建筑工程、线路管道和设备安装工程及装修工程。"

② 实践中对于建设工程合同的边界该如何认定有许多的讨论，例如：雕塑设计、制作安装合同，广告固定设施/载体设计、制作安装合同，临时舞台等临时构筑物的设计、制作安装合同，抢险救灾及其他临时性建筑和农民自建两层以下住宅的勘察、设计、施工合同，园林绿化工程合同，农林业种植合同，家庭住宅装修设计、施工合同，造地工程合同，建设工程施工中的劳务分包合同，BT（Build-Transfer，建设-移交）合同等。想进一步了解的朋友请参阅曹文衔、宿辉、曲笑飞：《民法典建设工程合同章条文释解与司法适用》，法律出版社 2021 年版，第 15~21 页。

承包模式,其中建设工程项目总承包模式被称为广义的总承包模式,工程总承包模式被称为狭义的总承包模式,本书所称的总承包合同,如果没有特别说明,一般是指广义的总承包合同。《工程总承包管理办法》(建市规〔2019〕12 号)第 3 条规定:"本办法所称工程总承包,是指承包单位按照与建设单位签订的合同,对工程设计、采购、施工或者设计、施工等阶段实行总承包,并对工程的质量、安全、工期和造价等全面负责的工程建设组织实施方式。"由此可知,工程总承包模式是指发包人将建设工程的设计、采购、施工或者设计、施工等阶段完整发包给具有工程总承包资质的承包人。此外,《民法典》第 791 条第 1 款前段规定:"发包人可以与总承包①人订立建设工程合同,也可以分别与勘察人、设计人、施工人订立勘察、设计、施工承包合同。"由此可知,施工总承包是指发包人将建设工程的施工,完整发包给具有施工总承包资质的承包人。

何谓"完整发包"?由于支解发包是完整发包的反义词,因此可以先了解支解发包的定义,再从支解发包的定义反推完整发包的定义。在施工总承包模式下,如何理解支解发包?《发包与承包违法行为认定办法》(建市规〔2019〕1 号)第 5 条规定:"本办法所称违法发包,是指建设单位将工程发包给个人或不具有相应资质的单位、肢解发包、违反法定程序发包及其他违反法律法规规定发包的行为。"第 6 条第 5 项规定:"存在下列情形之一的,属于违法发包:⋯⋯(五)建设单位将一个单位工程的施工分解成若干部分发包给不同的施工总承包或专业承包单位的。"由此可知,在施工总承包模式的前提下,将单位工程分解成若干部分发包给不同的施工单位,属于支解发包,因此单位工程的施工工作,应由发包人完整发包给施工总承包单位。至于何为单位工程,《建设工程分类标准》(GB/T 50841－2013)第 2.0.6 条规定:"具备独立施工条件并能形成独立使用功能的建筑物及构筑物,是单

---

① 这里的总承包应该是指狭义的总承包,或称为工程总承包。

项工程的组成部分,可分为多个分部工程。"因此,具备独立施工条件,可独立使用的建筑物及构筑物,应完整发包给承包人。以上是针对施工总承包完整发包的说明,至于工程总承包如何认定完整发包,解释上应采相同的标准。

视频 1.1　　总承包合同 = EPC 合同吗?

二、建设工程项目总承包合同的动态、有机及客观发展观

合同是合同当事人因法律行为所形成的特别结合关系,其中以继续性债之关系结合程度较强。① 这种特别的结合关系,甚至是一种广义的债务关系,有人称之为"架构""有机组织"或是"过程"。②

建设工程项目总承包合同和其他合同(尤其是继续性合同)一样,是在发包人与总承包人之间所形成的特别结合关系,此种特别结合关系可以区分为广义的合同关系与狭义的合同关系。狭义的合同关系是指合同中个别、具体的权利义务;而广义的合同关系则是一个有机的架构,由众多个别、具体的权利义务,在合同终局目的或是计划的指引下所构成,并且随着时间的经过而动态地生成发展。如果我们把合同比喻成一个孩子,双方当事人达成合意的那一刻合同关系成立,就如同小孩出生一般,狭义的合同关系就像是组成小孩的各种各样的细胞,而广义的合同关系就像是由各种细胞所组成的小孩;随着小孩的成长,细胞会基于小孩成长的需要(也就是基于合同的终局目的及计划),开始分裂繁殖,并且因小孩长大成年、衰老后,细胞亦会老化死亡

---

① 　王泽鉴:《民法学说与判例研究(第四册)》,台湾地区作者自版1998年版,第89页。

② 　[德]迪特尔·梅迪库斯:《德国债法总论》,杜景林、卢谌译,法律出版社2004年版,第89页。

（也就是狭义合同关系的结束），①笔者称此为"建设工程项目总承包合同的动态、有机及客观发展观"。虽然合同的动态、有机及客观发展并非建设工程项目总承包合同所独有，但是由于建设工程项目总承包合同在性质上属于继续性合同，因此前述的特别结合关系表现得特别明显。以下将针对"建设工程项目总承包合同的动态、有机及客观发展观"进行进一步的描述。

（一）总承包合同的动态发展

一般而言，基于总承包合同工期长、金额大、风险高等特性，其履约须经历一段较长的期间，并非一次给付即可完成。因此，从缔结合同而接触磋商时起，一直到合同债务清偿消灭为止，特别是在合同的履约期间，总承包合同的合同关系并非静态且一成不变，而是在合同终局目的以及计划的需求下，个别的权利义务关系会不断发生得丧变更而呈现动态发展。广义的合同关系在发展过程中，当事人之间将产生各种不同的新的权利义务，故总承包合同法律关系除双方当事人所签订原合同外，在合同期间基于合同的终局目的以及动态发展的情形下，双方当事人经常通过合同变更、合同解释以及合同漏洞的补充等方式，推进总承包合同法律关系的生成发展。换言之，人不是神，签约那一刻，不可能预测未来履约过程中遇到的所有问题，并且提前准确地在合同中有所约定，从而签订一个无懈可击的完全合同。在工程实践当中，当事人之间签订的往往都是一个不完全合同，也就是说，当事人在合同内容中约定了不适合的条款，或是约定了不明确、内容有遗漏的条款，这就成了总承包合同的宿命。因此，基于总承包合同的动态发展观，表现最为显著的，就是有大量合同变更、合同解释及合同漏洞补充等现象的出现。

这里需要特别说明：《施工合同解释一》（法释〔2020〕25号）第2

---

① 余文恭：《从工程契约之动态发展论工程契约之变更——兼论 FIDIC 红皮书相关规定》，载台湾地区《法令月刊》2004 年 12 月第 55 卷第 12 期，第 25 页。

条第 1 款规定:"招标人和中标人另行签订的建设工程施工合同约定的工程范围、建设工期、工程质量、工程价款等实质性内容,与中标合同不一致,一方当事人请求按照中标合同确定权利义务的,人民法院应予支持。"该规定所称当事人所签订的建设工程合同实质性内容与中标合同不一致,不是对于总承包合同变更的否定,两者不应该混为一谈。首先,《招标投标法》第 46 条第 1 款规定:"招标人和中标人应当自中标通知书发出之日起三十日内,按照招标文件和中标人的投标文件订立书面合同。招标人和中标人不得再行订立背离合同实质性内容的其他协议。"由此可知,招标人与中标人订立的书面合同,必须与招标文件、中标人的投标文件的内容实质一致,并于中标通知书发出之日起 30 日内签订。因此,《施工合同解释一》(法释〔2020〕25 号)第 2 条第 1 款规定的中标合同,解释上是指招标文件、中标人的投标文件以及中标通知书所显示的合意内容。其次,实践中有些招标人于项目中标后,还继续要求中标人让利,否则以不愿意签订合同协议书作为筹码,因此《招标投标法》第 46 条第 1 款才规定不得再行签订背离合同实质性内容的其他协议以保障中标人的利益,维护建工市场健康有序的发展。根据《施工合同解释一》(法释〔2020〕25 号)第 2 条第 1 款规定另行签订的合同与中标合同的实质性内容发生背离时,应以中标合同为准。此种做法和双方当事人基于交易目的进行必要的合同变更是两回事,不该混为一谈。

(二)总承包合同的有机发展

合同不是静态地僵固于一个一成不变的状态之中,而是随着时间变化不断地以多种形态发生变动,"有机组织"这一形象化称谓描述了它出生、成长、衰老、死亡的过程。[①] 笔者认为,合同是由"义务群"组成的有机组织,合同中的每个义务之间并非独立存在,而是彼此有着

---

① ［德］迪特尔·梅迪库斯:《德国债法总论》,杜景林、卢谌译,法律出版社 2004 年版,第 9 页。

非常紧密的联结关系,这些联结关系的定性,会影响合同义务所涉及的法律效力,以及该如何解释的问题。有的情况是义务之间具有合同对价的牵连关系,可能有同时履行抗辩或是先履行抗辩适用的问题;有的情况是一方义务是他方义务履行的前提,一方义务不履行会构成他方义务无法履行,或是合同目的无法达成的问题,此时一方义务应解释为是真正义务;有的情况是一方义务不履行虽然会影响他方义务的履行,但是这个影响可以解释为一方义务只是他方义务的协力行为,进而应认定为一方权利的不行使属于不真正义务的违反,效果类似于受领迟延。例如,建设工程合同中约定承包人施工前,发包人应提供施工场地,如果发包人应提供施工场地而未提供,法律效果如何?承包人可否以发包人未提供场地为由而行使同时履行抗辩或是先履行抗辩,而拒绝自己的建设?发包人未提供场地,可否视为真正义务的违反,而应负担违约责任?或是认为未提供场地只是未履行协力行为,解释上应视为违反不真正义务,而类似于受领迟延的效力?这些问题都涉及义务群中,义务之间的有机联系该如何解释的问题。

广义的合同关系作为一个有机组织,由各个具体的真正义务以及不真正义务等狭义合同权利义务所构成,学理上认为当事人违反真正义务应负担赔偿责任;而违反不真正义务,也就是当事人应为一定行为而不为时,法律课以某种不利益。[1] 例如,《民法典》第 589 条规定:"债务人按照约定履行债务,债权人无正当理由拒绝受领的,债务人可以请求债权人赔偿增加的费用。(第 1 款)在债权人受领迟延期间,债务人无须支付利息。(第 2 款)"[2]《民法典》第 591 条第 1 款规定:"当事人一方违约后,对方应当采取适当措施防止损失的扩大;没有采取适当措施致使损失扩大的,不得就扩大的损失请求赔偿。"《民法典》第 589 条所规定的拒绝受领或是受领迟延,《民法典》第 591 条第 1 款所

① 王泽鉴:《民法总则》,台湾地区作者自版 2001 年版,第 88 页。
② 法条中的款数为笔者所加,目的在于有效区分各款的不同内容。下同。

规定的采取适当措施防止损失的扩大,在性质上都是属于不真正义务的规定。总承包合同总承包人进行工程建设时,经常需要发包人提供各式各样的施工条件,如果发包人应提供而未提供,应认为是真正义务的违反,还是不真正义务的违反? 有人认为,建设工程合同作为承揽合同的一种,应着重于工作成果的交付,至于工作过程中发包人未为相关的协力行为,应解释为是不真正义务的违反,发包人不负担赔偿责任。但是笔者认为,建设工程合同(包括总承包合同在内),属于特殊形态的承揽合同,①其特殊之处包括但不限于建设工程成果的交付固然重要,但是工程建设的过程对于结果的影响甚巨,也同样重要,因此工程建设过程中发包人与承包人的各项履约行为,如果对于建设工程结果有一定程度影响的,应认为是真正义务而非不真正义务。另外,《民法典》第 803 条规定:"发包人未按照约定的时间和要求提供原材料、设备、场地、资金、技术资料的,承包人可以顺延工程日期,并有权请求赔偿停工、窝工等损失。"由此可见,发包人未提供各式各样施工条件的,属于真正义务的违反,应负担赔偿责任。

总承包合同的有机发展,除了从广义的合同关系层面,分析总承包合同履约过程与履约结果同样重要,而不应该机械地认为总承包合同属于承揽合同的一种,从而只重结果而不重过程。还需要说明的是,构成广义合同关系的这些狭义的合同权利义务并非个别单独存在、毫不相干,而是为了满足债权人的给付利益,尤其是双务合同上之交换目的而互相结合,组成一个超越各个要素而存在的整体,②也可以称为"义务群"。这里需要特别说明的是,如果是一时性合同,要认定双方当事人之间哪些义务具有对价或是牵连关系进而认定为互负债务是比较容易的,但如果是继续性合同例如总承包合同,如何认定哪些义务具有牵连关系,就变得比较困难,这会涉及如果发包人该付款

---

① 《民法典》第 808 条规定:"本章没有规定的,适用承揽合同的有关规定。"
② 王泽鉴:《债法原理(第一册)》,台湾地区作者自版 2012 年版,第 55 页。

而没付款,或是该提供各式各样施工条件而未提供的,总承包人可否行使同时履行抗辩或是先履行抗辩的问题,笔者将于本书相关章节中进一步说明相关问题。

(三)总承包合同的客观发展

由于契约社会化理论对于合同原理的影响,现今合同解释的目的并非在于确定当事人的主观意思,而是在于探知合同表示之客观的、规范的意思。① 因此从某个层面来看,当事人在订立合同之后,合同在某种程度上脱离了当事人缔约时主观之意思,而拥有了自己的生命。② 另外,现代合同法中,随着对于契约自由的限制,合同解释过程中被带入更多的价值判断和利益衡量,该制度成为司法上衡平契约自由与契约正义之手段。③ 例如,《民法典》第142条第1款规定:"有相对人的意思表示的解释,应当按照所使用的词句,结合相关条款、行为的性质和目的、习惯以及诚信原则,确定意思表示的含义。"其中解释意思表示时需结合合同的性质、目的、习惯以及诚信原则等客观因素,即为如此。由于总承包合同金额大、参与的主体众多,其中涉及许多弱势的实际施工人与农民工,再加上目前建设工程是买方市场,承包人基于其市场上的弱势地位,迫于无奈签订对自己不利的条款,因此基于契约正义原则以及交易的惯例,应将符合条件的总承包合同解释为格式条款,进而适用格式条款特殊解释规定,相关问题将于本书中有所说明。

三、建设工程项目总承包合同的性质

总承包合同的法律性质为有偿合同、非要物合同、双务合同,理论上争议不大,本书不再赘述,以下仅就其他合同性质的问题进行讨论。

---

① 邱聪智:《契约社会化对契约解释理论之影响》,载邱聪智:《民法研究(一)》(辅仁大学法学丛书专论类5),台湾地区作者自版1986年版,第26页。

② 余文恭:《从工程契约关系的动态发展论工程契约之解释》,载台湾地区《营造天下》2004年12月25日第107、108期合订本,第37页。

③ 杜军:《格式合同研究》,群众出版社2001年版,第257页。

(一)总承包合同是有名合同

所谓有名合同又称为典型合同,也就是法律赋予一定名称的合同,我国《民法典》中规定的19种有名合同中,总承包合同不论是施工总承包合同还是工程总承包合同,解释上都属于《民法典》建设工程合同章的一种合同类型,因此总承包合同属于有名合同并无太大争议。

需要特别说明的是,一般学理上讨论有名合同与无名合同时,同时还会讨论另一组概念,也就是混合合同、联立合同与结合合同。所谓混合合同,是指一个合同关系中,混合了有名合同以及无名合同的性质,或是混合了数个有名合同的性质。而联立合同是指数个合同"不失其个性,而相结合",即依当事人意思,多份合同间具有一定依存关系的结合,一个合同的效力依存于另一个合同的效力,当数个合同构成合同联立时,其中一个合同不成立、无效、被撤销或者解除时,另一个合同应当同其命运。[①] 结合合同是指一个协议书上同时订立了数个合同,仅求订约方便,该数个合同间各自独立,彼此间并无互为依存条件之关系,但通常为方便及立证关系,一般习惯上均结合在同一协议书上订立。[②]

总承包合同在性质上虽然是以建设工程合同作为主要部分,但是基于总承包合同内容的复杂性,交易过程中经常会添加其他性质的合同或是条款,在解释上不得不考虑是否有混合合同、联立合同与结合合同的问题。例如,总承包合同中如果涉及了大量的设备采购与安装,此时的总承包合同的性质应该会涉及买卖合同与建设工程合同相互混合的问题,而应适用混合合同的法理。另外,总承包合同的内容经常会涉及程序、物权合同或是从合同等事项,而可能构成结合合同或是联立合同,有关总承包合同所涉及结合合同或是联立合同的相关

[①] 舒金曦:《"合同联立"的司法认定标准》,载《人民法院报》2021年7月22日,第7版。

[②] 林诚二:《民法债编总论·体系化解说(上册)》,台湾地区瑞兴图书股份有限公司2000年版,第39页。

问题,笔者将于本章后续内容中说明。

(二)总承包合同是程序协议与实体协议之结合合同

程序协议是指双方当事人就程序事项所达成的协议。例如,涉外总承包合同纷争的合意管辖、仲裁条款、证据契约、争点契约、合意鉴定机关、仲裁前置程序、诉讼外的纷争解决程序(如 DAAB、DAB、DRB等制度①)等。实体协议是指双方当事人就实体事项所达成的协议。例如,工期、工程款、履约保证、品管、保固责任等。将总承包合同区分出程序协议与实体协议之实益在于,程序协议与实体协议所适用之法律与法理截然不同,程序协议所适用之法律为民事诉讼法、仲裁法或其他相关程序性规定,而实体协议所适用之法律为民法及其他相关实体性规定。

《民事诉讼法司法解释》(经法释〔2022〕11 号修正)第 28 条第 2款规定:"农村土地承包经营合同纠纷、房屋租赁合同纠纷、建设工程施工合同纠纷、政策性房屋买卖合同纠纷,按照不动产纠纷确定管辖。"因此,建设工程合同有专属管辖适用的问题,但是如果是涉外建设工程合同,建设工程的地点在境外,双方都是中国法人的前提下,当事人可否约定涉外建设工程合同的纠纷由中国法院管辖? 有关这个问题,最高人民法院(2019)最高法民辖终 37 号民事裁定书指出:"《中华人民共和国民事诉讼法》第三十三条规定,因不动产纠纷提起的诉讼,由不动产所在地人民法院管辖。《最高人民法院关于适用〈中华人民共和国民事诉讼法〉的解释》第二十八条规定,建设工程施工合同纠纷按照不动产纠纷确定管辖。上述关于不动产专属管辖的规定系以由中华人民共和国法院管辖为前提,并不包括不动产在国外的情形。涉案建设工程位于中华人民共和国领域外,不存在由人民法院专属管

---

① 　争议避免/裁决委员会(Dispute Avoidance/Adjudication Board,简称 DAAB);争端裁决委员会(Dispute Adjudication Board,简称 DAB);争端评审委员会(Dispute Review Board,简称 DRB)。

辖的可能。上诉人关于涉案管辖协议违反专属管辖规定的主张,不能成立。"由此可知,建设工程合同专属管辖的规定,是以建设工程项目所在地在中国境内为前提,如果建设工程项目地点在境外,当事人还是可以适用约定管辖的规定。涉外建设工程合同中有关约定管辖的条款与建设工程合同其他条款之间的关系,由于条款之间各自独立互不影响,解释上应属于结合合同的关系。

(三)总承包合同是债权合同与物权合同之联立合同

自前述之实体协议中,实体协议可以区分为债权合同与物权合同:债权合同是指双方当事人之间,因合意所发生以债权债务为内容的合同;而物权合同是指双方当事人之间,因合意所发生具有物权效果的合同。区分债权合同与物权合同之实益,学说上讨论甚详,此不赘述。

实践中有的总承包合同约定:"由承包人提供的材料或是采购的设备,进入工地后,经发包人或是监理工程师查验并完成接收后,材料以及设备所有权归属于发包人,但是在建设工程竣工验收移交之前,由承包人施工、安装以及保管。"①此类条款笔者称之为"材料、设备进场后产权归属以及占有条款",有关这类条款的约定,在法律上该如何定性?这类条款的性质解释上属于债权合同条款还是物权合同条款?《民法典》第 228 条规定:"动产物权转让时,当事人又约定由出让人继续占有该动产的,物权自该约定生效时发生效力。"该条规定即为学说上的占有改定,也就是说,动产物权的变动原则上自交付时生效,但是可以通过占有改定的方式取代交付。而对于"材料、设备进场后产权归属以及占有条款",笔者认为解释上属于"预定的占有改定",也就是

---

① 《2017 版 CONS 合同》通用条款第 7.7 款〔生产设备与材料的所有权〕规定:"从下列时间的较早者起,在符合工程所在国法律的强制性要求规定的范围内,每项生产设备和材料都应无抵押和其他阻碍地成为雇主的财产:(a)当上述生产设备和材料运至现场时;(b)当根据第 8.11 款〔雇主暂停后对生产设备和材料的付款〕的规定,承包商得到生产设备和材料价值的付款时;(或)(c)当根据第 14.5 款〔拟用于工程的生产设备和材料〕的规定,承包商得到生产设备和材料的确定金额的付款时。"该条款即为此类的规定。

未来材料、设备进场之后，双方当事人约定以占有改定的方式，让发包人取得材料、设备的所有权，该条款的内容包含物权变动的合意，在性质上属于物权合同条款。

总承包合同如果有"材料、设备进场后产权归属以及占有条款"的约定，或是其他物权合同条款的约定时，由于这些物权合同条款与总承包合同中承包人的建设义务，存在着一定的联系，因此可以认定为此种总承包合同为债权合同与物权合同之联立合同。

（四）总承包合同是主合同与从合同之联立合同

从实体协议中尚可区分出主合同及从合同。所谓从合同，是指从属于主合同或是担保主合同债务之合同，有关连带保证合同、定金合同、违约金合同等皆属于从合同的范畴；至于主合同，是相对于从合同的概念，其合同关系不受其他合同影响。由于主合同与从合同虽然在性质上各自独立，但两合同之间有一定的依存关系，故属于联立合同。区分主合同与从合同之实益，最主要的是除了区分权利义务之主从关系外，绝大部分主合同之性质为双务合同而有先履行抗辩或是同时履行抗辩适用之问题，而大部分从合同之性质为单务合同因此并无此类问题。

由于总承包合同的约定中，也会出现连带保证合同、违约金合同等相关约定，这些约定解释上属于从合同的性质，与其他主合同条款性质并不相同，因此在合同条文分析上应有所区分。此外，需要特别说明的是，建设工程实践中常见银行见索即付保函的问题。所谓银行见索即付保函，是指银行与发包人之间约定（银行单方出具保函给发包人视为邀约，发包人收受保函并未反对保函内容视为承诺），当银行收到发包人通知时，银行应无条件支付一定数额的金钱给发包人。因此，在商业上银行开具见索即付保函给发包人，就相当于支付一笔金钱给发包人。为何发包人会根据总承包合同要求承包人申请银行向其出具见索即付保函呢？这是因为发包人与承包人之间的总承包合同中有个担保的约定，承包人申请银行开立见索即付保函给发包人，当承包人违反总承包合同中的义务时，发包人可以要求银行付款，并由银行支付的款项作为赔偿金额;如果承包人没有违约,而发包人却要求银行付款时,银行依然不可拒绝付款,只是承包人可以依据发包人与承包人之间担保的法律关系,要求发包人返还银行支付的款项给承包人。因此,从前面的描述中我们可以看出,这里实际上有两个法律关系:第一个法律关系是发包人与承包人之间担保的约定,此一约定可以定性为是一个类似于让与担保的法律关系,也就是承包人以银行见索即付保函的方式,代替了金钱的支付,而出具保函的目的是担保承包人在总承包合同中的义务;而第二个法律关系是发包人与银行之间见索即付合意的法律关系,银行同意只要发包人通知银行付款,不论基于何种原因,银行都应该依保函的约定,支付一定金额的款项给发包人。

前述第一个法律关系,也就是发包人与承包人之间约定担保的法律关系,笔者称之为"见索即付保函担保合同",这类合同在性质上类似于让与担保,具有从属性,与其他建设工程合同条款的性质并不相同,应有所区分。至于前述第二个法律关系,即见索即付保函法律关系,《九民会议纪要》(法〔2019〕254号)规定:"54.【独立担保】从属性是担保的基本属性,但由银行或者非银行金融机构开立的独立保函除外。独立保函纠纷案件依据《最高人民法院关于审理独立保函纠纷案件若干问题的规定》处理。需要进一步明确的是:凡是由银行或者非银行金融机构开立的符合该司法解释第1条、第3条规定情形的保函,无论是用于国际商事交易还是用于国内商事交易,均不影响保函的效力。银行或者非银行金融机构之外的当事人开立的独立保函,以及当事人有关排除担保从属性的约定,应当认定无效。……"由此可知,此处的见索即付保函法律关系属于独立担保,性质上虽不属于从合同,但是与建设工程合同的条款性质也有所不同。有关建设工程独立保函的相关问题,本书在第十六章还会有详细的说明。

(五)总承包合同是要式合同

《民法典》第789条规定:"建设工程合同应当采用书面形式。"该条是建设工程合同要式性的具体规定,总承包合同作为建设工程合同中的一个类型,亦应作相同的解释。此外,《民法典》第 469 条规定:"当事人订立合同,可以采用书面形式、口头形式或者其他形式。(第1 款)书面形式是合同书、信件、电报、电传、传真等可以有形地表现所载内容的形式。(第 2 款)以电子数据交换、电子邮件等方式能够有形地表现所载内容,并可以随时调取查用的数据电文,视为书面形式。(第 3 款)"由此可知,采用书面形式不限于由双方当事人签订合同书,还可以是其他形式的文书文件或是电子文档。在建设工程领域,如果双方通过招投标程序成立建设工程合同法律关系,一般招投标程序中会有一系列的文件,其中包括招标文件、投标文件、中标通知书、合同协议书等,这里需要特别讨论的是《民法典》第 789 条中所称的书面形式,是指这一系列文件中的哪个文件? 这一系列的文件哪些属于建设工程合同的要式文件,哪些属于建设工程合同的证明文件? 这是笔者将进一步讨论的问题。

《施工合同解释一》(法释〔2020〕25 号)第 2 条第 1 款规定:"招标人和中标人另行签订的建设工程施工合同约定的工程范围、建设工期、工程质量、工程价款等实质性内容,与中标合同不一致,一方当事人请求按照中标合同确定权利义务的,人民法院应予支持。"由此可知,当事人另行签订的建设工程合同与中标合同不一致,以中标合同为准。至于何为中标合同,《民法典合同编通则司法解释》(法释〔2023〕13 号)第 4 条第 1 款规定:"采取招标方式订立合同,当事人请求确认合同自中标通知书到达中标人时成立的,人民法院应予支持。合同成立后,当事人拒绝签订书面合同的,人民法院应当依据招标文件、投标文件和中标通知书等确定合同内容。"《招标投标法》第 46 条第 1 款规定:"招标人和中标人应当自中标通知书发出之日起三十日内,按照招标文件和中标人的投标文件订立书面合同。招标人和中标人不得再行订立背离合同实质性内容的其他协议。"由此可知,采用招标方式订立合同的,合同于中标通知书到达中标人时成立。招标人与中标人订立的书面合同,必须是与招标文件、中标人的投标文件的内容实质一致,并于中标通知书发出之日起 30 日内所签订的合同。再者,《施工合同解释一》(法释〔2020〕25 号)第 22 条规定:"当事人签订的建设工程施工合同与招标文件、投标文件、中标通知书载明的工程范围、建设工期、工程质量、工程价款不一致,一方当事人请求将招标文件、投标文件、中标通知书作为结算工程价款的依据的,人民法院应予支持。"由此可知,当事人签订的建设工程合同的内容,如果与招标文件、投标文件、中标通知书载明的主要内容不一致,以招标文件、投标文件、中标通知书为准。综上所述,我们可以推导出,《施工合同解释一》(法释〔2020〕25 号)第 2 条第 1 款所规定的中标合同,是指招标文件、中标人的投标文件、中标通知书所显示的双方当事人之间的合意内容,如果当事人签订的建设工程合同与中标合同实质性内容不一致,以中标合同为准。因此,在通过招投标发包的建设工程中,招标文件、中标人的投标文件、中标通知书是建设工程合同要式文件,而双方当事人所签订的建设工程合同书或是协议书,解释上属于建设工程合同的证明文件。

(六)总承包合同是继续性合同

总承包合同作为建设工程合同的一种,在性质上可否定性为继续性合同,是个具有争议的问题。在讨论这个问题之前,有必要先介绍一下一时性合同与继续性合同[1]在概念上的区别及其区别实益。合同依据其给付形态,可区分为一时性合同与继续性合同:所谓一时性合同,是指合同当事人因一次给付,债务即告履行完毕,合同关系亦告消灭之合同,如一般性买卖、互易等属之;所谓继续性合同,是指合同当事人须经长期继续为给付,债务才能履行完毕之合同,如租赁、承揽、委任等是。[2]

---

① 有关继续性债之关系之相关论述可参阅盛钰:《继续性债之关系》,台湾大学法律研究所 1986 年硕士论文。该论文甚具参考价值。

② 邱聪智:《新订民法债编通则(上)》(辅仁大学法学丛书教科书类 1),台湾地区作者自版 2003 年版,第 33 页。

有一种观点认为,继续性合同除了前述当事人须长期继续给付外,总给付之内容系于应为给付时间的长度。[①] 例如,劳动合同中劳动者所提供的劳动,与劳动时间的长短有很密切的关系。但是继续性合同是否必然包括前述之特征,笔者认为有进一步讨论的余地,我们可以从继续性合同与一时性合同的区别实益看出端倪。两者的区别实益在于:第一,继续性合同发生不成立、无效、撤销之情形,为避免法律关系趋于复杂,应限制其溯及的效力,因此当事人主张继续性合同不生效力、无效或撤销时,向将来发生效力,过去的法律关系不因此受影响;而一时性合同发生不成立、无效、撤销之情形时,合同自始无效,如已进入履约阶段,原则上应依不当得利规定加以处理。[②] 第二,继续性合同解除后,因无恢复原状的可能,或是不易恢复原状,合同解除的效力向将来发生,不溯及既往;但是,一时性合同解除后,原则上是溯及既往的。[③] 第三,有关同时履行抗辩与先履行抗辩的行使,一般而言,当事人在继续性合同中,行使先履行抗辩的情形较为常见,而当事人在一时性合同中,行使同时履行抗辩较为常见。第四,继续性契约从成立到消灭,因为经常存在一段较长的履行期间,所以发生情事变更的可能,也较一时性契约关系为大。[④]

首先,依前述第一、二点的内容,限制继续性合同自始无效,或是因为解约而限制其溯及无效,这是因为继续性合同进入履约阶段后,如果合同发生自始无效或是溯及无效,则应适用不当得利的规定恢复原状,此时法律关系将趋于复杂,这种复杂的法律关系,是因为继续性合同须长期继续履约,与其总给付之内容是否系于给付时间之长度无关。其次,当事人在继续性合同的情况下,行使先履行抗辩的情形较为常见的原因,是因为继续性合同之所以会发生一方先履行他方后履

---

① 王泽鉴:《债法原理(第一册)》,台湾地区作者自版 2012 年版,第 146 页。
② 王泽鉴:《债法原理(第一册)》,台湾地区作者自版 2012 年版,第 148 页。
③ 杨立新:《债与合同法》,法律出版社 2012 年版,第 325 页。
④ 盛钰:《继续性债之关系》,台湾大学法律研究所 1986 年硕士论文,第 111 页。

行之情形,而无法像一时性合同那样同时履行,在于继续性合同须长期继续履约,与其总给付之内容是否系于应为给付时间之长度并无关系。最后,继续性合同之所以较常适用情势变更原则,亦是基于其履约须经历一段时间,更与其总给付之内容是否系于应为给付时间之长度无关。基于此,笔者认为,继续性契约之特征在于须长期继续履约,与给付内容是否系于给付时间长短,并无直接关系。

继续性合同除了具备长期继续履约的特征外,另外一个值得讨论的问题,也是区别继续性合同与一时性合同的一个非常重要的特征,是如何区别长期继续履约与履约前的准备行为。一时性合同在履约前,有的时候也需要进行一段时间的履约准备,从客观上观察,一时性合同中一段时间的准备履约行为,与继续性合同中一段时间的继续履约行为,有许多相似之处。该如何区分两者,也是讨论一时性合同与继续性合同在概念上如何区别的一个关键的问题。举例说明:甲向乙购买一箱可口可乐,甲、乙之间成立了买卖一箱可口可乐的法律关系,因为甲、乙住在没有人烟的深山中,因此为了履行此一义务,乙必须跋山涉水徒步下山进货可口可乐,并且背着一箱可口可乐徒步上山交付给甲,请问乙徒步下山进货,并且将可口可乐背上山的行为,是否为履约行为? 还是乙将可口可乐交付给甲才是履约行为,乙徒步下山上山的过程只是履约的准备行为? 这个例子虽然比较极端,但是很能说明什么是履约行为,什么是履约的准备行为。从上述例子中,我们可以很清楚知道,当然是交付可口可乐的行为才是履约行为,乙徒步跋山涉水的行为只是履约的准备行为,不是履约行为,这是因为乙用什么方法取得可口可乐根本不重要,乙也可以坐着索道下山去进货可口可乐,不一定非要用徒步的方式。因此,区分履约行为与履约准备行为的一个很重要的标准在于,这个行为在合同评价中是否具有一定的重要性。

关于建设工程合同是否为继续性合同,否定的观点认为:第一,由于承揽合同重在最后工作成果的交付,而不是完成工作的过程,因此承揽合同在性质上属于一时性合同,并非继续性合同,而建设工程合同本质上是承揽合同,因此在性质上应认定为是一时性合同。第二,建设工程合同中对于承包人建设行为的定量评价,是系于工程的数量,而非系于时间的长短,而继续性合同的特征在于,总给付之内容系于应为给付时间的长度,因此建设工程合同不属于继续性合同。笔者对此持不同的看法:第一,建设工程合同作为一种特殊形态的承揽合同,在某些环节和承揽合同作出不同评价是必要的,建设工程的结果固然重要,但是建设工程的过程也很重要,因为建设工程的过程会严重影响建设工程的结果,因此建设期间承包人的建设行为属于履约行为,而非履约的准备行为。第二,评价继续性合同的给付内容,应以长期继续履约作为标准,而非以给付之内容系于给付时间的长度为标准,建设工程合同承包人的建设行为需要经过一段时间才能完成,因此构成继续性合同的特征。此外,笔者也认为对于建设行为的定量评价,除包括但不限于工程数量外,还应包含建设工程的时间,因此单纯地认为建设工程行为的内容与时间长短无直接关系,而否定其继续性合同的特征,笔者也无法认同。

由于总承包合同属于建设工程合同的一种,因此总承包合同解释上属于继续性合同。将总承包合同解释成继续性合同,除了考虑前述一时性合同与继续性合同的区别实益外,笔者认为另一个很重要的原因是能够准确认定违约责任。建设期间或是施工期间,发包人未依约提供建设条件,例如未移交场地、未提供基础资产或是图纸,发包人是否构成违约?又或是发包人在施工期间发现工程质量不合格,要求承包人对工程进行整改,承包人未依约完成整改是否构成违约?如果我们将总承包合同定性为一时性合同,则这些建设期间双方行为的往来都不重要,只有将建设工程竣工验收交付才是合同的重点,因此上述的问题中,发包人未依约提供建设条件,或是建设期间承包人该整改而未整改,都是不真正义务的违反,全都不构成违约,当然这不是本书的立场;笔者认为总承包合同应定性为继续性合同,上述义务的违反属于真正义务的违反,应认为构成违约。

（七）总承包合同是格式条款

总承包合同作为建设工程合同的一种，是否构成格式条款，是一个很值得讨论的问题。笔者发现很多人对此问题的分析架构是有问题的，有必要对此先提出讨论。首先，笔者认为，一个合同的条文内容是否构成格式条款，与格式条款是否违反公平原则，而应适用《民法典》中有关格式条款排除内容（《民法典》第 496 条第 2 款后段）、无效（《民法典》第 497 条）或是特殊解释原则（《民法典》第 498 条）的规定，是两个层次的问题，不该混淆。也就是说，不是将合同内容认定为是格式条款后，该合同内容就成为万恶的深渊，相反的，格式条款应区分为好的格式条款与不好的格式条款。好的格式条款节省了缔约的成本，让交易可以快速有效地进行，是目前市场交易中应该鼓励的一个缔约方式，只有不好的格式条款才是法律要调整的对象，绝对不是将合同条款一旦认定为是格式条款后，其就成为众人追打的对象。其次，笔者认为，在这个追求效率的社会中，使用格式条款的普及情况，一定是远胜于使用非格式条款的情况，所以在认定合同条款内容是否构成格式条款时其实可以稍为宽松一点，需要进一步讨论的重点在于，该格式条款是否违反公平原则，也就是笔者先前所说的是否属于不好的格式条款，而应适用格式条款相关的效力规定。

《民法典》第 496 条第 1 款规定：“格式条款是当事人为了重复使用而预先拟定，并在订立合同时未与对方协商的条款。”由此可知，构成格式条款需具备两个要件：第一，为了重复使用而预先拟定；第二，未与对方进行协商。有关第一个要件，有种观点认为，所谓预先拟定，解释上应认为是预先提供，[①]至于条文是谁拟定的，不是评价的重点，对此笔者深表赞同。至于第二个要件中未与对方进行协商该如何认定，《招标投标法》第 43 条规定：“在确定中标人前，招标人不得与投标

---

① 　曹文衔、宿辉、曲笑飞：《民法典建设工程合同章条文释解与司法适用》，法律出版社 2021 年版，第 143 页。

人就投标价格、投标方案等实质性内容进行谈判。"由此可知,经过招投标程序所签约的项目,基本上都是不可以谈判的,再加上招标文件内都有发包人预先提供的合同条款,而且实践中这些预先提供的合同条款绝大部分采用主管部门所发布的合同示范文本,因此笔者认为经过招投标程序所签订的建设工程合同,不管是通用条款还是专用条款,都应认定为是格式条款。《民法典合同编通则司法解释》(法释〔2023〕13 号)第 9 条第 1 款〔格式条款的认定〕规定:"合同条款符合民法典第四百九十六条第一款规定的情形,当事人仅以合同系依据合同示范文本制作或者双方已明确约定合同条款不属于格式条款为由主张该条款不是格式条款的,人民法院不予支持。"此规定认为不能因为合同内容采用合同示范文本而认定为非格式条款,笔者深表认同,反而在实践中,多数的招投标程序大量地使用合同示范文本,这些合同条款应当认定为格式条款并无疑义。

认定合同条款是格式条款后,还需要进一步审查:第一,是否违反提示说明义务而应将该条款内容排除(《民法典》第 496 条第 2 款后段);第二,是否有免除故意或是重大过错责任、合同中不合理安排权利义务内容的,该条款应认定为无效(《民法典》第 497 条);第三,合同出现两种解释时,应采取不利于格式合同提供方的解释原则(《民法典》第 498 条)。这三项格式条款效力的审查工作,需针对个案进行具体的认定。笔者认为,有关合同示范文本的具体内容,是否符合前述三项情形,应通过司法部门在个案的实践中对相应的格式条款效力进行审查,并将审查意见反馈给行政主管部门,作为行政主管部门未来修改合同示范文本的依据。

第二章　建设工程项目总承包合同的分类

第一节　概述与 FIDIC 系列合同文本的介绍

一、概述

有关建设工程项目总承包合同的分类,根据 2017 年版 FIDIC 系列合同文本的规定,将建设工程项目总承包合同区分为施工总承包合同与工程总承包合同①;而工程总承包合同又可区分为生产设备和设计-施工合同(也称为 DB 合同),以及设计采购施工/交钥匙工程合同(也称为 EPC 合同)。这个分类方式影响了国内合同文本的编写方式,因此为了系统介绍总承包合同分类的背后逻辑,以下笔者将以 2017 年版 FIDIC 合同文本为主轴,分析并讨论建设工程项目总承包合同分类的核心原则。为了让读者对 FIDIC 合同文本有个基本的了解,以便于后续的讨论,本文也将系统介绍 FIDIC 系列合同文本的历史与发展过程。

二、FIDIC 简介

FIDIC 是国际咨询工程师联合会(Fédération Internationale Des Ingénieurs Conseils)的法文缩写,其相应的英文名称为 International Federation of Consulting Engineers,各国的咨询工程师大都在本国组成

---

① 文献上有关工程总承包合同的分类,可以区分为设计-采购-施工总承包合同(EPC 合同)、设计-施工总承包合同(DB 合同)、采购-施工总承包合同(PC 合同)等。

一个民间的咨询工程师协会,这些协会的国际联合会就是 FIDIC。[1] FIDIC 是一个具有相当权威性的咨询工程师组织,亦为一个非官方的民间国际组织。

FIDIC 于 1913 年在比利时成立,成员国有法国、瑞士、比利时,此后逐年接纳新的成员国。在第二次世界大战结束前,FIDIC 的成员国仍仅局限于一些欧洲国家,直到 20 世纪 70 年代末,美国、加拿大等其他一些西方国家才陆续成为 FIDIC 的会员国。[2] 目前,已有全球各地 60 多个国家的成员加入了 FIDIC,其总部设在瑞士洛桑。[3]

FIDIC 成立的宗旨是通过编制高水平的标准文件,召开研讨会,传递工程信息,从而推动全球工程咨询行业的发展。FIDIC 下设 5 个专业委员会,即业主与咨询工程师关系委员会(CCRC)、合同委员会(CC)、风险管理委员会(RMC)、质量管理委员会(QMC)、环境委员会(ENVC)。各专业委员会编制了许多规范性的标准文件,不仅世界银行、亚洲开发银行、非洲开发银行的招标文件样本采用这些文件,还有许多国家的国际工程项目也常常采用这些文件。[4]

三、FIDIC 合同文本的历史

在欧洲,标准格式的施工合同模板可以追溯到 19 世纪,影响最大的是英国皇家建筑师学会所颁布的标准格式的建筑施工合同,即所谓的 RIBA(Royal Institute of British Architects)格式。这种格式于 1907～1957 年间在英联邦国家中被广泛使用;在 1963～1980 年间,演变为文献上所称的 JCT(Joint Contract Tribunal)格式。

---

① 何伯森主编:《国际工程合同与合同管理》,中国建筑工业出版社 1999 年版,第 165 页。

② 张明峰:《FIDIC 新红皮书精要解读》,航空工业出版社 2002 年版,第 1 页。

③ 田威:《FIDIC 合同条件应用实务》,中国建筑工业出版社 2002 年版,第 1 页。

④ 张水波、何伯森编著:《FIDIC 新版合同条件导读与解析》,中国建筑工业出版社 2003 年版,引言第 4 页。

在第二次世界大战以前,英国土木工程师学会和土木工程承包商撷取不同合同模板所长,拟定了一套标准合同模板,名为《适用于土木工程施工的一般合同条件、投标书格式、协议书及保函》,于 1945 年颁布,简称 ICE[1] 格式合同。1950 年,ICE 合同进行了第一次修订,此后的修订分别是在 1951 年(第 2 版)、1955 年(第 4 版)、1973 年(第 5 版)、1991 年(第 6 版),这些修订在某种程度上反映了土木工程施工领域内法律的变更、补充和完善。

ICE 合同的设计仅于英国国内适用,为了使其能适用英国本土以外的国际工程,英国咨询工程师协会与英国皇家建筑专家,于 1956 年 8 月拟定了一部《海外土木工程合同条件》(ACE[2]),尽管该合同的格式在形式上与 ICE 合同的格式十分近似,但是在内容上却进行了一系列的修改与补充,使之最大限度适用于不同的社会制度、法律体系及文化传统和价值观念。

ACE 格式合同于 1956 年公布,因 FIDIC 和国际建筑及公用工程联合会(FIEC,即现在的欧洲国际建筑联合会)于 1957 年共同拟定颁布了《土木工程施工合同条件》,ACE 格式合同的使用即告终结。由于新合同模板的封面为红色,业内人士即以"红皮书"相称,为红皮书的第 1 版。[3] 此后的修订分别是 1969 年(第 2 版)、1977 年(第 3 版)、1987 年(第 4 版)、1988 年(第 4 版修订版)、1992 年(第 4 版再次修订版)、1996 年(第 4 版增补版)。

1994 年,FIDIC 出版了与第 4 版红皮书配套使用的《土木工程施工分包合同条件》。随着工业机电项目的增加,FIDIC 于 1963 年出版了《电气与机械工程合同条件》第 1 版,俗称"黄皮书",并于 1980 年和 1987 年进行调整,发布了新的版本。1995 年,FIDIC 正式出版了《设

---

[1] 英国土木工程师学会(Institution of Civil Engineers,简称 ICE)。

[2] 英国咨询工程师协会(Association of Consulting Engineers,简称 ACE)。

[3] 张明峰:《FIDIC 新红皮书精要解读》,航空工业出版社 2002 年版,第 2 页。

计-建造和交钥匙合同条件》,俗称"橘皮书"。以上红皮书(1987年)、黄皮书(1987年)、橘皮书(1995年)和《土木工程施工分包合同条件》、《招标程序》(俗称"蓝皮书")、《业主/咨询工程师服务协议书》(俗称"白皮书")、《联营体协议书》、《咨询分包协议书》等共同组成 FIDIC 彩虹族系列合同文件。①

四、1999 年新版 FIDIC 合同体系

1999 年 FIDIC 合同文本的修订工作,源自 1992 年 6 月在马德里召开的 FIDIC 年会,当时的 FIDIC 主席 Geoffrey Coates 正式提出了构想,认为应先对 FIDIC 各类版本的应用情形进行调查。1996 年,英国的里丁大学(University of Reading)受 FIDIC 和 EIC(欧洲国际承包商会)的委托,主要是针对红皮书的应用情况,向全球 38 个国家的有关政府机构、业主机构、承包商公司、咨询公司、金融机构等进行调查。调查单位为 204 家,调查结果为:第一,红皮书应用的项目金额一般在 1000 万至 1 亿美元之间,工程类型主要为地上工程,然后为海上工程,再后为地下工程;第二,经统计,工程适用红皮书时会进行修改的条文,最多为第 60 条,然后为第 10 条、第 14 条、第 21 条、第 67 条及第 70 条;第三,接受调查的单位大都认为红皮书基本上反映了当今国际工程建设的惯例,风险分担比较公平,最大的缺点是有关工程师角色之规定。此调查结果最后成为 FIDIC 红皮书 1999 年第 1 版修订之基础。②

1999 年 10 月,FIDIC 编制了新版的 FIDIC 合同体系,其中包括:第一,《施工合同条件》,适用于业主设计的建筑和土木工程;第二,《生产设备和设计-施工合同条件》,适用于电气和机械设备、民用工程由承包

---

① 陈勇强、吕文学、张水波等编著:《FIDIC2017 版系列合同条件解析》,中国建筑工业出版社 2019 年版,第 217~218 页。

② 张水波、何伯森编著:《FIDIC 新版合同条件导读与解析》,中国建筑工业出版社 2003 年版,引言第 1 页。

商设计;第三,《设计采购施工(EPC)/交钥匙工程合同条件》;第四,《简明合同条件》,适用于价值相对较低的房屋建筑或土木工程。FIDIC 在编制 1999 年版之前的合同文本时,由于各类文本所聘任的起草委员会成员不同,因此出现各个合同文本体例编排不同的情况。FIDIC 在编制 1999 年版的新合同文本时,各合同文本都采取了相同的体例和格式,与过去版本的体例和格式相比产生了重大的变化。① 因此,FIDIC 在这次出版的 4 个合同文本上均注明 1999 年第 1 版,以示与过去的不同。② 这个系列合同文本的俗称依次为:"新红皮书第 1 版""新黄皮书第 1 版""新银皮书第 1 版""新绿皮书第 1 版"。这批出版的合同文本除了在体例和格式上有了重大改变外,FIDIC 还一直努力使新版合同文本不仅在英美法系下能够适用,并且在大陆法系下同样适用。③

五、1999 年新版 FIDIC 合同文本的后续发展

2005 年,根据世界银行等国际金融组织贷款项目的特点,FIDIC 专门编制了用于国际多边金融组织出资的建设项目的合同范本,即《施工合同条件(多边开发银行和谐版)》第 1 版,俗称"粉红书"。随后,分别于 2006 年、2010 年发布了该合同文本的第 2 版和第 3 版。2006 年,FIDIC 发布了第 1 版《疏浚与吹填工程合同条件》,俗称"蓝绿皮书"。随后,又于 2016 年发布了第 2 版的蓝绿皮书。2008 年,FIDIC 出版了《设计-建造和运营项目合同条件》,俗称"金皮书"。2011 年,FIDIC 出版了与新红皮书第 1 版配套的《施工分包合同条件》。④

随着国际工程承包之实践及相关管理科学的发展,FIDIC 每隔 10

① 崔军:《FIDIC 合同原理与实务》,机械工业出版社 2011 年版,第 14 页。

② 何伯森:《FIDIC 99 年版"施工合同条件"的特点》,载张水波、何伯森编著:《FIDIC 新版合同条件导读与解析》,中国建筑工业出版社 2003 年版,第 320 页。

③ 张水波、何伯森编著:《FIDIC 新版合同条件导读与解析》,中国建筑工业出版社 2003 年版,引言第 2 页。

④ 陈勇强、吕文学、张水波等编著:《FIDIC2017 版系列合同条件解析》,中国建筑工业出版社 2019 年版,第 218 页。

年左右时间对其编制的合同条款进行一次修订。[①] 1999 年第 1 版的新红皮书、新黄皮书以及新银皮书截至 2016 年为止已经出版长达 17 年。在众人的期盼下，FIDIC 在 2017 年正式出版新红皮书、新黄皮书以及新银皮书的第 2 版，从这 3 个合同文本的条款来看，2017 年版与 1999 年版相比并没有发生重大的变化，但是在微观层面上仍进行了一定的修改和大量的内容增加，使得 2017 年版的篇幅比 1999 年版增加接近 40%。[②] 本书会在后续内容中，陆续给各位读者重点介绍 FIDIC 于 2017 年出版的《2017 版 CONS 合同》[③]《2017 版 P&DB 合同》[④]《2017 版 EPCT 合同》[⑤]。

另外，中国建设工程造价管理协会出台的《工程总承包计价规范》(T/CCEAS 001-2022)参考了 FIDIC 合同条款的内容，针对 EPC 合同以及 DB 合同也作出了区别的规定，笔者也会在本章以及本书后续的内容中，进行详细介绍。

六、为何要研究 FIDIC 合同文本

过去笔者在讲授 FIDIC 合同文本培训课程时，经常碰到的学员问题是，当事人双方所签订的合同，如果不是 FIDIC 合同文本，学习它是不是就没有意义？笔者认为，答案当然是否定的。为何过去笔者发表

[①] 何伯森：《FIDIC 99 年版"施工合同条件"的特点》，载张水波、何伯森编著：《FIDIC 新版合同条件导读与解析》，中国建筑工业出版社 2003 年版，第 319 页。

[②] 张水波、何伯森编著：《FIDIC 新版合同条件导读与解析》(第 2 版)，中国建筑工业出版社 2019 年版，引言第 7 页。

[③] 本书所引用《2017 版 CONS 合同》条款译本内容皆来自国际咨询工程师联合会编：《施工合同条件》(原书 2017 年版)，唐萍、张瑞杰等译，机械工业出版社 2021 年版。

[④] 本书所引用《2017 版 P&DB 合同》条款译本内容皆来自国际咨询工程师联合会编：《生产设备和设计-施工合同条件》(原书 2017 年版)，唐萍、张瑞杰等译，机械工业出版社 2021 年版。

[⑤] 本书所引用《2017 版 EPCT 合同》条款译本内容皆来自国际咨询工程师联合会编：《设计采购施工(EPC)/交钥匙工程合同条件》(原书 2017 年版)，唐萍、张瑞杰等译，机械工业出版社 2021 年版。

的文章或是论文,总是要讨论 FIDIC 合同文本的相关规定?为何笔者一再强调学习 FIDIC 合同文本的重要性?主要的理由如下:第一,由于 FIDIC 合同条款的内容,集合工业发达国家建筑业上百年的经验,是把工程技术、法律、经济和管理等领域结合起来的一个合同条款,故又被称为建设工程合同之"圣经"①。因此,如果想要系统学习建设工程合同条款,FIDIC 合同条款会是一个很值得学习的经典合同文本。第二,由于 FIDIC 合同条款本身是高水平的合同文本,从 FIDIC 合同条款中,可以看出许多合同条款背后的法律原理,依此法理可以进一步指导并影响其他建设工程合同条款的解释与适用,因此找出建设工程合同的法律原理,是发展建设工程合同理论架构体系非常重要的一个环节。第三,FIDIC 合同条款在亚洲地区受到许多国家的关注,其实很重要的原因,是因为亚洲许多国家的基础建设,是向亚洲银行及世界银行等国际金融组织贷款的,这些国际金融组织要求,当事人之间必须使用 FIDIC 合同条款,以作为银行的放贷条件。我们都知道,这些国际金融组织的背后都是由欧美国家所主导,他们在输出自己资金的同时,同时也在输出自己的管理能力,其中包含先进的合同管理能力,通过这些软实力影响其他国家。因此,一个文本会受到关注,除了它经得起专业的考验外,还包括一定的国家实力与能力在背后支撑。目前,中国在国际上正在大力倡导"一带一路"建议,帮助许多国家解决基础设施建设不足的问题,并且还发起设立了亚洲基础设施投资银行(以下简称亚投行),进一步协助这些国家解决其基础设施投资资金不足的问题。笔者认为,通过这些作为,中国不仅输出了自己优越的建设工程技术与资金,帮助这些国家改善基础设施的问题,并且还为区域及他国的经济发展作出了一定的贡献。但是我们如果要进一步发挥影响力,亚投行应编制一套属于中国版的专业的 FIDIC 合同条款,对于使用亚投行贷款资金的国家,应要求其使用中国版的 FIDIC 合同

① 田威:《FIDIC 合同条件应用实务》,中国建筑工业出版社 2002 年版,第 1 页。

条款。通过这个过程，不但可以提升我国建设工程合同管理的能力，同时也可以向其他开发中国家输出我国建设工程合同管理的经验，发挥我国的影响力与软实力。为此，我们要学习 FIDIC 合同文本，并且在 FIDIC 合同文本的基础上，设计并完善具有一定国际影响力的建设工程合同文本。

第二节　2017 年版 FIDIC 合同文本的使用条件与选择

一、2017 年版 FIDIC 各类总承包合同文本的使用条件

有关《2017 版 CONS 合同》《2017 版 P&DB 合同》《2017 版 EPCT 合同》的使用条件，以及合同文本选择的问题，可以参考《FIDIC 合同指南》的规定。虽然《FIDIC 合同指南》所规范的对象，是针对 1999 年版的 FIDIC 合同文本，但是 FIDIC 合同文本的使用条件以及选择，1999 年版和 2017 年版并无不同之处，因此《FIDIC 合同指南》的规定仍有适用的余地。

根据《FIDIC 合同指南》的规定，《施工合同条件》的使用条件为"推荐用于雇主或其代表——工程师设计的建筑或工程项目。这种合同的通常情况是，由承包商按照雇主提供的设计进行工程施工。但该工程可以包含由承包商设计的土木、机械、电气和（或）构筑物的某些部分"[1]。由此可知，此类总承包合同是由发包人完成设计工作，承包人负责施工，除非合同例外规定承包人负责某部分工程的设计工作。

《生产设备和设计-施工合同条件》的使用条件为"推荐用于电气和（或）机械设备供货和建筑或工程的设计与施工。这种合同的通常情况是，由承包商按照雇主要求，设计和提供生产设备和（或）其他工

---

[1]　国际咨询工程师联合会、中国工程咨询协会编译：《菲迪克（FIDIC）合同指南》，机械工业出版社 2003 年版，第 13 页。

程;可以包括土木、机械、电气和(或)构筑物的任何组合"①。由此可知,此类总承包合同是由承包人按发包人要求完成设计与施工,这里的发包人要求,其内容包含了发包人完成了某种深度的设计工作。

《设计采购施工(EPC)/交钥匙工程合同条件》的使用条件为"推荐用于以交钥匙方式提供加工或动力工厂;也可用于由一个实体承担全部设计和实施职责的,涉及很少或没有地下工程的私人融资的基础设施项目。这种合同的通常情况是,由该实体进行全部设计、采购和施工(EPC),提供一个配备完善的设施,('转动钥匙'时)即可运行"②。由此可知,此类总承包合同是由承包人按发包人要求完成设计、采购、施工并交钥匙。

二、如何选择适当的 FIDIC 合同条款

有关建设工程项目如何选择适当的 FIDIC 合同条款,根据《FIDIC 合同指南》的规定,如果合同价值较小(例如 50 万美元以下),或工期短(例如 6 个月以下),或包含的工程较简单或是重复性的,则不论设计是否由雇主或承包商提供,以及项目是否涉及构筑物、电气、机械或其他工程,可考虑使用《简明合同格式》。③

但是如果是较大或是较复杂项目,应考虑以下几点因素,选择合适的合同条款④:第一,雇主(或工程师)是否要做大部分的设计?如果是,可选择《施工合同条件》。第二,承包商是否要做大部分的设计?如果是,可选择《生产设备和设计-施工合同条件》。第三,是不是私人

---

①　国际咨询工程师联合会、中国工程咨询协会编译:《菲迪克(FIDIC)合同指南》,机械工业出版社 2003 年版,第 13 页。

②　国际咨询工程师联合会、中国工程咨询协会编译:《菲迪克(FIDIC)合同指南》,机械工业出版社 2003 年版,第 13 页。

③　国际咨询工程师联合会、中国工程咨询协会编译:《菲迪克(FIDIC)合同指南》,机械工业出版社 2003 年版,第 23 页。

④　国际咨询工程师联合会、中国工程咨询协会编译:《菲迪克(FIDIC)合同指南》,机械工业出版社 2003 年版,第 23~27 页。

融资(或公/私融资)项目,采用 BOT 模式或类似形式,由特许权所有人对项目的融资、施工和运行负担全部职责?如果是,可选择《设计采购施工(EPC)/交钥匙工程合同条件》。第四,是不是加工设备或动力设备(或工厂或类似的设施),雇主(由其提供资金)希望按固定价交钥匙方式完成项目?如果是,可选择《设计采购施工(EPC)/交钥匙工程合同条件》。第五,是不是基础设施项目(如:公路、铁路、桥梁、供水或污水处理厂、输电线,乃至水坝或水电厂)或类似工程,雇主(由其提供资金)希望按固定价格交钥匙方式完成项目?如果是,可选择《设计采购施工(EPC)/交钥匙工程合同条件》。第六,是不是建筑项目,雇主希望其建筑物按固定价格交钥匙方式建设,通常配齐家具、装置、设备?如果是,可选择《设计采购施工(EPC)/交钥匙工程合同条件》。

《FIDIC 合同指南》规定在以下情况下,并不适用于《设计采购施工(EPC)/交钥匙工程合同条件》,而可能适用于《生产设备和设计-施工合同条件》:第一,如果投标人没有足够的时间或掌握充分情况以仔细研究和校核雇主要求,或为其进行设计、风险评估研究和估计;第二,如果施工包含大量地下工程,或投标人不能检查的其他范围的工作;第三,如果雇主要密切监督或控制承包商的工作,或审查大部分施工图纸;第四,如果每次期中付款的款额要由官员或其他中介确定。①

《工程总承包计价规范》(T/CCEAS 001-2022)第 3.1.2 条第 1 段规定:"具有下列情况时,发包人不宜采用设计采购施工总承包(EPC),可采用设计施工总承包(DB):1.投标人没有足够的时间或信息仔细审核发包人要求,或没有足够的时间或信息进行设计、风险评估和评价;2.施工涉及实质性地下工程或投标人无法检查的其他区域的工程;3.发包人要密切监督或控制承包人的工作,或审查大部分施工图纸。"由此可知,除"期中付款的款额要由官员或其他中介确定"的

---

① 国际咨询工程师联合会、中国工程咨询协会编译:《菲迪克(FIDIC)合同指南》,机械工业出版社 2003 年版,第 35 页。

规定外,本条的内容和《FIDIC 合同指南》的规定基本一致。

视频 2.1　何种情况不适合 EPC 模式

第三节　建设工程项目的定作义务

在讨论任何概念的分类之前,有两个问题必须要有所说明:第一个问题就是概念在分类时,究竟是以何种标准进行分类? 第二个问题就是以该标准进行分类,背后的实益究竟为何? 而有关总承包合同分类的问题,也必须针对这两个问题进行回答。首先,总承包合同是以划定定作义务的范围与深度作为标准,而进行分类的。其次,定作义务的范围与深度的划定,会影响总承包合同中,发包人与承包人核心权利义务以及风险承担的边界。因此,笔者将于本章第三节讨论定作义务的内涵,并于第四节中以《2017 版 CONS 合同》《2017 版 P&DB 合同》《2017 版 EPCT 合同》为例,讨论定作义务的划定如何影响发包人与承包人核心的权利与义务。

一、定作义务的内涵

不同类型的总承包合同,发包人或承包人需完成设计内容、现场数据、测量基准与承担相应风险的范围不尽相同。笔者将各类总承包合同中,发包人根据合同需完成及提供的设计内容、现场数据、测量基准与承担相应风险的合同责任统称为"定作义务",承包人根据合同约定需接续完成的设计、勘察工作,此合同要求统称为"发包人要求"。由此可知,发包人应完成的设计、勘察工作,与承包人应完成的设计、勘察工作,具有一定程度的接续性。此外,由于发包人所完成的设计、勘察工作深度不足，需通过承包人完成后续深度的设计与勘察工作，进而细化、优化甚至修正发包人的设计内容、现场数据与测量基准。从某个角度观察，也就是发包人设计内容、现场数据与测量基准不足的风险，在一定条件下由承包人来承担。以下将针对不同情况，就定作义务所涉及的相关问题进行讨论。

（一）设计

有关建设工程项目设计的部分，该设计内容应由谁提供？提供图纸的深度达到何种程度？针对设计内容的瑕疵，应由谁负担？这类问题的处理，目前存在以下几种方式：

第一种方式，发包人应提供施工图深度的设计图纸，并且根据总承包合同的约定，由发包人对设计内容的瑕疵负担违约责任。通常这类的约定会出现在施工总承包合同中。

第二种方式，是针对工程总承包合同中，应由发包人提供某种深度的设计图纸，承包人根据总承包合同的约定，需接续的设计工作完成。至于发包人应提供到何种程度的设计图纸，国际上的做法是由发包人与承包人在合同中约定。至于目前国内对于工程总承包合同中发包人应完成设计深度的问题，区分为政府投资项目与企业投资项目两种情况。《政府投资条例》（国务院令第 712 号）第 11 条第 1 款第 3 项规定："投资主管部门或者其他有关部门应当根据国民经济和社会发展规划、相关领域专项规划、产业政策等，从下列方面对政府投资项目进行审查，作出是否批准的决定：……（三）初步设计及其提出的投资概算是否符合可行性研究报告批复以及国家有关标准和规范的要求……"第 13 条第 1 款规定："对下列政府投资项目，可以按照国家有关规定简化需要报批的文件和审批程序：（一）相关规划中已经明确的项目；（二）部分扩建、改建项目；（三）建设内容单一、投资规模较小、技术方案简单的项目；（四）为应对自然灾害、事故灾难、公共卫生事件、社会安全事件等突发事件需要紧急建设的项目。"由此可知，除非有《政府投资条例》第 13 条第 1 款所规定的例外情况，否则政府投资项目的政府应完成的设计深度,应达到初步设计的深度。

虽然,根据《政府投资条例》的规定,政府投资项目必须达到初步设计的深度才能进行发包,但是实践中,有许多政府投资项目的发包人在可研报告的方案设计阶段,就将工程发包给承包人。在这种设计深度不符合《政府投资条例》规定的情况下办理发包,总承包合同该如何进行评价?笔者认为,《政府投资条例》第 11 条第 1 款第 3 项是规范政府投资内部决策程序的规定,因此政府投资项目的发包人违反此规定,根据《政府投资条例》第 32 条第 2 项的规定,"有下列情形之一的,责令改正,对负有责任的领导人员和直接责任人员依法给予处分:……(二)对不符合规定的政府投资项目予以批准……",应给予行政处分。但是这不影响总承包合同的民事效力,最终业主应提供设计文件的深度,仍以双方当事人在总承包合同中的约定为准。

至于国内企业投资项目采取工程总承包模式时,对于发包人应完成的设计深度并没有具体的要求,因此解释上应认为由合同当事人在工程总承包同中自行约定即可。此外,《工程总承包计价规范》(T/CCEAS 001-2022)第 3.1.3 条规定:"建设项目工程总承包可在可行性研究报告、方案设计或初步设计批准后进行。发包人应当根据建设项目特点、实际需要和风险控制选择恰当的阶段进行工程总承包的发包。(第 1 段)发包人确定建设工程项目总承包发包阶段后,可按下列规定选择工程总承包模式:1. 可行性研究报告批准后发包的,宜采用设计采购施工总承包(EPC)模式;2. 方案设计批准后发包的,可采用设计采购施工总承包(EPC)或设计施工总承包(DB)模式;3. 初步设计批准后发包的,宜采用设计施工总承包(DB)模式。(第 2 段)"此规定可作为企业投资项目采取工程总承包模式时,发包人应完成设计深度的参考。

至于工程总承包合同中,发包人所提供的设计图纸发生瑕疵,责任该如何分担的问题,目前有以下两种分担方式:

方式 A:承包人应于项目开工后一定期间内,针对发包人所提供的图纸进行复核。复核期间内，承包人通知发包人其所提供的图纸存在瑕疵，发包人应办理变更，且/或给予一定时间与费用的赔偿。如果复核期限过后，承包人才通知发包人其所提供的图纸存在瑕疵，工程师应考察在一定的时间与成本的前提下，有经验的承包人是否可以发现此一瑕疵，经审查结果认为是属于承包人无法发现的瑕疵，发包人应办理变更，且/或给予一定时间与费用的赔偿。当然承包人对其所负责的设计内容应负担完全的责任。换言之，承包人应于项目开工后一定期间内，配合发包人复核其所提供的图纸是否存在瑕疵。发包人仅在承包人的复核无过错时，对图纸的瑕疵负责。当然承包人对其所负责的设计内容应负担完全的责任。这类的规定一般较多出现在设计施工总承包合同中。

方式 B：承包人应于投标基准日前，复核发包人所提供的图纸是否存在瑕疵。除非发生以下例外情形，发包人对于图纸的正确性皆无须负责：发包人所提供的工程预期目标以及性能指标的正确性有瑕疵，或是承包人无法审核设计内容等（即核心发包人要求）。当然承包人对其所负责的设计内容应负担完全的责任。这类的规定一般较多出现在设计采购施工总承包合同中。

（二）现场数据

所谓现场数据，是指为完成建设工程项目的设计与施工，针对项目所在地的自然条件与人为条件进行必要的调查而得出的数据。自然条件资料包括：地质勘察资料、水文气象调查资料等；人为条件资料包括：地下管线资料，相邻建筑物、构筑物、地下工程资料以及测量参考点等。由于现场数据中的自然与人为条件具有相当的不确定性，再加上基于技术与成本的考量，也不可能做非常详尽的调查，因此，现场数据应由谁提供，现场数据的瑕疵责任应由谁负担，就成为合同中非常关键的问题。

有关现场数据应由谁提供、提供到何种程度的问题，应分三种情况讨论：第一，如果是施工总承包的情况，发包人提供的现场数据，应配合施工图设计,达到规范要求的相应的调查深度,如果此一资料涉及承包人报价的基础,应于投标基准日前提供,如果不涉及承包人报价的基础,亦应配合施工进度适时提供。至于投标前,承包人亦应按招标文件以及合同要求,对施工现场进行勘察,①承包人现场勘察的深度,以施工现场肉眼可观察的信息为准。第二,如果是工程总承包的情况,发包人所提供的现场数据,应配合其所完成的图纸设计的深度,达到规范要求的相应的调查深度,如果此一资料涉及承包人报价的基础,应于投标基准日前提供,如果不涉及承包人报价的基础,亦应配合施工进度适时提供。至于投标前,承包人亦应按招标文件以及合同要求,对施工现场进行勘察,承包人现场勘察的深度,以施工现场肉眼可观察的信息为准。至于签约之后,承包人为了完成后续的设计工作,应接续完成发包人未完成的调查工作。第三,不论是施工总承包或是工程总承包的情况,发包人提供现场数据的范围,在投标基准日前只需要将已完成调查部分的资料提供出来即可,至于调查的深度并没有进一步的要求。至于投标前,承包人亦应按招标文件以及合同要求,对施工现场进行勘察。承包人现场勘察的深度,以施工现场肉眼可观察的信息为准。在工程总承包的情况下,双方当事人签约后,承包人为了完成后续的设计工作,应接续完成发包人未完成的调查工作。

有关现场数据的瑕疵责任由谁负担的问题,应分两种情况讨论:第一,发包人仅需提供其所拥有的现场数据,并对该现场数据的真实性(不能是伪造的)负责(简言之,现场数据有多少给多少,不要造假就可以了),若有瑕疵,应负相应的责任,但是不要求其提供的现场数据

① 《2020版工程总承包合同文本》第4.7.2项规定:"承包人应对现场和工程实施条件进行查勘,并充分了解工程所在地的气象条件、交通条件、风俗习惯以及其他与完成合同工作有关的其他资料。承包人提交投标文件,视为承包人已对施工现场及周围环境进行了踏勘,并已充分了解评估施工现场及周围环境对工程可能产生的影响,自愿承担相应风险与责任。在全部合同工作中,视为承包人已充分估计了应承担的责任和风险,但属于4.8款[不可预见的困难]约定的情形除外。"

须达到一定深度；另由承包人负责判读该现场数据的准确性，若判读出现瑕疵，承包人就此应负相应的责任。第二，发包人提供的现场数据须符合规范要求，并为其真实性负责（简言之，现场数据给的深度、范围、质量、真实性等要符合规范标准），若有瑕疵，发包人应负相应的责任；另由承包人负责判读该现场数据的准确性，若判读出现瑕疵，承包人就此应负相应的责任。

（三）放线

承包人现场施工前，需根据发包人所提供的基准点，对建设工程项目的施工位置进行放线，放线的准确性关乎建设工程项目定位与尺寸是否准确的问题，因此总承包合同中该如何安排放线责任的归属，就成为一个很重要的问题。有关这个问题，可以分为以下三种情况讨论：第一，发包人就其提供基准点的正确性负责，而承包人就其放线的准确性负责。第二，发包人提供基准点后，承包人需配合在一定期间内检查基准点的正确性，发包人仅在承包人的检查无过错时，对基准点的正确性负责。另由承包人就其放线的准确性负责。第三，发包人所提供的基准点仅供参考，无须对正确性负责，承包人应对发包人所提供的基准点进行检查，并对正确性负责。另由承包人就其放线的准确性负责。

二、定作义务相关法律问题的进一步讨论

有关定作义务所涉及的法律问题，笔者认为有以下几点值得讨论：

（一）定作义务既是合同前义务，也是合同义务

所谓合同前义务，是指在合同成立之前的缔约阶段，双方当事人之间产生了某种程度的信赖关系，因此基于诚信原则在双方签约前，进行接触、准备或磋商时所产生的各种义务。如果当事人一方违反合同前义务的，应负担缔约过错的法律责任。建设工程项目中某些定作义务的内容，属于缔约阶段合同前义务的范畴，例如：在投标基准日

前,发包人应提供设计图纸、现场数据,承包人应到施工现场进行踏勘,或是针对发包人的图纸及现场数据进行检查。但是一旦双方当事人签订总承包合同之后,合同前义务就会因此转化为合同义务。

（二）定作义务与整体发包概念之间的关系

本书在第一章中提到了整体发包的概念,也就是发包人应将单位工程完整地发包给承包人进行施工,不得将单位工程分解成部分,发包给不同的承包人。此时的整体发包所强调的是单位工程施工的整体发包,并未包括单位工程设计与施工的整体发包,这是传统的施工总承包情境下的整体发包。此外,本书中所写的建设工程项目总承包模式除施工总承包模式之外,还包括工程总承包模式。工程总承包模式中的整体发包,包括将部分深度的设计与全部的施工整体进行发包。因此,建设工程项目总承包模式的整体发包需区分不同的情况,不能一概而论。

（三）定作义务划定了发包人与承包人之间核心权利与义务的范围,决定了总承包合同的类型

总承包合同中发包人与承包人最核心的边界问题,就是发包人应针对自己需要的建设工程项目及现场数据进行某种深度的描述,承包人再针对此一描述进行建设工程项目的建设。简言之,也就是发包人完成某种深度的设计与调查后,由承包人再接续完成后续的设计、调查与施工。因此总承包合同中,发包人完成的设计与调查深度不同,会导致承包人的工作范围有所变化。而此项边界条件的改变,会导致双方的工作范围不同,也会导致合同中风险分配的内容有所改变。也就是说,建设工程项目中,发包人如果少做一些工作,承包人就必须多做一些工作,当然也可能需要多承担一些风险,相应的合同条款设计也会不同,因而导致出现不同类型的总承包合同。

（四）投标基准日前发包人所提供的设计内容与现场数据，某些条件下属于《民法典》第533条情势变更原则中所规定的"合同的基础条件"

发包人应提供的设计内容与现场数据，如果涉及承包人报价成本与风险考量的，应于投标基准日前提供，此内容在某些条件下应认定为是《民法典》第533条情势变更原则中所规定的"合同的基础条件"，以作为建设工程项目未来是否发生情势变更的判断基础，笔者于本书第十章对此进行较为详细的讨论。

第四节　从2017年版FIDIC合同文本的角度，谈总承包合同分类的区别

有关《2017版CONS合同》《2017版P&DB合同》《2017版EPCT合同》文本的区别，笔者拟从核心条款内容的比较，分析这三类合同背后的关键差异，以及这些差异与定作义务之间的联系。

一、合同文件中是否包含投标函与中标函，以及合同成立的时间点

《2017版CONS合同》第1.5款〔文件优先次序〕规定："构成合同的文件应能够相互说明。如有任何冲突、歧义或不一致，文件的优先次序如下：……（b）中标函；（c）投标函……"由此可知，中标函和投标函属于《2017版CONS合同》合同文件的一部分，虽然根据第1.6款〔合同协议书〕的规定，"除非另有协议，双方应在承包商收到中标函后35天内签订合同协议书……"，但是在解释上一般认为，发包人颁发中标函后合同已经生效，签订合同协议书只是合同成立的证明文件。《2017版P&DB合同》也有相同的规定，应作出相同的解释。

根据《2017版EPCT合同》第1.5款〔文件优先次序〕的规定，其并未将投标函与中标函纳入合同文件中；此外，根据第1.6款〔合同协议书〕的规定，"合同自合同协议书规定的日期起全面实施和生效"。由

此可知,由于《2017 版 EPCT 合同》没有中标函,所以合同成立的时间以双方约定为准。这里需进一步讨论的是:第一,为何《2017 版 EPCT 合同》的合同文件中没有投标函与中标函? 这是因为,在国际上针对 EPCT 合同模式所采取的招投标方式,一般都是以竞争性谈判或是议约的方式为主,所以整个招投标过程中,没有承包人提交投标函的环节,而是双方进行一连串你来我往的谈判,当双方经过一连串的谈判达成共识之后,直接就签订合同协议书,这是在合同文件中没有投标函也没有中标函的原因。第二,为何 EPCT 合同模式在国际上的做法会以竞争性谈判或是议约的方式为主? 这个原因在于,《2017 版 EPCT 合同》是通过双方协商谈判的过程,确认发包人定作义务的范围以及双方合同的边界条件的界限,而不是采取像《2017 版 CONS 合同》《2017 版 P&DB 合同》由发包人单方确认定作义务的范围以及合同边界条件的界限,承包人负责报价即可的方式。由于《2017 版 EPCT 合同》承包人的工作范围较多,承担的风险也比较大,因此合同给予承包人更多的自主空间,在缔约的过程中也让承包人参与定作义务与合同边界的讨论,而非由发包人单方决定。

二、工程师或雇主代表的权限

有关《2017 版 CONS 合同》《2017 版 P&DB 合同》《2017 版 EPCT 合同》中工程师与雇主代表权限的核心区别,笔者先阐述观点,随后再说明支持笔者观点的根据。笔者认为,《2017 版 CONS 合同》以及《2017 版 P&DB 合同》中,与商务有关的权利,大部分是由发包人自己行使,而合同中有关技术性事项,基本上由发包人授权工程师处理;而《2017 版 EPCT 合同》中,将大部分建设工程项目的技术性事项发包给承包人处理,因此合同中与商务有关的权利,发包人授权由雇主代表来行使,合同中对于如何行使这些商务权利,有相关配套的规定,而由于技术性事项大部分已经发包给承包人,剩下需要雇主代表介入的事项就不多了,所以一般雇主代表团队的规模,相对于工程师团队的规模会比较精练一些。我们可以从以下合同内容,证明上述观点。

(一)授权

《2017 版 CONS 合同》第 3.2 款〔工程师的任务和权利〕规定:"除本条件中另有说明外,每当工程师履行或行使合同规定或隐含的任务或权利时,应作为熟练的专业人员和视为代表雇主执行;(第 1 段)除本条件中另有说明外,工程师无权修改合同,或解除合同规定的或与合同有关的任一方的任何任务、义务或职责。(第 2 段)工程师可行使合同中规定或必然隐含的应属于工程师的权利。如果要求工程师在行使规定权利前须取得雇主的同意,这些要求应在专用条件中写明。……(第 3 段)"由此可知,工程师应作为熟练的专业人员,根据合同规定代表发包人履行与建设工程项目技术性事项有关的权利;工程师无权处理修改合同、解除合同、解除一方义务等商务事项。《2017 版 P&DB 合同》就此部分的规定相同,不再赘述。

《2017 版 EPCT 合同》第 3.1 款〔雇主代表〕规定:"雇主应任命雇主代表,除本条件另有规定外,否则雇主代表应被认为代表雇主履行合同义务。(第 1 段)雇主代表应被授予,并(除非和直到雇主另行通知承包商)应被认为具有根据合同规定的雇主全部权利,涉及第 15 条〔由雇主终止〕规定的权利除外。(第 2 段)……"由此可知,雇主代表除了合同提前终止的权利外,可以全权代表发包人。因此,雇主代表处理商务事项权利的范围大于工程师的权利的范围。

(二)指示

《2017 版 CONS 合同》第 3.5 款〔工程师的指示〕规定:"工程师可(在任何时候)按照合同规定向承包商发出实施工程可能需要的指示。(第 1 段前段)……"由此可知,工程师针对工程需要的事项(即技术性事项),可以自主随时向承包人发出指示。《2017 版 P&DB 合同》就此部分的规定相同。

《2017 版 EPCT 合同》第 3.4 款〔指示〕规定:"雇主可通过下述规定的雇主代表或助手,根据合同规定向承包商(任何时候)发出实施工程可能需要的指示。每项指示都应说明其有关的义务,以及规定这些义务的条款(或合同的其他条款)。(第1段)⋯⋯"由此可知,雇主不能自己发出指示,只能由雇主通过雇主代表或其助手发出指示,而且必须说明合同中的依据,由此可知此指示的内容涉及合同商务事项。

三、定作义务

(一)设计/发包人要求

《2017版CONS合同》第17.2款〔工程照管的责任〕第2段规定:"对于因以下任何事件造成的工程、货物或承包商文件的损失或损害,承包商概不承担赔偿或其他有关的责任⋯⋯(c)雇主负责工程设计的要素或可能包含在规范要求和图纸中的过失、错误、缺陷或遗漏(以及在提交投标书之前检查现场和规范要求和图纸时,有经验的承包商在实施应有的照管时不会发现)⋯⋯"第3段规定:"按照第18.4款〔例外事件的后果〕的规定,如果发生以上(a)至(f)段所述的任何事件,并导致工程、货物或承包商文件的损害,承包商应立即通知工程师。然后,承包商应按照工程师的指示,纠正可能造成的任何此类损失和/或损害。该指示应视为已根据第13.3.1项〔指示变更〕的规定发出。"由此可知,发包人所提供设计图纸的瑕疵,经承包人通知后,发包人应办理变更。

《2017版P&DB合同》第1.9款〔雇主要求中的错误〕规定:"如果承包商根据第5.1款〔一般设计义务〕的规定,通过审核,发现雇主要求中存在错误、过失或缺陷,承包商应在合同数据中规定的期限内(如未规定,则为42天)向工程师发出通知,自开工日期算起。(第1段)如果在此期限届满后,承包商发现雇主要求中存在错误、过失或缺陷,承包商也应向工程师发出通知,说明错误、过失或缺陷。(第2段)⋯⋯如果根据上述(b)段,有经验的承包商不会发现错误、过失或其他缺陷:(i)第13.3.1项〔指示变更〕应适用于要求承包商采取的措施(如果有);(以及)(ii)如果承包商因错误、过失或缺陷而遭受延误和/或招致费用,承包商应有权根据第20.2款〔付款和/或竣工时间延长的索赔〕的规定,获得竣工时间的延长和/或此类成本加利润的支付。(第4段)"因此,承包人应于项目开工后一定期间内,针对发包人所提供的图纸(即雇主要求)进行审核,审查期间内,承包人通知发包人其所提供的图纸存在瑕疵,发包人应办理变更,和/或给予一定时间与费用的赔偿;如果审核期限过后,承包人才通知发包人其所提供的图纸存在瑕疵,工程师应审查在一定的时间与成本的前提下,有经验的承包人是否可以发现此一瑕疵,经审查,工程师认为属于承包人无法发现的瑕疵,发包人应办理变更,和/或给予一定时间与费用的赔偿。由此,承包人应于项目开工后一定期间内,针对发包人所提供的图纸(即雇主要求)进行审核。发包人仅在承包人的审核无过错时,对图纸的瑕疵负责。

《工程总承包计价规范》(T/CCEAS 001-2022)第3.3.3条第2款规定:"发包人要求中错误的责任可按下列规定分担:……2. 采用设计施工总承包(DB)模式,承包人应复核发包人要求,发现错误应书面通知发包人。(第1段)发包人要求中的错误导致承包人增加费用和(或)工期延误的,应承担承包人由此增加的费用和(或)延误的工期以及合理的利润。(第2段)"由此可知,该条规定要求在DB模式下,承包人应复核发包人要求,反面解释也就是承包人该复核而未复核,应承担发包人要求错误的责任,所以承包人复核义务的范围是界定发包人承担错误责任的重要依据。比较可惜的是,该条规定中对于复核的时间没有具体的规定,建议未来在合同中应具体规定,以避免争议。

《2017版EPCT合同》第5.1款〔一般设计义务〕规定:"承包商应被视为,在基准日期前已仔细审查了雇主要求(包括设计标准和计算,如果有)。(第1段)……除下述本款情况外,雇主不应对原包括在合同内的雇主要求中的任何错误、不准确或遗漏负责,并不应被认为,对任何数据或资料给出了任何准确性或完整的表示。……(第4段)但是,雇主应对雇主要求中的下列部分,以及由雇主(或其代表)提供的下列数据和资料的正确性负责：(a)在合同中规定的由雇主负责的或不可变的部分、数据和资料；(b)对工程或其任何部分的预期目的的说明；(c)竣工工程的试验和性能的标准；(以及)(d)除合同另有说明外，承包商不能核实的部分、数据和资料。(第5段)"由此可知，雇主要求中，除四项核心的雇主要求，由发包人对其正确性负责外，发包人对其他雇主要求的正确性无须负责任，承包人应于投标基准日前自行完成审查。

《工程总承包计价规范》(T/CCEAS 001-2022)第3.3.3条第1款规定："发包人要求中错误的责任可按下列规定分担：1.采用设计采购施工总承包(EPC)模式，承包人应复核发包人要求，发现错误应书面通知发包人。发包人做相应修改的，按照合同约定进行调整；如确有错误，发包人坚持不改，应承担由此导致承包人增加的费用和(或)延误的工期，以及合理的利润。(第1段)承包人未发现发包人要求中存在错误和(或)未通知发包人提交说明文件的，除专用合同条件另有约定外，承包人自行承担由此导致的费用增加和(或)工期延误。(第2段)无论承包人发现与否，发包人要求中的下列错误导致承包人增加的费用和(或)延误的工期，由发包人承担，并向承包人支付合理的利润：1)发包人要求中或合同中约定由发包人负责的或不可变的数据和资料；2)对工程或其他任何部分的预期目的说明；3)竣工工程的试验和性能的标准；4)除合同另有约定外，承包人不能核实的数据和资料。(第3段)"由此可知，本条规定中四个核心的发包人要求与前述FIDIC的规定基本一致，但是该规定中对于承包人复核的时间没有具体的规定，恐生争议。

(二)现场数据

《2017版CONS合同》第2.5款〔现场数据和参考事项〕规定："雇主应在基准日期前，向承包商提供其拥有的现场地形和地下、水文、气候及环境条件方面的所有相关数据，供承包商参考。雇主应立即向承包商提供在基准日期后其拥有的所有此类数据。(第1段)……"第

4.10款〔现场数据的使用〕规定:"承包商应负责解释根据第2.5款〔现场数据和参考事项〕提供的所有数据。(第1段)……"由此可知,发包人仅需提供其所拥有的现场数据,解释上并应对该现场数据的真实性(不能是伪造的)负责,另由承包人对现场数据判读的准确性负责,若判读出现瑕疵,承包人就此负相应的责任。《2017版P&DB合同》就此部分的规定相同,不再赘述。

《2017版EPCT合同》第2.5款〔现场数据和参考事项〕规定:"雇主应在基准日期前,向承包商提供其拥有的现场地形和地下、水文、气候及现场环境条件方面的所有相关数据,供承包商参考。雇主应立即向承包商提供在基准日期后其拥有的所有此类数据。(第1段)……除第5.1款〔一般设计义务〕规定外,雇主对此类数据和/或参考事项的准确性、充分性或完整性不承担任何责任。(第3段)"第4.10款〔现场数据的使用〕规定:"承包商应负责验证和解释雇主根据第2.5款〔现场数据和参考事项〕的规定提供的所有数据。"由此可知,发包人解释上仅需提供其所拥有的现场数据,并对该现场数据的真实性(不能是伪造的)负责,另由承包人负责验证和判读该现场数据的准确性,若验证或判读出现瑕疵,承包人就此应负相应的责任,但是如果涉及核心的发包人要求除外。

(三)放线

《2017版CONS合同》第4.7款〔放线〕规定:"承包商应按照第2.5款〔现场数据和参考事项〕的规定对与参考事项有关的工程放线。"第4.7.1项〔准确性〕规定:"承包商应当:(a)在工程使用前,核实所有这些参考事项的准确性;(b)及时将核实的每项结果送交工程师;(c)纠正在工程的位置、标高、尺寸或定线中的任何错误;(以及)(d)负责对工程的所有部分正确定位。"第4.7.3项〔对整改措施、延误和/或成本的商定或确定〕第2段规定:"根据以上(b)段所述,如果经验丰富的承包商不能发现错误:(i)第13.3.1项〔指示变更〕的规定应适用于要求承包商采取的措施(如果有);(以及)(ii)如果承包商因错误而遭受延误和/或招致增加费用,承包商应根据第 20.2 款〔付款和/或竣工时间延长的索赔〕的规定,有权获得竣工时间的延长和/或此类成本加利润的支付。"由此可知,发包人提供基准点后,承包人需配合在一定期间内检查基准点的正确性,发包人仅在承包人的检查无过错时,对基准点的正确性负责。另由承包人就其放线的准确性负责。《2017 版 P&DB 合同》就此部分的规定相同,不再赘述。

《2017 版 EPCT 合同》第 2.5 款〔现场数据和参考事项〕规定:"……原始测量控制点、基准线和基准标高(本条件中的'参考事项')应在雇主要求中规定。(第 2 段)除第 5.1 款〔一般设计义务〕规定外,雇主对此类数据和/或参考事项的准确性、充分性或完整性不承担任何责任。(第 3 段)"此外,《2017 版 EPCT 合同》第 4.7 款〔放线〕的规定与《2017 版 CONS 合同》第 4.7 款〔放线〕以及第 4.7.1 项〔准确性〕的规定相符,但是却没有第 4.7.3 项〔对整改措施、延误和/或成本的商定或确定〕的规定,由此可知,发包人所提供的基准点仅供参考,无须对正确性负责,承包人应对发包人所提供的基准点进行检查并对正确性负责。另由承包人就其放线的准确性负责。

另外,《工程总承包计价规范》(T/CCEAS 001-2022)第 3.3.2 条规定:"发包人应在基准日期前,将其取得的现场地形和地下、水文、气候及环境条件方面的所有相关现场数据,提供给承包人。发包人在基准日期后得到的所有此类数据,也应及时提供给承包人。(第 1 段)原始测量控制点、基准线和基准标高等参考数据应在发包人要求中提出。(第 2 段)承包人应负责验证和解释发包人提供的参考数据,按照合同约定对与参考数据有关的工程放线,并核实数据的准确性,纠正在工程的位置、标高、尺寸或定线中的错误,负责对工程的所有部分正确定位。(第 3 段)对发包人提供的现场数据或参考数据的错误可按下列规定分担责任:1. 采用设计采购施工总承包(EPC)模式时,发包人除按照合同约定或本规范第 3.3.3 条第 1 款的规定承担责任外,不对现场数据和参考数据的准确性、充分性和完整性承担任何责任。2. 采用设计施工总承包(DB)模式时,承包人应及时将发现参考数据中的错误通知发包人,如果承包人因错误而遭受延误和(或)费用增加时,承包人有权获得工期的延长和(或)额外费用的增加及合理的利润。(第4段)"本条规定和前述 FIDIC 的规定基本一致。

(四)不可预见的施工障碍

《2017 版 CONS 合同》第 4.12 款〔不可预见的物质条件〕规定:"本款中的'物质条件'系指承包商在现场施工期间遇到的自然物质条件,及物质障碍(自然的或人为的)和污染物,包括地下和水文条件,但不包括现场的气候条件以及这些气候条件的影响。(第 1 段)……"第4.12.4 项〔延误和/或费用〕规定:"如果承包商在遵守上述第 4.12.1项至第 4.12.3 项的规定后,因这些物质条件而遭受延误和/或招致增加费用,承包商应有权根据第 20.2 款〔付款和/或竣工时间延长的索赔〕的规定,有权获得竣工时间的延长和/或此类费用的支付。"由此可知,这里所说的物质条件是指非气候因素的施工障碍,也就是从现场数据也无法预知的障碍,本款规定承包商可以索赔。《2017 版 P&DB合同》就此部分的规定相同,不再赘述。

《工程总承包计价规范》(T/CCEAS 001–2022)第 3.3.1 条规定:"建设项目工程总承包中,发包人应根据采用的工程总承包模式以及发承包依据的基础条件,按照权责对等和平衡风险分担的原则,在发包人要求、工程总承包合同中明确计价的风险范围。存在下列情形时,造成合同工期和价格的变化主要由发包人承担:……4. 不可预见的地质条件、地下掩埋物等变化……"由此可知,该条规定与 FIDIC 红皮书、黄皮书的规定一致。

但是,《2017 版 EPCT 合同》第 4.12 款〔不可预见的困难〕规定:"除专用条件另有说明外:……(c)合同价格对任何不可预见的或未预见的困难和费用不应考虑予以调整。"由此可知,此款规定承包商遭遇不可预见的施工障碍,是无权进行索赔的。这是因为在《2017 版 EPCT合同》中,发包人所做现场数据调查的深度,不如《2017 版 CONS 合同》

中的调查深度,所以承包人应接续完成后续现场数据的调查任务,并承担相应的风险。

四、竣工日期的延长

《2017版CONS合同》第8.5款〔竣工时间的延长〕第1段规定:"如果由于下列任何原因,致使第10.1款〔工程和分项工程的接收〕要求的竣工受到或将受到延误,承包商应有权按照第20.2款〔付款和/或竣工时间延长的索赔〕的规定获得竣工时间的延长:(a)变更(但不要求遵守第20.2款〔付款和/或竣工时间延长的索赔〕的规定);(b)根据本条件某款,有权获得竣工时间的延长的原因;(c)异常不利的气候条件,就本条件而言,应指雇主根据第2.5款〔现场数据和参考事项〕提供的气候数据和/或现场地理位置所在国公布的气候数据、不可预见的现场不利气候条件;(d)由于流行病或政府行为造成可用的人员或货物(或雇主提供的材料,如果有)的不可预见的短缺;(或)(e)由雇主、雇主人员或在现场的雇主的其他承包商造成或引起的任何延误、妨碍或阻碍。"由此可知,总共有5项顺延工期的事由。《2017版P&DB合同》就此部分的规定相同。

至于《2017版EPCT合同》有关此部分的规定少了(c)和(d),也就是异常不利气候以及人员、货物不可预见的短缺等事由,承包商不可请求顺延工期。

五、小结

对于施工总承包合同、DB合同与EPC合同条款的区别,可通过表2.1做进一步的了解。

表 2.1　施工总承包合同、DB 合同与 EPC 合同条款的核心区别

内容		施工总承包合同	DB 合同	EPC 合同
1. 工程师/雇主代表的权限	1.1 授权	1. 工程师应作为熟练的专业人员，根据合同规定代表发包人行使属于建设工程项目技术性事项有关的权利；2. 工程师无权处理修改合同、解除合同、解除一方义务等商务事项	同施工总承包	雇主代表除了合同提前终止的权利外，可以全权代表发包人
	1.2 指示	工程师针对工程需要的事项（即技术性事项），可以自主随时向承包人发出指示	同施工总承包	1. 雇主不能自己发出指示，只能由雇主通过雇主代表或其助手发出指示，而且必须说明合同中的依据；2. 此一指示的内容涉及合同商务事项
2. 定作义务	2.1 设计/发包人要求	发包人所提供设计图纸的瑕疵，经承包人通知后，发包人应办理变更	承包人应于项目开工后一定期间内（42 天），针对发包人所提供的图纸（即雇主要求）进行审核，审查期间内，承包人通知发包人其所提供的图纸存在瑕疵，发包人应办理变更，和/或给予一定时间与费用的赔偿	1. 雇主要求中，除 4 项核心的雇主要求，由发包人对其正确性负责外，发包人对其他雇主要求的正确性无须负责任，承包人应于投标基准日前自行完成审查；2. 核心雇主要求：不可变、目的、标准、不能核实

（续表）

内容		施工总承包合同	DB 合同	EPC 合同
2. 定作义务	2.2 现场数据	1. 发包人仅需提供其所拥有的现场数据，解释上并应对该现场数据的真实性(不能是伪造的)负责; 2. 另由承包人对现场数据判读的准确性负责，若判读出现瑕疵，承包人就此负相应的责任	同施工总承包	1. 发包人解释上仅需提供其所拥有的现场数据，并对该现场数据的真实性(不能是伪造的)负责; 2. 另由承包人负责验证和判读该现场数据的准确性，若验证或判读出现瑕疵，承包人就此应负相应的责任，但是涉及核心的发包人要求除外
	2.3 放线	1. 发包人提供基准点后，承包人需配合在一定期间内检查基准点的正确性，发包人仅在承包人的检查无过错时，对基准点的正确性负责; 2. 另由承包人就其放线的准确性负责	同施工总承包	1. 发包人所提供的基准点仅供参考，无须对正确性负责; 2. 承包人应对发包人所提供的基准点进行检查并对正确性负责; 3. 另由承包人就其放线的准确性负责
	2.4 不可预见的施工障碍	这里所说的物质条件是指非气候因素的施工障碍，也就是从现场数据也无法预知的障碍，承包商可以索赔	同施工总承包	除合同另有约定外，承包商遭遇不可预见的施工障碍，是无权进行索赔的
3. 竣工日期的延长		总共有 5 项顺延工期的事由，分别是:变更、约定、异常气候、流行病或政府行为、雇主因素	同施工总承包	总共有 3 项顺延工期的事由，分别是:变更、约定、雇主因素

视频 2.2 施工总承包合同、DB 合同和 EPC 合同之间的区别

第五节 国内合同文本的介绍

目前,国内行政主管部门所发布的总承包合同文本采取双轨制。所谓双轨制,是指政府投资项目所使用的总承包合同文本,与企业投资项目所使用的合同文本,是两套不同的文本。

有关政府投资项目,如果采取施工总承包模式,则使用 2007 年 11 月 1 日由国家发展改革委等九部委联合制定的《〈标准施工招标资格预审文件〉和〈标准施工招标文件〉试行规定》;如果采取工程总承包模式,则使用 2011 年 12 月 20 日由国家发展改革委等九部委联合制定的《中华人民共和国标准设计施工总承包招标文件》,该文本内容融合了 FIDIC 黄皮书与银皮书的内容。

至于企业投资项目,如果采取施工总承包模式,则使用 2017 年 9 月 22 日由住房和城乡建设部、工商总局制定的《2017 版施工合同文本》;如果采取工程总承包模式,则使用 2020 年 11 月 25 日由住房和城乡建设部、市场监管总局制定的《2020 版工程总承包合同文本》,该文本内容比较偏向 FIDIC 黄皮书的内容。

由于九部委所制定的合同文本发布的时间较早,且近年来建设工程领域陆续出台新的政策法规,该合同文本内容并没有同步更新,而住房和城乡建设部的合同文本发布时间较晚,文本内容较新,所以实践中有越来越多的政府投资项目直接使用住房和城乡建设部的合同文本。政府投资项目直接使用住房和城乡建设部的合同文本,固然有其优点,但是需要特别注意的是,九部委所制定的合同文本内容,对发

包人及政府方比较友善,而住房和城乡建设部的合同文本则刚好相反,对承包人比较友善,该文本的条文内容中有许多承包人的索赔条款,如不修改,稍有不慎,就有可能使发包人陷于不利的位置。

上述合同文本的条文内容,都或多或少参考了 FIDIC 合同文本的内容,本书将于后续的章节中,陆续为各位读者进行比较与分析。

第三章　建设工程项目总承包模式的法源

第一节　有关建设工程总承包模式法源的基本问题

一、概述

所谓法源,从字面意思来看是指法的源头,也有人说法源是指法官审判的依据。笔者认为,在讨论法源这个概念之前,有必要针对作为法源来源的"法律"这个法理学的问题进行讨论。法理学在讨论"法律"这个概念时,将法律区分为广义的法律与狭义的法律。如果在刑法的领域讨论"罪刑法定主义"时,这里的法律是最狭义的法律,是指由立法部门所制定的法律。而如果在行政法的领域讨论"依法行政原则"时,在相对法律保留原则的情况下,这里所谈的法律,除了前述由立法部门制定的法律之外,还包含其他规定,所以这里的法律是指广义的法律。如果在民事的领域讨论"私法自治原则",这里所谈的法律,也是指广义的法律。

在不同的领域中法源的范围也不尽相同。刑法领域因采取罪刑法定主义,法官裁判的依据就只能是狭义的法律,而在民事领域,主要是针对私人间权利义务的调整,不涉及政府公权力的行使,原则上没有法律保留原则的适用,所以在民事领域私法自治中所谈的法,强调法源的多元性,除了广义的法律外,习惯与法理也可纳入法源范围。因此在民事领域,基于"法官不得拒绝审判"原则,即便争端处理过程中,法官找不到成文法作为审判依据,也必须通过法学方法,对于合同及法律漏洞进行填补,或是通过法的续造进行审判,学理上称之为"法官造法"。

在建设工程领域,不管是中央还是地方,行政主管部门基于职权发布了各式各样的行政文件、规范标准或是合同示范文本;各级法院出台了各种规范性文件;还有在国际上享有一定地位的 FIDIC 制定了合同系列文本。这些文件可否作为法源,是很多人所关心的问题。另外,由于建设工程总承包合同工期长、金额高、风险大,如果在一开始签约就必须签订一个完全合同,这种做法在实践中具有相当大的困难,因此如何针对不完全合同中的合同漏洞进行填补,也是本文即将讨论的问题。以下先就建设工程项目总承包模式的法源进行讨论,具体内涵说明如后。

二、《民法典》第 10 条规定的法源

《民法典》第 10 条规定:"处理民事纠纷,应当依照法律;法律没有规定的,可以适用习惯,但是不得违背公序良俗。"由此可知,法律与习惯是民事法源。这里需要特别说明的是,建设工程项目总承包合同法律关系作为民事法律关系的一种,法源应该也包括法律与习惯,但所谓的法律是指广义的法律还是狭义的法律?虽然有许多学理上的讨论,但最高人民法院《关于裁判文书引用法律、法规等规范性法律文件的规定》(法释〔2009〕14 号)第 4 条规定:"民事裁判文书应当引用法律、法律解释或者司法解释。对于应当适用的行政法规、地方性法规或者自治条例和单行条例,可以直接引用。"由此可知,法官裁判的依据是:第一,中央与地方立法部门的立法;第二,法律解释与司法解释;第三,行政法规。因此,可以推知我国司法实践对于民事法律,采取的是广义法律的概念。

当事人签订的建设工程总承包合同是否属于法源?《民法典》第153 条第 1 款规定:"违反法律、行政法规的强制性规定的民事法律行为无效。但是,该强制性规定不导致该民事法律行为无效的除外。"目前,针对这个条文的解释,学理上将强制性规定区分为效力性规定与管理性规定,而民事法律行为违反强制性规定中的效力性规定无效。

因此我们可以反面解释,合同内容如果没有违反强制性规定中的效力性规定,合同内容的效力甚至比法律中的任意性规定或是强制性规定中的管理性规定的效力还高,所以合同当然可以成为法源的一部分,其法源顺位还相当高。

另外,有关总承包合同法律的适用顺位问题,笔者认为适当的适用顺序应该是:第一,最先适用《民法典》第788～808条建设工程合同的规定,以及《施工合同解释一》(法释〔2020〕25号)。第二,《民法典》第808条规定:"本章没有规定的,适用承揽合同的有关规定。"因此,总承包合同在建设工程合同章中没有规定的前提下,应适用《民法典》第770～787条承揽合同的规定。第三,《民法典》第646条规定:"法律对其他有偿合同有规定的,依照其规定;没有规定的,参照适用买卖合同的有关规定。"因此,总承包合同作为有偿合同的一种,在前述章节都没有规定的前提下,可以适用《民法典》第595～647条的规定。第四,本书第一章内容中,对于建设工程项目总承包合同的性质,进行了深入的讨论。笔者认为,总承包合同如果是程序协议与实体协议的结合合同,有程序法的适用;总承包合同如果是债权合同与物权合同的联立合同,有《民法典》物权篇规定的适用;总承包合同如果是主合同与从合同的联立合同,《民法典》中关于从合同的规定有适用的余地;如果总承包合同中有独立保函的,应适用独立保函的司法解释;如果总承包合同中有关于联合体相关规定的,可参照《民法典》合同编第二十七章关于合伙合同的规定,或是参照多数债权人债务人的相关规定等。

习惯是不成文法源。最高人民法院《关于适用〈中华人民共和国民法典〉总则编若干问题的解释》(法释〔2022〕6号)第2条规定:"在一定地域、行业范围内长期为一般人从事民事活动时普遍遵守的民间习俗、惯常做法等,可以认定为民法典第十条规定的习惯。(第1款)当事人主张适用习惯的,应当就习惯及其具体内容提供相应证据;必要时,人民法院可以依职权查明。(第2款)适用习惯,不得违背社会主义核心价值观,不得违背公序良俗。(第3款)"由此可知,习惯是指当事人间从事民事活动时存在不违背公序良俗的民间习俗、惯常做法,并且已形成普遍的行为规范,必须遵守。另外,主张习惯的当事人,需对习惯进行举证,这会对主张习惯的一方构成一定的难度,因此虽然《民法典》上规定习惯可以成为法源,但是诉讼上引用习惯作为法源有事实上的困难。

三、法理可否成为民事法源?

实践上,建设工程项目总承包模式的相关法律与习惯等法源是不够用的,非要法官在既有的法律与习惯等法源中寻找裁判依据,有时会有一定的困难。因此,法官在面对相关争议时,寻找其他裁判的依据,就成为不得不进行的选择。笔者认为,由"法理"即自然法律精神演绎而出的一般法律原则①也应该被承认为法源之一,以便解决建设工程项目总承包模式中不断出现的民事纠纷新态样。

四、建设工程合同纠纷领域中常见文件的法源问题

在建设工程合同纠纷领域中常见的文件包括:第一,最高院、地方法院所出台的有关审理建设工程纠纷的规范性文件,这些文件对于法院的审判影响甚深,本书将整理出一个完成的明细,作为本书附件供读者参考;第二,主管部门出台的相关部门规章,例如《工程总承包管理办法》《发包与承包违法行为认定办法》等;第三,主管部门出台的相关红头文件,例如《建筑安装工程费用项目组成》;第四,主管部门出台的各种相关规范,例如《2013版工程量清单计价规范》《建设工程造价鉴定规范》《工程总承包计价计量规范(征求意见稿)》等;第五,主管部门出台的各类建设工程合同的示范文本;第六,FIDIC 合同系列文本。

---

① 王泽鉴:《民法总则》,台湾地区作者自版 2001 年版,第 65 页。

最高人民法院《关于裁判文书引用法律、法规等规范性法律文件的规定》（法释〔2009〕14 号）第 4 条规定："民事裁判文书应当引用法律、法律解释或者司法解释。对于应当适用的行政法规、地方性法规或者自治条例和单行条例，可以直接引用。"第 6 条规定："对于本规定第三条、第四条、第五条规定之外的规范性文件，根据审理案件的需要，经审查认定为合法有效的，可以作为裁判说理的依据。"最高人民法院《关于加强和规范裁判文书释法说理的指导意见》（法发〔2018〕10 号）规定："十三、除依据法律法规、司法解释的规定外，法官可以运用下列论据论证裁判理由，以提高裁判结论的正当性和可接受性：最高人民法院发布的指导性案例；最高人民法院发布的非司法解释类审判业务规范性文件；公理、情理、经验法则、交易惯例、民间规约、职业伦理；立法说明等立法材料；采取历史、体系、比较等法律解释方法时使用的材料；法理及通行学术观点；与法律、司法解释等规范性法律文件不相冲突的其他论据。"由此可知，民事法源可区分为，作为裁判依据的法源（即法律、法律解释或者司法解释、行政法规、地方性法规或者自治条例和单行条例），以及作为裁判理由的法源（即上述列举之外的内容），而且作为裁判理由的法源对于法官并无绝对拘束力，法官可以选择是否适用。

此部分可参考以下几则实务的见解：

（1）最高人民法院民事审判第一庭编的《民事审判实务问答》第 53 个问答指出："实践中，因设计变更、进度计划变更、施工条件变更或者发包方提出'新增工程'等工程变更导致建设工程的工程量或者质量标准发生变化的情况非常普遍。此时，如果发包人和承包人就如何结算工程价款达不成一致，根据最高人民法院《关于审理建设工程施工合同纠纷案件适用法律问题的解释（一）》（本文以下简称《解释（一）》）第十九条第二款的规定，'因设计变更导致建设工程的工程量或者质量标准发生变化，当事人对该部分工程价款不能协商一致的，可以参照签订建设工程施工合同时当地建设行政主管部门发布的计价方法或者计价标准结算工程价款'。注意此处的用词是'可以'而非'应当'。"

（2）最高人民法院（2016）最高法民申 3690 号民事裁定书指出："原审法院在法律、司法解释未有规定的情况下，参照适用住房和城乡建设部颁布的《建筑工程施工发包与承包计价管理办法》第十八条之规定，并无不妥，与《最高人民法院关于裁判文书引用法律、法规等规范性法律文件的规定》第六条之规定并不冲突，不属于适用法律确有错误的情形。"

（3）最高人民法院（2017）最高法民申 2618 号民事裁定书指出："《最高人民法院关于裁判文书引用法律、法规等规范性法律文件的规定》第六条规定：'对于本规定第三条、第四条、第五条规定之外的规范性文件，根据审理案件的需要，经审查认定为合法有效的，可以作为裁判说理的依据。'据此，二审法院根据《最高人民法院第八次全国法院民商事审判工作会议（民事部分）纪要》关于'一房数卖'的合同履行问题的相关处理原则作为裁判说理的依据，并无不当。"

（4）四川省高级人民法院（2019）川民申 3116 号民事裁定书指出："根据《最高人民法院关于裁判文书引用法律、法规等规范性法律文件的规定》第六条'对于本规定第三条、第四条、第五条规定之外的规范性文件，根据审理案件的需要，经审查认定为合法有效的，可以作为裁判说理的依据'的规定，《劳动和社会保障部关于确立劳动关系有关事项的通知》（劳社部发〔2005〕12 号）属于现行有效的部门规范性文件，故原审判决依据该通知的规定认定本案事实并无不当……"

（5）江苏省高级人民法院《关于审理建设工程施工合同纠纷案件若干问题的意见》（苏高法审委〔2008〕26 号）第 8 条规定："建设工程合同生效后，当事人对有关内容没有约定或者约定不明确的，可以协议补充；不能达成补充协议的，按照合同有关条款或者参照国家建设部和国家工商总局联合推行的《建设工程施工合同（示范文本）》的通用条款确定。"

因此,在建设工程合同纠纷领域中常见的文件(第一至第六)若符合上述规定,就应该属于裁判依据的法源或裁判理由的法源,法官可以援用在裁判依据或理由内。至于不符合的文件,笔者认为,纵然不能直接成为法源,但通过对具体内容的分析,如果内容符合法律(例如《民法典》第4条规定的平等原则、第6条规定的公平原则、第7条规定的诚信原则等)、习惯、法理等,应该也能成为法源而被法院允许作为裁判或说理的依据。

需特别说明各类建设工程合同的示范文本以及FIDIC合同系列文本的法源问题。[①] 虽然该等文件不具备法律、法律解释或者司法解释、行政法规、地方性法规或者自治条例和单行条例等规范的效力,但各类建设工程合同的示范文本是主管部门为规范建筑市场秩序,维护建设工程施工合同当事人的合法权益而制定,FIDIC合同系列文本则是由国际咨询工程师联合会所编制的具有高水平、高质量以及具备通用性与权威性的文件,且已普遍为各国工程项目所采用,这两项文件都是我国当事人在签订合同过程中关于合同内容的重要借鉴文件。如果当事人在合同中已经将建设工程合同示范文本以及FIDIC合同系列文本作为合同的内容(例如当事人约定:FIDIC合同条款为本合同的一部分或本合同受FIDIC合同条款的规范),则建设工程合同示范文本以及FIDIC合同系列文本即已具有合同的效力,其法源顺位是相当高的;如果当事人在签订合同过程中并无引用示范文本或FIDIC合同系列文本,但又需解释合同条款或需进行合同漏洞填补,笔者认为,法院可以援引建设工程合同示范文本以及FIDIC合同系列文本的条款进行合同解释或合同漏洞填补。因为建设工程合同示范文本以及FIDIC合同系列文本的条款通常是法律,《民法典》一般原则例如平等原则、公平原则、诚信原则等,以及惯例、习惯、法理等精神的体现,根

---

① 有关此类问题的讨论可以参考陈自强:《FIDIC工程契约条款在契约法源之地位》,载陈自强:《整合中之契约法》,台湾地区元照出版有限公司2011年版。

据最高人民法院《关于裁判文书引用法律、法规等规范性法律文件的规定》第 4 条、第 6 条的规定以及最高人民法院《关于加强和规范裁判文书释法说理的指导意见》的规定,可以成为法院裁判或说理的依据。当然,在诉讼上,必须要向法院具体说明这些关系,也就是说明所引用的条款具备何种原则或精神等可以作为法源的理由。

第二节　建设工程总承包合同再交涉义务的续造与 DAAB 程序

一、建设工程总承包合同的合同漏洞

所谓合同漏洞,是指合同关于某事项依合同计划应有订定而未订定,此多属合同非必要之点。合同之所以发生漏洞,有的是由于当事人未能预见未来情事的发生;有的是由于当事人相信虽未约定,终可通过磋商处理,或法律必有合理解决之道;有的是由于当事人欠缺必要的资讯,为避免支付过高的交易成本,而未订立所谓的"完全的合同",对该合同可能发生争议的危险分配,作出周全的约定。① 其实根据笔者的经验,在建设工程合同领域中,合同强势的一方会刻意地将合同中对自己不利的条款内容,在合同起草时进行模糊处理,因而产生合同漏洞,所以合同漏洞该如何进行填补是个很值得关注的问题。学理上有人认为应以民法中的任意规定进行填补,有人认为应以"假设的当事人意思"进行填补。② 《民法典》第 510 条规定:"合同生效后,当事人就质量、价款或者报酬、履行地点等内容没有约定或者约定不明确的,可以协议补充;不能达成补充协议的,按照合同相关条款或者交易习惯确定。"由此可知,填补合同漏洞最好的方法,就是由当事人自行协议补充。

---

① 王泽鉴:《债法原理(第一册)》,台湾地区作者自版 2012 年版,第 244 页。
② 王泽鉴:《债法原理(第一册)》,台湾地区作者自版 2012 年版,第 245 页。

二、合同交涉理论与再交涉义务

当事人如果可以通过自行协商填补合同漏洞，当然是件好事，然而在实践中，在争议还没发生之前，双方还能比较持平地进行协商，但是等到争议发生之后，双方才要针对合同漏洞进行协商时，其实是有相当难度的，通常合同纠纷被索赔一方的态度是，能拖则拖，能避则避，能逃则逃，所以如何促谈就变得非常重要。

学理上针对如何促谈提出了合同交涉理论。这个理论的背景主要是从 20 世纪 80 年代起，在德、日两国民法学界，以"论证"及"交涉"等概念作为基点，出现了针对合同法学体系实施再构筑的新的法学理论，即合同交涉理论。合同交涉理论认为，合同规范或合意的内容无法完全凭借当事人于缔约时，以语言定式化方式记述穷尽，它是在当事人相互关联、交涉中逐步生成且不断变化的内容规范。① 因此，当事人之间的合同关系，并非是指从缔约时开始到履行债务时终结这一单向过程，而是指从各当事人策划之时起，并在与对方交涉中逐步深化的动态过程，合同规范在当事人之间的互动中生成、变动。另外，合同纠纷的解决，如果仅依据合同缔约时被语言定式化的规范，有可能无法获得令人满意的结果，因此，确定合同规范的意思内容，不仅须考虑缔约前的状况，而且须考虑从缔约之际到发生纷争时整个社会的诸多关系以及当事人之间的个别状况。② 合同交涉理论承认当事人缔约时所形成的规范具有天生的不确定性，因此当事人必须在密切地注视缔约后周围状况变化的同时，在相互关联、交涉、对话之中，逐步地去明

---

① 顾祝轩：《合同本体解释论：认知科学视野下的私法类型思维》，法律出版社 2008 年版，第 262~263 页。

② 顾祝轩：《合同本体解释论：认知科学视野下的私法类型思维》，法律出版社 2008 年版，第 264~265 页。

确此种合同规范的不确定性。① 在绝大部分的场合,合同很难被视为一种固定的、一成不变的文本,这是因为在实务中,经由一次性的缔约行为而完全确定双方当事人之间债权债务关系的情形十分罕见,在绝大多数的场合,尤其是在持续性的合同关系中,我们会发现在当事人相互交涉的过程中,随着诸多细微合意的逐步增加,会出现当事人修正已形成的合意甚至否定已有合意的现象,即使进入合同履约阶段,当事人很少会基于某种合意而机械地实施履约行为,在更多场合下,常常会出现边履约边重新修改合同条款,甚至直到进入履行期后,才能最终确定合同的细微内容。② 换言之,合同法不再被理解为唯一能够规范当事人之间合同关系的文本,而是充当主要调整当事人之间交涉关系的工具,基于此观点,合同规范又被称为"促进交易规范"。③

与合同交涉理论相呼应,值得关注的另一个学说是再交涉义务。再交涉义务由德国学者 N. Horn 于 1981 年提出后,引起德国学界广泛的关注及讨论,他所下的定义为:所谓再交涉义务,是指现存合同的双方当事人为实现经合意方式使合同适应周围状况这一目标而进行交涉的义务,并将其设定于行为基础的丧失、持续性债权关系的解除及合同调整款的解释及补充这三个领域。④ 而德国学者 Nelle 认为再交涉义务是指合同一方当事人为了依合意对合同进行调整、补充或变更,与另一方当事人进行交涉的义务。⑤ 因此由上述之说明可知,再交涉义务可以理解为"促进交易规范",而与前述的合同交涉理论相互呼

① 顾祝轩:《合同本体解释论:认知科学视野下的私法类型思维》,法律出版社 2008 年版,第 270 页。

② 顾祝轩:《合同本体解释论:认知科学视野下的私法类型思维》,法律出版社 2008 年版,第 273 页。

③ 顾祝轩:《合同本体解释论:认知科学视野下的私法类型思维》,法律出版社 2008 年版,第 269 页。

④ 顾祝轩:《合同本体解释论:认知科学视野下的私法类型思维》,法律出版社 2008 年版,第 285 页。

⑤ 孙美兰:《情事变动与契约理论》,法律出版社 2004 年版,第 189 页。

应。依据日本学者五十岚清、石川博康的观点,再交涉义务的内容包括:第一,提出及研究合同调整方案之义务,包括适时提出调整方案、提出调整方案之依据及理由、相对方应响应对方调整方案之义务;第二,使交涉程序得以形成之义务,包括决定再交涉义务之期间与场所之义务、避免迟延之义务、提供相关讯息之义务;第三,诚实交涉之义务,包括合同当事人不得故意阻碍再交涉义务等。①

三、总承包合同再交涉义务的续造

笔者非常认同合同交涉理论中所述,合同推进的过程中,双方当事人从缔约开始,一直到履约结束需要不断地进行交涉。笔者在本书第一章中所提出的"建设工程项目总承包合同的动态、有机及客观发展观",在某种程度上是呼应这个理论的。笔者甚至认为学理上讨论再交涉义务,集中在行为基础的丧失、持续性债权关系的解除以及合同调整条款的解释及补充这三个领域,其实适用的范围还可以再更大一些。除了合同法律关系需要再交涉以外,在建设工程履约过程中,有许多事情是需要不断进行交涉的。例如:承包人所编制的承包人文件(施工组织设计、进度计划、安全卫生计划、品管计划、赶工计划等)需要发包人审查;承包人遇到施工障碍,需要发包人现场配合查勘,并做成查勘记录;承包人提出申请验收结算的文件,发包人拖延不完成验收结算,然而合同中又没有规定发包人要多久完成验收结算,你可能会问合同中为何不明确完成验收结算的时间?道理很简单,是发包人有意在合同中搞模糊的。其实在施工现场,有很多事情是需要双方积极交涉的,但是合约中强势的一方要求别人时振振有词,别人要求他时,能拖则拖,能避则避,能逃则逃。

工地现场天天都有各式各样的问题发生,很多事情一定要在发生的第一时间马上处理,如果这个事情是需要双方协商处理的,那么第

---

① 孙美兰:《情事变动与契约理论》,法律出版社 2004 年版,第 191 页。

一时间一定要赶快协商,千万不要拖延,很多事情是越拖越难处理。因此从合同的角度,笔者认为有两个制度是非常重要的,第一个是再交涉义务的确立,第二个是 DAAB 程序,这两个都是促进双方交涉的制度。有关再交涉义务的确立,应通过《民法典》诚信原则解释认为,当合同一方提出交涉时,他方有实质回复的再交涉义务,再交涉义务属于合同中的真正义务,违反再交涉义务的一方应负担违约责任。

违反再交涉义务除了负担违约责任外,如果他方违反再交涉义务拒绝进行再交涉时,另一方是否有权拒绝履行契约?有学者提出,继续契约履行期间,因情事变更,商品价格高涨,出卖人欲调高售价,买受人相应不理时,应认出卖人得拒绝继续为给付。[①] 另一说法认为,可能有滥用停止履约的风险,因此只有在特例的状况下才是正当的,并举例:A 和 B 为建筑一工厂订立契约,工厂将建在 X 国,在订立契约后该国施行新的安全法规,新法规要求使用另外的设备装置,由此导致合同双方均衡的根本改变,极大地增加了 A 的履行负担。在这种情况下,A 有权要求重新谈判,并可以停止履行,因为他需要时间去执行新安全法规,而且,只要对相应的价格修改没有达成协议,他也可以停止对该设备装置的交付。[②] 笔者赞同以上学说见解,认为只有在符合"情事变更"或"特例的状况"等对一方继续履约已造成显失公平的情况下,该方才可停止履约,其他情况,即使他方违反再交涉义务拒绝进行再交涉,该方也无权停止履行契约。

四、FIDIC 合同文本中有关再交涉义务的规定

由于 FIDIC 合同文本中,红皮书、黄皮书与银皮书就此部分的内容规定基本是一样的,因此笔者以《2017 版 CONS 合同》为例,来进行

---

① 孙森焱:《新版民法债编总论(下册)》(修订版),台湾地区作者自版 2002 年版,第 809 页。

② 国际统一私法协会:《国际商事合同通则》,商务部条约法律司编译,法律出版社 2004 年版,第 345 页。

简要介绍。

（一）商定或确定

1. 再交涉程序启动的事项

《2017 版 CONS 合同》第 3.7 款〔商定或确定〕第 2 段规定："本条件规定工程师应按照本款对任何事项或索赔进行商定或确定时，以下程序应适用……"由此可知，启动商定或确定程序的前提可以是任何事项或索赔，并不限于合同法律关系的交涉，因此当程序启动时，双方是有义务按合同程序进行再交涉的。

2. 协商达成协议

《2017 版 CONS 合同》第 3.7.1 项〔协商达成协议〕第 1 段前段规定："工程师应与双方共同和/或单独协商，并鼓励双方进行讨论，尽量达成协议。……"第 2 段规定："如果在第 3.7.3 项〔时限〕规定的商定期限内达成协议，工程师应将协议通知双方，由双方签署该协议。应说明该通知是一份'双方商定的通知'，并应包括一份副本。"由此可知，双方经过协商达成协议后，由工程师将协议内容通知双方。

3. 工程师的确定

《2017 版 CONS 合同》第 3.7.2 项〔工程师的确定〕规定："工程师应根据合同，在适当考虑所有相关情况下，对此事项或索赔作出公正的确定。（第 1 段）在第 3.7.3 项〔时限〕规定的确定时限内，工程师应将其确定通知双方。该通知应说明是'工程师确定的通知'，详细说明确定的理由并附详细证明资料。（第 2 段）"由此可知，如果双方协商经一定时间后未达成协议，由工程师单方作成确定，并通知双方。笔者认为，这个规定很好的地方在于，工程师要在时限内针对再交涉事项作出一个公正的确定，而不可以有能躲就躲、能避就避的情形。

4. 商定或是确定的效力

《2017 版 CONS 合同》第 3.7.4 项〔商定和确定的效力〕第 1 段规定："每项商定或确定对双方均具有拘束力（工程师应遵守），除非并直到根据本款进行了改正,或在某项确定的情况下,根据第 21 条〔争端和仲裁〕的规定作出了修改。"由此可知,除非根据合同约定的方式,针对商定或是确定作出修改,否则商定或是确定对于合同双方都是有拘束力的。

此外,《2017 版 CONS 合同》第 3. 7. 5 项〔对工程师的确定不满意〕第 2 段规定:"如果任一方在上述(c)段所规定的 28 天内未能发出不满意通知,工程师的确定应被视为已由双方接受的最终确定,并对双方均具有约束力。"由此可知,如果任何一方没有发出不满意通知,工程师的确定具有最终的效力。

笔者认为,这个规定好的地方在于,不管工程师的确定是合适的还是不合适的,工程都应先按工程师的确定往下推进。不同意的一方,可以根据《2017 版 CONS 合同》第 3. 7. 5 项〔对工程师的确定不满意〕的规定发出不满意通知,还可以按 DAAB 程序继续进行再交涉。

(二)暂停工作

除了前述按《2017 版 CONS 合同》第 3. 7 款〔商定或确定〕的规定进行再交涉以外,FIDIC 合同文本还有另一个和再交涉义务有关的规定,就是当一方拒绝再交涉时,他方可否暂停履约的问题。

《2017 版 CONS 合同》第 16. 1 款〔由承包商暂停〕规定:"如果:(a)工程师未按照第 14. 6 款〔期中付款证书的签发〕的规定确认发证……(第 1 段)以及此类未履约构成了对合同规定的雇主应承担义务的重大违约……(第 2 段)承包商可以在向雇主发出通知后不少于21 天(通知应说明是根据第 16. 1 款的规定发出的),暂停工作(或放慢工作进度),除非并直到雇主对此项违约进行了补救。(第 3 段)"由此可知,承包人与工程师针对进度款金额进行磋商与确认,如果工程师怠于进行确认(具体表现为不签发期中付款证书),也就是怠于进行再交涉,承包人有权拒绝履约。

五、DAAB 程序

DAAB 是规定在 2017 年版 FIDIC 合同文本中的一种诉讼外纷争解决程序。DAAB 的英文全名是"Dispute Avoidance/Adjudication Board",中文翻译为"争议避免/裁决委员会"。这个程序基本上是承接前述《2017 版 CONS 合同》第 3.7 款〔商定或确定〕的程序而来的,所以当合同一方对于工程师的确定发出不满意通知后,接下来就进入 DAAB 程序。DAAB 程序简单地说就是由合同双方找几个委员组成一个委员会,来组织合同双方进行和解的一种程序。笔者认为,这个程序有以下两个特色,并对于双方再交涉的促进是有相当良好的作用的。

第一个特色在于,经过 DAAB 审理的争议,DAAB 可以出具 DAAB 决定,针对这个决定合同双方如果没有发出不满意通知,DAAB 决定就具有终局的效力,但是如果有一方发出不满意通知,接下来可能就要进入诉讼或是仲裁程序。由于 DAAB 成员很多都是有一定影响力的专家,DAAB 所出具的决定,可以视为是一种专家建议。这种专家意见可以有效降低合同双方在再交涉过程中为达成协议而有所让步,未来单位内部会不会对承办人员进行行政追责的担心。有了专家的建议,大家能从如何解决项目问题的角度进行交涉,也可避免出现"项目死活不重要,本人没事最重要"的心态。

第二个特色在于,2017 年版的 FIDIC 合同文本相较于 1999 年版的 FIDIC 合同文本,从原先的 DAB 程序修改为 DAAB 程序,其中关键的变化,就是除了原先的争端裁决程序之外,还增加了争端避免程序。《2017 版 CONS 合同》第 21.3 款〔争端避免〕第 3 段规定:"此类非正式协助可在任何会议、现场考察或其他期间进行。但是,除非双方另有商定,否则双方应出席此类讨论。双方没有义务按照非正式会议期间提供的任何建议采取措施,争端避免/裁决委员会在今后的任何争端解决过程或决定中,不受非正式协助过程中提供的任何意见或建议的约束,无论是口头的还是书面的。"由此可知,合同双方都需出席非正式会议,但是非正式会议中所商谈的事情,双方、委员均不受拘束。这个规定有特色的地方在于,如果凡事都要在正式会议中进行,基于防备的心理因素,按笔者的经验,通常是很难商谈出一个结果的。而在非正式会议中,大家在没有顾忌的情况下,把心中的真实想法告诉DAAB委员,DAAB委员才可能尽最大努力在合同双方之间寻找出可能协调的空间,并且在正式会议中提出合适的协商方案,促成合同双方达成一致意见。

我国国内的合同示范文本,都有类似于前述工程师确定以及DAAB程序的规定,此处不再赘述。

视频 3.1 总承包合同再交涉与 DAAB 制度

第三节 建设工程总承包模式合同的体系

一、概述

在建设工程项目总承包模式的法源中,总承包合同在法源中的顺位仅次于法律的强制规定,所以可以说其顺位是相当高的。由于总承包模式的工期长、金额大、风险高,为尽可能完整规范当事人之间的权利与义务关系,往往造成合同文件与条文内容繁多与臃肿,这些合同文件与条款该如何进行有体系的编排,就成为很多人关注的问题。合同体系的编排除了追求合同内在逻辑的完整之外,最重要的是还涉及合同文件与合同条款适用顺位的问题。讨论合同的体系问题,一般而言可以区分为三个层次,分别是合同文件、合同章节与合同条款,本书先就合同文件与合同章节这两个层次进行讨论。

二、合同文件

《2017版CONS合同》第1.5款〔文件优先次序〕第1段规定："构成合同的文件应能够相互说明。如有任何冲突、歧义或不一致,文件的优先次序如下:(a)合同协议书;(b)中标函;(c)投标函;(d)专用条件A部分——合同数据;(e)专用条件B部分——特别规定;(f)本通用条件;(g)规范要求;(h)图纸;(i)资料表;(j)联营体承诺书(如果承包商是联营体);(以及)(k)构成合同组成部分的任何其他文件。"

《2017版P&DB合同》第1.5款〔文件优先次序〕第1段规定："构成合同的文件应能够相互说明。如有任何冲突、歧义或不一致,文件的优先次序如下:(a)合同协议书;(b)中标函;(c)投标函;(d)专用条件A部分——合同数据;(e)专用条件B部分——特别规定;(f)通用条件;(g)雇主要求;(h)资料表;(i)承包商建议书;(j)联营体承诺书(如果承包商是联营体);(以及)(k)构成合同组成部分的任何其他文件。"

《2017版EPCT合同》第1.5款〔文件优先次序〕第1段规定："构成合同的文件应能够相互说明。如有任何冲突、歧义或不一致,文件的优先次序如下:(a)合同协议书;(b)专用条件A部分——合同数据;(c)专用条件B部分——特别规定;(d)本通用条件;(e)雇主要求;(f)资料表;(g)投标书;(h)联营体承诺书(如果承包商是联营体);(以及)(i)构成合同组成部分的任何其他文件。"

根据上述的条文内容,笔者认为,合同文件基本上可以区分为合意类文件、商业类文件、技术类文件、其他类文件。一般规定合同文件效力的高低时,也是先合意类文件,然后商业类文件,再次技术类文件,最后其他类文件;如果合同当事人之间就某一类文件签订补充协议,该类合同文件以最新签订为准。以下将针对这几类文件可能涉及的问题进行说明。

（一）合意类文件

所谓合意类文件，就是证明双方当事人达成合意的文件。前述条文中的合同协议书、中标函与投标函即属于此类文件，一般而言，合同协议书的效力高于中标函，而中标函的效力高于投标函。对于《2017版 EPCT 合同》中只有合同协议书而没有中标函、投标函的原因，笔者在本书第二章中已有说明，此处不赘述。

关于合意，有一个问题需要讨论：双方当事人对于合同合意的内容与范围，有没有最低的要求？目前学理上认为，合意的范围，最少必须是合同的必要之点达成合意，而非必要之点可以达成合意，也可以不达成合意。所谓合同的必要之点，是指具备决定该合同类型的本质要素。例如，建设工程合同的要素就是：第一，承包人完成工程建设；第二，发包人支付工程款。双方当事人只需要针对这两个事项达成合意即可。一般而言，笔者在编制合同文本时，比较倾向于将合同的必要之点的内容放在合同协议书中，必要之点的细化内容与非必要之点的全部内容放在商业类文件中。

按《民法典》第 789 条的规定，建设工程合同属于要式合同。笔者认为，合同协议书属于合同的证明文件，投标函与中标函属于合同的要式文件。相关理由笔者已在本书第二章中说明，此处不赘述。需要特别说明的是，一般合同会约定合同协议书的效力高于中标函与投标函，但是如果中标函与投标函所呈现的合同实质内容与合同协议书内容不一致时，应该要以何者为准？《施工合同解释一》（法释〔2020〕25号）第 22 条规定："当事人签订的建设工程施工合同与招标文件、投标文件、中标通知书载明的工程范围、建设工期、工程质量、工程价款不一致，一方当事人请求将招标文件、投标文件、中标通知书作为结算工程价款的依据的，人民法院应予支持。"由此可知，此时投标函与中标函的效力是高于合同协议书的。

（二）商业类文件

商业类文件是指合同中具体规范合同双方当事人权利与义务的

文件。商业类文件一般包括专用条款与通用条款两种文件。2017年版FIDIC合同文本的规定将专用条款区分为两份文件,分别是A部分合同数据与B部分特别规定。一般合同中规定专用条款A部分合同数据的效力高于B部分特别规定的效力,B部分特别规定的效力高于通用条款的效力。合同文件中设计专用条款与通用条款的目的,是希望个别项目个性化的条款可以编写在专用条款之中,而项目的通用内容则编写在通用条款之中。为了提升投标效率,节省投标人分析合同的时间,具体项目使用商业条款文本的时候,原则上是只修改专用条款而不修改通用条款。

有很多发包人基于自身利益的考量,通过对专用条款无限制修改实际改变通用条款的内容,导致合同内容严重偏离合同原先的起草精神,FIDIC合同文本在使用上也遭遇到相同的问题,因此FIDIC提出了专用条款起草的5项黄金原则,提醒用户在起草专用条件时慎重考虑。这5项原则是:(1)合同所有参与方的职责、权利、义务、角色以及责任一般都在通用条件中默示,并适应项目的需求;(2)专用条件的起草必须明确和清晰;(3)专用条件不允许改变通用条件中风险与回报分配的平衡;(4)合同中规定的各参与方履行义务的时间必须合理;(5)所有正式的争端在提交仲裁之前必须提交DAAB取得临时性具有约束力的决定。FIDIC强调,通用条款为合同双方提供了一个基准,而专用条款的起草和对通用条款的修改可视为在特定情境下通过双方的博弈对基准的偏离。FIDIC给出的5项黄金原则,力图确保在专用条款起草过程中对通用条款的风险与责任分配原则以及各项规定不发生严重的偏离。[①]

(三)技术类文件

技术类文件是指合同中具体规范建设工程项目技术内容的文件。

---

① 陈勇强、吕文学、张水波等编著:《FIDIC2017版系列合同条件解析》,中国建筑工业出版社2019年版,第12页。

这些技术类文件在 FIDIC 红皮书条款下,具体是指规范、图纸与资料表(笔者认为资料表中可以包含工程量清单);在 FIDIC 黄皮书条款下,具体是指雇主要求(等同国内所称的发包人要求)、资料表与承包商建议书;在 FIDIC 银皮书的条款下,具体是指雇主要求、资料表与投标书。

《2020 版工程总承包合同文本》第 1.5 款〔合同文件的优先顺序〕第 1 段规定:"组成合同的各项文件应互相解释,互为说明。除专用合同条件另有约定外,解释合同文件的优先顺序如下:(1)合同协议书;(2)中标通知书(如果有);(3)投标函及投标函附录(如果有);(4)专用合同条件及《发包人要求》等附件;(5)通用合同条件;(6)承包人建议书;(7)价格清单;(8)双方约定的其他合同文件。"由此可知,专用合同条款及《发包人要求》是同一顺位的文件,但笔者认为"发包人要求"多属于技术类文件,专用条款属于商业类文件,两者不该视为同一层级的文件。

(四)其他类文件

联营体承诺书以及任何合同中的其他文件,在性质上都属于其他类文件,合同效力在所有文件中排在最后。

要附带说明的是,有关合同文件与履约文件的区别。基于建设工程项目总承包合同的动态发展观,除了双方当事人在整个合同期间会不断通过合同解释、合同漏洞的填补以及合同变更等手段,推进合同关系的生成发展,而产生很多合同文件之外,其实在合同履行过程中,双方当事人基于履约的需要,也会出现许多的交涉互动,这个过程双方当事人也会产生很多往来的文件,笔者称之为履约文件。这两类文件在法律概念上要区分是比较容易的,但是在工地现场经常是夹杂发生很难辨别的,例如:发包人对承包人作了一个指示,这个指示可能与工程变更有关,也可能跟工程变更无关,与工程变更有关的指示文件很可能被认定为具有合同效力的文件,反之则否。

三、合同章节

合同章节的安排基本上是依循 6 个基本原则，分别是：先抽象后具体、先一般后特殊、先主体后客体、先履约后违约、先责任后风险、先实体后程序。按此 6 个基本原则，合同章节的安排基本上可以区分为 6 个模块，分别是通用规定、合同主体、合同履约、合同违约、合同风险、索赔与争议处理。

先抽象后具体、先一般后特殊是指合同的通用条款应该安排在合同的最前面，也就是要放在合同的第一个模块之中。先主体后客体是指在通用规定之后紧接着合同应该要安排与合同主体有关的条款，然后是再安排与合同客体有关的条款。所谓合同客体，指的是与合同关系得丧变更相关的内容，具体包括履约、违约以及风险等问题。先履约后违约是指在合同中在合同主体的相关条款之后，接着应安排如何履约的条款，并规范如果没有履约的违约责任。先责任后风险是指当合同将履约责任与违约责任都交代完后，接着应安排合同风险如何分配的问题。最后是先实体后程序，这里的程序是指在合同履行过程中双方发生争议事项时该如何处理的问题。因此，基于这 6 个基本原则，合同章节的安排应分为通用规定、合同主体、合同履约、合同违约、合同风险、索赔与争议处理等 6 个部分。

以《2017 版 CONS 合同》合同章节安排为例，该文本章节安排的体系如图 3.1 所示：

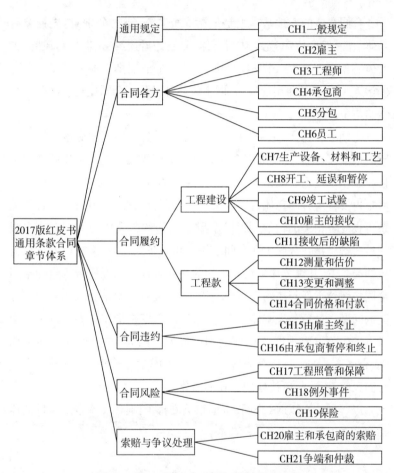

图 3.1 《2017 版 CONS 合同》合同章节体系图

第四章　建设工程项目总承包合同的各参与方

建设工程项目总承包合同的签约当事人虽然只有发包人与承包人,但是实际上参与项目运作的各方人员众多,这些参与项目的各方主体彼此之间是什么关系? 这是本章要讨论的问题。此外,本章还会针对总承包合同与分包合同的联动关系,以及平行包、大丙方与联合体等发包模式的问题进行讨论。

第一节　发包人在建设工程项目中所扮演的角色

一、发包人与建设单位等是否为同一主体?

有关发包人在建设工程项目中所扮演的角色,笔者认为可以延伸出以下几个问题:

第一个问题,建设工程项目所有权的原始取得人与发包人是否为同一人?《施工合同解释一》(法释〔2020〕25 号)第 18 条第 2 款规定:"保修人与建筑物所有人或者发包人对建筑物毁损均有过错的,各自承担相应的责任。"由此可知,建筑物所有人与发包人可以不是同一人。有关建设工程项目的所有权,应由谁原始取得? 目前实务上的做法,基本上是根据房随地走原则确定,也就是土地使用权是谁的,该建筑物的所有权就会被认定为是谁的,所以建筑物所有权的原始取得人,基本上就是拥有建设工程项目土地使用权的人。在通常情况之下,都是建筑物所有权的原始取得人作为发包人,但是如果项目采取代建制,则两者可能会由不同主体担任。

第二个问题,建设工程项目的建设单位与发包人是否为同一人? 所谓建设单位,是指建设工程项目的总牵头人,负责协调监理单位、设计单位、勘察单位与施工单位等各方人员,并依法取得项目行政审批的主体。这些行政审批,除了项目投资所需取得的审批、核准或备案之外,根据《土地管理法》《城乡规划法》《建筑法》等规定,还需要取得工程建设所需的建设用地规划许可证、建设工程规划许可证、国有土地使用权证以及建筑工程施工许可证,俗称"四证"。一般而言,都是由项目的建设单位作为发包人,即便项目采取代建制,这些行政许可还是只能由建设单位取得。

　　第三个问题,项目如果采取项目法人责任制,则项目法人与发包人是否为同一人? 有关项目法人的规定,《国家重点建设项目管理办法》第 7 条规定:"国家重点建设项目,实行建设项目法人责任制;国家另有规定的,从其规定。(第 1 款)建设项目法人负责国家重点建设项目的筹划、筹资、建设、生产经营、偿还债务和资产的保值增值,依照国家有关规定对国家重点建设项目的建设资金、建设工期、工程质量、生产安全等进行严格管理。(第 2 款)建设项目法人的组织形式、组织机构,依照《中华人民共和国公司法》和国家有关规定执行。(第 3 款)"《项目资本金管理通知》(国发〔2019〕26 号)规定:"……设立独立法人的投资项目,其所有者权益可以全部作为投资项目资本金。对未设立独立法人的投资项目,项目单位应设立专门账户,规范设置和使用会计科目,按照国家有关财务制度、会计制度对拨入的资金和投资项目的资产、负债进行独立核算,并据此核定投资项目资本金的额度和比例。……"由此可知,国家重点建设项目应设立项目法人,所有者权益可以全部作为投资项目资本金,所以项目法人是项目的投资单位。一般都是由项目法人作为发包人,但是如果项目采取代建制,则两者可能会由不同主体担任。

　　综上所述,我们可以得出一个结论,如果项目没有采取代建制,则建设工程项目所有权的原始取得人=建设单位=项目法人=发包人;如果项目采取代建制,则建设工程项目所有权的原始取得人=建设单位=项目法人≠发包人。接下来本书将讨论在代建制度下建设单位与代建单位之间的关系。

二、代建制度下建设单位与代建单位之间的关系

建设单位作为建设工程项目的总牵头单位,对上须取得行政主管部门项目的相关审批,对下需协调设计、勘察、监理、施工单位的工作,自身还需取得土地使用权,并筹措相应的资金,笔者统称这些工作为建设管理工作。根据目前的相关政策法规的规定,除了房地产开发企业之外,对于建设单位并没有资质的要求,但是要完成这些建设管理工作,如果没有项目管理的相关经验,其实是很难胜任的。再加上很多建设单位都是由未来的项目使用单位来担任,而这些没有建设管理经验的项目使用单位,很难独自完成建设管理工作,因此才会有代建制的出现。

国务院《关于投资体制改革的决定》(国发〔2004〕20 号)规定:"……对非经营性政府投资项目加快推行'代建制',即通过招标等方式,选择专业化的项目管理单位负责建设实施,严格控制项目投资、质量和工期,竣工验收后移交给使用单位。……"《公路建设项目代建管理办法》(交通运输部令 2015 年第 3 号)第 2 条第 2 款规定:"本办法所称代建,是指受公路建设项目的项目法人(以下简称'项目法人')委托,由专业化的项目管理单位(以下简称'代建单位')承担项目建设管理及相关工作的建设管理模式。"水利部《关于水利工程建设项目代建制管理的指导意见》(水建管〔2015〕91 号)规定:"……水利工程建设项目代建制,是指政府投资的水利工程建设项目通过招标等方式,选择具有水利工程建设管理经验、技术和能力的专业化项目建设管理单位(以下简称代建单位),负责项目的建设实施,竣工验收后移交运行管理单位的制度。……"由此可知,所谓代建,是指项目法人与代建单位签订代建合同,由代建单位完成建设工程项目的建设管理工

作。有一种说法认为,代建模式是源于美国的建设经理制(CM 模式),①笔者认为这个说法恐有斟酌的余地。CM 模式和总承包模式是两种截然不同的模式,其是由业主直接与各专业分包商签约,再由业主委托 CM 单位代表业主进行项目管理。而国内的代建模式,可以理解为由代建单位协助建设单位完成建设管理工作,项目发包时还是将工程整体发包给总包商,由总包商来进行总包管理,所以还是在总承包的模式之下,不存在 CM 模式建设单位直接跟各分包商签约的情况。

有许多建设工程项目采取代建模式后,会由代建单位与承包人直接签订建设工程合同,这时就会出现发包人与建设单位不是同一个主体的情况,因此当代建单位应支付而未支付工程款时,承包人可否直接起诉建设单位请求工程款? 有关这个问题的关键在于代建合同该如何定性。也就是说,代建合同是一种委托合同,还是一个房地产开发经营合同或是施工合同? 如果是委托合同,《民法典》第 925 条规定:"受托人以自己的名义,在委托人的授权范围内与第三人订立的合同,第三人在订立合同时知道受托人与委托人之间的代理关系的,该合同直接约束委托人和第三人;但是,有确切证据证明该合同只约束受托人和第三人的除外。"因此,当承包人与代建单位签订总承包合同时,知道代建单位与建设单位的代建委托关系,则承包人可以根据其与代建单位所签订的总承包合同,向建设单位请求工程款。

最高人民法院(2020)最高法民终 848 号民事判决书指出:"本院认为,A 公司与 B 公司签订委托代建协议,A 公司系委托方,B 公司系代建方,B 公司作为代建方,将委托人信息披露给 C 公司,按照《中华人民共和国合同法》第四百零三条的规定,C 公司可以选择代建方或者委托方为相对人主张其权利。"由此可以知道,此判决认定代建合

---

① 程世刚、余学文、王帅:《如何认定工程委托代建合同项下委托人对第三人需承担的法律责任?》,载微信公众号"金杜研究院"2018 年 6 月 13 日。

同属于委托合同的性质,承包人可以根据《合同法》第 403 条(即现行《民法典》第 926 条)的规定选择代建单位或者建设单位作为相对人主张其权利。但时任最高人民法院法官冯小光在《回顾与展望——写在〈最高人民法院关于审理建设工程施工合同纠纷案件适用法律问题的解释〉颁布实施三周年之际》一文中指出:"目前,立法机关的立法理念是将占建筑市场很大份额的政府工程实行强制的委托代建制度。委托代建合同与施工合同是两个独立的法律关系,原则上在审理建设工程施工合同纠纷案件中,不宜追加委托人为本案当事人,不宜判令委托人对发包人偿还工程欠款承担连带责任。委托人也无权以承包人为被告向人民法院提起诉讼,主张承包人对工程质量缺陷承担责任。委托人与代建人就委托代建合同发生的纠纷,也不宜追加承包人为本案当事人。"该文似乎认为代建合同不是委托合同,承包人不可以直接对建设单位起诉请求支付工程款。

笔者认为,否定代建合同是委托合同,其实会产生更多的问题:第一,如果代建合同不是委托合同,代建合同很可能被定性为房地产开发经营合同或施工合同,这在代建单位支付工程款的会计与税务处理上,是很不一样的。如果是委托合同,代建单位支付工程款给承包人属于代收代付,中间不会再增加税费;如果是房地产开发经营合同或施工合同,代建单位支付给承包人的工程款,与建设单位支付给代建单位的报酬是两笔款项,税费是要单独计算的,这样层层加税上去,最终只会增加代建单位的发包成本,对于代建单位不见得是有利的解释。第二,以目前这些代建单位的资力来看,这些建设工程项目的工程款都不是这些代建单位所能负担的,而且承包人之所以愿意与代建单位签约,往往是看中建设单位的资力而非代建单位的资力,如果机械地考虑合同相对性,而让代建单位单独承担此一付款的责任,笔者认为这恐怕也完全背离了各方当事人对整个交易的理解与预期。

第二节 承包人的资质问题

有关承包人的资质问题,《施工合同解释一》(法释〔2020〕25 号)第 1 条第 1 款第 1 项规定:"建设工程施工合同具有下列情形之一的,应当依据民法典第一百五十三条第一款的规定,认定无效:(一)承包人未取得建筑业企业资质或者超越资质等级的……"由此可知,在建设工程施工合同的情况下,发包人应将建设工程发包给具有相应资质的承包人,否则会导致合同无效。施工总承包合同作为施工合同的一个类型,应作出相同解释。

至于工程总承包模式中有关承包人资质的规定,《建筑法》第 26 条第 1 款规定:"承包建筑工程的单位应当持有依法取得的资质证书,并在其资质等级许可的业务范围内承揽工程。"第 27 条规定:"大型建筑工程或者结构复杂的建筑工程,可以由两个以上的承包单位联合共同承包。共同承包的各方对承包合同的履行承担连带责任。(第 1 款)两个以上不同资质等级的单位实行联合共同承包的,应当按照资质等级低的单位的业务许可范围承揽工程。(第 2 款)"上述规定已针对承包人资质要求作出规定。另外,《工程总承包管理办法》(建市规〔2019〕12 号)第 10 条第 1 款规定:"工程总承包单位应当同时具有与工程规模相适应的工程设计资质和施工资质,或者由具有相应资质的设计单位和施工单位组成联合体。工程总承包单位应当具有相应的项目管理体系和项目管理能力、财务和风险承担能力,以及与发包工程相类似的设计、施工或者工程总承包业绩。"由此可知,工程总承包的承包人应同时具备双资质,也就是应具备相应的设计与施工资质,或是具有相应资质的设计单位与施工单位组成联合体。如果在工程总承包模式下,发包人没有将建设工程发包给具有相应资质的承包人或是联合体,则解释上应认为工程总承包合同无效。

视频4.2 工程总承包联合体资质该如何认定?

另外,《工程总承包管理办法》(建市规〔2019〕12号)第11条第1款规定:"工程总承包单位不得是工程总承包项目的代建单位、项目管理单位、监理单位、造价咨询单位、招标代理单位。"由此可知,由于工程总承包项目的代建单位、项目管理单位、监理单位、造价咨询单位、招标代理单位(以下简称发包人委托的第三方机构),是由发包人所委托的,这些发包人委托的第三方机构的工作内容,在某种程度上是对承包人的承包行为进行控制与监管,因此,基于利益冲突回避原则规定发包人委托的第三方机构不得担任工程总承包项目的承包人。

但是,《工程总承包管理办法》(建市规〔2019〕12号)第11条第2款规定:"政府投资项目的项目建议书、可行性研究报告、初步设计文件编制单位及其评估单位,一般不得成为该项目的工程总承包单位。政府投资项目招标人公开已经完成的项目建议书、可行性研究报告、初步设计文件的,上述单位可以参与该工程总承包项目的投标,经依法评标、定标,成为工程总承包单位。"政府投资项目的项目建议书、可行性研究报告、初步设计文件编制单位及其评估单位等也是业主委托的第三方单位,但是却规定允许在业主公开项目建议书、可行性研究报告、初步设计文件后,这些第三方单位可以作为工程总承包单位来参与投标。可以看得出来,这是针对工程全过程咨询所作的规定,但这样的规定是否妥当,恐怕有疑问。笔者认为,工程全过程咨询的主要目的是希望工程咨询机构可以针对项目全生命周期提供一个完整的咨询服务,而不是给出一个片段、分散的咨询意见。即便是为了提供完整的咨询服务,也应该分清是为发包人服务还是为承包人服务,否则今天你帮业主作初步设计,明天你当承包人去投标,我要是业主,要怎么相信你当初的初步设计内容是为我的利益服务,还是为自己的利益服务?

视频 4.3 工程总承包模式下,甲方的人可以当乙方吗?

第三节 分包人与分包相关问题讨论

一、分包的意义

所谓分包,是指承包人为了完成建设工程,通过与第三人签订分包合同的方式,将自己的工作交由第三人完成。《建筑法》第 28 条规定:"禁止承包单位将其承包的全部建筑工程转包给他人,禁止承包单位将其承包的全部建筑工程肢解以后以分包的名义分别转包给他人。"《民法典》第 791 条第 2 款后段规定:"承包人不得将其承包的全部建设工程转包给第三人或者将其承包的全部建设工程支解以后以分包的名义分别转包给第三人。"由此可知,承包人如果将全部工作交由第三人完成,或是全部工作支解以后,以分包的方式交由第三人完成,是属于转包或是支解分包。[①] 且《施工合同解释一》(法释〔2020〕25 号)第 1 条第 2 款规定:"承包人因转包、违法分包建设工程与他人

---

① 根据《发包与承包违法行为认定办法》(建市规〔2019〕1 号)第 8 条第 1 款第 2 项的规定,支解分包被视为转包的一种。

签订的建设工程施工合同,应当依据民法典第一百五十三条第一款及第七百九十一条第二款、第三款的规定,认定无效。"因此,转包行为(包括支解分包行为)是会被认定为无效的。承包人可以将什么样的工作,通过分包的方式交出第三人完成,就变成很多人所关心的问题。

二、分包的类型

笔者先以分包工作内容的不同,将分包工作区分为两大类:第一,工程分包;第二,材料与设备采购的分包。而其中工程分包,《民法典》第791条第2款前段规定:"总承包人或者勘察、设计、施工承包人经发包人同意,可以将自己承包的部分工作交由第三人完成。"因此,工程分包还可以区分为勘察分包、设计分包、施工分包等3类。这些工程分包,如果是在工程总承包模式下,勘察、设计、施工就是由工程总承包模式的总承包人分包给分包人;如果是在非工程总承包模式下(即施工总承包模式下),勘察、设计、施工工作由勘察总承包人、设计总承包人以及施工总承包人分别分包给各自的分包人。另外,《施工分包管理办法》(经住房和城乡建设部令第47号修正)第5条规定:"房屋建筑和市政基础设施工程施工分包分为专业工程分包和劳务作业分包。(第1款)本办法所称专业工程分包,是指施工总承包企业(以下简称专业分包工程发包人)将其所承包工程中的专业工程发包给具有相应资质的其他建筑业企业(以下简称专业分包工程承包人)完成的活动。(第2款)本办法所称劳务作业分包,是指施工总承包企业或者专业承包企业(以下简称劳务作业发包人)将其承包工程中的劳务作业发包给劳务分包企业(以下简称劳务作业承包人)完成的活动。(第3款)……"由此可知,施工总承包模式或是工程总承包模式下,总承包人将施工部分进行分包,可以区分为专业工程分包与劳务作业分包。基于上述的说明,笔者将分包区分为5类(如图4.1所示),即第1类分包:材料、设备采购分包;第2类分包:工程总承包模式下勘察、设计分包;第3类分包:非工程总承包模式下勘察、设计分

包;第 4 类分包:工程总承包与施工总承包模式下的专业工程分包;第
5 类分包:工程总承包与施工总承包模式下的劳务作业分包。

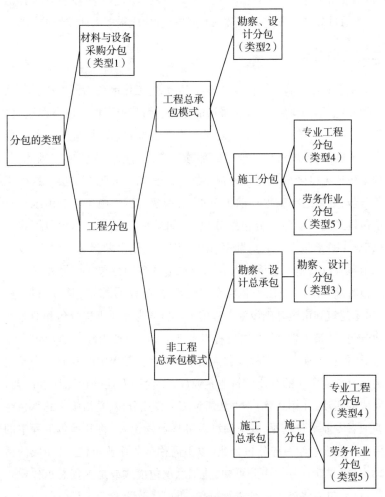

图 4.1 分包类型分析

从图 4.1 的分包类型分析图中,我们可以看出类型 2~4(类型 5
比较特别,本文将随后说明)的分包属于工程分包,由于该分包合同属于建设工程合同,因此《民法典》建设工程合同章中所涉及的分包规定,第2~4类的分包都有适用的余地。

《民法典》第791条第2款、第3款规定:"总承包人或者勘察、设计、施工承包人经发包人同意,可以将自己承包的部分工作交由第三人完成。第三人就其完成的工作成果与总承包人或者勘察、设计、施工承包人向发包人承担连带责任。承包人不得将其承包的全部建设工程转包给第三人或者将其承包的全部建设工程支解以后以分包的名义分别转包给第三人。(第2款)禁止承包人将工程分包给不具备相应资质条件的单位。禁止分包单位将其承包的工程再分包。建设工程主体结构的施工必须由承包人自行完成。(第3款)"《施工合同解释一》(法释〔2020〕25号)第1条第2款规定:"承包人因转包、违法分包建设工程与他人签订的建设工程施工合同,应当依据民法典第一百五十三条第一款及第七百九十一条第二款、第三款的规定,认定无效。"由此可知,所谓分包,是指经发包人同意后,由承包人将其承包的非建设工程主体结构中的一部分工作,交由具有相应资质的分包人完成,分包人就其完成的工作与承包人对发包人负担连带责任。分包不可以是转包、违法分包,分包后也不可以再行分包。至于转包与违法分包的认定,各位读者可自行参阅《发包与承包违法行为认定办法》(建市规〔2019〕1号)第8条与第12条规定的详细说明,此处不赘述。

以下针对图4.1的各类分包类型所涉及的问题进行进一步分析。

(一)第1类分包:材料与设备采购分包

总承包人将材料与设备的采购,分包给材料或是设备供应商,其所签订的材料与设备采购分包合同,性质上属于买卖合同而非建设工程合同,所以《民法典》建设工程合同章中所涉及的分包规定,在第1类分包类型中并没有适用的余地。

《2017版CONS合同》第5.1款〔分包商〕第3段(i)规定:"承包商应事先获得工程师对所有拟定的分包商的同意,但下列情况除外:(i)材料供应商……"由此可知,材料供应商作为分包商,并不需要经工程师的同意,似乎将材料供应商和工程分包商作出了不同的处置。

另外需要说明的是,如果总承包人与分包人签订的不是单纯的设备采购合同,而是设备采购加安装合同,此时合同的性质就不是单纯的买卖合同,而是制作物供给合同,可能被定性为买卖与承揽的混合合同。

(二)第 2 类分包:工程总承包模式下勘察、设计分包

工程总承包的总承包人将设计或是施工全部进行分包,是否属于违法分包?《工程总承包管理办法(征求意见稿)》(建市办函〔2019〕308 号)第 20 条规定:"工程总承包单位根据合同约定或者经建设单位同意,可以将工程总承包项目中的设计或者施工业务分包给具有相应资质的单位,但不得将工程总承包项目中设计和施工全部业务一并或者分别分包给其他单位。"该规定似乎认为全部的设计或施工工作可以进行分包,但正式出台的办法中已经删除这条规定,而且笔者认为可否将全部的设计或是施工工作进行分包的问题,一直都存在相当大的争议,因此是有可能被认定为违法分包的,对此应特别注意。

(三)第 3 类分包:非工程总承包模式下勘察、设计分包

非工程总承包模式(即施工总承包模式)下,勘察、设计工作由勘察总承包人、设计总承包人将主要工作留给自己完成,辅助工作经发包人同意后,分别分包给各自的分包人,笔者认为这样的操作是合规的。至于何谓主要工作,何谓辅助工作,这需要依个案类型具体认定,目前没有相关规定可以依循。

(四)第 4 类分包:工程总承包与施工总承包模式下的专业工程分包

根据《民法典》第 791 条第 2 款、第 3 款的规定,所谓分包,是指经发包人同意后,由承包人将其承包的非建设工程主体结构中的一部分工作,交由具有相应资质的分包人完成,分包人就其完成的工作与承包人对发包人负担连带责任。分包不可以是转包、违法分包,分包后也不可以再行分包。《施工分包管理办法》(经住房和城乡建设部令第

47号修正)第5条第1款、第2款规定:"房屋建筑和市政基础设施工程施工分包分为专业工程分包和劳务作业分包。(第1款)本办法所称专业工程分包,是指施工总承包企业(以下简称专业分包工程发包人)将其所承包工程中的专业工程发包给具有相应资质的其他建筑业企业(以下简称专业分包工程承包人)完成的活动。(第2款)"上述规定将施工分包再区分为专业工程分包与劳务作业分包。

专业工程分包与劳务作业分包有何区别?最高人民法院民事审判第一庭编的《民事审判实务问答》第48个问答指出:"两者存在以下区别:一是合同标的不同。依照《建筑业企业资质等级标准》(已失效)规定,专业承包的种类包括地基与基础设施、土石方工程、建筑装修装饰工程、消防设施工程、建筑防水工程等60种。《建筑业企业资质等级标准》(已失效)对劳务作业分包的种类作了规定,包括木工、砌筑、抹灰、石制作、油漆、钢筋、混凝土、脚手架、模板、焊接、水暖电、钣金、架线作业等13种。从上述具体的项目罗列可以看出,专业承包合同的标的是建设工程中非主体、非关键性部分的工程。劳务分包合同的标的是劳务作业,技术含量低,与工程成果无关。二是施工内容不同。专业承包中,第三人以自己的设备、材料、劳动力、技术等独立完成工程。劳务分包中第三人提供的仅是劳动力,由分包人提供技术和管理,两者结合才能完成建设工程。例如,甲施工单位承揽工程后,自己买材料,然后另外请乙劳务单位负责找工人进行施工,但还是由甲单位组织施工管理。三是责任承担不同。依据《民法典》第七百九十一条第二款,专业承包中的第三人就完成的工作成果与分包人向发包人承担连带责任。劳务分包中的第三人对工程承担合格责任,一般以监理工程师验收为准。四是程序要件不同。依据《民法典》第七百九十一条第二款,承包人分包工程必须按照约定或经发包人同意。而劳务法律关系限于劳务分包合同双方当事人,无须经发包人或总包人的同意。五是结算性质不同。专业承包的对象是部分工程,第三人向分包人结算的是工程款,由直接费、间接费、税金和利润组成。劳务分包对象是劳务作业,第三人向分包人结算的是直接费中的人工费以及相应的管理费。"

（五）第5类分包:工程总承包与施工总承包模式下的劳务作业分包

《施工分包管理办法》（经住房和城乡建设部令第47号修正）第9条规定:"专业工程分包除在施工总承包合同中有约定外,必须经建设单位认可。专业分包工程承包人必须自行完成所承包的工程。（第1款）劳务作业分包由劳务作业发包人与劳务作业承包人通过劳务合同约定。劳务作业承包人必须自行完成所承包的任务。（第2款）"该条规定更证明劳务作业分包并不需要经过发包人或总包人同意,但分包人不能再将其劳务作业内容转由他人完成。

另外,《民法典》第791条第3款前段规定:"禁止承包人将工程分包给不具备相应资格条件的单位。"《施工合同解释一》（法释〔2020〕25号）第5条规定:"具有劳务作业法定资质的承包人与总承包人、分包人签订的劳务分包合同,当事人请求确认无效的,人民法院依法不予支持。"但不宜据此认定承包人与未具备法定资质的劳务作业分包人签订的劳务分包合同,就属于无效的合同。因为根据国务院"放管服"改革的要求,住房和城乡建设部2016年4月批准在浙江、安徽、陕西三省开展建筑劳务用工制度改革试点,取消劳务资质办理和资质准入;山东省也自2017年12月之后不再将劳务企业资质列入建筑市场监管事项。而且,住房和城乡建设部会同国家发展改革委等共12个部门在2020年12月18日颁布的《住房和城乡建设部等部门关于加快培育新时代建筑产业工人队伍的指导意见》中指出,要"改革建筑施工劳务资质,大幅降低准入门槛"。① 足见劳务作业分包对于劳务作业分包人资质的要求,政策是朝降低甚至取消的方向发展。因此,即便劳

---

① 最高人民法院民事审判第一庭编著:《最高人民法院新建设工程施工合同司法解释(一)理解与适用》,人民法院出版社2021年版,第67页。

务作业分包人不具备相应资质,也应该被认为属于违反管理规定,劳务分包合同仍然有效。但是如果出现以下几种情况,劳务分包合同应认定为无效:第一,以劳务分包合同之名,行支解工程或专业工程分包之实;第二,劳务分包承包人再分包;第三,以个人名义进行劳务承包。[①]

三、指定分包相关问题讨论

所谓指定分包,是指发包人要求,承包人必须跟发包人指定的分包人签订分包合同的情形。《施工合同解释一》(法释〔2020〕25 号)第13 条第 1 款第 3 项规定:"发包人具有下列情形之一,造成建设工程质量缺陷,应当承担过错责任:……(三)直接指定分包人分包专业工程。"由此可知,发包人指定分包人造成工程质量缺陷,发包人应承担相应的责任。

《2017 版 CONS 合同》第 5.2.2 项〔反对指定〕规定:"承包商不应有任何义务雇用工程师指示的指定分包商,承包商应在收到工程师指示后 14 天内,向工程师发出附有详细证明资料的通知,提出合理的反对意见。(其中)任何以下事项引起的反对,应被认为是合理的,除非雇主同意保障承包商免受这些事项的影响……"由此可知,承包商如果没有合理的反对意见,或是发包人同意保障承包人免除指定分包的影响,发包人是可以指定分包的。

另外,《2017 版 CONS 合同》第 5.2.3 项〔对指定分包商付款〕规定:"承包商应按照分包合同规定的应付金额给指定分包商付款。除了第 5.2.4 项〔付款证据〕中所述的情况外,这些金额连同其他费用,应按照第 13.4 款〔暂列金额〕的规定,计入合同价格。"也就是说,指定分包的款项,使用的是暂列金额的费用,而不使用合同清单中原来的

---

① 最高人民法院民事审判第一庭编著:《最高人民法院新建设工程施工合同司法解释(一)理解与适用》,人民法院出版社 2021 年版,第 65~66 页。

费用。这是因为,FIDIC 合同文本把指定分包当成是变更处理,由于变更产生的费用使用的是暂列金额费用,因此指定分包的费用也同样使用暂列金额的费用。

视频 4.4 指定分包相关问题

第四节 总承包合同与分包合同之间的关系

一、分包工作的基本特性

分包与总包工作不是两个独立的工作,分包工作是总包工作的一个部分,所以考察分包工作是否完成,不能只是单独考察分包工作,而要从总包工作的角度观察,总包工作中与分包工作相对应的部分是否完成。只有总包如期如质完成,分包才算通过检查,如果总包没有如期如质完成,且没有完成的部分与分包有关,分包就必须负起相应责任。所以,总包与分包的工作流程必须是要一体的,不能分割的,我们称之为总包与分包的"流程一贯原则"(Flow Down)。

另外,由于分包工作属于总包工作的一个部分,在工作上发包人如何要求承包人,承包人从管理上就该相同地要求分包人,也就是总包的质量标准以及工期的长短,与分包有关的部分,分包原则上要比照办理,我们称此为"背靠背原则"(Back to Back),也有人称之为"总分同项原则"。再者,为了降低总承包人的资金周转压力,在资金的管理上通常会要求总承包人收到款项后,才能对分包人付款,此被称为"款到即付原则"(Pay When Paid)。

二、分包合同管理的特性

笔者认为,将上述分包工作管理上的特性延伸到分包合同管理,应注意以下几个原则:

(一)合同联动性原则

通过分包合同的约定,让分包合同与总承包合同之间产生一定的联动关系,就成为分包合同管理中很重要的一个环节,其中包含:第一,总承包合同传导原则。由于分包人知悉总承包合同内容,应当通过分包合同的约定,将总承包合同的内容约定成为分包合同的一个部分,即通过传导条款的约定将总承包合同的内容变成分包合同的一部分。第二,合同成立与终止同步原则。分包合同的成立生效,必须是以总承包合同的成立生效为前提,如果总承包合同提前终止,分包合同也应当同步提前终止。

(二)第三人代为履行原则

《民法典》第 523 条规定:"当事人约定由第三人向债权人履行债务,第三人不履行债务或者履行债务不符合约定的,债务人应当向债权人承担违约责任。"这是第三人代债务人向债权人清偿债务的规定。而在总承包合同中,承包人对于发包人完成工程建设的债务,其中与分包合同有关的部分,是由分包人代承包人向发包人履行债务。基于此第三人代为履行原则,我们可以推导出以下派生的原则:第一,义务风险相同原则。总承包合同中总承包人对于发包人的与分包工作中有关的义务以及风险分配内容,应与分包合同中分包人对于总承包人的义务以及风险分配内容相同。总承包人与分包人可以通过分包合同的约定,使这两方义务与分配相同。第二,验收同步原则。发包人与总承包人的总承包合同办理总承包工作验收时,总承包人与分包人的分包合同也应同步办理分包工作验收,由于分包工作完成后至同步办理验收前会有一段等待期,一般分包合同会约定,分包人在此等待期间仍需对分包工作负担照管责任,直到完成验收为止。第三,缺陷责任相同原则。通过分包合同的约定,使分包合同缺陷责任期的起算、期限长短,以及分包人负担缺陷责任的责任内容,与总承包合同中涉及的分包工作部分中承包人所负担的责任内容完全一致。

(三)分包人附条件行权原则与借名索赔

分包人行使的分包合同权利,包括但不限于请求工程款、请求顺延工期、请求办理合同变更、请求办理调整价款等。分包人行使上述权利,除了须符合分包合同中所约定的条件之外,还须符合总承包合同中所约定相应权利的条件,且经发包人同意并向承包人完成履约后,分包人才能向承包人行使相应的权利。前述的"款到即付原则"(Pay When Paid)即为附条件行权原则的具体表现。有关此一约定的法律效力问题,笔者将于后续章节中具体讨论。

分包人附条件行权原则使承包人得以将总承包合同与分包合同的权利与义务进行无缝衔接,但是对于分包人而言,可以说是加重了行权的负担,并且增加了承包人与分包人之间的矛盾,在某种程度上造成了工程推进的困难。有些承包人为化解此矛盾,会与分包人签订借名索赔协议,也就是分包人针对分包合同中对于承包人的索赔,可以借用承包人的名义向发包人进行索赔,未来发包人同意索赔并且完成付款后,承包人随即支付分包人的索赔款项。一般而言,借名索赔协议的内容包括:索赔金额如何分配;发包人对于索赔金额的扣款由谁承担;律师费、鉴定费、诉讼费等索赔成本,分包人与承包人该如何分担(是按起诉金额比例分担还是按胜诉金额比例分担)。这些都是在借名索赔协议中需要约定的问题。

(四)发包人不得越级管理原则

所谓发包人不得越级管理原则,是指发包人不可以越过承包人直接对分包人进行管理,所有对于分包人的管理,都需要通过承包人完成。因此,有以下几点需在分包合同中进行约定:第一,禁止私下协议原则。发包人与分包人之间不可以签订任何私下协议,所有的协议都需通过承包人来完成。第二,禁止直接下达指示原则。发包人不得直接对分包人下达工作指示,所有对于分包人的工作指示需通过承包人来下达,如果发包人对分包人直接下达指示,分包人应拒绝执行该项指示。第三,发包人无权办理分包合同变更原则。由于发包人不是分包合同的当事人,所以发包人不能直接承诺分包人办理分包合同的变更,分包合同的变更需经过承包人同意,并由承包人与分包人进行办理。

视频 4.5　总包合同与分包合同之间的联动关系

第五节　平行包、大丙方与联合体

一、概述

接下来本书将讨论项目发包模式的问题,可能读者心中会产生一个疑问,为何在讨论建设工程项目的各参与方问题的时候讨论发包模式问题? 这是因为不同的发包模式,会使项目的各参与方之间产生不同的法律关系,因此笔者认为在讨论项目各参与方时,有必要同时讨论发包模式的相关问题。发包人选择的发包模式,实践中常见的态样有 3 种:平行包、大丙方与联合体。这 3 种发包方式有何不同? 发包人基于何种因素来选择适当的发包模式? 这些问题将在下文详细讨论。

二、平行包模式

(一)平行包模式的意义

所谓平行包模式,是指发包人在不是支解发包的前提下,将建设工程拆分成若干部分进行发包。一般平行包模式的法律关系可以分为甲、乙、丙三方,甲方是项目的发包人,乙方是项目的承包人,甲、乙之间签订总承包合同;而丙方可能是另一个项目的承包人,与甲方另行签订总承包合同,丙方也可能是材料或是设备的供应商,甲、丙之间签订的是材料或是设备的采购合同,其中以丙方作为材料或是设备供应商在实践中最为常见,这种发包方式又被称为甲供材料设备模式,接下来笔者所讨论的平行包模式,以甲供材料设备模式作为讨论的重点;平行包模式中乙、丙之间没有任何的合同关系。具体的法律关系如图4.2所示。

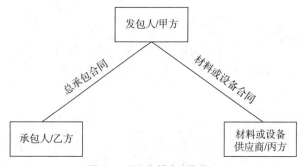

图4.2 平行包模式法律关系

(二)发包人采取平行包模式的优点与缺点

采用平行包的发包模式,对于发包人有以下3个优点:第一,简易计税可以节税。财政部、国家税务总局《关于全面推开营业税改征增值税试点的通知》(财税〔2016〕36号)的附件2《营业税改征增值税试点有关事项的规定》规定:"(七)建筑服务。……2.一般纳税人为甲供工程提供的建筑服务,可以选择适用简易计税方法计税。甲供工程,是指全部或部分设备、材料、动力由工程发包方自行采购的建筑工程。"由此可知,由于平行包模式乙方请款可以采取简易计税,所以对甲方而言是一种节税的发包模式。第二,直接指挥。由于平行包模式是由甲、丙双方签约而不是由乙、丙双方签约,因此甲、丙之间有直接的合同关系,甲方可以直接指挥丙方,而不需要通过乙方来指挥丙方。第三,直接付款避免卡钱,少个层级请款可以节约税费。由于平行包模式中甲、丙之间有直接的合同关系,甲方可以直接付款给丙方,直接付款的好处在于:如果甲方不能直接付款,需先付款给乙方,再由乙方付款给丙方,则可能会出现原本应该是要给丙方的钱,卡在乙方的手上不愿意支付给丙方的情形;此外,丙方直接向甲方请款,不通过乙方请款,可以节约一些税费。

虽然平行包模式有上述的优点,但是对于发包人可能会有以下的缺点:第一,协调工作界面。《2020 版工程总承包合同文本》第 2.6 款〔现场管理配合〕第 1 段规定:"发包人应负责保证在现场或现场附近的发包人人员和发包人的其他承包人(如有):(1)根据第 7.3 款〔现场合作〕的约定,与承包人进行合作;(2)遵守第 7.5 款〔现场劳动用工〕、第 7.6 款〔安全文明施工〕、第 7.7 款〔职业健康〕和第 7.8 款〔环境保护〕的相关约定。"示范文本要求甲方需负责协调整合乙、丙之间的工作界面。第二,成为索赔对象。《施工合同解释一》(法释〔2020〕25 号)第 13 条第 1 款第 2 项规定:"发包人具有下列情形之一,造成建设工程质量缺陷,应当承担过错责任:……(二)提供或者指定购买的建筑材料、建筑构配件、设备不符合强制性标准……"《2020 版工程总承包合同文本》第 6.2.1 项〔发包人提供的材料和工程设备〕第 5 段规定:"发包人提供的材料和工程设备的规格、数量或质量不符合合同要求,或由于发包人原因发生交货日期延误及交货地点变更等情况的,发包人应承担由此增加的费用和(或)工期延误,并向承包人支付合理利润。"由此可知,丙方的工作有瑕疵或是延误而影响了乙方的工作,乙方可以向甲方索赔。相反的,如果因为乙方的工作迟延而影响了丙方的工作,则丙方也可以向甲方索赔。

(三)三方现场统一管理协议

如果甲方打算采取平行包模式,如何规避上述的风险?《2020 版工程总承包合同文本》第 2.6 款〔现场管理配合〕第 2 段规定:"发包人应与承包人、由发包人直接发包的其他承包人(如有)订立施工现场统一管理协议,明确各方的权利义务。"由甲、乙、丙三方签订现场统一管理协议(以下简称管理协议),甲方通过管理协议可以将上述的风险转嫁给乙、丙方。管理协议可包含以下内容:第一,由乙方负责协调乙、丙之间的工作界面,并且由甲方支付给乙方一笔总承包服务费;第二,如果因为乙、丙一方的工作迟延,而导致他方的工作受到影响,他方可以直接对一方请求赔偿。

(四)甲供材料设备的检验

承包人是否负责甲供材料设备的检验?《建筑法》第 59 条规定:"建筑施工企业必须按照工程设计要求、施工技术标准和合同的约定,对建筑材料、建筑构配件和设备进行检验,不合格的不得使用。"《质量管理条例》第 29 条规定:"施工单位必须按照工程设计要求、施工技术标准和合同约定,对建筑材料、建筑构配件、设备和商品混凝土进行检验,检验应当有书面记录和专人签字;未经检验或者检验不合格的,不得使用。"足见承包人在施工时需对建筑材料、建筑构配件、设备和商品混凝土进行检验,且负有不合格不得使用的义务。因此,笔者认为承包人对甲供材料设备等也应该负责检验,且负有不合格不得使用的义务。《2020 版工程总承包合同文本》第 6.2.3 项〔材料和工程设备的保管〕第 1 目"发包人供应材料与工程设备的保管与使用"规定:"发包人供应的材料和工程设备,承包人清点并接收后由承包人妥善保管,保管费用由承包人承担,但专用合同条件另有约定除外。因承包人原因发生丢失毁损的,由承包人负责赔偿。(第 1 段)发包人供应的材料和工程设备使用前,由承包人负责必要的检验,检验费用由发包人承担,不合格的不得使用。(第 2 段)"示范文本明确了承包人的检验责任。

三、大丙方模式

(一)大丙方模式的意义与优缺点

大丙方模式是指作为材料或设备供应商或是专业工程分包商的丙方,与承包人乙方签订材料或设备采购合同或是专业分包工程合同,发包人甲方与承包人乙方签订总承包合同,甲、丙之间没有任何的合同关系。大丙方模式的法律关系如图 4.3 所示。大丙方模式的优点和缺点与平行包模式刚好相反,且大丙方模式最大的优点就是甲方不需要去管理乙、丙之间的工作界面,丙方的工作都由乙方对甲方负责。

图 4.3 大丙方模式法律关系

(二)监督付款协议

由于大丙方模式中甲方与丙方之间并无法律关系,甲方自然不负向丙方付款的义务,但根据笔者的经验,实际出现的多数情况都是乙方的资金链出现问题导致付款不正常,进而导致丙方不愿意继续听从乙方的管理,但甲方又担心如果对乙方提前终止合同,重新招投标,将导致工程进度拖延,因此甲方不得已只能介入乙、丙方之间。实践中的做法,就是由甲、乙、丙三方签订协议,并约定乙方同意由甲方代理乙方对丙方付款,甲方对丙方付款的金额可以从甲方预定支付给乙方的款项中扣除,笔者称这种付款方式、协议为"监督付款协议"。"监督付款协议"的目的就是确保丙方能如实取得款项。《2020版工程总承包合同文本》第4.5.5项〔分包合同价款支付〕规定:"(1)除本项第(2)目约定的情况或专用合同条件另有约定外,分包合同价款由承包人与分包人结算,未经承包人同意,发包人不得向分包人支付分包合同价款;(2)生效法律文书要求发包人向分包人支付分包合同价款的,发包人有权从应付承包人工程款中扣除该部分款项,将扣款直接支付给分包人,并书面通知承包人。"示范文本亦明确甲、乙、丙可签订协议,且依生效协议的约定,由甲方直接支付款项给丙方。

有关监督付款机制有几个问题需要进一步说明:

第一,启动监督付款程序之后,会不会让丙方取得对甲方请款或是索赔的权利?笔者认为不会,因为监督付款协议约定的内容仅仅是让甲方取得乙方的授权,由甲方代理乙方对丙方付款的权利,并无让丙方也取得向甲方请求付款或索赔的权利,所以丙方不会因监督付款协议而取得对甲方直接请款或是索赔的权利。

第二,甲方付款给丙方,丙方的请款发票是开给甲方,还是开给乙方?笔者认为丙方应该将发票开给乙方,而不是将发票开给甲方,这是因为甲方是代理乙方付款,而不是甲方自己付款。

第三,通过监督付款机制,甲方取得对丙方事实上的管理权,而不是合同上的管理权。这是因为,甲方愿意启动监督付款的前提是丙方已配合甲方的要求完成施工工作,由于甲、丙间并无合同关系,甲方本无权要求丙方配合施工,但通过监督付款机制,甲方在事实上已取得对丙方管理的权利。

第四,笔者建议,监督付款协议最好事先签订,使甲方取得监督付款的权利,至于项目是否要启动监督付款程序,要看是否有项目管理的需要,有需要再启动程序。

启动了监督付款程序后,项目的进度依然落后该如何处理?如果不是设计、勘察的问题,而是施工资金缺口的问题且通过监督付款方式还是无法救援时,笔者建议应该启动"同行担保"程序。所谓同行担保,是指总承包合同中要求承包人提供相同资质与资历的同行进行连带保证。至于程序的启动方式,笔者建议发包人应先通知承包人的连带保证人(以下简称同行保证人)进场接手项目。读者心中可能会有个疑问,同行保证人有接手项目的义务吗?同行保证人虽然没有接手项目的义务,但是其负有连带保证的义务,同行保证人如果接手项目并顺利完成,同行保证人所需负担的保证责任相对较小,反之,项目提前终止,同行保证人需负担的保证责任相对较大,同行保证人为了减少保证责任,只能被迫接手项目。为了让同行保证人能无缝衔接项目,笔者亦建议可以采取换金主不换管理团队的做法,也就是由同行保证人(金主)接收全部的原项目管理团队,项目仍由原项目管理团队负责,可以加速推进项目。另外,对同行保证人的保障,可以将承包人对总承包合同的权利转让给同行保证人,未来由发包人对同行保证人进行付款,总承包合同的义务则由同行保证人并存承担,笔者要特别强调此处是合同义务的并存承担,而不只是合同义务承担,原来承包人的责任并不免除。

启动同行担保程序后,项目的进度依然落后,此时发包人可考虑提前终止合同,有关提前终止合同的问题,将于后续章节中说明。

四、联合体模式

(一)联合体模式的意义与优缺点

所谓联合体,就是由数个承包人组成一个团队,由该团队联合承包整个工程项目,法律关系如图4.4所示。对发包人而言,联合体模式的优点就是集合平行包模式与大丙方模式的优点,且联合体成员对发包人需负担连带责任,再加上发包人与联合体签约的关系,发包人可以对联合体成员进行工作指挥;联合体模式的缺点在于,如果总承包合同约定,联合体的工程款由牵头人代领,则对联合体的其他成员可能会发生无法直接收取工程款的风险。

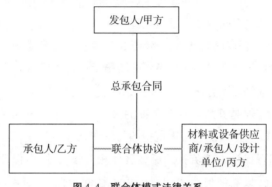

图 4.4 联合体模式法律关系

(二)联合体模式的类型

联合体实分为两种:一种是分别管理型联合体;另一种是共同管理型联合体。分别管理型联合体是实践中最为常见的一种联合体类型。

分别管理型联合体就是将联合体承接的建设工程项目,通过联合体协议分配给各联合体成员完成,完成工作的风险与成本由成员各自负担,并且有权分配完成工作对应的工程款。关于分别管理型联合体协议的内容,有以下几点需要特别注意:第一,分工。各成员分配工作的范围要界定清楚,成本要各自负担、分包各自决定、管理各自负责。第二,分配。协议针对工程款该如何分配,应该清楚约定。工程款分配的原则基本上是采"谁的工作谁领款"原则,也就是工作是谁负责,相应的工程款就是谁领取,但是有些款项是需要特别约定归属,例如:预付款、预付的安全文明施工费、逾期违约金、工程瑕疵扣款、工作界面产生的费用该如何分配,或是如何找补等,都应该在联合体协议中予以说明。第三,账户。一般而言都是以联合体的牵头人名义开立联合体账户,但是考虑到工程款安全的问题,该账户会约定由联合体成员共管,也就是须经所有成员同意后才能从共管账户中领取款项。第四,代表。有关联合体牵头人可否代表联合体向发包人请款、谈判交涉、变更合同等,这个涉及联合体成员对于联合体牵头人的授权范围问题,笔者认为联合体应该在联合体协议中表明对于牵头人授权的范围,并且要将授权事项通知发包人知悉,不然会有表见代理的风险。第五,决策。有关联合体的事项该如何进行决策,笔者建议各自工作的事项各自决定,共同的事项共同决定。

共同管理型联合体就是将联合体承接的建设工程项目,由联合体共同完成,风险与成本共同承担,工程款扣除成本后的收益,大家按约定比例分配。关于共同管理型联合体协议的内容,有以下几点需要特别注意:第一,投资。确定各成员的出资比例。第二,分配。工程款收入扣除成本后的收益,成员按投资比例分配。第三,账户。与分别管理型联合体相同,成立共管账户。第四,代表。与分别管理型联合体相同,应明确授权范围。第五,决策。约定按出资比例采多数决进行决策。

有关联合体的法律性质以及相关法律问题,本书将于后续章节中说明。

第五章 联合体法律问题分析与项目争议类型讨论

第一节 联合体法律问题分析

一、概述

有关建设工程项目中常见的联合体模式及其法律适用相关问题,在《民法典》公布施行前,实务上是以《民法通则》及最高人民法院《关于审理联营合同纠纷案件若干问题的解答》为依据,将联合体认定为企业之间或者企业与事业单位之间的联营关系。但是在 2021 年 1 月 1 日《民法典》施行后,《民法通则》及最高人民法院《关于审理联营合同纠纷案件若干问题的解答》已废止,再加上《民法典》已无联营规定,因此在新法之后该如何处理联合体所面临的法律问题,这是我们应该要关注的。

二、联合体法律性质的讨论

有关联合体法律性质的讨论,应根据不同的联合体类型进行分析。本书第四章介绍了两种联合体的类型,分别是共同管理型联合体和分别管理型联合体。这两种类型的联合体的法律性质为何,是笔者接下来要讨论的问题。

(一)合伙合同

笔者认为,共同管理型的联合体在法律性质上属于合伙合同。《民法典》第 967 条规定:"合伙合同是两个以上合伙人为了共同的事业目的,订立的共享利益、共担风险的协议。"由此可知,联合体协议的约定如果具备经营共同事业目的,以及共享利益和共同承担风险的特征,即可以认为属于合伙合同关系。而共同管理型联合体就是由联合体共同完成其所承接的建设工程项目,并共同承担风险与成本,工程款扣除成本后的收益,联合体全体成员按约定比例分配。由于具备利益共享、风险共担的特性,因此笔者认为共同管理型联合体在性质上属于合伙合同。

关于合伙合同关系的债权、债务,是共同共有或是按份共有的问题,《民法典》第 969 条规定:“合伙人的出资、因合伙事务依法取得的收益和其他财产,属于合伙财产。(第 1 款)合伙合同终止前,合伙人不得请求分割合伙财产。(第 2 款)”虽该条款并未针对合伙财产属于共同共有或按份共有作出规定,但是若允许合伙人在合伙期间,可以依照按份共有相关规定处分其对合伙财产的份额,这显然妨碍合伙经营共同事业的目的。另外,最高人民法院(2017)最高法民再 228 号民事判决书指出:“但因《股东协议》已经履行,A 某、B 某投入合伙事务的资金已经转化为合伙财产,由合伙各方共同共有。根据民法通则意见第 54 条规定,合伙人退伙时分割的合伙财产,应当包括合伙时投入的财产和合伙期间积累的财产,以及合伙期间的债权和债务。因此,A 某、B 某退伙导致合伙终止后,在全体合伙人未对合伙财产及合伙债权债务清算前,A 某、B 某不能主张由 C 某退还其原投入合伙事务的资金。”笔者认为合伙财产应属于合伙人全体共同共有,而合伙债务亦应认为属于合伙人全体共同共有。因此,合伙合同期间所发生的债权、债务,即属于合伙人全体所共同共有的债权、债务。

另外,《民法典》第 973 条规定:“合伙人对合伙债务承担连带责任。清偿合伙债务超过自己应当承担份额的合伙人,有权向其他合伙人追偿。”可推知,各合伙人对合伙债务亦须以自己的财产负连带责任,且笔者认为此处连带责任与合伙人全体对共同共有债务的清偿责任是并存的,换言之,也就是债权人得选择以合伙财产清偿或是选择以合伙人个人所有的财产清偿(另有学者认为属于补充连带责任①)。此部分连带责任可参考以下规定。《建筑法》第27条规定:"大型建筑工程或者结构复杂的建筑工程,可以由两个以上的承包单位联合共同承包。共同承包的各方对承包合同的履行承担连带责任。(第1款)……"《招标投标法》第31条规定:"两个以上法人或者其他组织可以组成一个联合体,以一个投标人的身份共同投标。(第1款)……联合体各方应当签订共同投标协议,明确约定各方拟承担的工作和责任,并将共同投标协议连同投标文件一并提交招标人。联合体中标的,联合体各方应当共同与招标人签订合同,就中标项目向招标人承担连带责任。(第3款)……"

(二)非典型合同

分别管理型联合体就是将联合体承接的建设工程项目,通过联合体协议分配给各联合体成员完成,完成工作的风险与成本由成员各自负担,并且有权分配完成工作对应的工程款。分别管理型联合体是实践中最为常见的一种联合体类型。笔者认为,分别管理型联合体在法律性质上不属于《民法典》规定的典型合同类型,应该根据《民法典》第467条第1款规定来处理:"本法或者其他法律没有明文规定的合同,适用本编通则的规定,并可以参照适用本编或者其他法律最相类似合同的规定。"

关于联合体协议属于非典型合同性质的情况下,联合体的债权、债务是按份之债还是连带之债的问题,《民法典》第517条规定:"债权人为二人以上,标的可分,按照份额各自享有债权的,为按份债权;债务人为二人以上,标的可分,按照份额各自负担债务的,为按份债务。(第1款)按份债权人或者按份债务人的份额难以确定的,视为份额相同。(第2款)"第518条规定:"债权人为二人以上,部分或者全部债

---

① 最高人民法院民法典贯彻实施工作领导小组主编:《中华人民共和国民法典合同编理解与适用[四]》,人民法院出版社2020年版,第2756页。

权人均可以请求债务人履行债务的,为连带债权;债务人为二人以上,债权人可以请求部分或者全部债务人履行全部债务的,为连带债务。(第1款)连带债权或者连带债务,由法律规定或者当事人约定。(第2款)"由此可知,联合体的债权、债务除法律另有规定或当事人另有约定属于连带债权、债务外,由于标的可分因此属于按份债权、债务,而前面所述《建筑法》第27条及《招标投标法》第31条规定,即属于法律规定联合体对发包人负担连带债务的规定。

三、联合体案例讨论

为了说明联合体法律关系所涉及的相关问题,以下笔者将以案例方式,分析联合体在建设工程合同中可能遭遇到的问题。案例内容如下:

甲为发包人,乙为联合体,联合体成员为A、B,甲、乙间签订建设工程总承包合同,由乙负责承揽工程施作,工程款1亿元,丙为分包商。如果乙方联合体采取的是共同管理型联合体时,A、B约定的内部分红比例是6∶4;如果乙方联合体采取的是分别管理型联合体时,A、B约定的工程款分配比例也是6∶4。

问题一:A、B可否单独向甲请求工程款?

问题二:丙与乙签订钢筋施作合同,工程款8000万元,乙未给付工程款时,丙如何请求工程款?

问题三:若工程发生逾期完工,甲取得违约金债权100万元情形,甲可否向A、B请求连带给付逾期违约金?

问题四:丙与A签订有钢筋施作合同,工程款8000万元,A未给付工程款时,如乙银行账户内只剩下2000万元,丙可否申请财产保全扣押、冻结乙银行账户内的款项?

(一)问题一

若联合体协议属于合伙合同性质的,根据《民法典》关于多数人之债,仅有第517条规定的按份之债与第518条规定的连带之债,且《民法典》第307条规定:"因共有的不动产或者动产产生的债权债务,在对外关系上,共有人享有连带债权、承担连带债务,但是法律另有规定或者第三人知道共有人不具有连带债权债务关系的除外;在共有人内部关系上,除共有人另有约定外,按份共有人按照份额享有债权、承担债务,共同共有人共同享有债权、承担债务。偿还债务超过自己应当承担份额的按份共有人,有权向其他共有人追偿。"因此,共同共有债权、债务被纳入属于连带债权债务关系。《民事诉讼法》第55条第1款规定:"当事人一方或者双方为二人以上,其诉讼标的是共同的,或者诉讼标的是同一种类、人民法院认为可以合并审理并经当事人同意的,为共同诉讼。"由此可知,共同诉讼分为必要共同诉讼与普通共同诉讼。而合伙债权、债务既然被认定为连带之债,任一债权人均可向债务人主张全部债权,任一债务人也可向债权人履行全部债务,合伙全体成员不需要一同起诉与应诉,即非必要共同诉讼。但笔者认为,虽然《民法典》第307条规定合伙债权、债务属于连带之债,但是合伙债权、债务本质上是共同共有之债而与连带之债不同,不应被认为是连带之债,尤其是在联合体成员之一单独向发包人请求全部工程款后不愿意分配给其他成员或者陷于无资力的情况,其他成员的权益将无法保障,[1]因此,应该承认合伙债权、债务属于共同共有之债,而且多数债权人或债务人必须一同起诉与应诉。本案中,A、B必须共同起诉,请求甲给付工程款1亿元,诉讼程序上属于固有必要共同诉讼类型。[2]

　　若联合体协议属于非典型合同性质的,在未另有法律规定及甲、

---

　　① 有关多数人之债应包括共同共有之债类型的讨论,请参阅向柳:《正确区分不可分之债和连带之债、共同之债》,载湖南省临澧县人民法院网,http://llxfy.hunancourt.gov.cn/article/detail/2014/09/id/1453120.shtml,最后访问日期:2023年2月12日。

　　② 有关固有必要共同诉讼类型的讨论,请参阅汤维建:《类似必要共同诉讼适用机制研究》,载《中国法学》2020年第4期。另可参阅《"民法与民事诉讼法的对话"主题二:"多数人之债的诉讼构造"》,载中国法学会民事诉讼法学研究会网,http://msf.chinalaw.org.cn/portal/article/index/id/150/cid/20.html,最后访问日期:2023年1月14日。

乙间签订的建设工程总承包合同未约定属于连带债权的情况下,工程款债权即属于《民法典》第517条规定的按份债权,则A、B可单独提起诉讼,并按照自己份额分别起诉请求甲给付工程款,即A起诉请求甲支付6000万元,B起诉甲请求支付4000万元,两个诉讼属于各自独立的诉讼。但若A、B一同起诉,其中A请求6000万元,B请求4000万元,两个诉讼需合一确定,在性质上属于类似必要共同诉讼类型。①

(二)问题二

若联合体协议属于合伙合同性质的,丙对合伙财产主张权利时,应将A、B列为共同被告,请求A、B给付工程款8000万元,属于固有必要共同诉讼类型。另外,丙根据《民法典》第973条的规定,对合伙人个人财产主张权利时,可单独对A、B提起诉讼,并请求给付全部工程款,也就是丙既可以对A请求工程款8000万元,也可以对B请求工程款8000万元,两个诉讼属于各自独立的诉讼,但是如果一方已清偿,另一方则免除责任。但若一同对A、B起诉,两个诉讼须合一确定,属于类似必要共同诉讼类型。

若联合体协议属于非典型合同性质的,因《建筑法》第27条及《招标投标法》第31条系联合体对发包人承担连带债务责任的规定,联合体与发包人签订的建设工程总承包合同中纵有连带之债的约定,基于债之相对性原则,均不能适用于此处。在无其他法律规定及乙、丙间签订的钢筋施作合同未约定属于连带债务的情况下,工程款债务即属于《民法典》第517条规定的按份债务,则丙可单独对A、B提起诉讼,并按照A、B各自负担份额请求给付工程款,也就是丙对A请求工程款4800万元,对B请求工程款3200万元,两个诉讼属于各自独立的诉讼。但若一同对A、B起诉,则丙对A请求工程款4800万元,对B请求

---

① 所谓类似必要共同诉讼,实际上是一种介于固有必要共同诉讼和普通共同诉讼之间的一种共同诉讼,其指的是当事人既可以分别诉讼,也可以合并诉讼,但如果合并诉讼,法院则必须合一裁判的必要共同诉讼形态。有关类似必要共同诉讼问题的讨论,请参阅前注。

工程款 3200 万元，两个诉讼须合一确定，属于类似必要共同诉讼类型。

（三）问题三

若联合体协议属于合伙合同性质的，根据《民法典》第 973 条规定，或符合《建筑法》第 27 条规定，或符合《招标投标法》第 31 条规定，A、B 个人对此逾期违约金债务须承担连带责任，则甲可单独对 A、B 提起诉讼，并请求给付全部逾期违约金，也就是甲既可以对 A 请求逾期违约金 100 万元，也可以对 B 请求逾期违约金 100 万元，两个诉讼属于各自独立的诉讼，但是如果一方已清偿，另一方则免除责任。但若一同对 A、B 起诉，两个诉讼须合一确定，属于类似必要共同诉讼类型。

若联合体协议属于非典型合同性质的，且符合《建筑法》第 27 条或《招标投标法》第 31 条规定的情形，则依前面连带债务类型处理；但不符合《建筑法》第 27 条及《招标投标法》第 31 条规定的情形，亦无其他法律规定及甲、乙间签订的建设工程总承包合同未约定属于连带债务的情况下，逾期违约金债务属于《民法典》第 517 条规定的按份债务，则按前述问题二联合体协议为非典型合同性质的情形处理。

（四）问题四

若联合体协议属于合伙合同性质的，虽然工程款属于合伙人全体所共同共有，但最高人民法院《关于人民法院民事执行中查封、扣押、冻结财产的规定》（经法释〔2020〕21 号修正）第 12 条规定："对被执行人与其他人共有的财产，人民法院可以查封、扣押、冻结，并及时通知共有人。（第 1 款）共有人协议分割共有财产，并经债权人认可的，人民法院可以认定有效。查封、扣押、冻结的效力及于协议分割后被执行人享有份额内的财产；对其他共有人享有份额内的财产的查封、扣押、冻结，人民法院应当裁定予以解除。（第 2 款）共有人提起析产诉讼或者申请执行人代位提起析产诉讼的，人民法院应当准许。诉讼期间中止对该财产的执行。（第 3 款）"由此可知，丙可申请财产保全扣押、冻结被执行人共同共有财产，即对乙账户内的款项进行扣押、冻结。

若联合体协议属于非典型合同性质的,则依前述按份之债的说明,丙为 A 的债权人,仅可就 A 享有份额即 1200 万元工程款部分申请扣押、冻结。

视频 5.1　联合体协议的 5 项重要内容

第二节　三段论法的续造与建设工程项目总承包合同的争议类型

一、法律适用的逻辑结构与续造

有关法律的适用,需谈论法学方法上经常会使用的概念,也就是"涵摄"。涵摄是指特定的案件事实,置于法律规范的要件之下,以获致一定结论的思维过程。以涵摄为核心的法律适用过程,可用逻辑三段论表现为:第一,法律规范为大前提;第二,特定的案例事实为小前提;第三,以一定法律效果的发生为结论。① 人们常称之为法律适用的三段论法。此种法的发现过程,必须不断地来回穿梭于法律规范与案例事实之间,由案例事实寻找法律规范,由法律规范认定事实,进行涵摄的工作。② 有人称之为在规范与事实之间作出"视线的来回穿梭"。③ 这些法学方法上的讨论都说明了一个很重要的观点,就是法律的解释与个案事实之间存在着很紧密的关系,法律的解释不能脱离个

---

① 王泽鉴:《民法思维:请求权基础理论体系》,北京大学出版社 2009 年版,第 157~158 页。

② 王泽鉴:《民法思维:请求权基础理论体系》,北京大学出版社 2009 年版,第 158 页。

③ 顾祝轩:《合同本体解释论:认知科学视野下的私法类型思维》,法律出版社 2008 年版,第 116 页。

案事实,凭空地进行法律解释。

三段论法的提出在法学方法上的贡献在于,确保了法律适用的客观性与科学性,对于确保法治原则的落实具有一定的意义。然而三段论法基本上只是一个法律适用的框架,理论上是希望通过这个方法可以做到,小前提影响大前提的解释,大前提影响小前提的认定,在这个来回穿梭的过程中找到涵摄的结论。但是很多人在具体操作上还是感觉得到有相当大的落差,最核心的原因在于大前提与小前提之间的距离还是太远了,在穿梭的过程中经常出现迷路的情况,因此后来在法学方法理论上针对三段论法进行了续造。

有学者主张,我们需要在大前提与小前提之间找到一个中介,并认为法律规范与现实生活关系的中介者=事物的本质=类型,①这就是法学方法上的类型论。笔者对于类型论的理解是,所谓类型,是指针对小前提(也就是具体的案例事实)先进行初步的法律评价,这个法律评价的目的不是得到最终的法律效果,而是将具体的案例事实进行某种程度的修整,将具有法律涵摄意义的事实留下来,将不具有法律涵摄意义的事实给去除,最后得到具有法律意义的事实,可称之为类型。寻找类型的目的,是缩短大前提与小前提之间的距离,有助于法的解释与发现。日本债法在修法过程中,曾出现一种修法的建议,认为在"债总"与典型合同规定之间,应该针对财产型合同、服务型合同等合同类型,增加一些"小债总"的规定,其实这种想法就是类型论的具体表现。

二、法学方法的类型论与建设工程项目总承包合同的争议类型

有关前述大前提与小前提距离太远的问题,笔者在处理建设工程合同相关问题的过程中,也有很深的感触,因此笔者认为找到大前提

① 顾祝轩:《合同本体解释论:认知科学视野下的私法类型思维》,法律出版社2008年版,第135页。

与小前提之间的中介,确实有其必要性。此外,由于建设工程争议案件经常交错着法律问题和技术问题,所以项目事实比较复杂,如果律师或是审判者对于争议类型的基础事实能有基本的了解,对于了解个案的事实经过会有很大的帮助。再者,在建设工程争议案件审理过程中,经常需要鉴定机构进行鉴定,在鉴定之前如何清楚描述待证事实,也是一个处理建设工程争议案件非常重要的环节,而了解争议类型中的基础事实,对于更清楚地描绘需要鉴定的事实,帮助甚大。因此,笔者在本书中尝试找出一些总承包合同的争议类型,并就争议类型的内涵进行说明,以作为前述的中介,这样对于总承包合同该如何进行条文的解释与适用,以及确认案件的待证事实,可以提供一定的帮助。

本书所称的"争议类型",读者可以从以下几个面向去理解:第一,依据笔者的从业经验,总承包合同发包人与承包人的争议有很多是重复发生的,所以本书的争议类型,是从这些重复发生的具体案例中整理出来的类型;第二,争议类型是从具体案例事实,经过初步的法律评价,而得到的具有法律意义的事实,所以争议类型是从具体事实出发,经过一定整理的事实类型,而不是抽象概念的分类;第三,争议类型是法律规范与具体事实之间的中介,目的是便于作出最终的法律评价。

基于上述对于争议类型的说明,笔者将总承包合同的争议类型分为5大类11中类29小类(可见表5.1),具体各类争议所在的章节说明如下:

第一大类工期争议,其中又分为:开工争议(本书第六章)、竣工日期顺延争议(本书第七章、第八章)。

第二大类变更争议,其中又分为:意定变更争议(本书第九章)、情势变更争议(本书第十章)、重大地下差异争议(本书第十一章)、赶工与停工争议(本书第十二章)。

第三大类质量争议,具体是指验收争议(本书第十三章)。

第四大类计价争议,其中又分为:清单缺陷争议(本书第十四章)、竣工结算争议(本书第十五章)。

第五大类其他争议,具体是指解除合同争议(本书第十六章)、实际施工人争议(本书第十七章)。

表 5.1　5 大类 11 中类 29 小类争议类型①

大类	中类	小类
工期争议	开工争议	1. 迟延开工争议;2. 开工后无法施工争议
	竣工日期顺延争议	3. 顺延工期争议;4. 与时间关联的费用争议
变更争议	意定变更争议	5. 合同范围内外争议;6. 意定变更计价争议;7. 工程总承包合同变更争议
	情势变更争议	8. 数量偏差争议;9. 法律变更争议;10. 物价波动调价争议;11. 新冠疫情防控
	重大地下差异争议	12. 重大地下差异争议
	赶工与停工争议	13. 单位工程提早验收争议;14. 压缩合理工期赶工争议;15. 发包人指示赶工争议;16. 现场不具备施工条件或非双方原因无法施工而停工争议;17. 发包人指示停工争议;18. 承包人行使停工权而停工争议
质量争议	验收争议	19. 拖延验收争议;20. 验收不合格争议(质量、扣款)
计价争议	清单缺陷争议	21. 错项;22. 漏项;23. 漏数量
	竣工结算争议	24. 有效合同的竣工结算争议(拖延结算争议、金额结算争议、付款争议);25. 无效合同的竣工结算争议
其他争议	解除合同争议	26. 解除合同争议
	实际施工人争议	27. 实际施工人突破合同相对性争议;28. 实际施工人代位求偿争议;29. 实际施工人挂靠争议

---

① 中类"重大地下差异争议"和"解除合同争议"下无小类划分。

这里要特别说明的是,有不少文献将建设工程合同索赔①区分为工期索赔与费用索赔,这样的分类似乎认为工期索赔只是单纯工期的问题,完全没有费用的问题,这样的观点恐有错误。任何一个争议类型都会牵扯费用,包括工期争议。工期争议涉及的费用有两种,一个是与时间关联的费用(Time Related Cost,简称TRC),另一个是逾期违约金的计算,相关内容笔者将于本书第七章中详细说明。另外,各位读者可能会感到疑惑,为何本书将停工与赶工争议归类在变更争议,而不是工期争议?其实变更类争议是会同时发生工期与费用问题,所以如果工期与费用问题的产生与变更有关,笔者会将其归类在变更类,包括停工与赶工争议,相关内容笔者将于本书第九章、第十章中详细说明。

第三节 工程款、损失、成本与利润等概念之间的联系

一、概述

在第二节中本书谈到所有的争议类型,不管是工期争议或是非工期争议,都会涉及费用的问题,而在处理费用争议时,经常会看到工程款、损失、成本与利润等这四个概念,其中工程款、损失是法律的概念,成本、利润是造价、会计的概念,法律的概念中没有成本与利润,这四个概念彼此间又是什么关系,是本文接下来要讨论的问题。

二、从费用角度针对争议类型进行分类

笔者将有关费用争议区分为工程款争议、损失争议两个类型,而工程款争议还可以区分为工程款计价争议与工程款调价争议,损失争

---

① 索赔和争议能否画上等号,恐有讨论的余地,但是笔者为了讨论方便,在这里先暂时将两个概念画上等号。

议也可以区分为损失赔偿争议与损失补偿争议。因为费用发生的原因不同,对应的请求权基础也不相同:工程款计价争议的请求权基础是依据合同的计价约定;工程款调价争议的请求权基础是根据合同的调价约定,或是根据《民法典》所规定的情势变更原则进行调整;损失赔偿争议的请求权基础是根据违约赔偿的合同约定,或是《民法典》中违约赔偿的规定;损失补偿争议的请求权基础是根据合同中的补偿约定,或是根据《民法典》所规定的情势变更原则进行补偿。从法律概念上讨论,工程款调价争议与损失补偿争议虽然属于不同争议的类型,但是从诉讼实务上来看,两者在金额审理上有许多非常相近的地方,容后说明。

三、成本与利润的分类

笔者将有关建设工程项目的成本区分为预定成本与实际成本。预定成本一般是指以定额规定(社会平均成本)计算的成本,而实际成本是指承包人实际支出的成本。而建设工程项目的利润,笔者将其区分为预定利润与实际利润。预定利润一般是指按定额规定(社会平均利润率)计算的利润,而实际利润是指项目的实际收入扣除实际成本所得到的利润。

四、各项争议与成本、利润之间的关系

(一)工程款计价争议

有关工程款计价争议,一般而言,建设工程项目工程款的预算金额,是按预定成本与预定利润进行计算,而承包人中标后在预算金额的基础上考虑工程下浮率后,计算合同工程款的签约金额。未来根据承包人完成的工作,按合同的约定计算工程款,所以承包人实际花费多少成本,跟发包人没有任何关系,应该全部按照合同约定计算工程款。如果承包人完成的工作,合同中缺乏相应的计价项目,一般的处理方法就是:有类似的计价项目,按类似的计价项目调整后计价;没有

类似的计价项目,一般按定额规定的预计成本与预计利润计算工程款,或是在市场中调查市场的合理成本与利润计算工程款。

(二)损失赔偿争议

损失赔偿争议是以违约损失赔偿请求权作为请求权基础,目前《民法典》合同编确立的违约损失赔偿的原则是完全赔偿原则,也就是有多少的损失,就该赔偿多少,因此如何认定损失就变得非常重要。民法对于损失的认定有一些相关原则需要考虑,例如:责任成立的因果关系、责任范围的因果关系、履行利益的损失(《民法典》第584条本文)、可预见原则(《民法典》第584条但书)、扩大损失减损原则(《民法典》第591条第1款)、损益相抵原则(最高人民法院《关于当前形势下审理民商事合同纠纷案件若干问题的指导意见》)、过失相抵原则(《民法典》第592条第2款)、违约金的调整原则(《民法典》第585条)。笔者会在相关章节中说明这些原则。至于损失与成本、利润之间的关系,依损失的法律上分类,一般区分为积极的损失(又称为所受损害),以及可得利益的损失(又称为所失利益)。有关积极损失的认定,一般和实际支出的合理成本有关,而可得利益损失的认定,通常和应当发生的实际利润有关。

(三)损失补偿争议

损失补偿争议中的损失补偿原则,一般是合同有约定按约定,合同没有约定按公平原则进行补偿,但是在认定补偿金额之前,审理的顺序上会先认定有多少损失,再根据个案的情况决定该补偿多少,所以损失补偿争议中有关损失如何认定的问题,与损失赔偿争议的内容基本相同,此处不赘述。

(四)工程款调价争议

通常是合同有约定按约定调整工程款,如果合同没有约定,按实际发生的合理损失进行调整。如果是按实际发生的合理损失进行调整的,有关合理损失金额的认定,会和损失补偿争议的认定方式相当接近。

最后,笔者想说明的是,工程款计价的鉴定、建设工程项目损失的鉴定与顺延竣工日期的鉴定,皆属于不同争议类型的鉴定,《建设工程造价鉴定规范》(GB/T 51262-2017)将这三类鉴定都归类为造价鉴定,是否合适?笔者认为有进一步讨论的空间。

第二篇　工期与变更争议

第六章 开工争议

工期争议可以区分为开工争议和竣工日期延期争议。开工争议作为工期争议的第一章除了在第一节讨论开工、竣工、里程碑、工期等四个基本概念,以及开工所面临的争议问题外,同时还会讨论工期争议的一些共同问题。本章第二节将讨论关键线路、时差以及关键线路转换等问题。

而所谓开工争议,是指建设工程项目拖延开工,或是项目虽然开工但是实际上却无法施工而产生的争议。因此开工争议可以再区分为两个类型,分别是迟延开工争议与开工后无法施工争议,本章分别安排在第三节与第四节中讨论。

第一节 工期相关基本概念

一、开工

(一)预定开工日

施工总承包合同中将开工日期分为两个类型:一个是预定开工日;另一个是实际开工日。预定开工日是指合同工期开始起算的日期,一般施工总承包合同有两种约定方式:一种是限期开工,也就是在合同中约定几年几月几日开始起算工期;另一种是指示开工,也就是在合同中约定由监理工程师发出开工通知书,以开工通知书所载明的日期作为工期开始起算的日期。另外,《施工合同解释一》(法释〔2020〕25 号)第 8 条第 1 项、第 3 项规定:"当事人对建设工程开工日期有争议的,人民法院应当分别按照以下情形予以认定:(一)开工日期为发包人或者监理人发出的开工通知载明的开工日期;开工通知发出后,尚不具备开工条件的,以开工条件具备的时间为开工日期;因承包人原因导致开工时间推迟的,以开工通知载明的时间为开工日期。……(三)发包人或者监理人未发出开工通知,亦无相关证据证明实际开工日期的,应当综合考虑开工报告、合同、施工许可证、竣工验收报告或者竣工验收备案表等载明的时间,并结合是否具备开工条件的事实,认定开工日期。"由此可知,除了双方合意进场的日期可作为预定开工日以外,如果认定预定开工日有困难的,也可以具备开工条件的日期作为预定开工日。

由于施工总承包合同中,承包人的工作是按图施工,所以承包人开工工作一般是在现场施工;但是工程总承包合同中,承包人的工作则是设计加施工,所以承包人开工工作是设计工作。设计工作与现场施工工作内容中最大的区别在于,设计工作的工作地点不在施工现场,而是在设计院里完成设计工作。因此,在实践中工程总承包合同有关开工日的约定,有别于前面施工总承包合同的约定,包括下述两种约定方式。第一种方式:合同中约定"预定开工日"是承包人预计开始设计工作的日期,且另外在合同中约定"预计进场施工日"作为承包人预计进场施工的日期;第二种方式:合同中约定"预定开工日"是承包人预计开始现场施工的日期,至于何时开始设计工作由承包人自行决定,合同中不作规范。

有关保险合同保险人何时开始承担保险责任的问题,保险合同中一般约定:"原则上自预定开工日起,保险人开始承担保险责任,但是承包人如果可以证明其进场的日期早于预定开工日,则保险人自承包人进场时开始承担保险责任。"这是因为实践中,承包人有时需要早于预定开工日进场进行一些开工前的准备工作,如果这个时候发生保险事故,也希望保险人承担理赔责任,才作如此约定。笔者要提醒的是,很多承包人在开工前都没有编写施工日志并发送给监理人,导致无法提出其已经提前进场准备施工的证据,所以承包人只要一进场就应该编写施工日志,并且发送给监理人,以便证明自己进场的日期早于预定开工日。

视频6.1　总承包合同的预定开工日

（二）实际开工日

实际开工日是指承包人实际进场的日期，一般是在施工总承包合同中约定，承包人接到开工通知进场施工时，根据合同约定向监理工程师提交开工报告的日期作为实际开工日。另外，一般而言，预定开工日与实际开工日应该是同一天。如果发生实际开工日落后于预定开工日，或是预定开工日采取指定开工的方式，而监理工程师迟迟没有发出开工通知，这时候就很有可能发生开工争议。有关开工争议的相关问题，笔者将于本章第三节中进行详细的说明。

二、竣工

（一）预定竣工日

总承包合同中将竣工日期分为两个类型：一个是预定竣工日；另一个是实际竣工日。预定竣工日是指合同工期结束计算的日期。预定竣工日还可以区分为原预定竣工日和顺延后的预定竣工日两种。所谓原预定竣工日，是指从预定开工日起算，按合同中约定的工期，计算工期截止的日期。而顺延后的预定竣工日，是指从预定开工日起算，按合同中约定的工期以及顺延工期，计算工期截止的日期。

（二）实际竣工日

目前实践中合同常见的实际竣工日约定方式，可以分为以下两种情形：第一种称为验收合格日，是指承包人实际完成工作，经发包人竣工验收并认定合格的日期；第二种称为工作完成日，是指承包人实际完成工作的日期。这两种定义的区别在于，是否该将发包人的验收时间,以及承包人瑕疵工作的整改时间计入工期之中。第一种是将验收时间,以及整改时间计入工期之中,因此是以发包人发出的工程接收证书或是验收合格证明书上所载明的竣工日期作为实际竣工日。而第二种是将验收时间,以及整改时间不计入工期之中,因此是当工程验收合格后,以承包人提送的竣工验收申请报告之日作为实际竣工日。

第二种约定方式的产生,最主要是因为许多发包人经常拖延验收时间,如果把这些拖延验收的时间计入工期之中,对于承包人非常不公平,因此才会约定以竣工验收申请报告的日期作为实际竣工日。笔者认为第二种约定方式虽有其道理,但是将承包人整改时间排除于工期之外,也有不妥之处。此外在第一种约定之中,发包人如果拖延验收的,承包人可以依合同约定申请顺延工期,所以也不是完全没有救济途径,因此笔者认为应该采取第一种约定方式为宜。

不过实践中发包人拖延验收结算确实是个常见的问题,笔者在施工现场从事总承包合同管理时,经常看到监理工程师催促承包人赶快施工,但是等到了发包人该协助时,尤其是竣工验收决算的时刻,发包人则是老牛拉车,拖拉的程度往往令人瞠目结舌,完全没有同理心。笔者认为,发包人之所以拖延验收结算,主要的原因在于:第一,发包人经常将验收与结算这两个动作混在一起,以致对工程迟迟不办理验收,其实在合同中这是两个动作而不是一个动作,应该分开进行,验收是验收,结算是结算;第二,如果发包人是政府方,通常验收工作需要跨单位进行,由于各单位都是平行单位,彼此之间没有指挥的权限,容易产生迟延,或发生互推皮球,导致验收工作拖拉的情况。笔者认为,上述问题可通过以下方式解决:第一,结算工作应该采取跟踪审计的方式进行,这样才能有效完成验收结算程序;第二,发包人须指派层级较高的领导进行跨单位的协调工作。

一般而言,延后的预定竣工日与实际竣工日应该是同一天。如果发生实际竣工日落后于延后的预定竣工日,这时候可能会发生竣工日期顺延的争议,笔者将于本书第七章中讨论。而如果是实际竣工日早于延后的预定竣工日,这时候可能会发生赶工争议,笔者将于本书第十二章中介绍。

(三)《施工合同解释一》中有关实际竣工日的规定

《施工合同解释一》(法释〔2020〕25号)第9条规定:"当事人对建设工程实际竣工日期有争议的,人民法院应当分别按照以下情形予以认定:(一)建设工程经竣工验收合格的,以竣工验收合格之日为竣工日期;(二)承包人已经提交竣工验收报告,发包人拖延验收的,以承包人提交验收报告之日为竣工日期;(三)建设工程未经竣工验收,发包人擅自使用的,以转移占有建设工程之日为竣工日期。"由此可知,有关实际竣工日的认定分为正常验收、拖延验收、擅自使用三种情况。正常验收实际竣工日采取前述第一种方式认定;拖延验收采取前述第二种方式认定;擅自使用原则上视为验收合格,转移占有日期推定为是验收合格日,并据此认定是实际竣工日,因此该认定标准也是采取第一种方式。

但笔者认为,《施工合同解释一》(法释〔2020〕25号)第9条第2项的规定是有疑问的,因为承包人提交验收报告后,发包人本来就应该有合理验收时间进行验收程序,合理期间经过后,发包人仍未完成验收的,才有开始拖延验收的问题,因此需要一个日期作为推定验收合格日以及实际竣工验收日。而《施工合同解释一》(法释〔2020〕25号)第9条第2项的规定,忽略了发包人的合理验收期间,使推定的验收合格日提前,这等于让承包人无端获得这段期间的工期利益,并不公平,因此笔者建议可参考《2017版CONS合同》的以下规定。该文本第9.2款〔延误的试验〕第1段规定:"如果承包商已按照第9.1款〔承包商的义务〕的规定发出通知,说明工程或分项工程(视情况而定)已可以进行竣工试验,并且这些试验因雇主人员或雇主负责的原因而不当地延误,第10.3款〔对竣工试验的干扰〕应适用。"该文本第10.3款〔对竣工试验的干扰〕第1段规定:"如果由于雇主人员或雇主应负责的原因妨碍承包商进行竣工试验达 14 天以上(连续一段时间,或总时间超过 14 天的多段时间):……(b)雇主应被视为已在竣工试验原应完成的日期接收了工程或分项工程(视情况而定)……"也就是发包人拖延验收的,承包人提交验收报告之日并加计合理的验收期间后的日期,才是推定的验收合格日,并据此认定是实际竣工日。

视频 6.2　总承包合同的实际竣工日

(四)竣工程度的问题

有关工程竣工的程度,目前实践中合同常见的约定方式,分为以下两种情形:第一种是基本竣工。由于合同当事人希望尽快交付建设工程,因此双方签订甩项竣工协议,将工程中的一些收尾工作、修补工作或是某些工程细目(以下简称甩项工作)甩下,而对整个工程先行验收,由于双方约定的竣工程度不包含甩项工作,因此称此种竣工程度为基本竣工。第二种是完全竣工。也就是建设工程的竣工程度,不存在甩下任何的细目工作,而必须做到建设工程全部竣工。基本竣工的好处在于,让工程尽快进入运营期,通过项目运营产生收益,使发包人可以尽快偿还银行的项目贷款,减少发包人的资金压力;但缺点是基本竣工的范围、甩项工作的验收、工期、结算、缺陷责任期等问题,都要依靠当事人在甩项竣工协议中另行约定,约定不明容易产生争议,操作上需特别小心。

视频 6.3　甩项协议的正确用法

三、里程碑

何谓里程碑？就是某个事情进行到某个节点,这个节点被称为里程碑。在建设工程的领域中,将里程碑区分为两种:一种是进度里程碑;另一种是付款里程碑。所谓进度里程碑,是指在某个时间节点上,工程进度需完成到合同所约定的程度,否则发包人根据合同的约定可以要求承包人支付逾期违约金。例如:三层楼的建筑物工期是三个月,合同中约定第一个进度里程碑要求第一个月要完成第一层楼,如果逾期每天罚 100 万元;第二个进度里程碑要求第二个月要完成第二层楼,如果逾期每天罚 200 万元;第三个进度里程碑要求第三个月要完成第三层楼,如果逾期每天罚 300 万元。

至于付款里程碑,是指当工程完成到合同所约定程度的时候,支付一定比例或金额的工程款。例如:三层楼建筑物的工程款总额是 3 亿元,合同中第一个付款里程碑约定完成第一层楼时支付 1 亿元的工程款;第二个付款里程碑约定完成第二层楼时再支付 1 亿元的工程款;第三个付款里程碑约定完成第三层楼时再支付 1 亿元的工程款。

有关进度里程碑的类型还可以区分为两种:一种是限期完成里程碑;另一种是总工期控管里程碑。所谓限期完成里程碑,是指合同中约定某个工程节点必须在某个时间点完成。所谓总工期控管里程碑,是指合同约定进度里程碑的目的,不是某个工程节点需限期完成,而是基于总工期的控管而设定进度节点。笔者举例说明,读者会更容易了解。例如:三层楼的建筑物,第一个进度里程碑要求 2023 年 3 月 1 日需完成第一层楼,如果逾期每天罚 100 万元;第二个进度里程碑要求 2023 年 4 月 1 日需完成第二层楼,如果逾期每天罚 100 万元;第三个进度里程碑要求 2023 年 5 月 1 日需完成第三层楼,如果逾期每天罚 100 万元。如果因为承包人自身的原因,第一层楼实际完成的时间是 2023 年 3 月 15 日,发包人可以罚 1500 万元,而第二层楼实际完成的时间是 2023 年 4 月 15 日,第二层楼承包人在原先预计一个月的工期完成,发包人可否再罚 1500 万元? 这个要看合同所约定的进度里程碑的类型而定。

如果合同约定的进度里程碑是限期完成里程碑,当项目进行到第二层楼时,有个平行包的设备供应商在 2023 年 4 月 1 日要进场安装设备,现在由于承包人第二层楼实际完成的日期是 2023 年 4 月 15 日,导致发包人对设备供应商迟延提供设备安装场地,设备供应商可以对发包人进行索赔,发包人通过限期完成里程碑的约定,可以向承包人进行索赔。所以,在合同约定限期完成里程碑的情况下,承包人应该自行赶工并于 2023 年 4 月 1 日完成第二层楼的建设,否则发包人有权向承包人主张逾期违约金。

但是如果合同约定的里程碑是总工期控管里程碑,合同的约定会有所不同,由于总工期控管里程碑设置的目的是控管总工期,所以承包人第二层楼实际完成的日期是 2023 年 4 月 15 日,发包人按合同约定课罚逾期违约金 1500 万元,但是如果整个建筑物可以在 2023 年 5 月 1 日完成,发包人会按照合同约定将之前课罚的逾期违约金全部退还。

四、工期

所谓工期,是指承包人完成建设工程项目的时间。总承包合同中约定的工期类型,在实践中可以分为以下四种:第一,单一工期。一个工程项目在合同中约定一个总工期。第二,单一工期+数个进度里程碑。一个工程项目在合同中除约定一个总工期外,还约定了数个进度里程碑,这数个进度里程碑可能是限期完成里程碑,也可能是总工期控管里程碑。第三,单一工期+提前部分验收。一个工程项目在合同中约定了一个总工期,但是发包人要求承包人针对项目中某个单位工程必须提前完成验收。此部分可参考《2020 版工程总承包合同文本》的相关规定。该文本第 10.2.1 项规定:"发包人根据项目进度计划安排,在全部工程竣工前需要使用已经竣工的单位/区段工程时,或承包人提出经发包人同意时,可进行单位/区段工程验收。验收的程序可参照第 10.1 款〔竣工验收〕的约定进行。验收合格后,由工程师向承包人出具经发包人签认的单位/区段工程验收证书。单位/区段工程的验收成果和结论作为全部工程竣工验收申请报告的附件。"该文本第 10.2.2 项规定:"发包人在全部工程竣工前,使用已接收的单位/区段工程导致承包人费用增加的,发包人应承担由此增加的费用和(或)工期延误,并支付承包人合理利润。"基于此规定,可举例说明:某个项目中有承包人要完成一号楼与二号楼的建设,合同约定工期是三年,履约过程中发包人要求承包人二号楼要在第二年完成验收并移交使用,针对发包人这部分的要求,承包人可以向发包人请求二号楼的赶工费用。第四,数个工期。一个工程项目中有数个单位工程,每个单位工程合同中都单独约定工期,所以针对每个单位工程都会有单独的开工与竣工日。例如:某个项目中有承包人要完成一号楼与二号楼的建设,合同约定一号楼工期是三年,二号楼工期是二年,这就是数个工期的约定。

另外,按照国际上工程总承包工程的特性,是允许承包人边设计边施工的,而且通过设计工作与施工工作进度的优化安排,可以达到缩短总工期的目的。目前国内的工程总承包模式是否允许承包人边设计边施工?《工程总承包管理办法(征求意见稿)》(建办市函〔2019〕308 号)第 33 条规定:"工程总承包项目按照法律法规规定应当进行施工图设计文件审查的,可以根据项目实际情况,按规定分阶段审查施工图设计文件。"第 34 条第 1 款规定:"工程总承包项目申请领取施工许可证时,可以提交以下文件确认相对应的办理条件:(一)工程总承包单位具有相应施工资质且自行实施施工的,以工程总承包合同作为已确定施工单位的文件;工程总承包单位不具有相应施工资质或者将施工分包的,以工程总承包合同、施工分包合同作为已确定施工单位的文件。(二)按规定分阶段经审查合格的施工图设计文件,可作为申请领取施工许可证所需的施工图纸。(三)以工程总承包单位组织编制的施工组织设计文件,认定保证工程质量和安全的具体措施。"上述规定似乎允许工程总承包模式可以边设计边施工,但正式出台的办法中已经删除这些规定,这使得工程总承包合同轮为单纯的设计合同与施工合同的结合合同,设计与施工工作没有优化进度安排的空间,失去了工程总承包合同应有的特性。不过依据笔者的经验,实践中为了尽快推进工程进度,承包人经常会边设计边施工。

第二节　关键线路相关问题讨论

一、概述

讨论工期争议时,读者经常会听到关键线路和时差等概念,这些概念属于建设工程项目进度管理范畴中的专业用语,但是在处理工期争议时,经常需要通过这些概念来判断,施工障碍是否影响总工期。因此在讨论工期争议之前,读者需要先理解什么是关键线路和时差。由于本书是讨论建设工程争议的书籍,并非研究建设工程进度管理的教科书,再加上阅读本书的读者,很大一部分可能是律师、法务人员以及审判者,他们对于关键线路的了解,只需要达到处理工期争议的程度即可,不需要达到工程师所掌握的程度,因此笔者在讨论关键线路与时差等问题时,不会涉及大量复杂的施工技术问题。

二、什么是关键线路

假设我们今天要打扫一间教室,打扫工作的分工以及进度安排如图 6.1 所示,分为以下三个部分:

第一部分:任务 1,开门 1 天由 A 完成;任务 2,搬桌子 3 天由 B 完成;任务 3,扫地+拖地 5 天由 C 完成;任务 4,将桌子搬回原位 3 天由 B 完成;任务 9,关门 1 天由 A 完成。这五个任务存在逻辑的先后关系:任务 1→任务 2→任务 3→任务 4→任务 9。也就是 A 要先完成任务 1

开门,B才能完成任务2搬桌子,B完成任务2后C才能完成任务3扫地+拖地,C完成任务3后B才能完成任务4把桌子搬回原位,B完成任务4后A才能完成任务9关门。

第二部分:任务1,开门1天由A完成;任务5,拆窗帘2天由D完成;任务6,擦窗户4天由E完成;任务7,装窗帘2天由D完成;任务9,关门1天由A完成。这五个任务存在逻辑的先后关系:任务1→任务5→任务6→任务7→任务9。

第三部分:任务1,开门1天由A完成;任务8,擦门5天由F完成;任务9,关门1天由A完成。这三个任务存在逻辑的先后关系:任务1→任务8→任务9。

这三个部分的工作进度安排,在进度图6.1中我们可以看到分别构成了三条线路:第一部分的工作构成了线路1,工作时间是13天;第二部分的工作构成了线路2,工作时间是10天;第三部分的工作构成了线路3,工作时间是7天。这三条线路中最长的是线路1共13天,这13天就成为打扫教室的总工期。而关键线路的定义,是指线路上总的工作持续时间最长的路线,即工期最长的路线。根据此一定义,打扫教室的三条线路中,线路1是关键线路,所以线路1上的任务如果有所拖延,就会直接影响到总工期。

ID	任务名称	开始时间	完成	持续时间	2023年02月
1	任务1:开门(A)	2023/2/1	2023/2/1	1天	
2	任务2:搬桌子(B)	2023/2/2	2023/2/4	3天	
3	任务3:扫地+拖地(C)	2023/2/5	2023/2/9	5天	
4	任务4:桌子搬回原位(B)	2023/2/10	2023/2/12	3天	
5	任务5:拆窗帘(D)	2023/2/2	2023/2/3	2天	
6	任务6:擦窗户(E)	2023/2/4	2023/2/7	4天	
7	任务7:装窗帘(D)	2023/2/8	2023/2/9	2天	
8	任务8:擦门(F)	2023/2/2	2023/2/6	5天	
9	任务9:关门(A)	2023/2/13	2023/2/13	1天	

图6.1 教室打扫预计进度

三、时差

所谓时差,是指在不影响总工期的前提下,本工作可以利用的机动时间。以图 6.1 为例,线路 2 完成任务 7 的时间是 2023 年 2 月 9日,距离任务 9 工作开始的时间 2023 年 2 月 13 日,还有 3 天的机动时间,这 3 天的机动时间为时差。因此,任务 5、任务 6、任务 7 总共有 3天的时差可以使用。

线路 3 完成任务 8 的时间是 2023 年 2 月 6 日,距离任务 9 工作开始的时间 2023 年 2 月 13 日,还有 6 天的机动时间,这 6 天的机动时间为时差。因此,任务 8 总共有 6 天的时差可以使用。

四、关键线路的转换

基于工期争议分析的需要,讨论关键线路相关问题时,需对其进行分类。要特别说明的是,本书针对关键线路的分类并非项目进度管理的分类,所以在项目进度管理的教科书中并没有相关的讨论。笔者将关键线路区分为主要关键线路与次要关键线路。主要关键线路是指工期最长的线路,在图 6.1 中指的是线路 1,而次要关键线路是指工期次长的线路,在图 6.1 中指的是线路 2。

由于打扫教室的工作,在推进过程中发生了一个障碍事由,根据图 6.1 原本预计任务 6 擦窗户从 2 月 4 日开始,到 2 月 7 日结束,由 E完成。但是因为 E 忽然生病了请假 5 天,请假期间自 2 月 4 日开始,至2 月 8 日结束,这 5 天的请假期间不但把 3 天的时差给用完,还影响了总工期 2 天,原先预定的竣工日期为 2 月 13 日,但是实际的竣工日期延后到 2 月 15 日(如图 6.2 所示),所以我们可以看出障碍事由影响总工期 2 天。

图 6.1 原先的线路 2 是次要关键线路,因为障碍事由 1 发生,从次要关键线路转变成主要关键线路(如图 6.2 所示)。工程争议分析障

ID	任务名称	开始时间	完成	持续时间	2023年02月
					1 2 3 4 5 6 7 8 9 10 11 12 13 14 15 16 17 18
1	任务1：开门(A)	2023/2/1	2023/2/1	1天	
2	任务2：搬桌子(B)	2023/2/2	2023/2/4	3天	
3	任务3：扫地+拖地(C)	2023/2/5	2023/2/9	5天	
4	任务4：桌子搬回原位(B)	2023/2/10	2023/2/12	3天	
5	任务5：拆窗帘(D)	2023/2/2	2023/2/3	2天	
6	障碍1：班长病请假	2023/2/4	2023/2/8	5天	
7	任务6：擦窗(E)	2023/2/9	2023/2/12	4天	
8	任务7：装穿帘(D)	2023/2/13	2023/2/14	2天	
9	任务8：擦门(F)	2023/2/2	2023/2/6	5天	
10	任务9：关门(A)	2023/2/15	2023/2/15	1天	

图6.2 教室打扫实际进度

碍事由对于总工期的影响时，经常需要关注关键线路转换的问题，笔者会在后续章节中进行讨论。

第三节 迟延开工争议

一、迟延开工争议的意义与要件

有关迟延开工的争议，在施工总承包与工程总承包模式下，差异不大，因此以下对于此类争议的讨论，这两种模式基本可以适用。

迟延开工争议是指发包人一直拖延，没有在合同约定的时间内，或是在合理的时间内通知承包人开工从而产生的争议。基于第一节的说明，我们知道总承包合同中有关预定开工日的约定可以采取指示开工，也就是合同中约定由发包人通知开工后，工期才开始计算。然而实践中却常发生因发包人的原因，例如没有完成征地拆迁工作，项目不具备开工条件，导致发包人一直拖延没有发出开工通知，承包人亦无法进场施工的情况。笔者认为，此类型争议的要件有以下两点：第一，经过一段时间；第二，发包人没有发出开工通知。其中"发包人没有发出开工通知"比较好理解，但如何判断"经过一段时间"？笔者认为，可以再区分为两种情况：第一种情况是合同约定最晚通知期限；

第二种情况是合同没有约定最晚通知期限。

（一）合同约定最晚通知开工期限

比较常见的约定方式是，从总承包合同签订日或是收到中标通知书日起算 42 天内，如果发包人没有发出开工通知，就可以认定为发包人迟延开工。可参考《2017 版 CONS 合同》第 8.1 款〔工程的开工〕第 1 段的规定："工程师应在不少于 14 天前向承包商发出开工日期的通知。除非专用条款中另有说明，否则开工日期应在承包商收到中标函后 42 天内。"这就是要求发包人应该在承包人收到中标通知书后 42 天内发出开工通知。

另参考《2017 版施工合同文本》第 7.3.2 项第 2 段的规定："除专用合同条款另有约定外，因发包人原因造成监理人未能在计划开工日期之日起 90 天内发出开工通知的，承包人有权提出价格调整要求，或者解除合同。发包人应当承担由此增加的费用和（或）延误的工期，并向承包人支付合理利润。"这就是要求发包人应该在计划开工日期之日起 90 天内发出开工通知。这里所称的计划开工日期，并不是本书所定义的预定开工日（工期起算的日期），《2017 版施工合同文本》第 1.1.4.1 项所称的"计划开工日"虽然是指合同协议书约定的开工日，但根据第 7.3.2 项第 1 段的规定，工期是从监理人向承包人发出的开工通知中载明的开工日期起算，"计划开工日"并非工期起算日。笔者认为，"计划开工日"在此至多仅作为衡量发包人是否迟延开工的基准日期，却容易让人误以为是工期起算日，建议以既有存在的日期例如合同签订日期或收到中标通知书日等来取代。

（二）合同并未约定最晚通知开工期限

《民法典》第 511 条第 4 项规定："当事人就有关合同内容约定不明确，依据前条规定仍不能确定的，适用下列规定：……（四）履行期限不明确的，债务人可以随时履行，债权人也可以随时请求履行，但是应当给对方必要的准备时间……"由此可知，如果合同并未约定最晚通知开工期限的，承包人可以随时请求发包人通知开工，但是需给发包人必要的准备时间,至于多长准备时间是合理的,由审判者根据项目的具体情况综合判断。当然审判者也可以参考《2017 版 CONS 合同》《2017 版施工合同文本》中的 42 天、90 天规定作为必要的准备时间。

二、迟延开工争议的法律效果

由于通知开工是发包人的合同义务,发包人本应该通知开工却没有通知开工的,承包人可以根据合同约定的内容来行使权利。另外,《民法典》第 563 条第 1 款第 3 项规定:"有下列情形之一的,当事人可以解除合同:……(三)当事人一方迟延履行主要债务,经催告后在合理期限内仍未履行……"第 806 条第 2 款规定:"发包人提供的主要建筑材料、建筑构配件和设备不符合强制性标准或者不履行协助义务,致使承包人无法施工,经催告后在合理期限内仍未履行相应义务的,承包人可以解除合同。"笔者认为,发包人应通知开工却未通知开工,经承包人通知发包人发开工通知,发包人在合理期限内仍未履行的,承包人有权解除合同。因此关于迟延开工的法律效果,可以区分为承包人未解除合同与解除合同两种情况:

(一)承包人并未解除合同

《民法典》第 584 条规定:"当事人一方不履行合同义务或者履行合同义务不符合约定,造成对方损失的,损失赔偿额应当相当于因违约所造成的损失,包括合同履行后可以获得的利益;但是,不得超过违约一方订立合同时预见到或者应当预见到的因违约可能造成的损失。"由此可知,发包人迟延开工,可以认为发包人的开工义务迟延履行,承包人可以请求因此所生的损害,包括积极损害以及可得利益的损害。

假设合同中约定发包人最迟通知开工的时间是 2023 年 2 月 1 日,但是发包人却拖延至 2023 年 5 月 1 日才通知开工,承包人可以请求 2023 年 2 月 1 日至 2023 年 5 月 1 日期间所生的损失。发包人的违约责任的类型属于迟延履约,迟延履约所生的损害属于"迟延损害",又可称为"与时间关联的成本"(Time Related Cost,简称 TRC)。所谓与时间关联的成本,是指会随着时间增加而增加的成本。在建设工程领域中,TRC 常见包括以下 6 项费用:第一,工资。承包人项目部管理人员的工资。第二,资金成本。承包人为申请交付预付款保函与履约保函给发包人而支付给银行的费用或是称为手续费等;承包人特别针对本项目借贷周转金的融资成本(此项费用证明有难度);因此增加的保险费用。第三,机具设备的租金与折旧摊销的成本。第四,工地管理费。例如,承包人项目部的水费、电费、电话费、交通费以及其他相关费用。第五,总公司管理费。总公司管理费平摊到项目部的费用。第六,分包人向承包人索赔与时间关联的成本。所以,前述案例承包人可以请求 2023 年 2 月 1 日至 2023 年 5 月 1 日期间所生的 6 项 TRC 费用,但是承包人需证明 3 项因果关系,分别是:第一,项目的必要。产生费用的项目与迟延开工存在因果关系。第二,金额的必要。费用金额的多少与迟延开工存在因果关系。第三,减损的必要。承包人在合理范围内,控制并减少损失的发生。有关 TRC 的相关问题,笔者在本书第七章还会有更进一步的说明。

另外需要说明的是,如果 2023 年 2 月 1 日至 2023 年 5 月 1 日期间发生物价上扬,承包人可否请求物价上扬的相关费用?是根据《民法典》第 584 条规定请求损害赔偿,还是根据《民法典》第 533 条规定的情势变更原则,请求变更合同调整对价金额?对于承包人因物价上扬所产生的费用,在因果关系的认定上,可认为是双重的因果关系,也就是物价上扬所产生的费用和迟延开工有关,也和物价波动有关,因此笔者认为《民法典》第 584 条和第 533 条都可以作为这个部分请求的请求权基础。至于迟延履约的损害原则上虽限于迟延损害,但是如果可以证明因果关系的前提下,物价上扬的损失应认为属于迟延履约赔偿可以请求的范围。

（二）承包人解除合同

《民法典》第 566 条第 1 款规定："合同解除后,尚未履行的,终止履行;已经履行的,根据履行情况和合同性质,当事人可以请求恢复原状或者采取其他补救措施,并有权请求赔偿损失。"第 2 款规定："合同因违约解除的,解除权人可以请求违约方承担违约责任,但是当事人另有约定的除外。"由此可知,如果承包人因为发包人迟延开工而解除合同,承包人解除合同后,有权向发包人请求赔偿损失。这里需要特别说明的是,承包人解除合同所请求的损失赔偿,与承包人没有解除合同所请求的损失赔偿,两者损失赔偿的范围是不一样的。承包人解除合同所请求的损失赔偿,会大于承包人没有解除合同所请求的损失赔偿,至于其中所涉及的相关问题,笔者将于本书第十六章中再进行详细的说明。

视频 6.4 迟延开工争议

第四节 开工后无法施工争议

一、开工后无法施工争议的意义与要件

有关开工后无法施工争议,在施工总承包与工程总承包模式下,稍有不同,因此以下有关此类争议的讨论,笔者会分别说明。

施工总承包模式下的开工后无法施工,是指合同不论采取的是指示开工还是限期开工,当工期开始起算时,由于非承包人的原因,导致施工现场不具备开工条件,使承包人无法进场施工的情形。笔者认为,此类型的争议需具备以下 5 个要件:第一,工期已经开始起算;第

二,施工现场不具备开工条件,导致承包人开工的施工项目无法进场施工;第三,不具备开工条件并非承包人的原因所致;第四,开工的施工项目,正好位于关键线路上;第五,承包人安排开工的施工项目时,无法避开不具备开工条件的地方,或是避开需要耗费过多的费用。这里需要着重了解的问题是:何人负责"开工条件"?"开工条件"有哪些?

二、施工总承包模式下发包人应提供的开工条件

发包人在建设工程施工合同履行的期间,会陆续承担相应的协助义务,以便工程能顺利完成,而这些协助义务可以是由法律规定,或是由双方在合同中约定,或是依《民法典》第 509 条第 2 款规定的诚信原则而产生。实践上常见的发包人应提供的开工条件的协助义务包括场地、定作内容、资金、审批等 4 项,具体内容说明如下:

(一)场地

在施工总承包模式下,发包人的首要任务就是要提供施工场地,让承包人可以进入施工现场进行施工,而发包人所提供的场地必须具备以下条件:

1. 提供的土地已经完成征地拆迁以及"七通一平"等工作

《土地储备管理办法》(国土资规〔2017〕17 号)规定:"(八)……入库储备土地必须是产权清晰的土地。土地储备机构应对土地取得方式及程序的合规性、经济补偿、土地权利(包括用益物权和担保物权)等情况进行审核,不得为了收储而强制征收土地。……(十二)……储备土地的前期开发应按照该地块的规划,完成地块内的道路、供水、供电、供气、排水、通讯、围挡等基础设施建设,并进行土地平整,满足必要的'通平'要求。具体工程要按照有关规定,选择工程勘察、设计、施工和监理等单位进行建设。……"由此可知,完成土地储备的土地,按规定已经完成征地拆迁,其中包括地面上的建筑物、构筑物已经拆除,地下的管线已经完成迁移,并且土地也已经完成"七

通一平"等工作。

另外,《土地储备管理办法》规定:"(二)土地储备是指县级(含)以上国土资源主管部门为调控土地市场、促进土地资源合理利用,依法取得土地,组织前期开发、储存以备供应的行为。……"土地储备包含取得土地、组织前期开发、供应土地等行为,所以除非承包人的建设工程项目是从事土地储备的前期开发,否则施工场地须先完成土地储备工作,以及土地相关审批(包括土地预审、建设用地规划许可证等),发包人依法才能取得土地使用权,而发包人取得土地使用权,依法申请并取得施工许可证后,承包人才能进场施工。基于此,发包人提供的土地已经完成征地拆迁以及"七通一平"等工作。

《2017 版施工合同文本》第 2.4.2 项〔提供施工条件〕规定:"除专用合同条款另有约定外,发包人应负责提供施工所需要的条件,包括:(1)将施工用水、电力、通讯线路等施工所必需的条件接至施工现场内;(2)保证向承包人提供正常施工所需要的进入施工现场的交通条件……"该规定亦是要求发包人应提供水、电、通信、道路等施工条件,这些施工条件基本上都是属于"七通一平"的工作范畴。

"七通一平"工作中所需完成的道路基础设施是否包含场内道路?《2017 版施工合同文本》第 1.10.2 项〔场外交通〕规定:"发包人应提供场外交通设施的技术参数和具体条件,承包人应遵守有关交通法规,严格按照道路和桥梁的限制荷载行驶,执行有关道路限速、限行、禁止超载的规定,并配合交通管理部门的监督和检查。场外交通设施无法满足工程施工需要的,由发包人负责完善并承担相关费用。"第 1.10.3 项〔场内交通〕第 1 段、第 2 段规定:"发包人应提供场内交通设施的技术参数和具体条件,并应按照专用合同条款的约定向承包人免费提供满足工程施工所需的场内道路和交通设施。因承包人原因造成上述道路或交通设施损坏的,承包人负责修复并承担由此增加的费用。除发包人按照合同约定提供的场内道路和交通设施外,承包人负责修建、维修、养护和管理施工所需的其他场内临时道路和交通设施。

发包人和监理人可以为实现合同目的使用承包人修建的场内临时道路和交通设施。"由此可知,示范文本是要求发包人负责场外交通,场内道路的修建,原则上是由承包人负责,但若专用条款有特别约定的,才由发包人负责修建。笔者建议,为杜绝争议,当事人应该在合同中就此明确约定。

2. 发包人所提供的土地,必须让承包人有权进入并占有,但非独享

《2017 版 CONS 合同》第 2.1 款〔现场进入权〕第 1 段前段、中段规定:"雇主应在合同数据规定的时间(或几个时间)内,给予承包人进入和占用现场各部分的权利。此项进入和占用权可不为承包商独享。……"该文本明确了承包人进入场地、占用场地的权利,但此权利并不是独享的,其他平行包承包人也有权进场作业。

至于同时作业的其他平行包承包人如果在作业的过程中干扰了承包人,应如何处理?《2017 版 CONS 合同》第 4.6 款〔合作〕规定:"承包商应按照规范要求的规定或工程师的指示,与下列人员合作并为其工作提供适当的机会:……(b)雇主雇用的任何其他承包商……(第 1 段)……承包商应负责其在现场的施工活动,并应在本规范要求或工程师指示中的规定范围内(如果有),尽一切合理的努力与其他承包商协调这些活动。(第 3 段)如果承包商因本款规定的指示而遭受延误和/或增加费用,在考虑到本规范要求中规定的合作、提供的机会和协调的范围(如果有)是不可预见的情况下,承包商应有权根据第 20.2 款〔付款和/或竣工时间延长的索赔〕的规定,获得竣工时间的延长和/或此类成本加利润的支付。(第 4 段)"由此可知,如果工程师指示承包人对其他的承包人协调彼此之间的工作,发生超出预期的情况,承包人有权提出索赔。

3. 根据项目特性提供施工基础

一般的建设工程项目进行施工时,大部分都是从施工现场的土地开始进行施工,但是有些建设工程项目,因为项目特性的关系,进行施

工时,不见得是在土地上进行施工,例如大型生产设备的安装,在安装之前,可能需要其他平行包的承包人先行施作设备安装的基础螺栓,设备供应商才能在基础螺栓上安装大型的生产设备。因此不同的工种,需要的施工基础可能不太一样,发包人提供的施工基础也会有所不同。《2017版CONS合同》第2.1款〔现场进入权〕第1段后段规定:"如果根据合同,要求雇主(向承包商)提供任何地基、结构、生产设备的占用权或进场方法,雇主应按规范要求规定的时间和方式提供。"该款明确了发包人应根据合同的约定,或是工种的性质,提供必要的施工基础给承包人进行施工。

4. 提供场地的时间

《2017版施工合同文本》第2.4.1项〔提供施工现场〕规定:"除专用合同条款另有约定外,发包人应最迟于开工日期7天前向承包人移交施工现场。"由此可知,除合同当事人另有约定外,示范文本要求发包人最迟于开工日期7天前,向承包人提供场地,至于发包人可否分次提供场地则未说明。另外,《2017版CONS合同》第2.1款〔现场进入权〕第1段前段规定:"雇主应在合同数据规定的时间(或几个时间)内,给予承包商进入和占用现场各部分的权利。"该款允许发包人可以按合同约定分次提供场地。笔者认为,发包人分次提供场地的前提是,必须不得影响承包人的施工进度。因此,发包人可以根据承包人施工进度的需求,分批提供土地。

(二)定作内容

定作内容是指发包人根据定作义务所提供的设计内容、现场数据以及测量基准。笔者认为,定作内容如果涉及报价的,发包人应该在招投标阶段提供;如果不涉及报价的,发包人可以在不影响承包人施工进度的前提下,分批提供。相关的讨论可以参考本书第二章的内容。以下将介绍FIDIC合同文本以及国内合同文本对发包人应提供的定作内容是如何规定的。

1. 图纸

《2017 版 CONS 合同》第 1.9 款〔延误的图纸或指示〕规定："如果任何必需的图纸或指示未能在合理的特定时间内发至承包商,致使工程可能拖延或中断时,承包商应通知工程师。通知应包括必需的图纸或指示的细节,为何和何时前必须发出的详细理由,以及如果晚发出可能遭受的延误或中断的性质和程度的详情。(第 1 段)如果由于工程师未能在合理的并在承包商附有支持细节的通知中规定的时间内发出图纸或指示,使承包商遭受延误和/或招致增加费用,承包商有权根据第 20.2 款〔付款和/或竣工时间延长的索赔〕的规定,获得竣工时间的延长和/或此类成本加利润的支付。(第 2 段)"该款要求发包人应于合理时间发出图纸,否则承包人有索赔的权利。至于如何认定合理时间,由承包人发出通知说明何时需要图纸,以及图纸延迟对于进度的影响等综合判断。

《2017 版施工合同文本》第 1.6.1 项〔图纸的提供和交底〕第 1 段规定:"发包人应按照专用合同条款约定的期限、数量和内容向承包人免费提供图纸,并组织承包人、监理人和设计人进行图纸会审和设计交底。发包人至迟不得晚于第 7.3.2 项〔开工通知〕载明的开工日期前 14 天向承包人提供图纸。"由此可知,除合同当事人另有约定外,示范文本要求发包人最迟于开工日期前 14 天向承包人提供所有的图纸。

2. 现场数据

《2017 版 CONS 合同》第 2.5 款〔现场数据和参考事项〕第 1 段规定:"雇主应在基准日期前,向承包商提供其拥有的现场地形和地下、水文、气候及环境条件方面的所有相关数据,供承包商参考。雇主应立即向承包商提供在基准日期后其拥有的所有此类数据。"该款要求发包人在基准日期前提供其拥有的现场数据,在基准日期后如果拥有其他的现场数据也要提供。

《2017 版施工合同文本》第 2.4.3 项〔提供基础资料〕规定:"发包

人应当在移交施工现场前向承包人提供施工现场及工程施工所必需的毗邻区域内供水、排水、供电、供气、供热、通信、广播电视等地下管线资料,气象和水文观测资料,地质勘察资料,相邻建筑物、构筑物和地下工程等有关基础资料,并对所提供资料的真实性、准确性和完整性负责。(第1段)按照法律规定确需在开工后方能提供的基础资料,发包人应尽其努力及时地在相应工程施工前的合理期限内提供,合理期限应以不影响承包人的正常施工为限。(第2段)"示范文本要求发包人应于移交场地前,向承包人提供现场数据,如果是开工后取得的现场数据,亦应于相应工程施工前的合理期限内提供。

3. 测量基准

《2017版CONS合同》第2.5款〔现场数据和参考事项〕第2段规定:"原始测量控制点、基准线和基准标高(本条件中的'参考事项')应在图纸和/或规范要求中规定,或由工程师向承包商发出通知。"该款要求测量参考点由发包人根据规范规定的时间,发给承包人。

《2017版施工合同文本》第7.4.1项第1段规定:"除专用合同条款另有约定外,发包人应在至迟不得晚于第7.3.2项〔开工通知〕载明的开工日期前7天通过监理人向承包人提供测量基准点、基准线和水准点及其书面资料。发包人应对其提供的测量基准点、基准线和水准点及其书面资料的真实性、准确性和完整性负责。"由此可知,除合同当事人另有约定外,发包人最迟于开工日期前7天提供测量基准。

(三)资金

1. 预付款

笔者认为,预付款有给承包人融通资金的性质,如果发包人没有支付预付款,承包人就没有资金进行开工准备,并且施作开工工项,因此,预付款的支付属于发包人提供开工条件的一部分,发包人如果没有支付预付款,相当于不具备开工条件,承包人可以暂停施工。此部分可参考《2017版施工合同文本》第12.2.1项〔预付款的支付〕的规定:"预付款的支付按照专用合同条款约定执行,但至迟应在开工通知载明的开工日期 7 天前支付。预付款应当用于材料、工程设备、施工设备的采购及修建临时工程、组织施工队伍进场等。(第 1 段)……发包人逾期支付预付款超过 7 天的,承包人有权向发包人发出要求预付的催告通知,发包人收到通知后 7 天内仍未支付的,承包人有权暂停施工,并按第 16.1.1 项〔发包人违约的情形〕执行。(第 3 段)"

2. 安全文明施工费

笔者认为,安全文明施工费的预付,属于开工条件的一部分,发包人如果没有支付安全文明施工费,应当认定不具备开工条件,承包人可以暂停施工。此部分可参考《2017 版施工合同文本》第 6.1.6 项〔安全文明施工费〕第 3 段的规定:"除专用合同条款另有约定外,发包人应在开工后 28 天内预付安全文明施工费总额的 50%,其余部分与进度款同期支付。发包人逾期支付安全文明施工费超过 7 天的,承包人有权向发包人发出要求预付的催告通知,发包人收到通知后 7 天内仍未支付的,承包人有权暂停施工,并按第 16.1.1 项〔发包人违约的情形〕执行。"

(四)审批

《城镇国有土地使用权出让和转让暂行条例》第 16 条规定:"土地使用者在支付全部土地使用权出让金后,应当依照规定办理登记,领取土地使用证,取得土地使用权。"《城乡规划法》第 38 条第 2 款规定:"以出让方式取得国有土地使用权的建设项目,建设单位在取得建设项目的批准、核准、备案文件和签订国有土地使用权出让合同后,向城市、县人民政府城乡规划主管部门领取建设用地规划许可证。"《城乡规划法》第 40 条第 1 款规定:"在城市、镇规划区内进行建筑物、构筑物、道路、管线和其他工程建设的,建设单位或者个人应当向城市、县人民政府城乡规划主管部门或者省、自治区、直辖市人民政府确定的镇人民政府申请办理建设工程规划许可证。"《建筑法》第 7 条第 1 款规定:"建筑工程开工前,建设单位应当按照国家有关规定向工程所在地县级以上人民政府建设行政主管部门申请领取施工许可证;但是,国务院建设行政主管部门确定的限额以下的小型工程除外。"《建筑法》第 42 条第 5 项规定:"有下列情形之一的,建设单位应当按照国家有关规定办理申请批准手续:……(五)法律、法规法定需要办理报批手续的其他情形。"由此可知,发包人应按法律取得建设工程项目的相关审批,如果发包人该取得审批而未取得,可能导致合同无效,或是整个项目合规性发生问题。因此,解释上应该认为,发包人项目依法未取得审批,承包人有权暂停施工,也就是项目取得合法审批,应属于项目的开工条件。此部分也可参考《2017 版施工合同文本》第 2.1 款〔许可或批准〕第 1 段的规定:"发包人应遵守法律,并办理法律规定由其办理的许可、批准或备案,包括但不限于建设用地规划许可证、建设工程规划许可证、建设工程施工许可证、施工所需临时用水、临时用电、中断道路交通、临时占用土地等许可和批准。发包人应协助承包人办理法律规定的有关施工证件和批件。"

三、工程总承包模式下发包人应提供的开工条件

工程总承包模式的开工条件和施工总承包模式的开工条件相比,有以下三点不同之处:

第一,有关提供场地的部分。在本章开头的内容中,笔者曾说明实践中工程总承包合同有关开工日的约定,有以下两种方式。第一种方式:合同中约定的"预定开工日"是承包人预计开始设计工作的日期,而另外在合同中约定的"预计进场施工日"是承包人预计进场施工的日期;第二种方式:合同中约定的"预定开工日"是承包人预计开始现场施工的日期,至于何时开始设计工作由承包人自行决定,合同中不作规范。如果工程总承包合同中约定的预定开工日采取第一种方式,则提供施工场地就不属于开工条件,而属于施工条件,有关施工条件的相关问题,本书将于第七章中予以说明。如果工程总承包合同中

约定的预定开工日属于第二种方式,则提供施工场地仍属于开工条件的一部分。

第二,有关设计图纸与现场数据的提供。在工程总承包模式下,提供设计图纸与现场数据也属于开工条件的一部分,只是发包人提供的图纸与现场数据的深度,不如施工总承包模式下发包人提供的图纸与现场数据的深度,具体内容如下:

《工程总承包计价规范》(T/CCEAS 001-2022)第 3.2.2 条规定:"发承包双方应按照国家勘察设计规范,技术标准或发包人要求中提出的标准和合同中约定的承包范围,完成各自职责范围内建设项目的勘察设计工作并提供勘察设计文件,并应对各自提供的勘察设计文件的质量负责。(第 1 段)采用工程总承包,除发包人将全部勘察工作单独委托勘察人实施或合同另有约定外,发承包双方对勘察设计工作可按下列分工进行:1. 可行性研究报告批准或方案设计后发包,由发包人负责可行性研究勘察和初步勘察;承包人负责详细勘察和施工勘察以及初步设计和施工图设计、专项设计工作,按规定取得相关部门的批准,并符合专用合同条件的约定;2. 初步设计后发包的,由发包人负责详细勘察;承包人负责施工勘察以及施工图设计、专项设计工作,按规定取得相关部门的批准,并符合专用合同条件的约定。(第 2 段)"由此可知,可研报告审批或方案设计阶段发包,发包人应完成可行性研究勘察、初步勘察以及方案设计;初步设计阶段发包,发包人应完成详细勘察以及初步设计。

第三,有关安全文明施工费的预付。这个问题同样涉及工程总承包合同如何开工的问题。如果工程总承包合同中约定的预定开工日采取第一种方式,由于开工后现场尚未施工,则发包人不需要预付安全文明施工费。如果工程总承包合同中约定的预定开工日属于第二种方式,则开工日现场即开始施工,由于许多地方的建设工程计价相关规定要求预付安全文明施工费,①则发包人还是需要预付安全文明施工费。

四、开工后无法施工争议的法律效果

《施工合同解释一》(法释〔2020〕25号)第8条第1项前段规定:"当事人对建设工程开工日期有争议的,人民法院应当分别按照以下情形予以认定:(一)开工日期为发包人或者监理人发出的开工通知载明的开工日期;开工通知发出后,尚不具备开工条件的,以开工条件具备的时间为开工日期……"由此可知,开工后不具备开工条件的,以具备开工条件的时间作为开工日期。

如依《施工合同解释一》(法释〔2020〕25号)第8条第1项前段的规定,在具备开工条件之前,承包人所有与时间相关联的费用损失可否请求,恐产生疑问。笔者认为,发包人或者监理人既然已发出载明开工日期的开工通知,工期即已经起算,后因不具备开工条件的,承包人可以根据《民法典》的规定向发包人请求顺延工期。《民法典》第803条规定:"发包人未按照约定的时间和要求提供原材料、设备、场地、资金、技术资料的,承包人可以顺延工程日期,并有权请求赔偿停工、窝工等损失。"第808条规定:"本章没有规定的,适用承揽合同的有关规定。"第778条规定:"承揽工作需要定作人协助的,定作人有协助的义务。定作人不履行协助义务致使承揽工作不能完成的,承揽人

---

① 福建省住房和城乡建设厅《关于房屋建筑和市政基础设施工程安全文明施工费有关事项的通知》(闽建筑〔2017〕6号)规定:"三、对采用工程总承包模式发包的工程,其安全文明施工费计取基数按照经批准投资估算或设计概算中的建筑安装工程费用的80%计算,费率和最低金额标准按照我省规定执行。四、除合同另有约定外,发包人应在开工后28天内向承包人预付安全文明施工费总额(具体金额以合同中单列的安全文明施工费为准)的50%,其余部分与进度款同期支付。五、安全文明施工费实行专款专用。承包人应在财务账目中单独列项备查,不得挪作他用,否则发包人有权责令限期整改;逾期未整改的,可以责令其暂停施工,由此增加的费用和(或)延误的工期由承包人承担。"

可以催告定作人在合理期限内履行义务,并可以顺延履行期限;定作人逾期不履行的,承揽人可以解除合同。"

另外,北京市住房和城乡建设委员会《关于合理确定建设工程工期和规范工期管理的指导意见》(京建发〔2022〕236号)第6条规定:"监理人或发包人应当根据合同约定以及相关规定,在现场具备开工条件时,及时签发开工通知并在开工通知上载明开工日期,承包人应当按期开工并组织施工。(第1款)非承包人原因导致延期开工或工程停建、缓建的,发包人应当顺延工期并承担相应的损失;发承包双方应当协商签订补充协议,明确工期调整和合同价款调整的金额或其确定方法。(第2款)"由此可知,开工后不具备开工条件的,承包人可以请求顺延工期。此一规定与笔者前述的观点相同,可资参考。

有关顺延工期的相关问题,笔者将于第七章详细介绍。

视频6.5 开工后无法施工争议

第七章　竣工日期顺延争议一

——相关法律问题分析

所谓竣工日期顺延争议,是指实际竣工日落后于预定竣工日,但是落后的原因并非承包人原因所导致,因此承包人可以请求顺延工期,并且可以请求因此所产生的损害从而产生的争议。因此,竣工日期顺延争议可以进一步区分为顺延工期争议和与时间关联费用争议,本章分别安排在第一节与第二节中讨论。

需特别说明的是,本书在讨论工期争议时,同时还会讨论两个重要的文件:一个是英国工程法学会于 2017 年 2 月出台的《延误与干扰准则》(第 2 版);另一个是中国工程建设标准化协会于 2022 年 11 月 25 日发布的《工期延误标准(征求意见稿)》。

竣工日期顺延争议在施工总承包与工程总承包模式下,差异不大,因此以下对于此类争议的讨论,这两种模式基本可以适用。

第一节　顺延工期争议

一、顺延工期争议的意义与要件

(一)概述

所谓顺延工期争议,是指项目已经开工,且工期持续在计算中,但是由于项目发生顺延工期事由,导致承包人无法工作,所以原预定竣工日应有所顺延而产生的争议。笔者认为,此类型争议的要件有以下4点:第一,项目已经开工。第二,发生顺延工期事由。第三,顺延工期事由导致关键线路的工作无法施作;或是虽然可以施工,但是顺延工期事由导致关键线路的工作功效降低。第四,承包人在合同约定的时间内申请顺延工期。有关本项争议的第三个要件,与笔者独创的"节点落差分析法"有关,本书将于第八章中详细说明。以下针对第二个要件和第四个要件进行说明。

(二)顺延工期事由

所谓发生顺延工期事由,是指发生非承包人原因的事由,影响关键线路上工作的推进。常见的事由有:第一,不具备施工条件;第二,非双方原因,最常见的是异常气候;第三,合同变更。

北京市住房和城乡建设委员会《关于合理确定建设工程工期和规范工期管理的指导意见》(京建发〔2022〕236 号)第 5 条第 1 款规定:"合同不得违法约定任何情况下均不予顺延工期。下列情形之一导致关键线路工期延误的,合同工期应当予以顺延:(一)发生合同约定的变更。(二)法律或行政法规发生变化。(三)发包人未按合同约定提供图纸或基础资料。(四)发包人原因造成工程返工(返修)或监理人迟延检查和检验。(五)发包人未按合同约定支付工程款。(六)发包人或者监理人未按合同约定发出指示、批准等文件。(七)发包人未按合同约定提供场地、材料或设备。(八)发包人原因造成暂估价项目合同迟延订立或迟延履行。(九)发包人平行发包的专业工程迟延开工或迟延施工。(十)非承包人原因停水、停电造成停工超过合同约定时间。(十一)保护施工现场发现的文物古迹。(十二)不可抗力、不利物质条件、异常恶劣天气或者政策性原因导致的停工。(十三)其他非承包人原因造成关键线路工期延误的情形。"其中,第 3~10 项基本上都属于前述顺延工期事由一不具备施工条件;第 2 项、第 11 项、第 12 项中不可抗力、异常气候、政策因素属于前述顺延工期事由二非双方原因;第 12 项中不利物质条件(后续内容会说明原因)、第 1 项属于前述顺延工期事由三合同变更;第 13 项属于兜底条款。

1. 顺延工期事由一:不具备施工条件

建设工程项目在施工前,由发包人提供一定的条件,承包人才能进行施工,因此不具备施工条件是指发包人应提供而未提供施工条件的情形。《民法典》第 803 条规定:"发包人未按照约定的时间和要求提供原材料、设备、场地、资金、技术资料的,承包人可以顺延工程日期,并有权请求赔偿停工、窝工等损失。"第 808 条规定:"本章没有规定的,适用承揽合同的有关规定。"第 778 条规定:"承揽工作需要定作人协助的,定作人有协助的义务。定作人不履行协助义务致使承揽工作不能完成的,承揽人可以催告定作人在合理期限内履行义务,并可以顺延履行期限;定作人逾期不履行的,承揽人可以解除合同。"由此可知,发包人应提供施工条件而未提供,承包人有权请求顺延工期。本书第六章所提的开工条件,其实属于施工条件的一个部分,所以可以理解为开工条件就是建设工程项目开工时的施工条件,因此施工条件与开工条件有许多相近之处。例如,本书在第六章提到常见的开工条件有场地、定作内容、资金、审批等 4 项,而施工条件常见的也是场地、定作内容、资金这 3 项。也就是说,发包人应根据法律规定,或是双方在合同中的约定,或是依《民法典》第 509 条第 2 款规定的诚信原则,对承包人提供场地与定作内容。有关此部分的说明,与第六章的内容基本相同,此处不赘述。需特别说明的是,不具备施工条件事由的起止时间是从发包人应提供施工条件而未提供开始起算,直到施工条件满足为止。至于资金的部分,发包人应该依据合同的约定,定期支付工程款,否则承包人可以主张先履行抗辩权,而暂停施工,有关这部分内容笔者将于本书第十二章讨论。

2. 顺延工期事由二:非双方原因,最常见的是异常气候

顺延工期事由二中的异常气候,是指发生不可预见的气候条件,导致施工受影响的情形。一般而言,建设工程项目发生异常气候,从该事由发生到结束,可以区分为 3 个阶段。以台风为例,台风来临的 3 个阶段分别是:第一,项目现场进行防台风工作;第二,中央气象台发报橙色以上台风预警,工地现场暂停施工;第三,台风离开之后,项目现场要进行复旧工作。因此,异常气候的起止时间包含防灾准备期

间、异常气候发生期间、灾后复旧期间等 3 个阶段。

3. 顺延工期事由三：合同变更

合同变更是指合同双方当事人合意变更合同，或是在合同中约定赋予发包人有单方的合同变更权，而发包人行使该变更权，导致合同发生变更。一般而言，合同变更会导致施作项目的工作时间有所变更，具体可以区分为 4 个阶段：等待、准备、删除、施工。第一，等待期间。具体是指承包人等待发包人提供变更图纸的时间，所以等待的起止时间是从发包人通知承包人工程变更时起，到承包人收到变更后的图纸为止。第二，准备期间。具体是指承包人准备施作变更项目时，备料、分包、动员等准备工作的时间。第三，删除期间。具体是指原工作项目施作后，发包人通知工程变更，要求把已经施作的工作项目拆除，并按新的图纸施作新的工作项目，将已施作的工作项目拆除的时间就是这里的删除期间。例如：原图纸要求承包人在墙面上安装 5 面落地镜子，现在发包人变更工程并发送新的图纸，要求拆除这 5 面镜子，改为在该墙面上安装大型吊饰，拆除 5 面镜子的时间，就是这里所指删除的时间。第四，施工期间。具体是指按照发包人提供的新图纸或是指示，针对变更后的工作项目进行施工的时间。需要说明的是，承包人施工作业过程中遭遇不可预见的地质条件时，一般而言为了克服地质障碍，需要进行工艺的变更，因此不可预见的地质条件导致的工期顺延，笔者将其归类为顺延工期事由三。

另外，《2017 版 CONS 合同》第 8.5 款〔竣工时间的延长〕第 1 段（a）规定："如果由于下列任何原因，致使第 10.1 款〔工程和分项工程的接收〕要求的竣工受到或将受到延误，承包商应有权按照第 20.2 款〔付款和/或竣工时间延长的索赔〕的规定获得竣工时间的延长：（a）变更（但是不要求遵守第 20.2 款〔付款和/或竣工时间延长的索赔〕的规定）……"由此可知，该文本要求变更导致的工期顺延，不需依照工期索赔的合同程序办理，而是依照变更的合同程序办理。

视频 7.1 合同变更与工期顺延

（三）限期申请顺延工期

建设工程施工合同中一般会约定申请顺延工期的期限，承包人未在约定期限内提出工期顺延的，视为工期不顺延。合同有此限期申请顺延工期的约定时，承包人即应该在合同约定的时间内申请顺延工期。实践中常见承包人没有在合同约定的期限内请求顺延工期，未来承包人是否还有权利请求顺延工期？《施工合同解释一》（法释〔2020〕25 号）第 10 条第 2 款规定："当事人约定承包人未在约定期限内提出工期顺延申请视为工期不顺延的，按照约定处理，但发包人在约定期限后同意工期顺延或者承包人提出合理抗辩的除外。"由此可知，除非发包人同意或是有合理抗辩（例如不可抗力），否则逾期请求顺延工期的，视为工期不顺延。

二、顺延工期争议的法律效果

（一）概述

《施工合同解释一》（法释〔2020〕25 号）第 10 条第 1 款规定："当事人约定顺延工期应当经发包人或者监理人签证等方式确认，承包人虽未取得工期顺延的确认，但能够证明在合同约定的期限内向发包人或者监理人申请过工期顺延且顺延事由符合合同约定，承包人以此为由主张工期顺延的，人民法院应予支持。"由此可知，承包人已依合同约定的流程请求工期顺延，虽未得到发包人同意，但是承包人仍有权主张顺延工期，并请求相应的赔偿或是补偿（有关赔偿或是补偿问题，笔者会在本章第二节中讨论）。

除此之外，承包人还有权主张，由于建设工程项目逾期并非承包人原因所导致,所以应免除承包人相应的逾期责任,并请求相应的赔偿或是补偿。

另外,如果建设工程发生重大顺延工期事由,或是发生延期事由众多,导致总承包合同目的不达,笔者认为,承包人可依合同的约定或者根据《民法典》第 533 条、第 563 条第 1 款第 4 项、第 806 条、第 808 条、第 778 条等相关规定,解除合同,并请求相应的赔偿或是补偿。

视频 7.2 顺延工期争议

(二)承包人请求顺延工期,性质上属于给付之诉还是确认之诉?

有关承包人请求顺延工期,性质上属于给付之诉还是确认之诉?笔者认为,这个问题的讨论与承包人提出顺延工期争议的时间点有关。因此,笔者根据图 7.1 中承包人可能提起诉讼的两个时间点进行讨论。

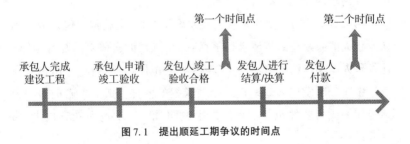

图 7.1 提出顺延工期争议的时间点

1. 第一个时间点

承包人可能提起诉讼的第一个时间点是在建设工程验收完以后,工程款完成结算或是决算之前,这时承包人提起的是给付之诉或确认之诉。

笔者认为,第一种诉讼方式是由承包人提起给付之诉,给付的内容是请求发包人为一定行为,诉讼请求的写法是"请求发包人准予顺延工期×××天"。这类诉讼的请求权基础,会因为顺延工期事由的不同而有所不同。如果是第一类顺延工期事由(即不具备施工条件),请求权基础是《民法典》第803条规定或合同约定;如果是第二类顺延工期事由(即非双方原因,最常见的是异常气候),请求权基础是《民法典》第533条规定或是合同约定;如果是第三类顺延工期事由(即合同变更),请求权基础是合同约定。

但也有说法认为,发包人针对承包人顺延工期的申请,仅核定是否顺延工期而已,发包人并无在是否顺延工期的核定外,另外承担顺延工期意思表示的义务,也就是承包人无权要求发包人为特定内容(即准予顺延工期×××天)的意思表示。据此见解,承包人不能提起请求发包人为一定行为的给付之诉。[①] 目前,笔者尚未搜寻到对此问题进行讨论的相关判决。笔者比较倾向于认为,根据前述说明的法律或合同的约定,发包人承担顺延工期意思表示的义务,因此承包人可以提起这种类型的给付之诉。另外,请求发包人为一定行为的同时,也可合并请求因顺延工期所生的损害。

第二种诉讼方式是由承包人提起确认之诉,也就是承包人请求确认发包人的逾期违约金请求权不存在的诉讼,诉讼请求的写法是"确认发包人逾期违约金请求权在金额×××元范围内不存在"。承包人在诉讼中应证明发包人逾期违约金请求权的要件不成立。逾期违约金请求权的成立要件包括:第一,发生逾期;第二,发包人受有损害;第

---

① 我国台湾地区高等法院的民事判决认为:"(一)上诉人请求被上诉人为同意给予展延工期之意思表示,是否具有权利保护必要? 1. 按上诉人就被上诉人应展延工期之声明,陈明系为意思表示之请求。惟被上诉人是否有为此意思表示之义务? 上诉人是否须以诉为之,始能达其目的,倘未为此项请求,是否影响其给付金钱之请求,而有保护之必要? ……由前揭约定可知,如有障碍因素或变更设计致无法全面施工;天然灾害或不可抗力因素,或非可归责于上诉人因素而无法施工或增加工作之情形,上诉人得提出相关资料,向被上诉人申请展延工期,由被上诉人核定是否展延工期而已,是被上诉人并无应于是否展延工期之核定外,另为展延工期意思表示之义务。"

三,逾期和损害之间具有因果关系;第四,合同中针对逾期损害的数额有约定。而此类诉讼争执的重点在于:虽然发生了逾期的事实,但是针对逾期,承包人有免责事由①(顺延工期事由)。例如,根据《民法典》第180条不可抗力,或是根据《民法典》第592条债权人原因,因此应认为××天的逾期承包人免责,并确认逾期违约金请求权在金额×××元范围内不存在,所以顺延工期××天在这里的法律评价是指承包人××天内免责。

关于承包人在图7.1第一个时间点提出逾期违约金请求权不存在之诉,是否具有确认利益? 这个问题涉及确认利益如何判断的问题。

江苏省高级人民法院(2015)苏商终字第00562号民事裁定书指出:"首先,确认之诉属于预防性法律救济,旨在预防或避免将来纠纷或侵害的发生。……其次,所提出的债务不存在的消极确认诉讼须具有审判的必要性,即由于债权人不当行为致债务人的合法权益受损,必须通过诉讼来保护,其不当行为包括不通过法律手段和途径解决双方纠纷,而采取其他非正当手段影响债务人的合法权益,也包括权利人在存在争议的情况下消极地不采取任何行为,使债务人的权益受到削减或因是否存在债务的原因处于不安定的风险状态。……最后,消极确认之诉需具有适当性和实效性,即本案的判决必须适当,待确认的法律关系必须是构成纠纷的法律关系,而不是其他纠纷的前置问题,法院通过本案判决实际解决纠纷而不是在浪费司法资源。……"由此可知,确认之诉确认利益的判断内容包括:第一,预防将来的纠纷;第二,权利人在存在争议的情况下消极地不采取任何行为,使债务

---

① 《民法典》第583条规定:"当事人一方不履行合同义务或者履行合同义务不符合约定的,在履行义务或者采取补救措施后,对方还有其他损失的,应当赔偿损失。"目前学理上引用该条文认为,我国民法违约责任的归责原则采取的是严格责任。基于此,违约人需有免责事由,才能免除违约责任。但是由于目前规定的免责事由包含不可抗力与债权人原因等,使得归责原则采取严格责任或是推定过错责任,差异甚微。

人的权益受到削减或因是否存在债务的原因处于不安定的风险状态；第三，待确认的法律关系必须是构成纠纷的法律关系，而不是其他纠纷的前置问题。

另外，重庆市第五中级人民法院(2016)渝05民终3418号民事裁定书指出："本案的争议焦点在于上诉人提出确认与被上诉人不存在劳动关系的诉讼请求是否符合确认之诉的构成要素，是否属于人民法院的受案范围。确认之诉，是指原告请求法院确认与被告之间是否存在某种民事法律关系的诉。从确认之诉的内涵来看，确认之诉既包括积极确认之诉，亦包括消极确认之诉。消极确认之诉即指义务人作为原告提起的请求法院确认与被告不存在某种民事法律关系的诉讼。消极确认之诉蕴含的诉的利益为：主张权利的一方不主动提起诉讼而是采取其他方式来主张权利，使得双方的权利义务关系处于一种不稳定的状态，导致纠纷另一方即义务人感到不安状态存在，并且这种不安状态无法通过非诉讼方式消除，只能通过确认之诉终结这种法律上的不安定性。因消极确认之诉系一种特殊的诉，若对其不加以限制容易引发滥诉情况的产生。为了避免当事人滥用诉权浪费司法资源，基于消极确认之诉中诉的利益考虑，受理消极确认之诉需满足以下几个要件：1. 起诉人必须证明存在现实的法律纠纷；2. 起诉人与该纠纷之间具有利害关系，系纠纷中的义务人；3. 纠纷中的权利人采取非诉讼方式向义务人主张权利，使得义务人感到不安状态存在；4. 义务人只能通过确认之诉才能终结这种法律上的不安定性。"由此可知，消极确认之诉之要件包括：第一，当事人之间存在现实的法律纠纷；第二，起诉人是纠纷中的义务人；第三，纠纷中的权利人采取非诉方式主张权利，使义务人感到不安；第四，义务人需通过确认之诉才能终结法律上的不安定性。

综观这两个裁判对于消极确认之诉确认利益的阐述，笔者认为，只要承包人于第一时间点向法院提起逾期违约金请求权不存在诉讼，主张其与发包人间不存在逾期违约金债权，为发包人在诉讼中所否认,则逾期违约金债权存否已不明确,存在争议法律关系,导致承包人不安状态存在,且此不安状态可以以确认判决除去,就应该认为具有确认利益。

2. 第二个时间点

承包人可能提起诉讼的第二个时间点是在工程款完成结算或是决算、发包人支付工程款之后。这时候提起诉讼,可能存在两种情况:第一种情况,承包人对于工程款的结算/决算有异议,对于逾期违约金的扣款金额也有异议;第二种情况,承包人对于工程款的结算/决算没有异议,但是对于逾期违约金的扣款金额有异议。

针对第一种情况,承包人可以对发包人提起给付工程款的诉讼,发包人针对逾期违约金的请求可以提起反诉或是抗辩,这时法院审理的内容包括工程款争议与顺延工期争议。笔者从诉讼策略角度认为,基于建设工程案件复杂、争点众多的特性,一个诉讼中包含了两种争议,容易导致案件过于庞大化,法官审理工作量过大,就不利于案件的审结,建议尽可能将工程款争议与顺延工期争议分为两个诉讼来起诉为宜。

这里需要特别说明的是,发包人以逾期违约金债权对承包人工程款债权主张抵销,在诉讼上需提起反诉还是可以在诉讼中主张抵销抗辩?

上海市高级人民法院《对当事人在诉讼中主张法定抵销权若干问题的研讨意见》规定:"二、被告在诉讼中主张法定抵销是否需提起反诉。抵销权行使的法律后果在于使双方的债权债务通过抵销归于全部或部分消灭。被告在诉讼中主张抵销权的目的在于抗辩对方当事人的债权履行请求。由于被告在诉讼中主张抵销权,与原告主张的诉讼请求并不必然具有牵连性,只需标的物的种类、品质相同即可。故对于被告在诉讼中主张抵销权,无须要求被告提起反诉。……四、裁判文书中对法定抵销应如何规范表述的问题。对于在诉讼中被告主张行使法定抵销权的案件,法院应当在裁判文书中对债的抵销成立与否予以确认。如果原告的诉讼请求成立,而被告主张抵销权不成立的,应明确表述不能成立的理由,并判决支持原告的诉讼请求。如被告主张抵销权成立,且因抵销权的实现导致原告对被告债权的全部消灭,则应直接判决对原告的诉讼请求不予支持。如被告主张抵销的债权大于原告对被告的债权,被告可就剩余债权部分另行向原告主张。如被告主张抵销的债权数额小于原告对被告的债权数额,则直接判决被告向原告履行未抵销部分的债务。"由此可知,反诉要件与抵销抗辩要件不同,被告主张抵销抗辩不一定符合反诉的要件,①因此被告在诉讼中主张抵销权,无须要求被告提起反诉。

此外,《九民会议纪要》(法〔2019〕254 号)规定:"43.【抵销】抵销权既可以通知的方式行使,也可以提出抗辩或者提起反诉的方式行使。抵销的意思表示自到达对方时生效,抵销一经生效,其效力溯及自抵销条件成就之时,双方互负的债务在同等数额内消灭。双方互负的债务数额,是截至抵销条件成就之时各自负有的包括主债务、利息、违约金、赔偿金等在内的全部债务数额。行使抵销权一方享有的债权不足以抵销全部债务数额,当事人对抵销顺序又没有特别约定的,应当根据实现债权的费用、利息、主债务的顺序进行抵销。"最高人民法院(2021)最高法民申 2513 号民事裁定书指出:"在本案一、二审中,人民法院针对于 A 公司是否应当向 B 公司支付案涉工程的工程款进行审查认定,A 公司从未向 B 公司主张案涉工程质量缺陷工程的修复费用,并要求以此抵销相应工程款。而对于工程质量缺陷所产生的修复费用,当事人既可以在一、二审中作为抵销抗辩情形提出,也可以就此提起反诉。"以上内容更明确抵销权可以通过提出抗辩或者提起反诉

---

① 《民事诉讼法司法解释》(经法释〔2022〕11 号修正)第 233 条规定:"反诉的当事人应当限于本诉的当事人的范围。(第 1 款)反诉与本诉的诉讼请求基于相同法律关系、诉讼请求之间具有因果关系,或者反诉与本诉的诉讼请求基于相同事实的,人民法院应当合并审理。(第 2 款)反诉应由其他人民法院专属管辖,或者与本诉的诉讼标的及诉讼请求所依据的事实、理由无关联的,裁定不予受理,告知另行起诉。(第 3 款)"

的方式行使。

综观上述司法实践可知,发包人以逾期违约金债权对承包人工程款债权主张抵销,可以提起反诉,也可以主张抵销抗辩。但由于在诉讼中主张抵销抗辩不需要缴交诉讼费,所以发包人在诉讼中主张抵销抗辩的可能性会比较大。

针对第二种情况,承包人对发包人提起给付工程款的诉讼,工程款起诉的金额刚好是发包人主张违约金的扣款金额,发包人针对逾期违约金的请求可以提起抵销抗辩。所以,承包人请求顺延工期××天在这里的法律评价是指承包人××天内免责。

(三)逾期违约金的性质以及对违约金的调整

建设工程总承包合同中经常会约定承包人如果没有如期竣工,发包人对于承包人有逾期违约金请求权。合同中有关逾期违约金的约定,在性质上属于惩罚性违约金,还是损害赔偿预定性违约金?这涉及发包人主张违约金之后,是否可以另外请求损害赔偿的问题。

另外,《民法典》第 585 条第 2 款规定:"约定的违约金低于造成的损失的,人民法院或者仲裁机构可以根据当事人的请求予以增加;约定的违约金过分高于造成的损失的,人民法院或者仲裁机构可以根据当事人的请求予以适当减少。"由此可知,违约金金额如果约定过高,法院有权适当予以减少。至于认定违约金约定过高应采取什么标准,是本文接下来要讨论的问题。

1. 逾期违约金的性质

《民法典》第 585 条第 1 款规定:"当事人可以约定一方违约时应当根据违约情况向对方支付一定数额的违约金,也可以约定因违约产生的损失赔偿额的计算方法。"从该条文内容中无法明确得知我国民法是否承认惩罚性违约金。最高人民法院(2019)最高法民终 1564 号民事判决书指出:"《营销合同》约定,双方如有一方违约,则违约方支付守约方 500 万元违约金,同时守约方有权要求违约方赔偿合同应得利益的全部损失。上述约定表明该违约金性质为惩罚性违约金,可以与损害赔偿责任同时主张。"由此可知,当事人可以在合同中约定惩罚性违约金,并且可以在惩罚性违约金之外,另外主张损害赔偿。

至于建设工程总承包合同中有关逾期违约金的约定,究竟是惩罚性违约金还是损害赔偿预定性违约金,不可一概而论,必须根据合同探求当事人的真意才能得出合理的解释。笔者建议,如果当事人之间约定的逾期违约金是惩罚性违约金,最好在合同中说清楚,以免突生争议。

2. 违约金的调整

《全国法院贯彻实施民法典工作会议纪要》(法〔2021〕94号)规定:"11.……当事人请求人民法院减少违约金的,人民法院应当以民法典第五百八十四条规定的损失为基础,兼顾合同的履行情况、当事人的过错程度等综合因素,根据公平原则和诚信原则予以衡量,并作出裁判。约定的违约金超过根据民法典第五百八十四条规定确定的损失的百分之三十的,一般可以认定为民法典第五百八十五条第二款规定的'过分高于造成的损失'。当事人主张约定的违约金过高请求予以适当减少的,应当承担举证责任;相对人主张违约金约定合理的,也应提供相应的证据。(第3款)"由此可知,违约金金额是否过高应依《民法典》第584条规定的损失、合同履行情况、当事人的过错程度、公平原则、诚信原则等综合判断;另合同约定违约金金额超过损失的30%时,原则上应被认定为违约金过高的情形。

另外,最高人民法院(2022)最高法知民终108号民事判决书指出:"其次,关于对涉案合同第5.2条第5项约定的适用情形及法律后果的考量。合同法第一百一十四条第一款、第二款规定:'当事人可以约定一方违约时应当根据违约情况向对方支付一定数额的违约金,也可以约定因违约产生的损失赔偿额的计算方法。约定的违约金低于造成的损失的,当事人可以请求人民法院或者仲裁机构予以增加;约定的违约金过分高于造成的损失的,当事人可以请求人民法院或者仲裁机构予以适当减少。'根据上述法律规定,违约金的基本性质仍然为补偿性,虽然法律并不排除当事人约定适用惩罚性违约金,但该约定仍然需要遵循公平原则,并以损害赔偿额为参照。"该判决认为惩罚性违约金是否过高应遵循公平原则并参照损害赔偿数额来判断。

第二节　与时间关联的费用争议

一、与时间关联的费用争议的意义、要件与法律效果

所谓与时间关联的费用争议,是指承包人实际工期比起预定工期来得长,而实际工期的延长并非承包人原因所导致,且使承包人产生与时间关联的费用的损失,因此承包人向发包人请求赔偿或是补偿此一损失的争议。此类型争议的要件包括:第一,承包人的实际工期比预定工期来得长;第二,实际工期的延长并非承包人原因所导致;第三,承包人因此产生损失。针对这些要件的说明如下:

(一)承包人的实际工期比预定工期来得长

与时间关联的费用争议是否需以项目顺延工期作为前提? 笔者认为,与时间关联的费用争议的发生,虽然大部分都和顺延工期争议有关,但是顺延工期争议并非与时间关联的费用争议发生的前提,除顺延工期争议外,尚包括以下几种情况,也会产生与时间关联的费用争议的问题:第一,迟延开工争议。发包人迟延开工并不构成顺延工期事由,但是却会导致承包人实际工期的延长。第二,开工后无法施工争议。如果按《施工合同解释一》(法释〔2020〕25号)第8条第1项前段的规定,开工后无法施工的预计开工日以具备开工条件时起算,并不构成顺延工期事由,但是会导致承包人实际工期的延长。第三,如果合同约定验收期间不计入预定工期,发包人拖延验收不构成顺延工期事由,但是同样会导致承包人实际工期的延长。

(二)实际工期的延长并非承包人原因所导致

非承包人原因所导致的实际工期延长的原因,可以区分为3种情

况:第一种是发包人原因所导致的;第二种是合同变更所导致的;第三种是非双方原因所导致的。

如果是发包人原因所导致的,例如不具备施工条件的,承包人可以根据《民法典》第803条"发包人未按照约定的时间和要求提供原材料、设备、场地、资金、技术资料的,承包人可以顺延工程日期,并有权请求赔偿停工、窝工等损失"的规定,请求赔偿停工或是窝工的损失。这里的窝工指的是承包人虽然没有暂停施工,但是实际功效却低于预定功效的意思。另外,如果是发包人迟延开工、不具备开工条件的,承包人可以分别根据《民法典》第584条、第803条的规定,请求赔偿损害,赔偿停工、窝工等损失,已如本书第六章第三节、第四节所述;如果是发包人拖延不验收的,笔者认为,承包人可以根据《民法典》第584条的规定,请求赔偿损失。

如果是合同变更导致的工期延长,此时与时间关联的费用是在工期索赔程序中单独请求,还是应该在合同变更程序中与变更的直接费用一起请求? 对此可参考《延误与干扰准则》中的应用指南注解第1.7.1节规定:"在切实可行时,业主(合同管理员)与承包商应对变更造成的可能性影响提前进行商定,最好确定一个固定的变更总价。该总价不但包括直接费用(人工、设备、材料),同时也包括与时间相关的费用,并考虑双方商定的延期以及对进度计划的必要修订。"该节要求合同变更应将工期、直接费用、与时间关联的费用同时处理,而不应该拆分处理。

如果是非双方的原因所导致的,承包人可否请求补偿因此而产生的损失? 有一种说认为,如果是非双方原因所导致的工期拖延,只给工期不给费用。例如,《延误与干扰准则》中的应用指南注解第1.11.1节前段规定:"首先,必须证明延期是由业主风险事件引起,才能确定补偿责任。"该规定似乎采取此一观点。但是笔者认为,只要符合《民法典》第533条情势变更的规定,应无理由拒绝承包人请求补偿与时间关联的费用的损失。北京市住房和城乡建设委员会《关于合理确定建设工程工期和规范工期管理的指导意见》(京建发〔2022〕236号)规定:"十一、工期延误或窝工降效事件发生后,承包人应当按照合同约定的期限及时通知发包人和(或)监理人,相应的工期和(或)费用损失可按照下列原则处理:……(五)非发承包双方原因导致工期延误或窝工降效的,承包人可根据实际影响情况并按照合同约定期限提出工期顺延和(或)费用损失申请,发包人应当在合同约定的期限内及时处理,给予顺延工期,发承包双方应根据公平原则分担费用损失。"该意见和笔者观点相同。

(三)承包人因此产生损失

《延误与干扰准则》中的应用指南注解第1.6.1节规定:"延误会导致额外费用。但对哪一方应承担额外费用时常有争议。本准则并不主要关注工程变更的直接费(劳务、设备、材料)的估价问题,而是主要关注承包商在延期阶段和受干扰阶段的费用问题。承包商在延期阶段的费用主要包括额外使用与时间相关的资源的费用。"由此可知,延误所导致的额外费用主要以与时间关联的费用为主。因此,这里的损失又称为与时间关联的费用的损失,属于法律上所称的迟延损害。

另外,《延误与干扰准则》中的应用指南注解第1.8.1节规定:"延误导致工程延期,工程延期就会引起费用增加。工程延期时段是否能获得费用补偿要取决于合同条款的规定以及引起延期的原因。很明显,任何由承包商风险事件所引起的工程延期费用都应由承包商承担。由业主风险事件引起工程延期的费用补偿主要包括承包商资源使用时间增加的费用,最明显的就是现场管理费。但不能绝对地说,对工程延期的补偿仅仅包括资源使用时间增加的费用,因为业主风险事件可能导致承包商有权获得其他类型费用损失的补偿。"由此可知,这里的损失除包括与时间关联的费用的损失外,还包括可能造成的其他损失。例如,在工期延长期间发生物价波动所产生的费用损失。

承包人产生的损失需与非承包人原因所导致的实际工期延长之间存在因果关系。有关因果关系问题的讨论,主要可以分为3个部分。

第一,项目的必要(责任成立的因果关系):实际工期延长的原因与与时间关联的费用项目之间存在因果关系。常见的有 6 个费用项目,具体内容请见后续讨论。

第二,金额的必要(责任范围的因果关系):实际工期延长的原因与与时间关联的费用金额范围之间存在因果关系。由于与时间关联的费用金额的多寡,与实际工期拖延的长短,以及费用发生的时间区段有关。以图 7.2 为例,某个建设工程项目,因发生发包人因素的障碍事由 10 天,导致总工期顺延 10 天,则承包人可以请求费用的区间是前段 A 区间,还是后段 B 区间?《延误与干扰准则》中的应用指南注解第 1.11.1 节后段规定:"一旦确定应给予延期费用补偿,那么则参照业主风险事件影响被感知的时段,而不是在合同末期所给予的延长时段,对应补偿费用的额度进行估算。"上述规定即认为可以请求费用的区间是事件影响被感知的时段,也就是在前段 A 区间。

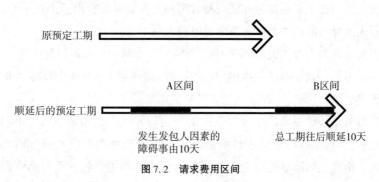

图 7.2　请求费用区间

第三,减损的必要:承包人应采取合理与必要的措施,减少损害的发生。《延误与干扰准则》中的应用指南注解第 1.5.1 节规定:"在业主风险事件发生后,承包商有一个总体义务去尽量减少工期延误和工程费用损失。除非合同明文规定或双方明确达成相反的规定,否则,此类尽量减少之义务应以不要求承包商投入额外资源为限,或以不超过其计划工作时间为限。"由此可知,承包人减损的措施以不额外投入资源为限。

二、与时间关联的费用损失相关问题的讨论

(一)与时间关联的费用损失的意义与类型

有些成本会随着时间增加而增加,常见的有以下 6 项费用:第一,工资及其相关费用。承包人项目部管理人员或是直接人员的工资及相关费用。第二,资金成本。承包人交付预付款保函与履约保函给发包人,支付给银行的费用或是称为手续费等;承包人特别针对本项目借贷周转金的融资成本(此项费用证明较不容易);因此增加的保险费用。第三,机具设备的租金与折旧摊销的成本。第四,工地管理费。例如,承包人项目部的水费、电费、电话费、交通费以及其他相关费用。第五,总公司管理费。总公司管理费平摊到项目部的费用。第六,分包人向承包人索赔与时间关联的费用。

除了上述 6 项费用的索赔之外,承包人可否请求利润的损失?《延误与干扰准则》中的应用指南注解第 1.17.1 节规定:"若索赔方宣称业主风险事件阻碍了其从其他合同获得利润,但根据标准合同范本,索赔方一般得不到此类利润的补偿。除了其他费用补偿外,若合同还允许补偿利润,应补偿的利润额度应反映实际情况,即:获得该利润应不涉及任何风险。从离业主风险事件最近的经过审计的且已公布的承包商三个财务年度账目,可以计算出恰当的利润率。"由此可知,除非合同另有约定,一般情况下承包人无权获得利润损失的赔偿或补偿。

有关前述 6 项费用,以下笔者将针对工资、资金成本以及总公司管理费等问题进行讨论。

视频 7.3　与时间关联的费用

（二）工资及相关费用

以笔者过去处理与时间关联的费用争议的经验，其实费用有很大一部分与工资及相关费用有关。由于工资的计算跟人员数量有关，因此在障碍事由导致项目暂停施工时，承包人是否需要遣散或是转用闲置的人员，以减少损失？这个问题涉及项目暂停施工的时间是短暂或是长时间，如果是短暂的暂停施工，承包人不需要遣散或转用闲置人员，因为遣散或转用闲置人员需要成本，等到工程继续施工时，会再次增加人员动员的费用。但是实际的情况是，在障碍发生时，往往很难判断障碍排除的时间。笔者建议，应该由承包人与发包人对闲置人员是否转用或是遣散的事宜进行协商，如果发包人拒绝协商或是协商双方没有共识，由于情况不可预见，因此不论承包人采取哪种方式应对，都应该从宽认定所产生的相关费用。

此部分工资相关费用可以区分为项目部管理人员工资与直接人员工资两种，这里所称的直接人员是指直接施工的人员，包括分包人的施工人员等。由于项目部管理人员工资增加的计算，原则上与总工期的增加有关，所以必须是障碍事由影响关键线路上的工作，导致总工期有所延长，才能请求管理人员增加的工资以及相关费用。但是直接人员增加工资的请求就没有这项限制，只要障碍事由影响到工作，导致直接人员待工，不论该工作是否在关键线路上，直接人员所增加的工资费用，承包人都可以向发包人请求赔偿或是补偿。

（三）资金成本

《延误与干扰准则》中的应用指南注解第1.15.4节规定："作为大多数情况下的商业习惯，从银行借款所支付的利息（用于弥补到期未付款项）或失去银行存款而得到利息的机会，则可以计算为应收的赔偿费，条件是，赔偿者能证明：1.15.4.1 实际遭受了此类损失；并且1.15.4.2 该损失在合同双方签约时的合理预期之中。"上述内容即认为承包人能够证明银行借款所支付利息的损失，是在合理预期之中的，可以请求此类赔偿或是补偿。但根据笔者的经验，承包人要证明这个事项是不容易的,因为承包人在大部分情况下都是根据公司的资金需求向银行贷款,较少会针对特定项目需求而贷款。而公司的资金需求可能与多个项目的资金需求有关,这就很难证明该笔贷款和特定项目之间的因果关系。

另外,承包人因为实际工期的延长导致迟延取得工程款,可否请求因此损失的利息?《延误与干扰准则》中的应用指南注解第1.15.5节规定:"若承包商没有拿到应得工程款,则他就会为银行借款支出利息或失去挣得利息的机会,这总是在合同签约时的预期之中,这一点在工程建设界是公认的。因此,承包商只需要证实实际遭受了该损失即可。"上述内容即认为承包人因为实际工期的延长导致迟延取得工程款的,可以请求应得利息或是支出借款利息的损失。但是笔者认为仍存在承包人举证上困难的问题。

(四)总公司管理费

总公司管理费是指各项目分摊总公司管理费的费用。有关分摊金额的证明方式,常见的有3种方法:实支法、公式法和混合法。《延误与干扰准则》中的应用指南注解第1.16.5节规定:"承包商应尽最大合理努力通过记录来证明其没有收回的总部管理费。若无法定量没有分摊的管理费,在承包商已经恰当证明由于业主风险事件,其管理费还没有分摊掉,那么,则可以采用公式来谨慎计算此类仍没有分摊掉的管理费。关于仍没有分摊掉的管理费的举证责任总是由承包商承担。公式仅仅是作为损失定量的工具。"由此可知,如果分摊的总公司管理费无法定量计算,则可以谨慎地使用公式法加以计算。

《延误与干扰准则》中的附录A定义与术语的"总部管理费"规定:"总部管理费是承包商整体业务运营的一种附带费用,包括不能直接分摊到生产中的间接费用,与可以直接用于生产的直接费相对应。总部管理费包括:租金、日常费用、董事工资、养老基金缴费、审计费用等。在会计术语中,总部管理费常被称为'行政性开支',生产直接费被称为销售成本。"

1.《延误与干扰准则》规定的公式法

有关公式法的计算方式，《延误与干扰准则》规定了以下几种方法，可以作为总公司管理费分摊的计算参考。

Hudson 公式（Hudson Formula）：

$$\frac{O\&P}{100}\times\frac{合同金额}{合同期}\times延误时段$$

其中，O&P 表示投标价格中的总部管理费与利润百分比。

Emden 公式（Emden Formula）：

$$\frac{O\&P}{100}\times\frac{合同金额}{合同期}\times延误时段$$

其中，O&P 表示总部管理费与利润百分比（实际）。

Eichleay 公式（Eichleay Formula）：

$$\frac{本合同额}{公司同期总合同额}\times公司同期总合同额管理费总额=本合同应收总部管理费总额$$

$$\frac{本合同应收总部管理费总额}{本合同工期周数}=本合同每周应收总部管理费$$

$$本合同每周应收总部管理费\times延误周数=应索赔的总部管理费$$

2.《工期延误标准（征求意见稿）》规定的公式法

《工期延误标准（征求意见稿）》中有关总部管理费分摊的计算方法，基本上也是采取公式法，其中包括：基于年度审计数据公式法、基于实际费用公式法和基于合同文件数据公式法。说明如下：

（1）基于年度审计数据公式法

13.2.1 基于年度审计数据公式法的承包人获得补偿的总部管理费计算应使用下列公式：

1 年度总部管理费百分比应按下式计算：

$$OPT=TAO/TAT \qquad (12.2.1-1)$$

式中：TAO——承包人年度总部管理费(来自审计报告)

TAT——承包人年度总收入(来自审计报告)

OPT——年度总部管理费百分比

2 承包人获得补偿的总部管理费应按下式计算：

$$ROP = OPT \times OCP/OCD \times POD \qquad (12.2.1-2)$$

式中：OCP——合同签约价

OCD——原合同工期(天数)

POD——延误天数(POD)

ROP——承包人获得补偿的总部管理费

(2)基于实际费用公式法

13.3.1 基于实际费用公式法的承包人获得补偿的总部管理费计算应使用下列公式：

1 分配给本案合同的总部管理费应按下式计算：

$$OAC = FCV/TTA \times TOA \qquad (12.3.1-1)$$

式中：FCV——承包人最终合同价款(不含总部管理费和利润索赔)

TTA——合同实际履行期间的承包人总收入(来自审计报告)

TOA——合同实际履行期间的全部总部管理费(来自审计报告)

OAC——分配给本案合同的总部管理费

2 承包人获得补偿的总部管理费应按下式计算：

$$ROP = AOP/APP \times POD \qquad (12.3.1-2)$$

式中：APP——合同实际履行期间(包括延误期间)

POD——延误天数(POD)

ROP——承包人获得补偿的总部管理费(ROP)

(3)基于合同文件数据公式法

13.4.1 基于合同文件数据公式法的承包人获得补偿的总部管理

费计算应使用下列公式：

1 扣除总部管理费和利润后的合同价格应按下式计算：

$$CPN = OCP \times (1 - OIT - PIT) \qquad (12.4.1-1)$$

式中：OIT——合同文件中总部管理费百分比

PIT——合同文件中利润的百分比

OCP——合同签约价

CPN——扣除总部管理费和利润后的合同价格

2 承包人获得补偿的总部管理费应按下式计算：

$$ROP = OIT \times CPN / OCD \times POD \qquad (12.4.1-2)$$

式中：OCD——原合同工期（天数）

POD——延误天数

ROP——承包人获得补偿的总部管理费

第八章　竣工日期顺延争议二

——兼论节点落差分析法

本书第七章讨论顺延工期争议时,该争议的第三个要件是"顺延工期事由导致关键线路的工作无法施作;或是虽然可以施工,但是顺延工期事由导致关键线路的工作功效降低",这里涉及三个问题:第一个是顺延工期的分析方法,本文将于本章的第一节至第三节中说明;第二个是功效降低对于工期的影响,本书将于本章的第四节中说明;第三个是有关工期鉴定的问题,本书将于本章的第四节中说明。

第一节　顺延工期分析方法与节点落差分析法

有关竣工日期顺延争议表明,并不是发生了顺延工期事由就必然可以顺延竣工日期,而是顺延工期事由导致关键线路的工作无法施作,或是虽然可以施工,但是顺延工期事由导致关键线路的工作功效降低,承包人才能主张顺延工期。因此,顺延工期事由影响关键线路工作的总工期多少天,是需要进行科学分析的。

有关顺延工期的分析,需要运用"进度网络图的关键线路分析法"进行分析。读者如果不是建设工程背景可能对"进度网络图的关键线路分析法"有些陌生。所谓进度网络图,是指为了安排建设工程项目的进度计划,将各个工作项目的施作开始与结束的时间,以及各个工作项目之间前后的逻辑关系以图形的方式加以表示。通常承包人在开工之前,依约应向发包人提出进度网络图。而关键线路分析法(Critical Path Method,简称CPM)是指通过进度网络图,找出控制总工期的关键线路(有关关键线路的说明,各位读者可以参考本书第六章的内容),并在一定工期、成本与资源的条件之下,使建设工程项目获得最优计划安排的一种方法。由于建设工程项目金额高、工期长,所以 CPM 一般是用在建设工程项目的进度安排上。在安排进度网络图时,涉及上千个工作项目是很正常的情况,因此各位读者在阅读建设工程项目的进度网络图时,于图中会看到许多密密麻麻的图示,很多非建设工程背景的读者看到这些图示时经常心生畏惧,不敢继续往下探索。

其实我们在处理顺延工期分析的时候,虽然也要使用 CPM,但是与建设项目进度安排使用 CPM 的目的是不太一样的。顺延工期分析基本上是在承包人提送给发包人的进度网络图上进行进一步的分析,且使用 CPM 的重点是放在顺延工期事由对于关键线路工作的影响,并不放在工作项目与工作项目之间的逻辑关系上,因此不会涉及大量的工程技术问题,也不会涉及上千个工作项目,所以虽然同样使用 CPM,但是顺延工期分析的复杂程度,远低于建设工程项目的进度安排,笔者希望非工程背景的读者要敢于学习顺延工期分析方法,不要心存排斥。

目前学理上针对顺延工期的分析方法有好几种,但是基本上可以分为以下两大类:原时程扩充分析法和竣工时程缩短分析法。第一种分析方法的原理是,从原预定竣工日的预定进度网路图基础上,在预定的关键线路上排入顺延工期事由,并因此得到顺延后的预定竣工日。如果用简化的公式表示就是:预定竣工日+顺延工期事由对预定关键线路影响天数=顺延后的预定竣工日。因此,笔者又称之为顺推法。第二种分析方法的原理刚好和第一种分析方法相反,是从实际竣工日的实际进度网路基础上,在实际的关键线路上扣除承包人自身因素所导致实际竣工日顺延的事由,而得到顺延后的预定竣工日。如果用简化的公式表示就是:实际竣工日-承包人自身因素对于实际关键线路影响天数=顺延后的预定竣工日。因此,笔者又称之为逆推法。而这里所称的预计关键线路与实际关键线路是不同概念,读者可以参考本书第六章中有关关键线路转换的说明。

　　目前这两类学理上的分析方法,基本上都是将"所有的"顺延工期事由放入网络图中,进而分析其对关键线路工期的影响,由于所有的顺延工期事由都是这两类方法需要分析的对象,因此操作上比较烦琐,甚至需要使用进度排程软件才能完成分析。对此,笔者研发了一套较为简便而不失准确的分析方法,称之为"节点落差分析法"。这个方法和前述方法最大的区别,是从预计关键线路与实际关键线路的节点落差,找出是否有顺延工期的事由。节点落差分析法关注的重点不是所有的顺延工期事由,而是只关心"关键线路上"的顺延工期事由,因此可以省去许多繁杂而无用的分析。笔者认为,不管读者是否具有工程专业背景,这套方法都可以有效帮助解决顺延工期分析的问题。

视频 8.1　节点落差分析法

第二节　节点落差图形与顺延工期事由

一、节点落差图形的意义

　　节点落差分析法是从预定的关键线路与实际关键线路之间的节点落差,寻找出实际竣工日顺延的原因,进而分析出应该顺延工期的天数。这里需要说明的是关键线路转换以及关键线路变更的情形。如果项目发生关键线路转换的情形(有关关键线路转换的问题,请见本书第六的说明),这里的实际关键线路,很可能是从次要关键线路转换成为主要关键线路的,因此这里对比的预定关键线路应该要使用原先的次要关键线路才是。如果项目发生关键线路变更的情形,工作项目之间的逻辑关系发生改变(例如:施工工艺发生改变或是施工顺序发生改变),这时候就必须根据变更后的工作项目逻辑关系,重新绘制变更后的进度网络图,以变更后的进度网路图上的关键线路作为预定关键线路。

节点落差分析法需要绘制节点落差图形,寻找出实际竣工日顺延的原因。具体的操作方式是将预定关键线路各工作项目的头尾,与实际关键线路上各工作项目的头尾,进行相连(如图 8.1 所示)。通过预定工作项目与实际工作项目的头尾相连后,可以得到节点落差图形,如图 8.1 中的图形 A、图形 B 与图形 C 所示。读者在项目的选取时,可以根据各项目的具体情况寻找较大范围的工作项目,而不需要寻找过小的工作项目。例如,图 8.1 所示的 A 工作项目,若实际是由 A1、A2、A3 小项目组成,可以仅选取 A 工作项目进行绘制节点落差图形,不需要分别就 A1、A2、A3 小项目各绘制节点落差图形。

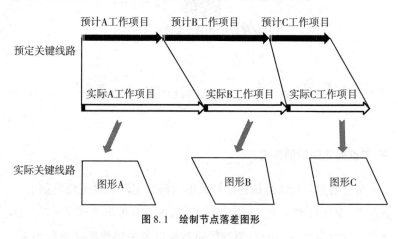

图 8.1　绘制节点落差图形

二、节点落差图形的分类

通过节点落差图形,可以进一步寻找出是否存在顺延工期事由。笔者将节点落差图形区分为 4 组 13 类图形,以下将针对这 13 类图形进行说明：

（一）第一组节点落差图形：矩形与平行四边形

1. 节点落差图形1：矩形

图形1所代表的意义是该工作项目预定开始与结束的时间与实际开始与结束的时间相同，代表该工作项目没有发生任何障碍或赶工，如期完成。

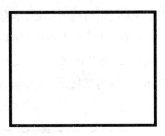

图8.2 节点落差图形1：矩形

2. 节点落差图形2：左倾斜平行四边形

图形2代表两个意义：第一个意义是该工作项目实际开始的时间，落后于预定开始的时间，代表该工作项目开始前发生了障碍事由。第二个意义是该工作实际完成的时间虽然落后于预计完成的时间，但是由于该工作的实际工期与预期工期相同，这代表该工作施工过程中没有发生障碍事由。

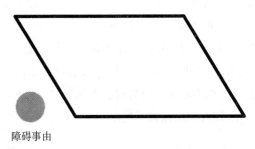

障碍事由

图8.3 节点落差图形2：左倾斜平行四边形

3. 节点落差图形 3：右倾斜平行四边形

图形 3 代表两个意义：第一个意义是该工作项目实际开始的时间，早于预定开始的时间，该工作项目开始前可能采取了赶工措施。第二个意义是该工作实际完成的时间虽然早于预计完成的时间，但是由于该工作的实际工期与预期工期相同，这代表该工作施工过程中没有发生障碍事由。

需要特别说明的是有关赶工措施的问题，本章所说的赶工措施可能包含两种情况：第一种情况是承包人可能真的通过增加资源，提升了工作项目的施工功效；第二种情况是承包人当初排定进度时，该工作项目排定的预定工期可能较为宽松，所以实际的工期比起预定的工期来得短。

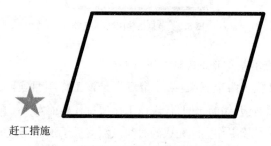

赶工措施

图 8.4 节点落差图形 3：右倾斜平行四边形

(二) 第二组节点落差图形：等边梯形

1. 节点落差图形 4：正立等边梯形

图形 4 代表两个意义：第一个意义是该工作项目实际开始的时间，早于预定开始的时间，该工作项目开始前可能采取了赶工措施。第二个意义是该工作实际完成的时间晚于预计完成的时间，且实际工期长于预期工期，因此该工作施工过程中可能发生了障碍事由。

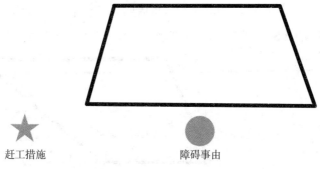

图 8.5 节点落差图形 4：正立等边梯形

2. 节点落差图形 5：倒立等边梯形

图形 5 代表两个意义：第一个意义是该工作项目实际开始的时间，晚于预定开始的时间，该工作项目开始前可能发生了障碍事由。第二个意义是该工作实际完成的时间早于预计完成的时间，且实际工期短于预期工期，因此该工作施工过程中可能采取了赶工措施。

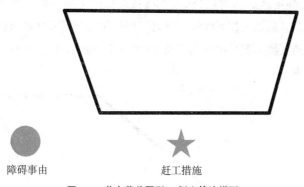

图 8.6 节点落差图形 5：倒立等边梯形

(三)第三组节点落差图形：大角度梯形

1. 节点落差图形 6：倒立右倾斜大角度梯形

图形 6 代表两个意义：第一个意义是该工作项目实际开始的时间，早于预定开始的时间，该工作项目开始前可能采取了赶工措施。

第二个意义是该工作实际完成的时间早于预计完成的时间,且实际工期短于预期工期,因此该工作施工过程中可能采取了赶工措施。

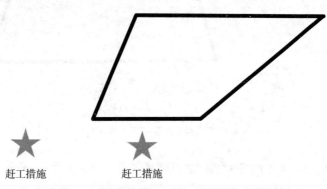

图 8.7 节点落差图形 6:倒立右倾斜大角度梯形

2. 节点落差图形 7:正立右倾斜大角度梯形

图形 7 代表两个意义:第一个意义是该工作项目实际开始的时间,早于预定开始的时间,该工作项目开始前可能采取了赶工措施。第二个意义是该工作实际完成的时间虽然早于预计完成的时间,但是该工作的实际工期长于预期工期,因此该工作施工过程中可能发生了障碍事由。

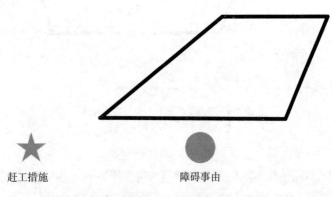

图 8.8 节点落差图形 7:正立右倾斜大角度梯形

3. 节点落差图形 8：倒立左倾斜大角度梯形

图形 8 代表两个意义：第一个意义是该工作项目实际开始的时间，晚于预定开始的时间，该工作项目开始前可能发生了障碍事由。第二个意义是该工作实际完成的时间虽然晚于预计完成的时间，但是该工作的实际工期短于预期工期，因此该工作施工过程中可能采取了赶工措施。

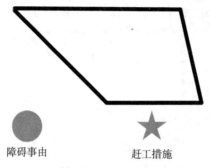

障碍事由　　　　　　赶工措施

图 8.9　节点落差图形 8：倒立左倾斜大角度梯形

4. 节点落差图形 9：正立左倾斜大角度梯形

图形 9 代表两个意义：第一个意义是该工作项目实际开始的时间，晚于预定开始的时间，该工作项目开始前可能发生了障碍事由。第二个意义是该工作实际完成的时间晚于预计完成的时间，且实际工期长于预期工期，因此该工作施工过程中可能发生了障碍事由。

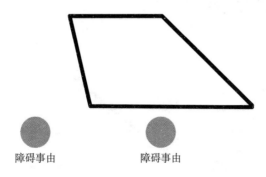

障碍事由　　　　　　障碍事由

图 8.10　节点落差图形 9：正立左倾斜大角度梯形

（四）第四组节点落差图形：直角梯形

1. 节点落差图形 10：倒立右倾斜直角梯形

图形 10 代表两个意义：第一个意义该工作项目预定开始的时间与实际开始的时间相同，该工作项目开始前没有发生任何障碍或赶工。第二个意义是该工作实际完成的时间早于预计完成的时间，且实际工期短于预期工期，因此该工作施工过程中可能采取了赶工措施。

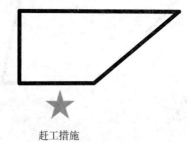

赶工措施

图 8.11　节点落差图形 10：倒立右倾斜直角梯形

2. 节点落差图形 11：正立右倾斜直角梯形

图形 11 代表两个意义：第一个意义是该工作项目实际开始的时间，早于预定开始的时间，该工作项目开始前可能采取了赶工措施。第二个意义是虽然该工作项目预定结束的时间与实际结束的时间相同，但是该工作的实际工期长于预期工期，因此该工作施工过程中可能发生了障碍事由。

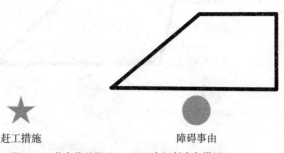

赶工措施　　　　　　　　　障碍事由

图 8.12　节点落差图形 11：正立右倾斜直角梯形

3. 节点落差图形 12：倒立左倾斜直角梯形

图形 12 代表两个意义：第一个意义是该工作项目实际开始的时间，晚于预定开始的时间，该工作项目开始前可能发生了障碍事由。第二个意义是虽然该工作项目预定结束的时间与实际结束的时间相同，但是该工作的实际工期短于预期工期，因此该工作施工过程中可能采取了赶工措施。

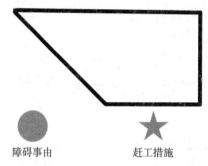

图 8.13　**节点落差图形 12：倒立左倾斜直角梯形**

4. 节点落差图形 13：正立左倾斜直角梯形

图形 13 代表两个意义：第一个意义是该工作项目预定开始的时间与实际开始的时间相同，该工作项目开始前没有发生任何障碍或赶工。第二个意义是该工作实际完成的时间晚于预计完成的时间，且实际工期长于预期工期，因此该工作施工过程中可能发生了障碍事由。

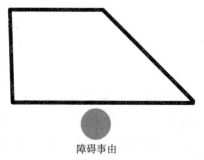

图 8.14　**节点落差图形 13：正立左倾斜直角梯形**

三、障碍事由分析

当节点落差图形绘出后,就可以找出障碍事由可能发生的位置,接下来承包人应证明障碍事由的开始与结束的时间,并且证明障碍事由属于顺延工期事由,或是非承包人因素的事由。笔者以图 8.15 的案例为例,假设实际竣工日落后于预定竣工日 25 天,A 工作项目发生 30 天发包人因素的障碍,C 工作项目发生 10 天的异常气候,F 工作项目发生 50 天发包人因素的障碍,由于障碍事由皆非承包人因素,障碍因素相加总共 90 天,发包人应准予顺延工期 90 天,而承包人实际逾期 25 天,可以认定承包人逾期的 25 天,非承包人因素导致,因此可以认定承包人免责。

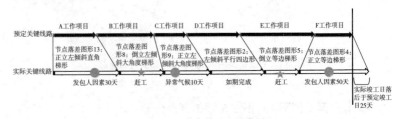

图 8.15　节点落差分析案例

第三节　时差使用与共同迟延的问题

一、时差使用的问题

所谓时差,是指在不影响总工期的前提下,本工作可以利用的机动时间。《延误与干扰准则》中的应用指南注解第 1.3.1 节规定:"除非合同中有明确的相反规定,若业主风险事件发生时,进度计划中仍有剩余时差,则只有在预测到业主延误将工序路线上总时差减少到零以下时,才根据情况批准延期。"由此可知,只有当顺延工期事由将时差用完时,承包人才有权向发包人请求顺延工期。

如果非承包人的因素使用了时差,由于时差仍有剩余没有用尽,不影响总工期时,承包人是否有权对发包人提起索赔?《延误与干扰准则》中的应用指南注解第1.12.2节规定:"理解上述内容并将之与本准则就总时差的影响所持的立场(见指南第1.3节)相对比,这一点很重要。就工程延期来看,本准则的立场是,除非被业主延误的工序路径上的总时差被降低到零以下,否则业主延误并不导致工程延期。就涉及延误的费用补偿而言,本准则认为,除非双方有相反的商定,否则承包商有权获得费用补偿,即使该延误没有导致工程延期。……"上述内容即认为除双方另有约定外,非承包人因素使用时差而增加费用,承包人有权向发包人请求赔偿或是补偿。由于使用时差导致承包人费用增加,一般是指没有使用时差之前,承包人的资源配置处于最佳状态,而使用时差之后,可能会导致承包人资源配置最佳状态受到破坏,进而需要增加资源配置,例如:原本只需要三组人员机具,现在可能需要五组人员机具,这时增加的费用,承包人有权向发包人索赔。但是以笔者的从业经验来看,承包人甚少有能力可以举证此一损失,所以上述的索赔很多只能停留于学理上,实践中笔者并无处理过。

另一个值得讨论的问题是,谁拥有时差的使用权?《延误与干扰准则》中的应用指南注解第1.3.6节后段规定:"……时差涉及的时间既不为业主所独享,也不为承包商所独享。"第1.3.4节中段规定:"……若业主延误事件首先发生,并消耗了全部的总时差,那么,当随后发生承包商延误事件,则承包商就会发现自己延误了进度,需要承担拖期赔偿费,但如果不发生上述业主延误的情况,承包商随后的延误则会变得不再关键,不会导致拖期赔偿。……"由此可知,该条规定采取先用先得原则,就是谁先使用时差,谁就拥有时差的使用权。

二、共同延误

所谓共同延误,是指承包人逾期的原因,既有承包人的因素,还有非承包人的因素。共同延误可以区分为两种情形:第一种情形是指承包人的因素与非承包人的因素同时发生;第二种情形是指承包人的因素与非承包人的因素先后发生。以下就此两种情形,说明如下:

(一)同时发生

北京市住房和城乡建设委员会《关于合理确定建设工程工期和规范工期管理的指导意见》规定:"十一、工期延误或窝工降效事件发生后,承包人应当按照合同约定的期限及时通知发包人和(或)监理人,相应的工期和(或)费用损失可按照下列原则处理:……(三)发承包双方原因导致工期延误或窝工降效的,承包人可根据实际影响情况并按照合同约定期限提出工期顺延和(或)费用损失申请,发包人应当在合同约定的期限内及时处理,并按过错责任分担工期和(或)费用损失;责任划分不清的,以主导原因为主承担工期和(或)费用损失。……"上述内容即认为承包人的因素与非承包人的因素同时发生时,应根据过错比例认定顺延工期事由的天数。承包人的因素与非承包人的因素的过错比例,由承包人以及发包人分别举证。

(二)先后发生

《延误与干扰准则》中的应用指南注解第1.4.7节前段规定:"若业主风险事件和承包商风险事件先后相继发生,但却导致了同期影响,在此再次重申,承包商的任何延误不减少承包商因业主延误事件而获得的延期时间。……"其中承包人延误不减少非承包人因素可获得的延期时间,该如何理解?笔者举例说明如下:

以图8.16的案例为例,假设实际竣工日落后于预定竣工日25天,A工作项目发生30天承包人因素的障碍,C工作项目发生10天的异常气候,F工作项目发生50天发包人因素的障碍,非承包人因素的障碍总共60天,发包人应准予顺延工期60天,而承包人实际逾期25天,可以认定承包人逾期的25天,非承包人因素导致,因此可以认定承包人免责。

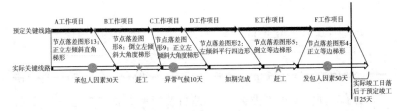

图 8.16 先后发生案例 1

以图 8.17 的案例为例,假设实际竣工日落后于预定竣工日 25 天,A 工作项目发生 30 天发包人因素的障碍,C 工作项目发生 10 天的异常气候,F 工作项目发生 50 天承包人因素的障碍,非承包人因素的障碍总共 40 天,发包人应准予顺延工期 40 天,而承包人实际逾期 25 天,可以认定承包人逾期的 25 天,非承包人因素导致,因此可以认定承包人免责。

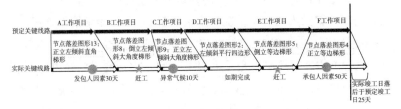

图 8.17 先后发生案例 2

第四节 功效降低顺延工期的分析

顺延工期事由如果导致关键线路的工作无法施作,则工作无法施作开始与结束的时间在认定上是比较容易的。比较麻烦的是,如果顺延工期事由对于关键线路工作的影响,不是导致工作项目暂停施作,而是导致功效降低,则该如何分析工作项目因功效较低所增加的工作时间?有关增加工作时间的计算方法,笔者建议,可以将该工作项目实际完成的时间扣除预定完成时间,其差额作为该工作项目因功效降低所增加的工作时间。

第五节　竣工日期顺延争议鉴定相关问题讨论

有关竣工日期顺延争议的鉴定,很大一部分涉及工期鉴定,而由于工期鉴定所需要的专业,与工程造价鉴定所需要的专业并不相同,所以目前国内并不容易寻找到合适的鉴定机构来作工期鉴定。实践中有些当事人会寻求专家的协助,或请专家就工期出具专家意见书,这些方式在诉讼上的效力为何?

最高人民法院《关于民事诉讼证据的若干规定》(经法释〔2019〕19 号修正)第 83 条第 1 款规定:"当事人依照民事诉讼法第七十九条和《最高人民法院关于适用〈中华人民共和国民事诉讼法〉的解释》第一百二十二条的规定,申请有专门知识的人出庭的,申请书中应当载明有专门知识的人的基本情况和申请的目的。"第 84 条第 2 款规定:"有专门知识的人不得参与对鉴定意见质证或者就专业问题发表意见之外的法庭审理活动。"由此可知,当事人可以申请有专门知识的人出庭,但是只能就专业问题发表意见。另外,《民事诉讼法司法解释》(经法释〔2022〕11 号修正)第 122 条第 2 款规定:"具有专门知识的人在法庭上就专业问题提出的意见,视为当事人的陈述。"由此可知,这里的专家在定位上并不属于鉴定人,而是辅助当事人就专业问题陈述意见,学理上称之为专家辅助人。

河南省郑州市二七区人民法院(2021)豫 0103 民初 2688 号民事判决书指出:"对 A 公司要求 B 公司支付延期交货违约金 9035033 元的反诉请求,其向法庭提交的联合建管(北京)管理咨询有限责任公司工期延误分析专家报告,B 公司对该证据的合法性、真实性提出异议,本院认为 B 公司对该份证据提出的异议成立,对该证据不予采信。A 公司提交的其他证据,均不能证明其主张,本院不予采信。由此,被告的反诉请求,证据不力,本院不予支持。"由此可知,由当事人委托的专家所出具的工期延误分析专家报告不能作为证据。

第九章　意定变更争议

　　本书从第九章开始就进入建设工程项目总承包合同变更争议的讨论。所谓合同变更争议，是指总承包合同签订之后合同内容发生变更所涉及的相关争议，其中又可以区分为意定变更争议与情势变更争议两种。意定变更争议于本书第九章讨论，情势变更争议于本书第十章讨论。

　　所谓意定变更争议，是指总承包合同因双方当事人合意而变更内容，或是合同中约定发包人有单方变更合同的权利，经发包人行使单方变更权而变更合同内容所涉及的争议类型。意定变更争议又可以区分为三种：第一，合同范围内外争议；第二，意定变更计价争议；第三，工程总承包合同变更争议。前面两种争议类型是施工总承包合同与工程总承包合同都会发生的争议类型，而第三种争议类型是工程总承包合同特有的争议类型。

　　基于上述的说明，本章内容安排如下：第一节先介绍总承包合同意定变更的一些基本问题；第二节讨论合同范围内外争议与意定变更计价争议；第三节讨论工程总承包合同变更争议。

第一节　意定变更基本问题讨论

　　建设工程项目总承包合同的变更，可以是合同当事人的变更，也可以是合同内容的变更。本文所称的变更基本上是以合同内容变更为主。总承包合同意定变更的原因可能是双方合意，也可能是发包人行使单方变更权，发包人的单方变更权解释上属于意定的形成权，因此发包人可以单方变更合同的范围，需以合同内容的约定为准，如果超出约定的范围，就需要双方合意才能达到变更的效果。另外，由于建设工程总承包合同属于要式合同,因此合同变更的方式如果合同有约定按约定,如果合同没有约定也需要采取要式方式。

总承包合同意定变更的类型,可以区分为建设工程变更、劳务独立性变更、工期变更、其他类型变更,以下将针对这四种类型进行讨论。

一、建设工程变更

(一)删减工作

所谓删减工作,是指原合同范围内的工作被删减。工作被删减后有两个问题值得讨论:第一,承包人可否针对删减工作的利润进行求偿?第二,发包人可否将删减的工作发包给他人施作?

《2013版工程量清单计价规范》第9.3.3条的规定:"当发包人提出的工程变更因非承包人原因删减了合同中的某项原定工作或工程,致使承包人发生的费用或(和)得到的收益不能被包括在其他已支付或应支付的项目中,也未被包含在任何替代的工作或工程中时,承包人有权提出并应得到合理的费用及利润补偿。"该条中所称的合理费用解释上应该是指项目间接成本摊平的费用,而利润应该是指原本施作工作可以获得的利润,因为工作删减而无法获得的部分。由此可知,根据该条规定,工作删减是可以请求利润损失的。但笔者认为,工程施工过程中,根据项目实际的情况,针对工程进行删减工作或是增加工作是很正常而且可预见的事,因此,除非删减工作的幅度过大而超出预期,可以参照建设工程部分提前终止的法律效果,承包人可以请求利润损失。除此之外,在可预见范围内的工作删减,应不允许承包人请求利润损失。

另外,《2017版CONS合同》第13.1款〔变更权〕第4段(iv)规定:"每项变更可包括:……(iv)任何工作的删减,但要交他人未经双方同意实施的工作除外……"该文本更要求,如果发包人单方删减工作,并将工作交由第三人施作的,删减工作时须经承包人的同意。这是因为,如果允许发包人任意地删减工作,并交由他人施作,很可能出现价格不好的工作项目由原承包人继续施作,价格好的项目发包人再发包给第三人施作,当然价格再发包时可以再砍一刀,因此原本肥瘦搭配的项目,变成挑肥拣瘦的项目,这对于承包人是有失公允的。

视频9.1 建设工程合同工作删减

(二)变更工作

所谓变更工作,是指原本合同内的某项工作删除,改换为另外一项新增工作。例如,原本墙面要铺设小瓷砖,现在要改成铺设大瓷砖。由于工作变更涉及工作的一减一增,如果原工作项目尚未施作前,发包人通知承包人工作变更施作新工作项目,待承包人施工完成后,发包人就新工作项目付费即可。但是如果承包人就原工作项目已经施作甚至已经施作完成,发包人才通知承包人工作变更施作新工作项目的,待承包人施工完成后,发包人不仅要支付新工作项目费用,原工作项目已经施作部分以及拆除工作,亦须支付费用。

视频9.2 建设工程合同工作变更

(三)措施项目变更

《2013版工程量清单计价规范》第9.3.2条规定:"工程变更引起施工方案改变并使措施项目发生变化时,承包人提出调整措施项目费的,应事先将拟实施的方案提交发包人确认,并应详细说明与原方案措施项目相比的变化情况。拟实施的方案经发承包双方确认后执行,并应按照下列规定调整措施项目费:1. 安全文明施工费应按照实际发生变化的措施项目依据本规范第3.1.5条的规定计算。2. 采用单价计算的措施项目费,应按照实际发生变化的措施项目,按本规范第9.3.1条的规定确定单价。3. 按总价(或系数)计算的措施项目费,按照实际发生变化的措施项目调整,但应考虑承包人报价浮动因素,即调整金额按照实际调整金额乘以本规范第9.3.1条规定的承包人报价浮动率计算。(第1段)如果承包人未事先将拟实施的方案提交给发包人确认,则应视为工程变更不引起措施项目费的调整或承包人放弃调整措施项目费的权利。(第2段)"由此可知,如果承包人主张措施项目变更,需事先将拟实施的方案提交给发包人确认,其原因如下:第一,措施项目施作前,承包人是要提出施工方案的,如果工程变更导致措施项目变更,则承包人应针对变更后情况,编写变更后的施工方案,从变更前后的施工方案可以看出措施项目发生的变化,并可以依此计算出相关费用。第二,措施项目很多是临时工程,临时工程与永久工程最大的区别在于临时工程施作完成后最后是要拆除的,如果变更内容不在施工方案阶段进行确认,等到未来施工完成并且拆除后,已经无从确认,因此该条才会规定需事先拟定方案进行确认。

视频9.3 措施项目变更

(四)替代品变更

所谓替代品变更,是指原先预计安装的设备,因不可抗力的原因无法进行采购,因此承包人提供性能标准相同的另一款设备进行安装。实践中常见的替代品变更出现在设备的变更上。例如,原先建设工程项目预计安装A款设备,但是因为生产A款设备的工厂倒闭了,市面上也找不到其他工厂生产A款设备,所以承包人提供相同性能标准的B款设备,经发包人确认无误后,由承包人进行安装。

这里需要讨论的是,替代品的变更是否会影响该工作项目的计价?目前实践中采取以下三种计价方式:第一,按合同中约定 A 款设备的计价金额办理计价。这是因为 B 款设备和 A 款设备的性能标准相同,都符合合同约定,因此虽然安装的是 B 款设备,但是应按 A 款设备的计价金额办理计价。第二,A 款设备变更成 B 款设备,应视为删减 A 款设备,加装 B 款设备。假如合同约定 A 款设备的计价金额是10 万元,而 B 款设备经询价的金额是 15 万元,则应该要按 15 万元办理计价;假如合同约定 A 款设备的计价金额是 15 万元,而 B 款设备经询价的金额是 10 万元,则应该要按 10 万元办理计价。第三,按低的金额办理计价。假如合同约定 A 款设备的计价金额是 10 万元,而 B 款设备经询价的金额是 15 万元,则应该要按 10 万元办理计价;假如合同约定 A 款设备的计价金额是 15 万元,而 B 款设备经询价的金额是10 万元,则应该要按 10 万元办理计价。

《2017 版施工合同文本》第 8.7.3 项规定:"发包人认可使用替代材料和工程设备的,替代材料和工程设备的价格,按照已标价工程量清单或预算书相同项目的价格认定;无相同项目的,参考相似项目价格认定;既无相同项目也无相似项目的,按照合理的成本与利润构成的原则,由合同当事人按照第 4.4 款〔商定或确定〕确定价格。"由此可知,示范文本要求的替代品变更计价方式是采取前述第二种计价方式。

视频 9.4 替代品变更如何办理计价

二、劳务独立性变更

建设工程合同在性质上属于一种特殊形态的承揽合同,而承揽合同是要求承揽人完成并交付工作成果的一种合同类型,所以工作的过程中定作人基本上是不进行干预的,完全由承揽人自行决定,笔者称此为劳务独立性。也就是说,承揽人就工作成果对定作人负责,至于承揽人要采取哪种工作方法或是过程,完全由承揽人自行决定。

虽然建设工程合同作为一种特殊形态的承揽合同,理论上也应具备承揽合同应有的劳务独立性,但是为了确保建设工程的质量,发包人除了要求承包人对于建设工程的成果要最终负责之外,对于建设工程的施工过程,包括但不限于工艺、工序或是资源配置等也会有所干预,并且这种干预会体现在合同的约定当中。所以这里需要讨论的是,在建设工程合同中,承包人是否具有劳务独立性?笔者的看法是,承包人具有部分的劳务独立性,也就是合同中针对施工过程有所约定的地方,承包人需按合同约定办理而没有自由裁量权,但是如果针对工作过程没有约定的地方,承包人就可以独立决定采取何种工作方法或是过程来完成工作。

至于发包人针对劳务独立性的变更,是指原来合同中针对施工过程没有约定的地方,承包人是享有劳务独立性的,也就是采取何种施工过程与方法,承包人是有决定权的,但是发包人要求承包人需按照发包人要求的工作方法完成,这可以视为对于合同中劳务独立性范围的一种变更,也就是合同中承包人有裁量权的地方变更为没有裁量权了,因此此项变更而产生的合同对价,也应该相应地调整。例如,按合同约定对于承包人的施工时间并没有任何的限制,但是后来发包人要求承包人只能在夜间施工,不能在白天施工,这会因此增加承包人夜间照明的费用、夜间的加班费工资,而且施工时间减少了,夜间施工的功效也会有所降低,这一连串的影响所增加的费用,承包人可以针对劳务独立性的变更请求发包人调整合同对价。

视频 9.5　劳务独立性变更

三、工期变更

所谓工期变更,是指合同当事人针对合同中约定的原工期进行了变更,可能是增长工期也可能是缩短工期。工期变更与顺延工期在概念上是不太一样的。顺延工期事由分为三种:第一,不具备施工条件;第二,非双方原因,最常见的是异常气候;第三,合同变更。而工期变更属于合同变更的一种,一般是发包人要求赶工或是要求停工,导致合同的工期有所调整,其中所涉及的相关问题,笔者会在本书第十二章中详细说明。

《2017 版 CONS 合同》第 13.1 款〔变更权〕第 4 段(vi)规定:"每项变更可包括:……(vi)实施工程的顺序或时间安排的改变。"由此可知,《2017 版 CONS 合同》认为的变更,可包括实施工程的顺序或时间安排的改变。实施工程的顺序的改变是指劳务独立性的改变;实施工程的时间安排的改变是指工作时间的改变,甚至可能达到工期变更的程度。

四、其他类型变更

(一)合理化建议

所谓合理化建议,就是指承包人对于合同中约定的施工方式或是设计内容,提出的优化建议。经发包人同意并办理变更后,由承包人按变更后的内容办理,因此所节省的费用,发包人给予承包人一定比例的奖励,这个奖励应视为同变更后的对价调整。

《2017 版施工合同文本》第 10.5 款〔承包人的合理化建议〕规定:"承包人提出合理化建议的,应向监理人提交合理化建议说明,说明建议的内容和理由,以及实施该建议对合同价格和工期的影响。(第 1 段)除专用合同条款另有约定外,监理人应在收到承包人提交的合理化建议后 7 天内审查完毕并报送发包人,发现其中存在技术上的缺陷,应通知承包人修改。发包人应在收到监理人报送的合理化建议后

7 天内审批完毕。合理化建议经发包人批准的,监理人应及时发出变更指示,由此引起的合同价格调整按照第 10.4 款〔变更估价〕约定执行。发包人不同意变更的,监理人应书面通知承包人。(第 2 段)合理化建议降低了合同价格或者提高了工程经济效益的,发包人可对承包人给予奖励,奖励的方法和金额在专用合同条款中约定。(第 3 段)"由此可知,示范文本明确了合理化建议的流程,以及经发包人采纳后,奖励金额由双方当事人在专用条款中另行约定。

如果在工程总承包模式下,如何区分优化设计与合理化建议?优化设计是指在符合发包人要求的前提下,承包人找出提高效益的最优设计方案,因此所获得的相关利益和亏损均归承包人所有,所以优化设计并不涉及任何的合同变更的问题,它纯粹是承包人通过专业管理能力节省成本的手段。合理化建议虽然本质上也是承包人提出提高效益的最优设计或是施工方案,但是这个方案的内容已经超出了合同的约定,需要发包人通过变更合同的方式,承包人才能加以实施,因此合理化建议已经不是承包人单方的管理行为,而是需要有发包人的介入和参与才能达成,所以合理化建议所获得的利益,双方按合同约定的比例进行分配。

另外,《工程总承包计价规范》(T/CCEAS 001-2022)第 3.3.5 条规定:"承包人在合同约定承包范围内实施设计时,应在满足发包人要求的前提下进行优化设计,并应从中选取最优设计方案;在满足发包人提供的设计文件技术标准的前提下进行深化设计,实现合同目标,优化设计和深化设计导致的盈亏均归承包人享有或承担。"第 6.3.3 条规定:"承包人对方案设计或初步设计文件进行的设计优化,如满足发包人要求时,其形成的利益应归承包人享有;如需要改变发包人要求时,应以书面形式向发包人提出合理化建议,经发包人认为可以缩短工期、提高工程的经济效益或其他利益,并指示变更的,发包人应对承包人合理化建议形成的利益双方分享,并应调整合同价款和(或)工期。"由此可知,优化设计和深化设计导致的盈亏皆由承包人负担,且优化设计不涉及合同变更。

视频9.6　优化设计的利益如何归属

（二）重新试验

《2017版施工合同文本》第9.3.3项规定："监理人对承包人的试验和检验结果有异议的，或为查清承包人试验和检验成果的可靠性要求承包人重新试验和检验的，可由监理人与承包人共同进行。重新试验和检验的结果证明该项材料、工程设备或工程的质量不符合合同要求的，由此增加的费用和（或）延误的工期由承包人承担；重新试验和检验结果证明该项材料、工程设备和工程符合合同要求的，由此增加的费用和（或）延误的工期由发包人承担。"由此可知，项目的材料、设备与工程按照合同约定进行试验后，发包人要求重新试验的，如果再次试验的结果不符合合同标准的，重新试验费用由承包人负担，如果再次试验的结果符合合同标准的，重新试验费用由发包人负担。这里的重新试验以及费用负担的约定，应视为对于试验工作的变更以及变更的金额。

第二节　合同范围内外争议与意定变更计价争议

一、合同范围内外争议

所谓合同范围内外争议，是指发包人要求承包人完成的工作，发包人认为是合同范围内的而承包人认为是合同范围外的相关争议。合同范围内外争议的法律效果是发包人发出的工作指示，如果该工作是合同范围内的工作，费用已经包含在合同范围内，发包人不另外计价;如果该工作是合同范围外的工作,费用不包含在合同范围内,发包人应另外计价。基于上述对于争议内容的描述,此类争议的要件为:第一,发包人发出一个工作指示;第二,出现一个指示各自表述的情形,也就是发包人认为这是工作瑕疵整改的指示,承包人认为这是合同变更的指示。

处理此类争议的核心就是要确认合同的边界,也就是确认发包人的工作指示在合同范围内,还是在合同范围外。根据合同变更的原因,可以区分为以下几个类型:

第一,发包人的需求改变而导致的变更。例如,本来建筑物的客厅面积比较小,但是现在发包人因为希望拥有比较大的客厅,所以把客厅的隔间面积进行了调整,将客厅面积改得比较大。

第二,施工图设计错误而导致的变更。在施工总承包模式下,施工图设计是由发包人负责,承包人负责施工,如果工作瑕疵与施工图设计瑕疵有关,则发包人应该变更施工图纸,由承包人根据变更的图纸进行施工,则瑕疵整改工作应属于合同变更,但是如果工作瑕疵与施工有关,则瑕疵整改工作属于合同范围内工作。由于合同范围内外争议经常与验收争议有关,也就是发包人认为承包人的工作有瑕疵,应该要进行整改,整改费用由承包人自己承担;而承包人认为自己是按图施工,工作如果有瑕疵那也是设计导致的,而不是施工导致的,因此如果发包人需要整改,属于合同变更,变更费用由发包人承担。一般而言,如果承包人遇到类似的争议,发包人通常会主张,承包人不完成整改工作,将无法通过验收,这会导致没有争议的部分也连带受到影响。笔者建议,承包人在整改前,最好先将整改前的瑕疵进行完整的纪录,经发包人确认待未来完成验收后,再回头厘清责任。但是如果在整改之前,双方合意由第三方机构先行鉴定确定原因,这会是更好的处理方式。另外,争议标的如果涉及永久工程是否在合同范围内,也可以通过竣工图与施工图的比对进行确认。

第三,承包人基于施工便利而提出的变更。也就是说,承包人基于施工便利提出变更的建议,经发包人同意之后实施。此类变更由于非发包人原因所导致,因此这类变更如果有费用产生都是由承包人自行负担。所以实践中经常看到一种情形,即发包人要求发生错误,发包人自己不主动提变更,而要求承包人提变更建议,然后发包人再针对承包人所提的建议给予同意变更的批复,并说明是承包人基于施工便利所提出的变更建议,在不增加费用的范围内同意变更等。这样对于承包人是很不公平的,因此承包人在处理类似问题时,应多加注意。

二、意定变更计价争议

《施工合同解释一》(法释〔2020〕25 号)第 19 条第 2 款规定:"因设计变更导致建设工程的工程量或者质量标准发生变化,当事人对该部分工程价款不能协商一致的,可以参照签订建设工程施工合同时当地建设行政主管部门发布的计价方法或者计价标准结算工程价款。"由此可知,合同变更价款如果双方协商有共识,按协商结果办理;如果双方协商不成的,可以参照定额办理。

另外,《2017 版施工合同文本》第 10.4.1 项〔变更估价原则〕规定:"除专用合同条款另有约定外,变更估价按照本款约定处理:(1)已标价工程量清单或预算书有相同项目的,按照相同项目单价认定;(2)已标价工程量清单或预算书中无相同项目,但有类似项目的,参照类似项目的单价认定;(3)变更导致实际完成的变更工程量与已标价工程量清单或预算书中列明的该项目工程量的变化幅度超过 15%的,或已标价工程量清单或预算书中无相同项目及类似项目单价的,按照合理的成本与利润构成的原则,由合同当事人按照第 4.4 款〔商定或确定〕确定变更工作的单价。"由此可知,示范文本中约定的变更估价原则是合同中有相同计价项目的,按相同计价项目计价。合同中有类似的计价项目,参照类似计价项目的单价认定,目前常见的操作方法是根据类似项目的单价分析表进行调整组价,按调整后的价格办理计价。合同中没有相同或是类似计价项目的,或者变更导致相同计价项目的实际完成工程量与合同中原定工程量的变化幅度相比超过15%的,均由当事人按合理的成本加利润商定价格。针对这类争议,笔者建议,承包人针对变更项目的人、机、料的数量(尤其是工数)以及价格要有完整的记录,这样如果要针对类似项目的单价分析表进行调整组价,或是按合理的成本加利润商定价格,才能有明确的根据。

这里需要特别说明的是,变更导致相同计价项目的实际完成工程量与合同中原定工程量的变化幅度相比超过15%,计价项目的单价该如何进行调整? 笔者认为,实际完成工作量与合同中预定工作量产生差异的原因有很多,除了变更产生数量差异以外,在没有变更的情况下,因为误差或是其他原因也可能产生数量差异,此部分数量差异的调价问题,笔者认为属于情势变更的问题,并于本书第十章中详细说明。

第三节　工程总承包合同变更争议

由于承包人在工程总承包合同中的工作范围以及风险分担原则,与施工总承包合同的相应内容很不一样,因此工程总承包合同涉及合同变更时,有以下三个问题需要进一步讨论:

一、设计审查的问题(设计细化或深化与变更)

有关工程总承包范围的界定,有很大一部分是在施工图审查阶段进行细化或确定的(也就是设计细化),由于国内很多承包人的项目经理习惯了施工总承包模式,或是基于自身的专业仅限于施工的关系,因此忽略了施工图审查阶段对于合同范围界定的重要性。

首先,是有关"定牌"的问题。所谓定牌,是指在施工图阶段,要确定项目中的材料或设备所需要使用的品牌档次。品牌档次的高低对于项目成本与验收标准的高低影响甚大,所以品牌一定要在施工图阶段就要确定,这不光是某个单项工作所使用品牌档次高低的问题,而是需要针对整个项目总体成本进行考虑的问题。施工图纸一旦确定后，会根据施工图纸制作工程量清单编制预算，如果是政府投资项目，该预算需经过政府财政评审后才能实施。

其次，是有关"隐藏性合理化建议"的问题。目前实践中，发包人针对承包人所提供的施工图进行审查时，通常会另外委托第三机构进行图纸合规性审查，但无人会针对施工图与初步设计图纸进行比对，审查施工图设计是否已经超出初步设计的范围，因此，当施工图设计已经超出了初步设计的范围，该部分施工图的提出很可能构成合理化建议。为何笔者称此为"隐藏性合理化建议"？这是因为，承包人提送施工图时，不会告诉发包人图纸哪里构成合理化建议，都需要发包人自行查核才能发现，发包人发现后，经其同意建议并办理变更，才能按合同约定比例进行合理化收益的分配。笔者建议，对于工程总承包项目，监理单位除了对施工质量进行监理外，还需要针对施工图进行监理，但是很可惜的是，目前国内的监理单位并没有设计监理的能力。

最后，是有关"隐藏性变更"的问题。发包人委托第三方单位针对承包人所提出的施工图进行审查时，会提出各项的审查意见，这些审查意见的内容基本上都是要求承包人修改其提送的施工图纸。如果第三方单位的审查意见是在合同范围内的审查意见，则承包人应遵照办理；但是如果第三方单位的审查意见已经超出合同范围，则承包人应向发包人表明该审查意见是在合同范围外的审查意见，发包人是否有意要办理合同变更，并且另外承担变更的相关费用。为何笔者称此为"隐藏性合同变更"？因为发包人针对施工图纸的审查意见，不会告诉承包人哪部分是合同范围内，哪部分是合同范围外，全靠承包人自行审查才能发现。另外，有关发包人对施工图纸的审查意见，究竟属于合同范围内还是合同范围外，常涉及设计规范内容该如何解释的问题，因此承包人的项目经理除了要懂得施工管理外，对于设计规范的要求，也需要有一定程度的了解。

《2020版工程总承包合同文本》第5.2.1项规定："根据《发包人

要求》应当通过工程师报发包人审查同意的承包人文件,承包人应当按照《发包人要求》约定的范围和内容及时报送审查。(第 1 段)除专用合同条件另有约定外,自工程师收到承包人文件以及承包人的通知之日起,发包人对承包人文件审查期不超过 21 天。承包人的设计文件对于合同约定有偏离的,应在通知中说明。承包人需要修改已提交的承包人文件的,应立即通知工程师,并向工程师提交修改后的承包人文件,审查期重新起算。(第 2 段)发包人同意承包人文件的,应及时通知承包人,发包人不同意承包人文件的,应在审查期限内通过工程师以书面形式通知承包人,并说明不同意的具体内容和理由。(第 3 段)承包人对发包人的意见按以下方式处理:(1)发包人的意见构成变更的,承包人应在 7 天内通知发包人按照第 13 条〔变更与调整〕中关于发包人指示变更的约定执行,双方对是否构成变更无法达成一致的,按照第 20 条〔争议解决〕的约定执行;(2)因承包人原因导致无法通过审查的,承包人应根据发包人的书面说明,对承包人文件进行修改后重新报送发包人审查,审查期重新起算。因此引起的工期延长和必要的工程费用增加,由承包人负责。(第 4 段)合同约定的审查期满,发包人没有做出审查结论也没有提出异议的,视为承包人文件已获发包人同意。(第 5 段)……"由此可知,示范文本要求对发包人的审查意见构成变更的,承包人要即时反应,否则就视为没有变更。

二、签约后变更

所谓签约后变更,是指发包人与承包人签订工程总承包合同后,发包人提出了变更。该变更的法律效果为何?如果是发包人的需求改变而变更发包人要求,则变更的费用应该由发包人承担应无疑义。但是变更的原因如果是发包人要求存在瑕疵,可参照《2017 版 P&DB 合同》第 1.9 款〔雇主要求中的错误〕的规定处理:"如果承包商根据第 5.1 款〔一般设计义务〕的规定,通过审核,发现雇主要求中存在错误、过失或缺陷,承包商应在合同数据中规定的期限内(如未规定,则为 42

天)向工程师发出通知,自开工日期算起。(第 1 段)如果在此期限届满后,承包商发现雇主要求中存在错误、过失或缺陷,承包商也应向工程师发出通知,说明错误、过失或缺陷。(第 2 段)……如果根据上述(b)段,有经验的承包商不会发现错误、过失或其他缺陷:(i)第 13.3.1项〔指示变更〕应适用于要求承包商采取的措施(如果有);(以及)(ii)如果承包商因错误、过失或缺陷而遭受延误和/或招致费用,承包商应有权根据第 20.2 款〔付款和/或竣工时间延长的索赔〕的规定,获得竣工时间的延长和/或此类成本加利润的支付。"由此可知,承包人应于项目开工后一定期间内,针对发包人所提供的图纸(即雇主要求)进行审核,审查期间内,承包人通知发包人其所提供的图纸存在瑕疵,发包人应办理变更,和/或给予一定时间的延长与费用的赔偿;如果审核期限过后,承包人才通知发包人其所提供的图纸存在瑕疵,工程师应审查在一定的时间与成本的前提下,有经验的承包人是否可以发现此一瑕疵,经审查工程师认为属于承包人无法发现的瑕疵,发包人应办理变更,和/或给予一定时间的延长与费用的赔偿。

另外,《2017 版 EPCT 合同》第 5.1 款〔一般设计义务〕规定:"承包商应被视为,在基准日期前已仔细审查了雇主要求(包括设计标准和计算,如果有)。(第 1 段)……除下述本款情况外,雇主不应对原包括在合同内的雇主要求中的任何错误、不准确或遗漏负责,并不应被认为,对任何数据或资料给出了任何准确性或完整性的表示。……(第 4段)。但是,雇主应对雇主要求中的下列部分,以及由雇主(或其代表)提供的下列数据和资料的正确性负责:(a)在合同中规定的由雇主负责的或不可变的部分、数据和资料;(b)对工程或其任何部分的预期目的的说明;(c)竣工工程的试验和性能的标准;(以及)(d)除合同另有说明外,承包商不能核实的部分、数据和资料。(第 5 段)"由此可知,《2017 版 EPCT 合同》认为雇主要求中,除四项核心的雇主要求,由发包人对其正确性负责外,发包人对其他雇主要求的正确性无须负责任,承包人应于投标基准日前自行完成审查。

有关发包人所提供的设计内容、现场数据、测量基准有瑕疵所涉及的问题，各位读者可以参阅本书第二章第三节与第四节的内容。

三、审查后变更

《2020版工程总承包合同文本》第5.2.1项第6段规定："发包人对承包人文件的审查和同意不得被理解为对合同的修改或改变，也并不减轻或免除承包人任何的责任和义务。"因此，即便施工图已经完成审查，如果事后发包人发现施工图有瑕疵，仍有权要求承包人修改，相关费用由承包人负担。但是如果情况是发包人进行了审查后变更，该法律效果又是如何呢？

所谓审查后变更，是指施工图完成审查后，发包人针对发包人要求提出了变更。首先，如果是发包人的需求变更而变更发包人要求，则变更的费用应该由发包人承担应无疑义。其次，如果是发包人要求存在瑕疵而变更的，笔者的看法是其法律效果和签约后变更的效果一样，不因发包人完成施工图审查而有所不同。

第十章 情势变更争议

本书前一章讨论完建设工程总承包合同变更争议中的意定变更争议后,本章将接续讨论合同变更争议中的情势变更争议。情势变更与意定变更最大的区别在于:意定变更是基于当事人之间合意而变更合同,情势变更是指合同签约时的基础条件发生了不可预见的重大变更,基于公平原则应调整合同对价。

视频 10.1 建设工程合同意定变更与情势变更

建设工程总承包合同具有金额大、工期长、施工地点在户外等特性,因此双方当事人在签订合同时有许多条件无法预见,等到履约时才发现当初签约时所预想的条件和实际情况差距甚远。由于合同的基础条件发生了变动,也就是发生了情势变更,如果要求当事人按原合同继续履约有失公平,因此合同关系有必要进行调整。此类争议笔者称之为情势变更争议。由于此类争议的构成要件中有许多不确定法律概念,因此在个案的具体认定上,审判者具有较多的裁量空间。为了让此类争议有更多明确的裁判原则,笔者会针对此类争议中较为常见的子类型进行分类并进行讨论。

第一节 情势变更争议基本问题

一、情势变更争议的要件与内涵

《民法典》第 533 条第 1 款前段规定:"合同成立后,合同的基础条件发生了当事人在订立合同时无法预见的、不属于商业风险的重大变化,继续履行合同对于当事人一方明显不公平的……"由此可知,情势变更争议的要件包括:第一,合同成立后与订立合同时的基础条件相比发生了重大变化;第二,基础条件的重大变化无法预见;第三,继续履行合同对于当事人一方明显不公平。

针对上述情势变更争议要件的描述,有几个问题讨论如下:

第一,所谓订立合同时的基础条件,如果发生在需要招投标的建设工程总承包合同的场景下,具体是指投标基准日的基础条件,也就是投标截止日前的 28 天的基础条件。为何以投标基准日作为订立合同时的基础条件? 这是因为,承包人投标报价的基准日不可能以签订合同的时间点作为报价的基准日,所以一般招标文件会要求承包人以投标基准日作为报价基准日,待完成招投标程序选出中标人后,再签订总承包合同。因此,情势变更原则在此类场景中的适用,更准确地说应该是指投标基准日后的基础条件发生了重大变化。

第二,发包人提供的设计内容与现场数据是合同义务,还是合同的基础条件? 有关基础条件的解释,一般认为基础条件是不可归责于双方当事人的事由,如果可归责一方,则应由其承担违约责任,不适用情势变更原则,①似乎认为基础条件与合同义务是两个互斥的概念。而总承包合同中承包人进行投标报价时,经常以发包人提供的设计内容与现场数据作为报价基础,此时发包人提供的设计内容与现场数据在法律定性上究竟属于当事人的合同义务还是合同的基础条件,有进一步讨论的必要。针对不同类型的总承包合同,可能得出不一样的答案。

首先,针对设计内容进行讨论。如果总承包合同是施工总承包合同,则设计内容属于发包人的合同义务,应无疑义。如果总承包合同

---

① 最高人民法院民法典贯彻实施工作领导小组主编:《中华人民共和国民法典合同编理解与适用[一]》,人民法院出版社 2020 年版,第 483 页。

是《2017版P&DB合同》的合同文本，则发包人要求中的设计内容，承包人须在项目开工后一定期间内完成检查，如果检查时发现发包人要求中的设计内容有误的，发包人应办理变更设计，如果检查时可以发现而没有发现发包人要求中的设计内容有误的，则因此而产生的费用由承包人承担。如果总承包合同是《2017版EPCT合同》的合同文本，发包人要求中的设计内容，承包人须在投标基准日前完成检查，除非四项核心的发包人要求有错误外，其他涉及发包人要求中的设计内容有误的，因此而产生的费用由承包人承担。由此可知，总承包合同中涉及设计内容的部分，有关设计内容该由谁完成？对于设计内容是否有审查的义务？设计瑕疵的责任该由谁负责？这些问题都属于合同义务的范畴，与情势变更原则无关。

其次，针对现场数据进行讨论。至于发包人提供的现场数据的部分，在FIDIC合同文本中，不管是《2017版CONS合同》《2017版P&DB合同》，还是《2017版EPCT合同》，基本上认为发包人将其拥有的现场数据提供出来，与现场数据有关的义务就完成，承包人应对于现场数据解读的正确性负责。虽然合同中约定了现场数据相关义务，但是由于承包人是以现场数据作为报价基准的，如果项目履约过程中发现实际上的项目基础条件与发包人所提供的现场数据发生较大的差异，笔者认为应将发包人所提供的现场数据，认定为是合同的基础条件。

第三，情势变更与商业风险之间有何不同？两者最核心的区别在于，商业风险是具有可预见性的，[①]但是情势变更中合同基础条件的重大改变是不可预见的。因此，情势变更明显将商业风险的情形排除在外。

第四，有关合同基础条件情势变更的事由，常见的类型有：(1)技

---

① 最高人民法院民法典贯彻实施工作领导小组主编：《中华人民共和国民法典合同编理解与适用［一］》，人民法院出版社2020年版，第484页。

术情势变更,是指建设工程技术无法预见、无法克服的因素所导致的情势变更。例如,实际基础条件与发包人所提供的现场数据差异过大,或是遭遇不可预见地下障碍,或是预定数量与实际数量差异过大(本章第二节讨论)等。(2)政治情势变更,也就是一些不可预见的政治因素发生变化而导致情势变更。例如,政府行为、法律变更(本章第三节讨论)等。(3)经济情势变更,是指由于不可预见的经济因素发生变化而导致情势变更。例如,物价波动导致建设工程的成本飙升(本章第四节讨论)。(4)社会情势变更,是指由于不可预见的社会事件而导致的情势变更。例如,非政治因素导致的罢工、民众抗争、疫情(本章第五节讨论)等。(5)自然情势变更,大部分是遭遇自然灾害所导致的情势变更。例如,地震、海啸、台风、暴雨等异常气候。(6)其他情势变更。

二、情势变更争议的法律效果

《民法典》第533条第1款后段以及第2款规定:"……受不利影响的当事人可以与对方重新协商;在合理期限内协商不成的,当事人可以请求人民法院或者仲裁机构变更或者解除合同。(第1款)人民法院或者仲裁机构应当结合案件的实际情况,根据公平原则变更或者解除合同。(第2款)"由此可知,发生情势变更后,受不利影响的当事人可以请求再交涉,或是请求人民法院或者仲裁机构根据公平原则变更合同或是解除合同。

有关再交涉的相关问题,可以参阅本书第三章中关于再交涉义务的内容,此处不赘述。另外,有关如何按公平原则进行合同对价的调整的问题,笔者将于后续内容中详细说明。

第二节　数量偏差争议

一、数量偏差争议的意义与要件

所谓数量偏差争议,是指在清单计价与单价结算合同中,预定的工程数量,与实际工程的结算数量发生超出预期的较大偏差,导致计价项目的成本结构有所改变,因而增加费用所产生的争议。基于上述对于数量偏差争议的描述,则该争议的要件包括:第一,合同必须是清单计价与单价结算的合同;第二,合同中的预计数量与结算的实际数量产生较大的偏差,且属于合同当事人无法预见;第三,数量偏差导致成本结构改变,因而增加费用。

针对此争议类型,笔者认为有以下几个问题需要讨论:第一,笔者认为数量偏差争议属于情势变更争议,这是因为当初承包人投标时,是以合同中的预计数量为基础,在工程量清单中填写投标单价,而实际的结算数量与预计的数量差异超出预期时,按情势变更原则应调整合同对价。第二,预计数量与实际数量发生偏差,属于建设工程项目中常见的技术问题,因为项目在进行测量时,没办法做到完全正确,根据项目条件的不同,会出现程度不同的误差,因此笔者将该类争议归类为技术情势变更争议。第三,为何数量偏差会导致成本结构改变?这是因为在一般情况下,工程数量越多摊提间接成本的基数越大,因此单价越低;如果工程数量越少摊提间接成本的基数越小,因此单价越高。然而由于建设工程状况多样,笔者也曾遇见过刚好相反的情形,所以具体情况还是需要具体认定。但是工程实际数量和预定数量发生偏差时,确实会改变计价项目的成本结构。

二、数量偏差争议的法律效果

《2017版CONS合同》第12.3款〔工程的估价〕第4段规定:"在以

下情况下,宜对有关工作内容采用新的费率或价格:……(b)(i)该项工作测量出的数量变化超过工程量清单或其他资料表中所列数量的10%以上;(ii)此数量变化与该项工作在工程量清单或其他资料表中规定的费率或价格的乘积,超过中标合同金额的0.01%;(iii)此数量变化直接改变该项工作的单位成本超过1%;(以及)(iv)工程量清单或其他资料表中没有规定该项工作为'固定费率项目''固定费用'或类似术语,指的是不因数量变化而调整的费率或价格;(和/或)……"由此可知,《2017版CONS合同》认为在符合数量偏差10%,偏差数量金额超过中标金额0.01%,偏差数量工作的成本增加1%,不属于按项计费(也就是须按数量计费)等四个条件可以调整价格。

另外,《2017版施工合同文本》第10.4.1项〔变更估价原则〕规定:"除专用合同条款另有约定外,变更估价按照本款约定处理:……(3)变更导致实际完成的变更工程量与已标价工程量清单或预算书中列明的该项目工程量的变化幅度超过15%的……按照合理的成本与利润构成的原则,由合同当事人按照第4.4款〔商定或确定〕确定变更工作的单价。"由此可知,示范文本明确了变更导致数量偏差15%,可以重新确定单价。笔者认为,数量偏差的原因不光是变更导致,还有可能是其他不可预见的原因所导致,因此数量偏差的价格调整,应不限于合同变更。

最后,《2013版工程量清单计价规范》第9.6.1条规定:"合同履行期间,当应予计算的实际工程量与招标工程量清单出现偏差,且符合本规范第9.6.2条、第9.6.3条规定时,发承包双方应调整合同价款。"第9.6.2条规定:"对于任一招标工程量清单项目,当因本节规定的工程量偏差和第9.3节规定的工程变更等原因导致工程量偏差超过15%时,可进行调整。当工程量增加15%以上时,增加部分的工程量的综合单价应予调低;当工程量减少15%以上时,减少后剩余部分的工程量的综合单价应予调高。"上述内容认为数量偏差如工程量增加单价调低,如工程量减少单价调高。但笔者认为,数量发生偏差单价该如何调整还是要考虑实际情况，并非全然以工程量增加单价调低，工程量减少单价调高的方式调整。

另外，《2013 版工程量清单计价规范》第 9.6.3 条规定："当工程量出现本规范第 9.6.2 条的变化，且该变化引起相关措施项目相应发生变化时，按系数或单一总价方式计价的，工程量增加的措施项目费调增，工程量减少的措施项目费调减。"由此可知，数量发生偏差导致措施项目工作发生变化，措施项目费用应相应地一并调整。

视频 10.2　清单数量偏差该如何调价

前述数量偏差所进行的单价调整，是在合同计价采取单价合同时才会进行的调整。如果是总价合同，不仅单价不进行调整，数量偏差的风险也是由承包人承担，具体内容笔者将于本书第十四章中介绍。

第三节　法律变更争议

法律变更争议在性质上属于政治情势变更，所以在讨论法律变更争议前有必要先解释一下何谓政治情势变更。政治情势变更是指一些不可预见的政治因素发生变化而导致情势变更。如果总承包合同签约的项目属于公共工程，且发包人是政府方时，由于政府方对于政治因素具有较强的控制力，因此如果发生政治情势变更需要进行调价时，会由政府方多负担一些此类的风险与责任。

实践中常见的政治情势变更事由有政府行为以及法律变更。所谓政府行为，是指因不可归责于承包人的因素，政府部门或是任何相关的公共部门无法预见的作为或是不作为，导致承包人无法继续履约，或是履约出现困难，这些作为或是不作为基本上属于公法上的行为或是事实行为,其中包括但不限于:对项目进行征收、强制收购、国有化、战争、放射性污染,政治因素导致的罢工、怠工、民众抗争、暴动、叛乱、恐怖主义等。因不可归责于承包人的因素,不可预见的政府行为导致承包人无法继续履约,或是履约出现困难,应认为可以适用情势变更原则,合同应进行相应的调整。

有关法律变更的问题,《2017 版施工合同文本》第 11.2 款〔法律变化引起的调整〕第 1 段规定:"基准日期后,法律变化导致承包人在合同履行过程中所需要的费用发生除第 11.1 款〔市场价格波动引起的调整〕约定以外的增加时,由发包人承担由此增加的费用;减少时,应从合同价格中予以扣减。基准日期后,因法律变化造成工期延误时,工期应予以顺延。"由此可知,示范文本明确了法律变更可以调整合同工期以及费用。需要特说明的是,这里所称的法律则需参考《2017 版施工合同文本》第 1.3 款〔法律〕第 1 段的规定:"合同所称法律是指中华人民共和国法律、行政法规、部门规章,以及工程所在地的地方性法规、自治条例、单行条例和地方政府规章等。"

由于实践中存在针对法律的定义,有广义的法律与狭义的法律的区别,以及建设工程领域中常见的部门规章、地方政府规章、政策文件、红头文件、定额、工程量清单计价规范、建设工程合同示范文本等是否也属于法律变更的范畴问题,因此,笔者建议最好在合同中明确约定法律的范围,除了可以避免争议外,对于没有法律基础的合同当事人来说在合同操作上会比较容易一些。

第四节　物价波动调价争议

物价波动调价争议是指施工所使用的人工、机具、材料,因市场价格波动超出当事人的预期,合同价格是否应当予以调整以及如何进行调整而产生的争议。物价波动争议是经济情势变更争议中最为常见的一个类型。针对工程量清单计价的调价方式,有以下几种类型:

一、《2017 版施工合同文本》列举的以价格指数进行价格调整

（一）《2017 版施工合同文本》第 11.1 款规定的调整价格公式

表 10.1 价格指数调整公式

因人工、材料和设备等价格波动影响合同价格时，根据专用合同条款中约定的数据，按以下公式计算差额并调整合同价格： $$\Delta P = P_0 \left[A + \left(B_1 \times \frac{F_{t1}}{F_{01}} + B_2 \times \frac{F_{t2}}{F_{02}} + B_3 \times \frac{F_{t3}}{F_{03}} + \cdots + B_n \times \frac{F_{tn}}{F_{0n}} \right) - 1 \right]$$	
ΔP	需调整的价格差额
P_0	约定的付款证书中承包人应得到的已完成工程量的金额。此项金额应不包括价格调整、不计质量保证金的扣留和支付、预付款的支付和扣回。约定的变更及其他金额已按现行价格计价的，也不计在内
A	定值权重（即不调部分的权重）
$B_1 ; B_2 ; B_3 \cdots\cdots B_n$	各可调因子的变值权重（即可调部分的权重），为各可调因子在签约合同价中所占的比例
$F_{t1} ; F_{t2} ; F_{t3} \cdots\cdots F_{tn}$	各可调因子的现行价格指数，指约定的付款证书相关周期最后一天的前 42 天的各可调因子的价格指数
$F_{01} ; F_{02} ; F_{03} \cdots\cdots F_{0n}$	各可调因子的基本价格指数，指基准日期的各可调因子的价格指数

（续表）

> 以上价格调整公式中的各可调因子、定值和变值权重，以及基本价格指数
> 及其来源在投标函附录价格指数和权重表中约定，非招标订立的合同，由
> 合同当事人在专用合同条款中约定。价格指数应首先采用工程造价管理
> 机构发布的价格指数，无前述价格指数时，可采用工程造价管理机构发布
> 的价格代替

（二）因承包人原因工期延误后的价格调整

《2017 版施工合同文本》第 11.1 款（4）规定："因承包人原因未按期竣工的，对合同约定的竣工日期后继续施工的工程，在使用价格调整公式时，应采用计划竣工日期与实际竣工日期的两个价格指数中较低的一个作为现行价格指数。"由此可知，现行价格指数是以计划竣工日期与实际竣工日期的两个价格指数中较低为准。笔者认为，因承包人原因工期延误后的价格调整，现行价格指数应以预定付款前 42 天（请款相应工作的预定完成时间）的价格指数，以及实际付款前 42 天（请款相应工作的实际完成时间）的价格指数中，以较低者作为现行价格指数。

（三）附带说明

《工程总承包计价规范》（T/CCEAS 001-2022）第 6.4.2 条第 1 段规定："采用工程总承包模式，但又未在合同中约定'价格指数权重表'，可视为不因市场价格波动调整合同价款。"由此可知，工程总承包模式调价基本上应在合同中约定以价格指数调整，否则视为双方约定不调整市场价格波动。

二、《2017 版施工合同文本》列举的以造价信息进行价格调整

《2017 版施工合同文本》第 11.1 款规定的造价信息进行价格调整的方式如下：合同履行期间，因人工、材料、工程设备和机械台班价

波动影响合同价格时,人工、机械使用费按照国家或省、自治区、直辖市建设行政管理部门、行业建设管理部门或其授权的工程造价管理机构发布的人工、机械使用费系数进行调整;需要进行价格调整的材料,其单价和采购数量应由发包人审批,发包人确认需调整的材料单价及数量,作为调整合同价格的依据。

（一）人工价格调整

人工单价发生变化且符合省级或行业建设主管部门发布的人工费调整规定,合同当事人应按省级或行业建设主管部门或其授权的工程造价管理机构发布的人工费等文件调整合同价格,但承包人对人工费或人工单价的报价高于发布价格的除外。

（二）材料、工程设备价格调整

材料、工程设备价格变化的价款调整按照发包人提供的基准价格,按以下风险范围规定执行:

表 10.2　造价信息调整方式

承包人在已标价工程量清单或预算书中载明材料单价低于基准价格	除专用合同条款另有约定外,合同履行期间材料单价涨幅以基准价格为基础超过 5% 时,或材料单价跌幅以在已标价工程量清单或预算书中载明材料单价为基础超过 5% 时,其超过部分据实调整
承包人在已标价工程量清单或预算书中载明材料单价高于基准价格	除专用合同条款另有约定外,合同履行期间材料单价跌幅以基准价格为基础超过 5% 时,材料单价涨幅以在已标价工程量清单或预算书中载明材料单价为基础超过 5% 时,其超过部分据实调整
承包人在已标价工程量清单或预算书中载明材料单价等于基准价格	除专用合同条款另有约定外,合同履行期间材料单价涨跌幅以基准价格为基础超过 ±5% 时,其超过部分据实调整

承包人应在采购材料前将采购数量和新的材料单价报发包人核对,发包人确认用于工程时,发包人应确认采购材料的数量和单价。发包人在收到承包人报送的确认资料后 5 天内不予答复的视为认可,作为调整合同价格的依据。未经发包人事先核对,承包人自行采购材料的,发包人有权不予调整合同价格。发包人同意的,可以调整合同价格。

前述基准价格是指由发包人在招标文件或专用合同条款中给定的材料、工程设备的价格,该价格原则上应当按照省级或行业建设主管部门或其授权的工程造价管理机构发布的信息价编制。

(三)施工机械台班价格调整

施工机械台班单价或施工机械使用费发生变化超过省级或行业建设主管部门或其授权的工程造价管理机构规定的范围时,按规定调整合同价格。

三、《2023 版工程量清单计价标准(征求意见稿)》的价格信息调差法

(一)调整价格公式

表 10.3 价格信息调差公式

因人工、材料、施工机具台班价格波动影响合同价格时,根据招标人提供的本标准附录 G 的表 G.2,并在投标函附录中的价格数据,应按下式计算差额并调整合同价格: $\Delta P = (\Delta C - Co \times r) \times Q$,其中 $|\Delta C| > |Co \times r|$ $\Delta C = Ci(i = 1, \cdots, n) - Co$	
ΔP	价差调整费用,系按调价周期计算的当次费用
ΔC	可调因子价差

（续表）

Co	基准价,投标截止日前 28 天(非招标工程为合同签订前 28 天)的市场价格,基准价来源可以是发包人确定最高投标限价时所采用的市场价格,或者工程造价管理机构发布的当季(月)度信息价,或同类项目、同期(前 1 个月内)同条件、项目所在地级市以上交易中心公布的招标中标价,但均应代表投标截止日前 28 天(非招标工程为合同签订前 28 天)的市场价格水平;招标人应在招标文件中明确基准价(Co)采用的价格来源、发布机构和具体季(月)等信息
Ci	计量周期市场价格,现行市场价格可以是经发承包双方确认的该计量周期的市场价格,或工程造价管理机构发布的当季(月)度信息价,或同类项目、同期(前 1 个月内)同条件、项目所在地级市以上交易中心公布的招标中标价,但均应代表计量周期的现行市场价格水平
Q	可调因子的数量,指可调差因子的数量。可调差因子数量采用其他计算方法的,应在招标文件和合同专用条款中细化明确
r	风险幅度系数。当 $\Delta C > 0$ 时,r 为正值,当 $\Delta C < 0$ 时,r 为负值
i	指采购时间

以上价格信息调差公式中的基准价(Co)和计量周期市场价格(Ci)采用的价格方式、价格信息的来源及其确认、可调差的材料数量的确认、风险幅度系数的确认等由发包人根据工程情况测算确定,并在招标文件明确,承包人有异议的,应在投标前提请发包人澄清或修正

（二）可调价因子价格变化的调整

采用投标截止日前 28 天(非招标工程为合同签订前 28 天)工程造价管理机构发布的信息价作为基准价,并且以计量周期工程造价管理机构发布的信息价作为现行市场价格的,可调价因子价格变化按照发包人提供的本标准附录 G 的表 G.2,由发承包双方约定的风险范围按下列规定调整合同价格:

表 10.4 可调价因子价格变化的调整方式

承包人投标报价中可调价因子单价低于基准价	计量周期工程造价管理机构发布的单价涨幅以基准价为基础超过合同约定的风险幅度值,或材料单价跌幅以投标报价为基础超过合同约定的风险幅度值时,其超过部分按实调整
承包人投标报价中可调价因子单价高于基准价	计量周期工程造价管理机构发布的单价跌幅以基准价为基础超过合同约定的风险幅度值,或材料单价涨幅以投标报价为基础超过合同约定的风险幅度值时,其超过部分按实调整
承包人投标报价中可调价因子单价等于基准价	计量周期工程造价管理机构发布的单价涨、跌幅以基准价为基础超过合同约定的风险幅度值时,其超过部分按实调整

第五节 新冠疫情及其防控措施

2020~2022 年期间,因为发生新冠疫情的关系,政府为了控制疫情,采取了一系列的防控措施,这些措施对于人民群众的生命身体健康的保障提供了非常有效的帮助,但是同时也对许多的经济活动造成了一定程度的影响,这些经济活动当然包括建设工程相关活动。对于建设工程总承包合同在履约期间,受到新冠疫情防控措施的影响,构成不可抗力与情势变更,应该不会有人反对,实践中对这个问题讨论的焦点基本都放在对于总承包合同的工期以及合同价格该如何进行公平的调整上。针对中央和地方(北京、上海、江苏、浙江)出台的相关规定整理如下:

表 10.5　中央与地方新冠疫情调整工期与费用的相关规定

项目	文件名	具体规定
工期顺延	1.《新冠疫情指导意见二》	7. 疫情或者疫情防控措施导致承包方未能按照约定的工期完成施工，发包方请求承包方承担违约责任的，人民法院不予支持；承包方请求延长工期的，人民法院应当视疫情或者疫情防控措施对合同履行的影响程度酌情予以支持。 　　……
	2.《北京新冠疫情造价与工期调整意见》	一、本指导意见所称开复工包括开工和复工，其中：开工适用于本市决定启动重大突发公共卫生事件一级响应之日前已开标或已签订合同的工程；复工适用于本市决定启动重大突发公共卫生事件一级响应之日前已经开工或者取得施工许可手续的工程。 　　本指导意见所称疫情防控影响和疫情影响期间均自本市决定启动重大突发公共卫生事件一级响应之日起算。 　　二、自本市决定启动重大突发公共卫生事件一级响应之日至《北京市住房和城乡建设委员会关于施工现场新型冠状病毒感染的肺炎疫情防控工作的通知》(京建发〔2020〕13 号)第一条规定之日，工程开复工时间受疫情防控影响的实际停工期间为工期顺延期间。 　　…… 　　三、政府投资和其他使用国有资金投资的工程，在疫情影响期间开复工的，发承包双方应当按照下列原则协商签订补充协议： 　　(一)在《北京市住房和城乡建设委员会关于施工现场新型冠状病毒感染的肺炎疫情防控工作的通知》(京建发〔2020〕13 号)第一条规定之日后，受疫情防控影响的停工期间，发承包双方根据实际情况，友好协商确定工期顺延期间；可顺延工期的停工期间发生的承包人损失，由发承包双方协商分担，协商不成的，可参照《建设工程工程量清单计价规范》(GB50500-2013)第 9.10 节有关不可抗力的规定处理。 　　(二)国家和本市有关疫情防控规定导致施工降效的，发承包双方应当协商确定合理的顺延工期或顺延工期的原则。 　　……

（续表）

项目	文件名	具体规定
与时间关联的费用	1.《有序推进开复工工作的通知》	（五）加强合同履约变更管理。疫情防控导致工期延误，属于合同约定的不可抗力情形。地方各级住房和城乡建设主管部门要引导企业加强合同工期管理，根据实际情况依法与建设单位协商合理顺延合同工期。停工期间增加的费用，由发承包双方按照有关规定协商分担。……
	2.《北京新冠疫情造价与工期调整意见》	二、…… 发承包双方应当按照合同有关不可抗力事件的约定，确定停工期间损失费用及其相应承担方式；合同对不可抗力事件没有约定或者约定不明的，发承包双方可参照《建设工程工程量清单计价规范》（GB50500-2013）第9.10节有关不可抗力的规定处理。 （《2013版工程量清单计价规范》第9.10.1条规定："因不可抗力事件导致的人员伤亡、财产损失及其费用增加，发承包双方应按下列原则分别承担并调整合同价款和工期：……3.承包人的施工机械设备损坏及停工损失，应由承包人承担；4.停工期间，承包人应发包人要求留在施工场地的必要的管理人员及保卫人员的费用应由发包人承担；5.工程所需清理、修复费用，应由发包人承担。"）
	3.《浙江新冠疫情计价意见》	3.停工损失费用。受疫情影响造成承包方停工损失，应根据合同约定执行；如合同没有约定或约定不明的，双方应基于合同计价模式、风险承担范围、损失大小、采取的应急措施等因素，合理分担损失并签订补充协议。停工期间工程现场必须管理的费用由发包方承担；停工期间必要的大型施工机械停滞台班、周转材料等费用由发承包双方协商合理分担。 4.施工降效费用。鼓励符合条件的项目抓紧复（开）工。疫情防控期间复（开）工项目完成的工作量可计取施工降效费用，该费用由发包方承担。承包方应确定施工降效的内容并编制施工降效费用预算报发包方审查。

（续表）

项目	文件名	具体规定
合同价款的调整	1.《新冠疫情指导意见二》	7.…… 疫情或者疫情防控措施导致人工、建材等成本大幅上涨，或者使承包方遭受人工费、设备租赁费等损失，继续履行合同对承包方明显不公平，承包方请求调整价款的，人民法院应当结合案件的实际情况，根据公平原则进行调整。
	2.《有序推进开复工工作的通知》	（五）加强合同履约变更管理。……因疫情防控增加的防疫费用，可计入工程造价；因疫情造成的人工、建材价格上涨等成本，发承包双方要加强协商沟通，按照合同约定的调价方法调整合同价款。地方各级住房和城乡建设主管部门要及时做好跟踪测算和指导工作。
	3.《北京新冠疫情造价与工期调整意见》	三、政府投资和其他使用国有资金投资的工程，在疫情影响期间开复工的，发承包双方应当按照下列原则协商签订补充协议： …… （三）下列费用计取税金后列入工程造价，据实调整合同价款： 1. 疫情防控措施费用。受疫情防控影响期间，根据国家和本市有关疫情防控规定增加的防疫物资、现场封闭隔离防护措施、隔离劳务人员工资、通勤车辆和其他相关投入等发生的费用，发承包双方应当按照实际发生情况办理同期记录并签证，作为结算依据。 2. 人工费。受疫情影响增加的劳务工人工资，由发承包双方根据建筑工人实名登记结果、市场人工工资和疫情影响期间完成的工程量确定。发承包双方应当本着实事求是的原则，办理同期记录并签证，作为结算价差的依据。 3. 材料和机械价格。受疫情影响造成材料（设备）、施工机械等价格异常波动的，由发承包双方根据实际材料（设备）、施工机械的市场价格确定相应的价差，发承包双方应当及时进行认价，办理同期记录并签证，作为结算价差的依据。 4. 施工降效增加成本。因疫情防控措施要求导致工人和机械设备施工降效增加的费用，由发承包双方根据实际情况协商确定；协商不能达成一致的，受疫情防控措施影响的人工和机械消耗量可按照我市现行预算定额人工和机械消耗量标准的5%调增，价格由发承包双方根据相关签证确定。 5. 其他费用。包括但不限于疫情防控增加现场管理人员投入、因顺延工期发生的其他额外费用等，由发承包双方办理同期记录并签证，据实核算。

（续表）

项目	文件名	具体规定
合同价款的调整	4.《上海新冠疫情建工合同履行意见》	四、关于受疫情影响造成建设工程成本增加的处理…… 因疫情防控,复(开)工人员需要隔离观察的,隔离期间所发生的费用由发包人与承包人协商合理分担。
	5.《江苏新冠疫情施工合同履约及工程价款调整意见》	二、在我省自2020年1月24日24时启动突发公共卫生事件一级响应至疫情防控允许建筑施工企业复工前施工的应急建设项目,期间完成的工程量,结算人工工日单价可参照法定节假日加班费规定计取。施工合同中对新冠肺炎疫情防控期间人工费用计算有明确约定的按合同约定执行。
	6.《浙江新冠疫情计价意见》	2. 疫情防控专项费用。因疫情防控期间复(开)工增加的防疫管理(宣传教育、体温检测、现场消毒、疫情排查和统计上报等)、防疫物资(口罩、护目镜、手套、体温检测器、消毒设备及材料等)等费用,经签证可在工程造价中单列疫情防控专项经费,并按照每人每天40元的标准计取。该费用只计取增值税。发承包双方应做好施工现场人员名单的登记和签证工作。 对于复(开)工人员按疫情防控要求需要隔离观察的,在隔离期间发生的住宿费、伙食费、管理费等由发承包双方协商合理分担。 4. 施工降效费用。鼓励符合条件的项目抓紧复(开)工。疫情防控期间复(开)工项目完成的工作量可计取施工降效费用,该费用由发包方承担。承包方应确定施工降效的内容并编制施工降效费用预算报发包方审查。 6. 要素价格上涨费用。因疫情防控导致人工、材料价格重大变化的,发承包双方应按合同约定的调整方式、风险幅度和风险范围执行。相应调整方式在合同中没有约定或约定不明确的,发承包双方可根据实际情况和情势变更,依据《浙江省建设工程计价规则》(2018版)5.0.5款规定"5%以内的人工和单项材料价格风险由承包方承担,超出部分由发包方承担"的原则合理分担风险,并签订补充协议。合同虽约定不调整的,考虑疫情影响,发承包双方可参照上述原则协商调整。 7. 相关费用支付。因疫情防控增加的建设工程施工费用,经发包方确认后应与工程进度款同步支付。鼓励发承包双方协商提高工程款支付比例,可按不低于85%比例支付。

（续表）

项目	文件名	具体规定
赶工费用	1.《北京新冠疫情造价与工期调整意见》	五、发包人要求赶工的,应符合本市相关规定,发承包双方应明确赶工费用,并签订补充协议。
	2.《江苏新冠疫情施工合同履约及工程价款调整意见》	一、因新冠肺炎疫情防控造成的损失和费用增加,适用合同不可抗力相关条款规定。合同没有约定或约定不明的,可以以《建设工程工程量清单计价规范》(GB50500-2013)第9.10条不可抗力的相关规定为依据,并执行以下具体原则: …… 4. 受新冠肺炎疫情防控影响,造成工期延误,工程复工后发包人确因特殊原因需要赶工的,必须确保工程质量和安全。赶工天数超出剩余工期10%的必须编制专项施工方案,明确相关人员、经费、机械和安全等保障措施,并经专家论证后方可实施,严禁盲目赶工期、抢进度。相应的赶工费用由发包人承担。
	3.《浙江新冠疫情计价意见》	5. 赶工措施费用。因疫情引起工期顺延,发包方要求赶工而增加的费用,依据《浙江省建设工程计价规则》(2018版)8.4.5款规定由发包方承担。承包方应配合发包方要求,及时确定赶工措施方案和相关费用预算报发包方审核。赶工措施方案和相关费用已经考虑施工降效因素的不再另行计取施工降效费用。

第十一章　重大地下差异争议
——地没有变是人变了、地没有变是工艺变了、地不重大是钱很重大

第一节　重大地下差异争议的要件与法律效果

一、重大地下差异争议的意义与要件

　　重大地下差异争议是指在施工现场出现了不可预见的地下条件,与投标基准日基础资料判读的地下条件差异很大,如果按照原合同设计的工艺将无法施作从而产生的争议。由于出现不可预见的地下条件,按原合同所设计的工艺,建设工程项目将无法继续施作,因此变更合同工艺成为解决此类争议的一个常见途径,因此在争议类型上笔者将其归类为变更争议。基于前面对于争议的描述,笔者分析出此类的争议需具备以下三个要件:第一,地没有变是人变了;第二,地没有变是工艺变了;第三,地不重大是钱很重大。以下将针对这三个条件进行说明:

　　(一)地没有变是人变了

　　所谓地没有变是人变了,是指施工现场的地下条件并没有改变,是人的认知改变了。这里所称的地下条件,是指施工现场地下的地质、水文或是人为的物质障碍等。而地下条件没有改变,是指施工现场的某个地下条件,在投标基准日已经存在了,并非等到现场施工开挖才突然出现某个地下条件,所以某个地下条件的存在自始至终没有改变,改变的是人的认知。也就是说,在投标基准日当时,合同当事人没有认知到某个地下条件存在,直到现场开挖才发现了某个地下条件

存在。例如，某项目施工现场的某个位置地下 5 米的位置有个大型坚硬的岩盘，这个岩盘自始至终都是存在的，只不过是现场开挖时合同当事人才发现它的存在，投标基准日合同当事人并不知道有这个岩盘存在。

为何投标基准日合同当事人没有察觉到施工现场的某个地下条件，直到现场开挖才发现呢？这个有可能是发包人的原因，也可能是承包人的原因，还有可能是非双方的原因。第一，如果是发包人的原因所导致的，例如发包人提供了一个内容错误的地质勘察报告，因此发包人要负担违约责任。第二，如果是承包人的原因所导致的，例如承包人对于发包人所提供地质勘察报告的内容解读错误，简单地说就是发包人所提供的报告中可以看出某个地下条件存在，但是因为承包人不专业没看出来，这时克服某种地下条件所产生的费用，应由承包人自己负担。第三，如果是非双方的原因所导致的，例如发包人所提供的地质勘察报告内容符合规范的要求，内容正确，或是勘察过程没有不规范的情形，而承包人对于地质报告的解读也没有任何不专业判读错误的地方，这种情况是因为目前的勘察技术还无法预判所有的地下条件，如发包人同意变更工艺，按合同变更办理。

根据笔者多年从事建设工程争议解决工作的经验，重大地下差异争议绝大部分的情况是非双方的原因所导致的。

另外，前述合同当事人没有察觉到施工现场的某个地下条件是何者原因所导致的，在工程总承包模式下，与勘察责任的归属有关。《工程总承包计价规范》(T/CCEAS 001-2022) 第 3.2.2 条规定："发承包双方应按照国家勘察设计规范，技术标准或发包人要求中提出的标准和合同中约定的承包范围，完成各自职责范围内建设项目的勘察设计工作并提供勘察设计文件，并应对各自提供的勘察设计文件的质量负责。(第 1 段) 采用工程总承包，除发包人将全部勘察工作单独委托勘察人实施或合同另有约定外，发承包双方对于勘察设计工作可按下列分工进行：1. 可行性研究报告批准或方案设计后发包，由发包人负责可行性研究勘察和初步勘察;承包人负责详细勘察和施工勘察以及初步设计和施工图设计、专项设计工作,按规定取得相关部门的批准,并符合专用合同条件的约定;2. 初步设计后发包的,由发包人负责详细勘察;承包人负责施工勘察以及施工图设计、专项设计工作,按规定取得相关部门的批准,并符合专用合同条件的约定。(第2段)"由此可知,在不同阶段进行发包,发包人与承包人各自负责的勘察范围与深度,都不相同。

视频11.1　地没变是人变了

(二)地没有变是工艺变了

所谓地没有变是工艺变了,是指项目遭遇到合同当事人无法预见的地下条件,导致无法施作合同中所设计的原工艺,需要变更工艺才能继续施工。在此类争议中,常见发包人主张无法施作合同中的原工艺,不是设计问题而是施工问题。我们可以理解,如果是施工问题,就不需要变更工艺,而是调整承包人的施工操作方式,因此如何厘清原工艺无法施作,是设计还是施工问题?笔者建议,由发包人具体指出承包人哪个环节的施工操作需要调整,承包人按发包人的要求在合理的范围内逐一调整修改,如果调整修改施工操作后还是无法施作,则可以推断是设计问题。当然如果发包人同意变更工艺,就可以直接证明原工艺设计确实有问题。

(三)地不重大是钱很重大

所谓地不重大是钱很重大,是指项目上发现了一个合同当事人无法预见的重大地下差异,而判断地下差异是否重大其实需要一个量化指标来进行衡量,也就是以原工艺的费用与变更工艺的费用进行比较,是不是差异很大。如果工艺变更前后的费用差异很大,而此差异并非双方的原因所导致的,发包人同意变更工艺的,应按合同变更办理。

二、重大地下差异争议的法律效果

（一）FIDIC 合同文本的内容

《2017 版 CONS 合同》第 4.12 款〔不可预见的物质条件〕第 1 段规定:"本款中的'物质条件'系指承包商在现场施工期间遇到的自然物质条件,及物质障碍(自然的或人为的)和污染物,包括地下和水文条件,但不包括现场的气候条件以及这些气候条件的影响。"第 4.12.4 项〔延误和/或费用〕规定:"如果承包商在遵守上述第 4.12.1 项至第 4.12.3 项的规定后,因这些物质条件而遭受延误和/或招致增加费用,承包商应有权根据第 20.2 款〔付款和/或竣工时间延长的索赔〕的规定,有权获得竣工时间的延长和/或此类费用的支付。"由此可知,这里所说的物质条件是指非气候因素的施工障碍,也就是从基础资料也无法预见的障碍,该文本规定承包商可以索赔。《2017 版 P&DB 合同》就此部分的规定相同,不再赘述。

但是,《2017 版 EPCT 合同》第 4.12 款〔不可预见的困难〕规定:"除专用条件另有说明外:⋯⋯(c)合同价格对任何不可预见的或未预见到的困难和费用不应考虑予以调整。"由此可知,该文本规定承包商遭遇不可预见的施工障碍,除合同另有约定外,原则上是无权进行索赔的。这是因为,在《2017 版 EPCT 合同》中,发包人所做基础资料调查的深度,不如《2017 版 CONS 合同》中的调查深度,所以承包人应接续完成后续基础资料的调查任务,并承担相应的风险。

（二）国内相关规定

《2017 版施工合同文本》第 7.6 款〔不利物质条件〕规定:"不利物质条件是指有经验的承包人在施工现场遇到的不可预见的自然物质条件、非自然的物质障碍和污染物,包括地表以下物质条件和水文条件以及专用合同条款约定的其他情形,但不包括气候条件。(第 1 段)

承包人遇到不利物质条件时,应采取克服不利物质条件的合理措施继续施工,并及时通知发包人和监理人。通知应载明不利物质条件的内容以及承包人认为不可预见的理由。监理人经发包人同意后应当及时发出指示,指示构成变更的,按第10条〔变更〕约定执行。承包人因采取合理措施而增加的费用和(或)延误的工期由发包人承担。(第2段)"《2020版工程总承包合同文本》第4.8款〔不可预见的困难〕规定:"不可预见的困难是指有经验的承包人在施工现场遇到的不可预见的自然物质条件、非自然的物质障碍和污染物,包括地表以下物质条件和水文条件以及专用合同条件约定的其他情形,但不包括气候条件。(第1段)承包人遇到不可预见的困难时,应采取克服不可预见的困难的合理措施继续施工,并及时通知工程师并抄送发包人。通知应载明不可预见的困难的内容、承包人认为不可预见的理由以及承包人制定的处理方案。工程师应当及时发出指示,指示构成变更的,按第13条〔变更与调整〕约定执行。承包人因采取合理措施而增加的费用和(或)延误的工期由发包人承担。(第2段)"由此可知,不管是施工总承包或是工程总承包模式,针对重大地下差异争议,国内的合同示范文本都是给予承包人索赔权利的。

另外,《工程总承包计价规范》(T/CCEAS 001-2022)第3.3.1条规定:"建设项目工程总承包中,发包人应根据采用的工程总承包模式以及发承包依据的基础条件,按照权责对等和平衡风险分担的原则,在发包人要求、工程总承包合同中明确计价的风险范围。存在下列情形时,造成合同工期和价格的变化主要由发包人承担:……4.不可预见的地质条件、地下掩埋物等变化……"由此可知,该规范认为不可预见的地下条件所产生的风险,由发包人承担,也就是承包人可以主张索赔。

(三)笔者的观点

有关重大地下差异争议的法律效果,笔者认为应该要区分原因,作出不同的处理。重大地下差异如果是发包人的原因所导致的,由发包人负担违约责任;如果是承包人的原因所导致的,由承包人承担克服不可预见地下条件的相关费用;如果非双方的原因所导致的,发包人同意变更工艺的按合同变更办理,除顺延工期外,合同变更的费用包括:时间关联费用、原工艺的施工费用、调整工艺的施工费用(包括地质改良的费用)、遭遇不可预见地下条件之地质勘察费用、变更工艺的施工费用等。当然如果发包人迟迟不肯变更合同,承包人有权提前终止合同。

第二节　重大地下差异的案例讨论

为了进一步说明重大地下差异的相关问题,接下来本书将以两个案例说明。由于讨论此类争议难免会涉及一些工程技术的问题,因此笔者在介绍这些案例的同时,也必须先说明一些工程技术的问题,才能帮助读者了解争议之所在。笔者认为了解工程技术问题,从工程争议的角度和施作建设工程的角度来看,需要的深度与面向并不完全相同。再加上阅读本书的读者,很可能大部分是公司的法务人员、律师或是审判者等,所以笔者在介绍工程技术问题时,会将与处理工程争议无关的技术问题进行大量的简化。当然笔者没有工程专业背景,描述建设工程技术问题时,可能也有不精准的地方,还请读者见谅,但是笔者认为本书所介绍的工程技术问题,应该足以处理该类争议。

处理建设工程争议,除了要将复杂的工程技术问题讲解给不具有工程专业背景的读者使其能够听懂外,还必须将这些工程技术问题与法律问题之间的关系说清楚。笔者虽然没有系统完整地学习过建设工程技术,但是因为处理建设工程争议的关系,从客户身上学习了很多这方面的知识。作为一名专门处理建设工程争议的律师,从来不排斥学习这些技术问题,笔者希望对这个领域有兴趣的法律人,走出自己的舒适圈,多学习这方面的相关知识。

一、某跨河段桥梁工程

(一)桥梁结构与原桩基施工工艺说明

某跨河段桥梁工程,在施作桩基时,遭遇了不可预见的地质障碍,导致原来桩基的施工工艺无法施作,必须变更工艺。为了说明此一争议,笔者先针对桥梁结构与桩基的施工工艺进行说明。

从图 11.1 我们可以看出,桥梁的结构分为上部结构与下部结构,下部结构包括:桩基、基础、墩柱、帽梁,而上部结构主要就是桥面板。整个桥梁施工的工序基本上是由下而上的,也就是:桩基→基础→墩柱→帽梁→桥面板,所以下部结构没有完成之前,上部结构是无法进行施工的。而本案发生施工障碍的地方就位于桩基的部位。桩基位于桥梁最底端的位置,深埋于土壤之中,通过与土壤间的摩擦力支撑整个桥梁的重力。

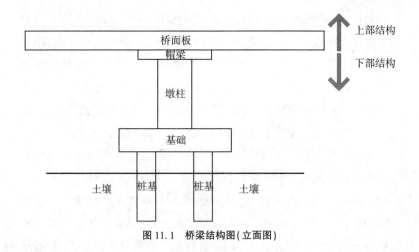

图 11.1　桥梁结构图(立面图)

　　本案桩基合同所设计的工艺,采取的是反循环工艺。具体的施工流程如图 11.2 所示。步骤一:使用反循环钻掘机,开挖并取出桩孔土方;步骤二:开挖并取出桩孔土方的同时,倒入稳定液以平衡桩孔孔壁的土压,防止孔壁坍塌;步骤三:桩孔开挖完成后,放入钢筋笼后并开始灌浆,由于混凝土的比重大于稳定液,所以当混凝土灌入桩孔中后,会挤出稳定液;步骤四:桩孔灌浆完成。

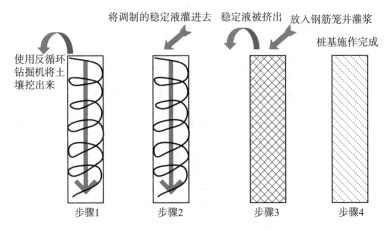

图 11.2　反循环桩基工艺施作流程

　　(二)开挖孔壁时遭遇不可预见的地下条件

　　本案的争议事实是,承包人在进行桩基施工时,在编号 P103 桩基进行桩基桩孔土方开挖时,在钻掘到 EL-63 米的位置时(水平面负 63 米的位置),遭遇到了不可预见的大粒径砾石以及地下水层,因此导致桩孔孔壁坍塌,并且出现大量的涌水,导致无法施工如图 11.3 所示。

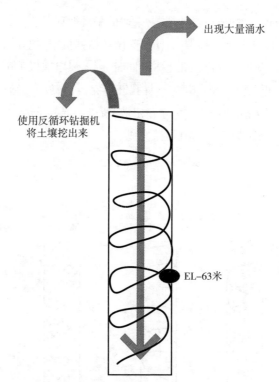

出现大量涌水

使用反循环钻掘机
将土壤挖出来

EL-63米

图 11.3 桩孔开挖遭遇不可预见的地下条件

(三)调整施工方法

　　承包人遭遇不可预见的地下条件后,随即通知发包人原工艺无法施作需变更工艺,发包人回复合同设计的原工艺没有问题,是施工有问题,要求承包人调高稳定液的密度以及高度,增加稳定液的水压以平衡土压,防止孔壁坍塌。承包人随即按照发包人的指示调高稳定液的密度以及高度,但是仍然无法防止涌水与孔壁坍塌的情形。承包人判定可能是 EL-63 米位置的地质过于脆弱,随后又采取另一项措施,就是在桩孔 EL-63 米周围的位置进行灌浆,以进行地质改良如图 11.4 所示,仍告失败。

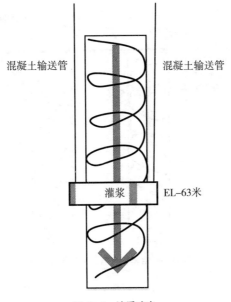

混凝土输送管　　　　　混凝土输送管

灌浆　　　　EL–63米

图 11.4　地质改良

（四）变更工艺

最后发包人同意变更工艺,将原先的反循环桩基工艺,变更成全套管桩基工艺。具体施工流程如图 11.5 所示。步骤一:使用摇管机,将钢套管打入桩孔位置,并以该钢套管作为桩孔孔壁;步骤二:使用反循环钻掘机,开挖并取出桩孔土方;步骤三:桩孔开挖完成后,放入钢筋笼后并开始灌浆;步骤四:桩孔灌浆完成。

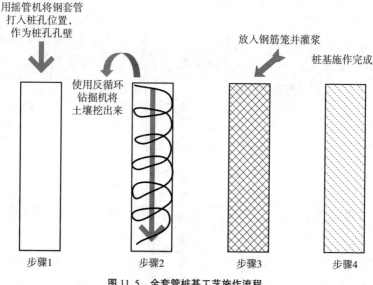

图 11.5　全套管桩基工艺施作流程

（五）争议分析

接下来我们从重大地下差异争议的三个要件来分析本案。第一，地没有变是人变了。本案合同当事人在投标基准日并不知道 EL-63 米有大粒径的砾石以及地下水层，直到开挖之后才发现。第二，地没有变是工艺变了。承包人遭遇不可预见的地下条件后，调整了施工方法，调高了稳定液的高度以及密度，并且进行了地质改良，但是都无法以反循环工艺完成桩基的施作，最后发包人同意变更工艺，将原工艺变更成全套管工艺。第三，地不重大是钱很重大。反循环桩基施作一米的成本，与全套管桩基施作一米的成本相比，差异很大。

由于本案构成重大地下差异争议，再加上发包人已经同意变更工艺，因此承包人可以请求顺延工期，并且还可以请求与时间关联的费用、反循环桩基的施工费用、调整稳定液以及地质改良的费用、地质勘察费用以及全套管桩基施作的费用。

二、某港口竣挖工程

（一）抽沙管被黏土完全包覆无法作业

某港口竣挖工程,使用抽吸式竣挖船以抽吸工艺方式,将竣挖区的泥土抽吸排填至回填区,回填区预计回填后的设计高程为 EL+7.5 米,竣挖区预计竣挖后的设计深度为 EL-18 米(如图 11.6 所示)。

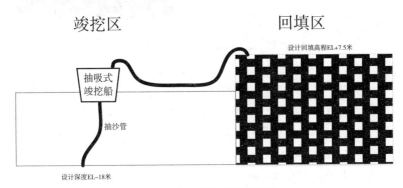

图 11.6　港口竣挖工程抽吸工艺

承包人使用抽吸式竣挖船以抽吸工艺进行竣挖时,遭遇了不可预见的超强黏土,将竣挖船的抽挖管全部给堵住了,致使无法继续进行泥沙的抽吸排填,承包人随即将此一情况发函通知发包人,告知原来的抽吸工艺已经无法施作,发包人主张合同中原设计的抽吸工艺没有问题,是承包人的操作发生了问题,要求承包人更换成大型的竣挖船增加抽吸的马力,并且要求承包人在抽挖管前加装铰刀头与水刀,用来搅散与冲散黏土。但是没想到黏土越搅越黏,整个抽沙管被黏土紧紧地包覆,根本无法继续作业。

最后发包人同意变更工艺,将原本的竣挖船抽吸工艺,改为采用挖泥船的机械手臂挖掘竣挖区的泥土放置于受泥船后,再由受泥船将泥土运到回填区进行回填(如图 11.7 所示)。

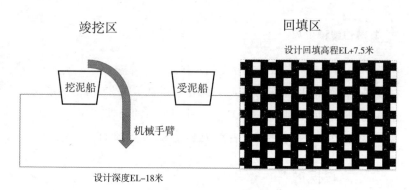

图 11.7　港口竣挖工程挖泥工艺

有关超级黏土是否属于不可预见的地下条件,在本案争议过程中出现了以下三种说法。第一种说法:发包人认为竣挖区的超强黏土是可以预见的,因为根据设计图纸中的土壤分布图,该图标示了不同区域以及深度的土壤 N 值,而 N 值是可以看出超强黏土的。第二种说法:承包人主张 N 值只能看出土壤的硬度,看不出土壤的黏度,土壤的黏度必须通过地质探勘报告中的塑性限度与液性限度两个指数才能看出,而在投标基准日的投标文件中发包人并没有提供任何的地质探勘报告,因此超强黏土属于不可预见的地下条件。第三种说法:承包人去咨询了某位专家,这位专家认为,地质探勘报告中的塑性限度与液性限度,也无法完全看出土壤的黏度,按照目前的地质勘察标准的规定,所有的试验指数都无法完全看出本案有超级黏土。

这三种说法哪种说法是正确的,是需要进一步鉴定的。鉴定的待证事实为:设计图纸里土壤分布图中的 N 值可否判读出竣挖区有超级黏土? 地质勘察报告中的塑性限度与液性限度指数可否判读出竣挖区有超级黏土?

(二)遭遇岩盘无法用机械手臂竣挖

承包人以挖泥船加上受泥船方式施工时,又在某区域 EL-5 米的位置遭遇岩盘,在图纸以及地质调查报告中都没有标示有此一岩盘存在,承包人使用挖泥船的机械手臂根本无法竣挖,因此发包人同意承包人用炸药将岩盘炸碎后,再由挖泥船进行竣挖(如图 11.8 所示)。

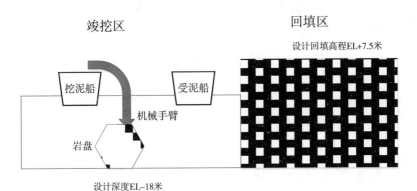

图 11.8 遭遇岩盘

(三)争议分析

接下来我们从重大地下差异争议的三个要件来分析本案。第一,地没有变是人变了。本案合同当事人在投标基准日并不知道有超级黏土以及岩盘存在,直到开挖之后才发现。第二,地没有变是工艺变了。承包人遭遇不可预见的地下条件后,调整了施工方法,更换竣挖船,并且加装了绞刀头以及水刀,但是都无法以抽吸工艺完成竣挖,最后发包人同意变更工艺,将原工艺变更成挖泥船加受泥船施作,并采用爆破的方式炸碎岩盘。第三,地不重大是钱很重大。抽吸工艺施作一方的成本,与挖泥船加上受泥船加暴破岩盘施作一方的成本相比,差异很大。

由于本案构成重大地下差异争议,再加上发包人已经同意变更工艺,因此承包人可以请求顺延工期,并且还可以请求与时间关联的费用、抽吸工艺的施工费用、更换竣挖船加装绞刀头与水刀的费用、地质勘察费用以及挖泥船加受泥船加爆破的费用。

第十二章 赶工与停工争议

——三类赶工争议、三类停工争议的讨论

第一节 赶工争议

一、概述

所谓赶工争议,是指发包人要求承包人提高施工效率,缩短施工时间而产生的争议。建设工程项目之所以需要赶工,通常是先前发生非承包人原因导致工程进度落后,为了如期完成工作,发包人才会要求承包人进行赶工,并且承担赶工费用。另外需要说明的是,本文为何将赶工争议归类为变更争议?这是因为,如果发包人没有要求承包人赶工的情况下,承包人按合同约定是可以请求顺延工期的,但是由于发包人的要求,承包人有权请求顺延工期的时间因此缩短了,因此可以认定为发包人行使合同变更权,或是双方合意变更合同内容,缩短了合同工期并增加了赶工费用,所以笔者将赶工争议归类为变更争议。

赶工争议可以分为三种类型,分别是:单位工程提早验收争议、压缩合理工期赶工争议和发包人指示赶工争议。其中有关单位工程提早验收争议,本书在第六章介绍"单一工期+提前部分验收"的工期类型时,已经有所说明,此处不赘述。以下针对其他两类赶工争议类型进行说明。

赶工争议在施工总承包与工程总承包模式下,差异不大,因此以下对于此类争议的讨论,这两种模式基本可以适用。

二、压缩合理工期赶工争议

所谓压缩合理工期赶工争议,是指建设工程项目的合同工期明显短于定额工期,致使承包人必须采取赶工措施,使得实际的施工功效超出定额功效而产生的争议。关于建设工程中可否任意压缩合理工期的问题,最高人民法院《第八次全国法院民事商事审判工作会议(民事部分)纪要》(法〔2016〕399号)规定:"30. 要依法维护通过招投标所签订的中标合同的法律效力。当事人违反工程建设强制性标准,任意压缩合理工期、降低工程质量标准的约定,应认定无效。对于约定无效后的工程价款结算,应依据建设工程施工合同司法解释的相关规定处理。"由此可知,当事人任意压缩合理工期行为已经违反建设工程的相关强制性法规,该缩短工期的条款为无效。因此,当事人之间缩短工期行为,若没有违反建设工程的相关强制性法规,该缩短工期的条款即应该被认为有效。笔者认为,与工程质量有关的规定,即是这里所称的工程建设强制性标准。

另外,最高人民法院(2018)最高法民再163号民事判决书指出:"A公司还主张,《建设工程施工合同》中580日历天的工期条款因违反行政法规'不得任意压缩合理工期'的强制性规定而无效。对此,本院认为,一方面,定额工期通常依据施工规范、典型工程设计、施工企业的平均水平等多方面因素制订,虽具有合理性,但在实际技术专长、管理水平和施工经验存在差异的情况下,并不能完全准确反映不同施工企业在不同工程项目的合理工期。另一方面,本案中,A公司作为大型专业施工企业,基于对自身施工能力及市场等因素的综合考量,经与B公司平等协商,在《建设工程施工合同》中约定580日历天的工期条款,系对自身权利的处分,亦为其真实意思表示,在无其他相反证据证明的情况下,不能当然推定B公司迫使其压缩合理工期。A公司的该项再审主张亦缺乏事实依据,不能成立,本院不予支持。"由此可知,实务见解并不认为《质量管理条例》第10条第1款"建设工程发包单位,不得迫使承包方以低于成本的价格竞标,不得任意压缩合理工期"的规定属于效力性强制规定,且当事人主张任意压缩合理工期违反强制法规而无效的,应负举证责任。

《2013版工程量清单计价规范》第9.11.1条规定:"招标人应依据相关工程的工期定额合理计算工期,压缩的工期天数不得超过定额工期的20%,超过者,应在招标文件中明示增加赶工费用。"由此可知,发包人在招标文件中将合同工期压缩超过20%以上的,应在招标文件中增加赶工费用。另外,北京市住房和城乡建设委员会《关于合理确定建设工程工期和规范工期管理的指导意见》(京建发〔2022〕236号)规定:"二、发包人不得任意压缩合理工期。发包人压缩定额工期或原合同工期的,应当明确保障工程安全、质量和工期的技术措施,并承担相应的赶工增加费。(第1款)发包人压缩定额工期超过规定幅度或压缩原合同工期的,应当组织专家或设计、施工和监理等单位对相关技术措施进行合规性和可行性论证。(第2款)……现浇钢筋混凝土主体结构的施工工期原则上不少于7天/层。(第4款)"亦可知,压缩合理工期须经专家论证并确保安全与质量,钢筋混凝土主体结构的工期每层不少于7天,且发包人应承担相应的赶工费用。

笔者认为,如果压缩合理工期,并且在合同中约定了相应的赶工费用,承包人根据合同请求赶工费用应无争议。实践中比较有争议的问题是,压缩合理工期,但是合同中却没有约定相应的赶工费用,此时承包人可否另外请求赶工费用?笔者认为,基于合同自治原则,合同既然未约定相关赶工费用,承包人是很难加以请求的。

视频12.1 压缩合理工期赶工争议

三、发包人指示赶工争议

所谓发包人指示赶工争议,是指由于非承包人的原因导致工程的施工进度落后,发包人要求承包人采取赶工措施,并且由发包人承担相应的赶工费用而产生的争议。基于前面对于发包人指示赶工争议的描述,我们可以分析出此类争议的要件有以下五点:第一,发包人指示赶工(赶工起点);第二,承包人采取赶工措施(赶工作为);第三,承包人发生赶工费用(赶工费用);第四,产生赶工的效果(赶工效果);第五,非承包人原因导致进度落后(责任负担)。针对这五个要件,分别说明如下:

视频 12.2 赶工五大项要件

(一)发包人指示赶工

发包人向承包人发出赶工指示,承包人针对该指示内容提出赶工计划,经发包人同意(或是完成备案)后实施。发包人的赶工指示在性质上属于合同变更的指示,因此笔者认为赶工应按合同变更程序办理。

这里需要特别说明的是,如果项目发生顺延工期事由,但是发包人不同意顺延工期,承包人采取赶工措施将工程落后的进度赶回来,此时承包人按合同的纷争处理程序提起救济,纷争处理的结果是发包人按合同约定准予顺延工期,此时承包人可否请求赶工费用?有一种说法认为,发包人不同意顺延工期,解释上应认为如果按合同纷争解决程序,处理结果认为发包人应准予顺延工期而没有顺延,应推定发包人同意承包人赶工并承担相应的赶工费用。

而另一种说法认为,《延误与干扰准则》中的应用指南注解第

1.18.5 节规定:"若承包商自愿赶工,则其无权获得赶工费。若承包商赶工是由于得不到他认为应得的工程延期所致,本准则不推荐承包商可以为所谓的推定赶工提出索赔。相反,应在采取赶工措施之前,任一方应根据合同适用的争议解决程序,采取具体步骤,来解决关于工期索赔权的争议或分歧。"由此可知,赶工之前要通过争议解决程序先确定进度落后的责任,否则承包人赶工可能会被认定为是自愿赶工。

笔者认为,如果没有任何发包人的赶工指示,确实很难以不同意顺延工期推定发包人指示赶工。如果在赶工之前双方可以先厘清进度落后的责任,当然是最好的方法。但是工程正在推进中,要求双方暂停施工去厘清争议,这个方式未免也不切实际。因此比较好的处理方式是,发包人提出一个附条件的赶工指示,也就是发包人同意承包人采取赶工措施,但是未来赶工费用的负担,交由合同纷争处理程序认定。如果进度落后是发包人的责任,则赶工费用由发包人负担;如果进度落后是承包人的责任,则赶工费用由承包人自己承担。如果发包人不愿意发出附条件的赶工指示,笔者建议承包人不要贸然采取任何的赶工措施,除非承包人认为进度落后是自身的原因导致的。

视频 12.3 拟制赶工还是自愿赶工?迟延开工争议

(二)承包人采取赶工措施

承包人采取赶工措施有两种方式:第一,在不变更工艺与工序的前提下增加工作面,也就是增加人员与机具设备同时施工;第二,变更工艺与工序,在赶工之前采取的是 A 施工方法,赶工后改采 B 施工方法。

本书第十一章曾讨论过某跨河段桥梁工程遭遇重大地下差异争

议的案例。该案例遭遇了不可预见的重大地下差异,后来进行了赶工措施。以下笔者拟用该案例,说明赶工争议的相关问题。该项目发包人指示承包人采取赶工措施后,承包人随即提出赶工计划,计划中其所采取的赶工措施,变更了原来的工艺与工序。原先桥梁施工的顺序是采取由下而上施工的方式,也就是先施作下部结构,再施作上部结构,具体的顺序是:桩基→基础→墩柱→帽梁→桥面板。但是承包人为了要赶工,改变了施工方式,将原先由下而上的施工方式,变更成上下同时施工的方式(如图 12.1 所示)。具体的施工方式为:在基础上搭建一个八层楼高的钢结构,其目的是让下部结构(也就是墩柱、帽梁的部分)以及上部结构(也就是桥面板的部分)可以同时施工,等到帽梁施作完成后,再拆除钢结构,让桥面板可以直接与帽梁进行衔接。上下同时施工的方式相较于由下而上的施工方式可以节省较多的施工时间。

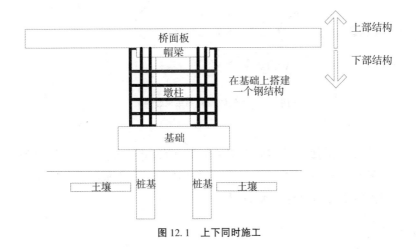

图 12.1　上下同时施工

另外,承包人就桥面板的施工方式也进行了变更。原先桥面板的施工方式采取的是"施工便桥+吊车吊装"的方式(如图 12.2 所示)。

也就是在桥梁的两侧搭上施工便桥,将吊车开上施工便桥后,用吊车来吊装桥面板,待桥面板吊装完成后,再拆除施工便桥。

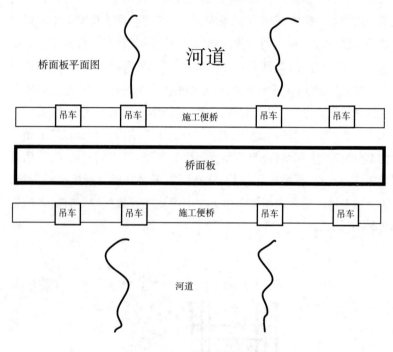

图12.2　"施工便桥+吊车吊装"施工

后来为了赶工,承包人变更了施工方式,采取大型台船进行吊装(如图12.3所示)。也就是租用大型台船直接开进河道,利用大型台船上的机械手臂进行桥面板的吊装。

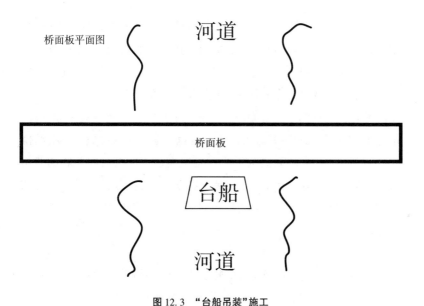

桥面板平面图

图 12.3 "台船吊装"施工

从上述的案例可知,承包人将原先由下而上的施工方式,改变为上下同时施工;将原先施工便桥+吊车吊装,改成台船吊装。因此,承包人采取的赶工措施变更了原先的工艺与工序。

(三)承包人发生赶工费用

有关承包人赶工费用的计算方式有两种,分别是额外费用法和差额费用法。这两种计算方法与承包人所采取的赶工措施有关。如果承包人所采取的赶工方式不变更工艺以及工序,只是单纯地增加工作面,则赶工费用的计算应采取额外费用法,也就是额外工作的成本就是赶工费用。例如,从原先的三组人员增加到十组人员,则赶工费用就是多出来的七组人员费用。如果承包人所采取的赶工方式需要变更工艺以及工序,则赶工费用的计算应采取差额费用法,也就是变更后施工方式的总费用,扣除变更前的施工方式的总费用,其中的差额就是赶工费用。例如,先前讨论的案例中,上下同时施工的费用扣除由下而上的施工费用的差额,或是台船吊装的费用扣除施工便桥+吊车吊装的费用的差额,就是赶工费用。其实差额费用法,也可以当成是原来的施工方法被删减,另外又增加了一个施工方法,因此可以按照本书第九章变更工作的程序办理变更与计价。

另外,《延误与干扰准则》第1.18.4节规定:"若指令赶工和/或商定赶工,承包商无权索赔赶工措施所避免的业主延误时段的延期赔偿费。"也就是说,赶工后,之前发生顺延工期事由的与时间关联的费用就不能请求了。这是因为,赶工措施将落后的进度赶回来后,总工期没有顺延的必要,因而不会增加与时间关联的费用,因此承包人自然不能请求。

（四）产生赶工的效果

承包人采取赶工措施后,可能出现以下三种赶工效果:第一,落后的进度全部赶回来;第二,落后的进度只赶回来一部分;第三,落后的进度完全没有赶回来。第三种情况由于赶工完全没有效果,发包人不支付任何赶工费用,应无争议;除非发包人自己同意只要承包人采取赶工措施,不论赶工是否有效果都会付钱。第一种情况由于赶工效果很好,发包人应支付全部的赶工费用,应该也没有任何的争议。比较有争议的问题是第二种情况,也就是赶工只赶回了一部分的进度,这时发包人应该负担部分的赶工费用,还是完全不负担任何的赶工费用?

《2013版工程量清单计价规范》第9.11.3条规定:"发承包双方应在合同中约定提前竣工每日历天应补偿额度,此项费用应作为增加合同价款列入竣工结算文件中,应与结算款一并支付。"由此可知,赶工费用的支付方式,就是赶工有效果才付款,赶工没有效果就不付款,每赶回一天给一天的钱。所以按此规定,赶工只赶回了一部分的进度,这时发包人只需要负担部分的赶工费用。笔者认为,在此情况下发包人是否该负担赶工费用,还需要看只赶回部分的进度对于发包人是否有益,以及双方当事人在合同中的约定。如果对于发包人而言,必须赶回全部落后的进度才有意义,例如说 3 月 8 日要举行运动会,运动场的兴建必须在此之前完工,但是承包人拖到 3 月 20 日才完工,虽然承包人已经赶回了一部分的进度,但是这赶工效果对发包人并没有太大的意义,而且双方在补充协议中也表明必须在 3 月 8 日前完工才支付赶工费用,在此情况下,承包人只赶回部分的进度,发包人拒绝支付赶工款项,应属合理。

（五）非承包人原因导致进度落后

发包人之所以要求承包人赶工,主要是因为之前的工程进度落后,为了赶回落后的进度,才会要求承包人采取赶工措施。当然不是发包人要求赶工就必然要承担赶工费用,而是需要进一步分析之前进度落后是什么原因所导致的,也就是分析承包人是否具有顺延工期事由。如果进度落后是承包人原因所导致的,则赶工费用应由承包人自己承担,发包人的赶工指示应认为是促请承包人注意,应按合同约定如期竣工。如果进度落后是非承包人原因所导致的,则发包人的赶工指示应认定为行使合同变更权,后续的赶工应按合同变更程序办理,由发包人承担赶工费用。

《2020 版工程总承包合同文本》第 8.8.1 项规定:"发包人指示承包人提前竣工且被承包人接受的,应与承包人共同协商采取加快工程进度的措施和修订项目进度计划。发包人应承担承包人由此增加的费用,增加的费用按第 13 条〔变更与调整〕的约定执行;发包人不得以任何理由要求承包人超过合理限度压缩工期。承包人有权不接受提前竣工的指示,工期按照合同约定执行。"第 8.8.2 项规定:"承包人提出提前竣工的建议且发包人接受的,应与发包人共同协商采取加快工程进度的措施和修订项目进度计划。发包人应承担承包人由此增加的费用,增加的费用按第 13 条〔变更与调整〕的约定执行,并向承包人支付专用合同条件约定的相应奖励金。"由此可知,示范文本要求赶工费用按合同变更办理。

第二节　停工争议

一、概述

　　所谓停工争议,是指非因承包人的事由导致暂停施工而产生的争议。根据项目停工的程度,可以将广义的停工区分为待工或是退场。待工是指项目现场暂停施工,但是施工人员以及机具设备停留在现场待命,因此可能产生与时间关联的费用;而退场是指项目现场暂停施工,同时施工人员以及机具设备也退出施工现场,虽然不会产生与时间关联的费用,但是可能因为人员的退场进场而增加动复员费用,笔者称此为狭义的停工。《民法典》第803条规定:"发包人未按照约定的时间和要求提供原材料、设备、场地、资金、技术资料的,承包人可以顺延工程日期,并有权请求赔偿停工、窝工等损失。"该条文中所称的"停工"解释上应属于退场或是狭义的停工,而"窝工"是指待工的意思。《民法典》第804条规定:"因发包人的原因致使工程中途停建、缓建的,发包人应当采取措施弥补或者减少损失,赔偿承包人因此造成的停工、窝工、倒运、机械设备调迁、材料和构件积压等损失和实际费用。"该条文中所称的"停建"解释上属于广义的停工,包括了待工与退场。

视频12.4　待工与退场有何区别?

　　在停工的分类上,我们常见的是可以区分为发包人原因造成的停工、承包人原因造成的停工与非因双方原因造成的停工。其中因承包人原因造成停工的,承包人需要自行赶上进度,并承担因此增加的费用或工期延误损失,而非双方原因造成停工的,则按当事人签订的合同约定处理,合同未约定,可以依情势变更原则或是不可抗力的规定来处理。至于发包人原因造成停工的部分,笔者认为可以再区分为三类:第一,现场不具备施工条件而产生的停工争议;第二,发包人指示下的停工争议,即发包人行使合同变更权,或是双方合意变更合同内容;第三,承包人行使停工权而产生的停工争议。上述不同停工原因适用的法律关系也有所不同。另外,停工争议在施工总承包与工程总承包模式下,差异不大,因此以下对于此类争议的讨论,这两种模式基本可以适用。

二、现场不具备施工条件而产生的停工争议

现场不具备施工条件而产生的停工争议,与本书第七章中所称的竣工日期顺延争议、顺延工期争议以及与时间关联费用争议有许多相似之处,相关的内容各位读者可以参阅本书第七章的内容。这里笔者要特别讨论的是:第一,此一停工类型在性质上属于发包人的不作为造成的停工,也就是承包人想施工也因为没有施工条件而无法施工;第二,如果不具备施工条件发生在非关键线路上,导致非关键线路上的工作暂停施工,承包人可否请求因此而产生的停工费用(例如非关键线路上的挖掘机,因停工而生的租赁费用)? 笔者认为,承包人可以请求停工费用(也就是与时间关联费用),但是由于不具备施工条件并未发生在关键线路上,所以承包人无权请求顺延工期。

《民法典》第 803 条规定:"发包人未按照约定的时间和要求提供原材料、设备、场地、资金、技术资料的,承包人可以顺延工程日期,并有权请求赔偿停工、窝工等损失。"《2020 版工程总承包合同文本》第 8.9.2 项〔由承包人暂停工作〕第 2 段(2)前段规定:"合同履行过程中发生下列情形之一的,承包人可向发包人发出通知,要求发包人采取有效措施予以纠正。发包人收到承包人通知后的 28 天内仍不予以纠正,承包人有权暂停施工,并通知工程师。承包人有权要求发包人延

长工期和(或)增加费用,并支付合理利润;……(2)发包人未按约定履行合同其他义务导致承包人无法继续履行合同的……"由此可知,因发包人的原因导致现场不具备施工条件,承包人有权暂停施工,并且请求顺延工期和增加费用。

三、发包人指示停工争议

发包人指示停工是指发包人指示承包人现场暂停施工的行为应被定性为发包人行使合同变更权,或是双方合意变更合同内容。笔者认为,此争议包含以下几个环节:第一,发包人指示停工;第二,承包人暂停施工;第三,复工以及不复工的效果。具体内容说明如下:

(一)发包人指示停工

《2020版工程总承包合同文本》第8.9.1项〔由发包人暂停工作〕规定:"发包人认为必要时,可通过工程师向承包人发出经发包人签认的暂停工作通知,应列明暂停原因、暂停的日期及预计暂停的期限。承包人应按该通知暂停工作。(第1段)承包人因执行暂停工作通知而造成费用的增加和(或)工期延误由发包人承担,并有权要求发包人支付合理利润,但由于承包人原因造成发包人暂停工作的除外。(第2段)"由此可知,示范文本明确了发包人指示暂停工作时,承包人应按指示暂停工作,因此产生的费用以及工期延误由发包人承担。

现场不具备施工条件与发包人指示承包人停工可能同时或是复合发生,当然当现场不具备施工条件时,发包人愿意同时指示承包人停工,显示业主通常是好业主,笔者遇到的很多业主是不会在此情况下发出指示停工的,因为这样做的结果无异于承认自己的错误。

至于承包人停工的程度应采取待工还是退场方式,由于涉及停工期间所产生的费用,因此笔者建议承包人与发包人进行协商,或是听从发包人的指示,如果发包人拒绝协商或是拒绝指示,除非有重大明显的瑕疵,否则无论承包人采取何种停工方式,应从宽认定承包人采取停工方式的合理性。

（二）承包人暂停施工

《2020 版工程总承包合同文本》第 8.9.4 项〔暂停工作期间的工程照管〕规定："不论由于何种原因引起暂停工作的,暂停工作期间,承包人应负责对工程、工程物资及文件等进行照管和保护,并提供安全保障,由此增加的费用按第 8.9.1 项〔由发包人暂停工作〕和第 8.9.2 项〔由承包人暂停工作〕的约定承担。（第 1 段）因承包人未能尽到照管、保护的责任造成损失的,使发包人的费用增加,（或）竣工日期延误的,由承包人按本合同约定承担责任。（第 2 段）"由此可知,发包人指示停工,承包人在停工期间必须对工程进行照管和保护,因此产生的费用由发包人承担。

另外,《2017 版 CONS 合同》第 8.11 款〔雇主暂停后对于生产设备和材料的付款〕规定："承包商应有权获得尚未交付现场的生产设备和/或材料（按照第 8.9 款〔雇主暂停〕指示的暂停开始的日期时）的价值的付款,如果:（a）生产设备的生产或生产设备和/或材料的交付被暂停达 28 天以上;（以及）(ⅰ)按照进度计划,生产设备和/或材料已按计划完成,并准备在暂停期间交付到现场;（以及）(ⅱ)承包商向工程师提供合理的证据,证明生产设备和/或材料符合合同要求;（以及）(b)承包商已按工程师的指示,标明上述生产设备和/或材料为雇主的财产。"由此可知,在符合上述条件下,虽然工程尚未完成施作,或设备尚未完成安装,但是由于发包人指示停工的原因,导致承包人已经出资购买材料、设备却不能进行下一步施工及安装的情况下,《2017 版 CONS 合同》约定允许承包人可以单独针对材料以及设备进行请款。

（三）复工以及不复工的效果

《2020 版工程总承包合同文本》第 8.10 款〔复工〕规定:"8.10.1 收到发包人的复工通知后,承包人应按通知时间复工;发包人通知的复工时间应当给予承包人必要的准备复工时间。8.10.2 不论由于何种原因引起暂停工作,双方均可要求对方一同对受暂停影响的工程、工程设备和工程物资进行检查,承包人应将检查结果及需要恢复、修复的内容和估算通知发包人。8.10.3 除第 17 条〔不可抗力〕另有约定外,发生的恢复、修复价款及工期延误的后果由责任方承担。"由此可知,承包人收到复工通知后应进行复工,并且在复工前对受到暂停影响的工程、设备及物资进行检查,如果需要修复、恢复的,应将估算的金额通知发包人。

另外,《2020 版工程总承包合同文本》第 8.9.5 项〔拖长的暂停〕规定:"根据第 8.9.1 项〔由发包人暂停工作〕暂停工作持续超过 56 天的,承包人可向发包人发出要求复工的通知。如果发包人没有在收到书面通知后 28 天内准许已暂停工作的全部或部分继续工作,承包人有权根据第 13 条〔变更与调整〕的约定,要求以变更方式调减受暂停影响的部分工程。发包人的暂停超过 56 天且暂停影响到整个工程的,承包人有权根据第 16.2 款〔由承包人解除合同〕的约定,发出解除合同的通知。"由此可知,持续停工超过 56 天以上,承包人可以要求复工,如果发包人收到通知后 28 天内未准予复工的,如果停工范围不影响整体工程的,承包人可以要求以变更方式删减受暂停影响的部分工程;如果停工范围影响整体工程的,承包人有权解除合同。

笔者认为,解释上除停工持续超过 56 天以上外,现场尚需具备施工条件,才能启动复工程序(也就是承包人才会请求复工),如果持续停工超过 56 天后,现场尚未具备施工条件,经承包人催告,发包人仍未履行合同义务使现场具备施工条件的,可以不经复工程序,承包人可以请求发包人负担违约责任,甚至可以请求解除合同。

四、承包人行使停工权而产生的停工争议

根据承包人行使停工权利的法律依据,可以区分为行使先履行抗辩权以及行使不安抗辩权两种,以下针对这两种情形说明如下:

(一)承包人行使先履行抗辩权

承包人根据《民法典》先履行抗辩权的规定,行使停工权而暂停施工。承包人行使先履行抗辩权,是根据《民法典》第 526 条的规定:"当

事人互负债务,有先后履行顺序,应当先履行债务一方未履行的,后履行一方有权拒绝其履行请求。先履行一方履行债务不符合约定的,后履行一方有权拒绝其相应的履行请求。"由此可知,如果双方互负债务,应当先履行债务的一方未履行,后履行的一方有权拒绝履行。所谓双方互负债务,一般是指在双务合同中,当事人之间互负对待给付,且对待给付具有对价或牵连关系。一般这种对价关系的判断并非客观上的对价,不要求双方所负债务完全等值,当事人取得的财产权利与其履行的财产义务之间在价值上大致相当,即可以视为"等价"。①

在建设工程合同的场景中,承包人行使先履行抗辩权,通常的情况是发包人应付款而未付款,承包人可否因此行使抗辩权而主张停工?《2020版工程总承包合同文本》第8.9.2项〔由承包人暂停工作〕第2段(1)规定:"合同履行过程中发生下列情形之一的,承包人可向发包人发出通知,要求发包人采取有效措施予以纠正。发包人收到承包人通知后的28天内仍不予以纠正,承包人有权暂停施工,并通知工程师。承包人有权要求发包人延长工期和(或)增加费用,并支付合理利润:(1)发包人拖延、拒绝批准付款申请和支付证书,或未能按合同约定支付价款,导致付款延误的……"由此可知,发包人拖延、拒绝签发支付证书,或是未按约定付款,承包人有权暂停施工。但是笔者认为,解释上发包人未依约付款的金额,与承包人拒绝施工的范围,价值上必须大致相当,至于何谓大致相当需就个案具体判断。此外,承包人暂停施工,有权要求发包人顺延工期,并且支付增加费用、合理利润。

(二)承包人行使不安抗辩权

承包人根据《民法典》不安抗辩权的规定,行使停工权而暂停施工。承包人行使不安抗辩权,是根据《民法典》第527条第1款的规定:"应当先履行债务的当事人,有确切证据证明对方有下列情形之一的,可以中

---

① 最高人民法院民法典贯彻实施工作领导小组主编:《中华人民共和国民法典合同编理解与适用〔一〕》,人民法院出版社2020年版,第429页。

止履行:(一)经营状况严重恶化;(二)转移财产、抽逃资金,以逃避债务;(三)丧失商业信誉;(四)有丧失或者可能丧失履行债务能力的其他情形。"由此可知,如果一方有明确的证据证明,他方有丧失或可能丧失履行债务能力的情形,而一方虽有先履行义务,但是仍有权可以中止履约。需要特别说明的是,一方对于他方丧失或可能丧失履行债务能力,需负担举证责任。因此,承包人如果根据此一规定要暂停施工,必须就发包人丧失或可能丧失支付能力,负举证之责。

此外,《2017 版 CONS 合同》第 2.4 款〔雇主的资金安排〕第 3 段和第 4 段规定:"如果承包商:(a)接到指示,执行价格超过中标合同金额 10%的变更,或累计变更总额超过中标合同金额 30%的变更;(b)未收到按照第 14.7 款〔付款〕规定的付款;(或)(c)知道雇主的资金安排发生重大变化,而承包商还未收到本款规定的通知;(第 3 段)承包商可提出要求,雇主应在收到承包商的要求后 28 天内,提供其已做并将维持的资金安排的合理证据,说明雇主能够支付当时还需支付的(工程师估算的)部分合同价格。(第 4 段)"第 16.1 款〔由承包商暂停〕第 1 段和第 2 段规定:"如果:……(b)雇主未能按照第 2.4 款〔雇主的资金安排〕的规定提供合理证据;……以及此类未履约构成了对合同规定的雇主应承担义务的重大违约,(第 1 段)承包商可以在雇主发出通知后不少于 21 天(通知应说明是根据第 16.1 款的规定发出的),暂停工作(或放慢工作速度),除非并直到雇主对此项违约进行了补救。(第 2 段)"该文本即明确了发包人未能按照第 2.4 款〔雇主的资金安排〕的规定提供合理证据,说明自己尚有支付能力,承包人有权暂停施工的程序。

最后,《2017 版 CONS 合同》第 16.1 款〔由承包人暂停〕第 5 段规定:"如果因按照本款暂停工作(或放慢工作进度),使承包商遭受延误和/或招致增加费用,承包商应有权根据第 20.2 款〔付款和/或竣工时间延长的索赔〕的规定,获得竣工时间的延长和/或此类成本加利润的支付。"由此可知,承包人行使不安抗辩权而暂停施工,可以请求顺延工期与相关的费用。

第三篇　质量、计价与其他争议

第十三章　质量争议

有关建设工程项目质量问题的讨论,从项目全过程的角度可以区分为以下三个部分:第一,建设过程中的质量查验;第二,建设完成后的验收程序;第三,建设工程交付后的甩项验收及保修责任。这三个部分的基本问题,笔者将于本章第一节中介绍。

另外,验收程序是工程质量程序中最为重要的一个环节,因此有关建设工程项目的质量争议,笔者以验收争议为核心进行讨论——本章第二节讨论拖延验收争议,第三节讨论验收不合格争议。

第一节　建设工程项目质量问题讨论

一、建设过程中的质量查验

对于建设工程项目而言,质量把控最重要的环节是在验收阶段,也就是项目建设完成后移交前,由发包人对建设工程的质量进行最终的检验,检验合格后再进行项目的移交以及工程款的结算。但是在验收阶段有些质量问题可以检验,有些质量问题是无法进行检验的,例如隐蔽工程的部分。因此,如果要完全把控项目的质量,通常发包人不能只在验收阶段介入管理,而是需要在项目全过程的关键节点介入管理。在合同中我们经常看到,承包人申请竣工验收时,申请验收的材料中必须包括建设过程中的查验报告和记录,即为如此。因此,针对发包人在建设过程中的质量问题进行检验,笔者称之为“查验”;而发包人在建设完成后针对质量进行查验,笔者称之为“验收”。这里需要特别说明的是,一般合同中约定发包人对于建设工程所进行的查验,并不免除承包人对于工程质量的责任,因此如果发包人在查验过程中没有发现质量问题,而是在事后才发现的,承包人仍需针对工程瑕疵进行修复。

建设过程中所涉及的查验问题,需要特别关注的有三项:材料设备的查验、隐蔽工程的查验和重复查验。有关材料设备的查验,可以区分为甲供材料设备的查验以及乙供材料设备的查验两个类型。甲供材料设备的查验问题,本书在第四章第五节的平行包内容中已有说明。至于乙供材料设备的查验,可以参考《2020版工程总承包合同文本》第6.2.2项〔承包人提供的材料和工程设备〕第3段和第4段前段的规定:"对承包人提供的材料和工程设备,承包人应会同工程师进行检验和交货验收,查验材料合格证明和产品合格证书,并按合同约定和工程师指示,进行材料的抽样检验和工程设备的检验测试,检验和测试结果应提交工程师,所需费用由承包人承担。(第3段)因承包人提供的材料和工程设备不符合国家强制性标准、规范的规定或合同约定的标准、规范,所造成的质量缺陷,由承包人自费修复,竣工日期不予延长。……(第4段)"由此可知,示范文本要求承包人会同工程师,针对承包人提供的材料设备进行共同查验,查验不合格的,承包人应修复或重新订货,因此产生的费用以及工期的延长由承包人自行承担。另外,《2020版工程总承包合同文本》第6.2.4项〔材料和工程设备的所有权〕第1段规定:"除本合同另有约定外,承包人根据第6.2.2项〔承包人提供的材料和工程设备〕约定提供的材料和工程设备后,材料及工程设备的价款应列入第14.3.1项第(2)目的进度款金额中,发包人支付当期进度款之后,其所有权转为发包人所有(周转性材料除外);在发包人接收工程前,承包人有义务对材料和工程设备进行保管、维护和保养,未经发包人批准不得运出现场。"由此可知,示范文本明确乙供材料设备经查验合格,并经发包人依约支付款项后,材料设备的所有权归属于发包人。

有关隐蔽工程的查验,《民法典》第798条规定:"隐蔽工程在隐蔽以前,承包人应当通知发包人检查。发包人没有及时检查的,承包人可以顺延工程日期,并有权请求赔偿停工、窝工等损失。"《2020版工程总承包合同文本》第6.4.3条〔隐蔽工程检查〕第1段、第2段前段、第5段规定:"除专用合同条件另有约定外,工程隐蔽部位经承包人自检确认具备覆盖条件的,承包人应书面通知工程师在约定的期限内检查,通知中应载明隐蔽检查的内容、时间和地点,并应附有自检记录和必要的检查资料。(第1段)工程师应按时到场并对隐蔽工程及其施工工艺、材料和工程设备进行检查。经工程师检查确认质量符合隐蔽要求,并在验收记录上签字后,承包人才能进行覆盖。……(第2段)承包人未通知工程师到场检查,私自将工程隐蔽部位覆盖的,工程师有权指示承包人钻孔探测或揭开检查,无论工程隐蔽部位质量是否合格,由此增加的费用和(或)延误的工期均由承包人承担。(第5段)"由此可知,隐蔽工程必须经过发包人查验后才能进行覆盖,承包人通知发包人检查,发包人没有及时查验的,因此而产生的相关费用以及工期的延长,由发包人负担。如果承包人未通知发包人检查,即私自进行覆盖隐蔽工程的,承包人应承担相应的责任。示范文本就此进一步细化了相关检查程序以及相应的责任内容。

最后有关重复查验的问题,《2020版工程总承包合同文本》第6.4.3条〔隐蔽工程检查〕第4段规定:"承包人覆盖工程隐蔽部位后,工程师对质量有疑问的,可要求承包人对已覆盖的部位进行钻孔探测或揭开重新检查,承包人应遵照执行,并在检查后重新覆盖恢复原状。经检查证明工程质量符合合同要求的,由发包人承担由此增加的费用和(或)延误的工期,并支付承包人合理的利润;经检查证明工程质量不符合合同要求的,由此增加的费用和(或)延误的工期由承包人承担。"该示范文本即要求经发包人查验合格后承包人覆盖隐蔽工程,发包人又要求钻孔探测或揭开重新检查的,如再次检查合格的,费用由发包人承担,再次检查不合格的,费用由承包人负担。

二、建设完成后的验收程序

（一）验收的意义与类型

验收是建设工程项目中一个非常重要的节点，它具有以下几层意义：第一，建设工程项目验收合格代表承包人实际竣工的时间（相关讨论请见本书第六章）；第二，项目验收合格后，建设工程项目便由承包人移交给发包人占有，建设工程项目的管理责任也因此转移；第三，建设工程项目的验收程序，是发包人对于建设工程项目最终的、完整的、系统的查验，发包人对项目验收合格代表的意义是，发包人认可承包人最终完成的建设工程项目的质量，符合法律、合同及规范的要求。

验收的种类可以区分为以下四个常见的类型：第一，行政验收、合同验收；第二，工程师验收、发包人验收；第三，现场验收、文件验收；第四，静态验收、动态验收。所谓行政验收，就是项目的行业主管部门，根据相关的行政法规，对项目进行验收，例如消防验收、环保验收、无障碍设施验收等；而合同验收，是指发包人根据合同约定的程序与标准，对项目进行验收。实践中常见将行政验收与合同验收合并进行联合验收的情形，目的是希望通过一次验收，同时完成不同性质的验收。另外，有关工程师验收与发包人验收，本质上都属于合同验收的一种，一般在发包人验收之前，工程师会先进行验收，待工程师完成验收程序后，再由发包人进行验收程序，其目的就是由工程师先处理相关验收问题，等工程师处理到一定程度后，后续再由发包人介入处理。所谓现场验收，是指发包人在项目现场进行必要的测量、试验，以确定项目质量是否符合标准；而文件验收，是指承包人所提送的验收文件是否备齐，内容是否都符合要求。

（二）动态验收的问题

《2020 版工程总承包合同文本》第 9.1.3 项第 1 段规定："承包人应根据经确认的竣工试验计划以及第 6.5 款〔由承包人试验和检验〕进行竣工试验。除《发包人要求》中另有说明外，竣工试验应按以下顺序分阶段进行,即只有在工程或区段工程已通过上一阶段试验的情况下,才可进行下一阶段试验:(1)承包人进行启动前试验,包括适当的检查和功能性试验,以证明工程或区段工程的每一部分均能够安全地承受下一阶段试验;(2)承包人进行启动试验,以证明工程或区段工程能够在所有可利用的操作条件下安全运行,并按照专用合同条件和《发包人要求》中的规定操作;(3)承包人进行试运行试验。当工程或区段工程能稳定安全运行时,承包人应通知工程师,可以进行其他竣工试验,包括各种性能测试,以证明工程或区段工程符合《发包人要求》中列明的性能保证指标。"由此可知,示范文本将验收程序区分为启动前试验、启动试验、试运行试验三个环节。笔者将启动前试验称之为静态验收,启动试验以及试运行试验统称为动态验收。一般如果是单纯的土木或是建筑工程,只需要采取静态验收即可完成验收程序。但是如果项目中包含了大量的设备安装、大型工业生产设备的安装,或是发电厂项目等,除了静态验收程序外,还需要针对设备进行不同程度的通电运转查验,例如单机投料以及系统试运行等动态验收程序。

另外,《公路工程竣(交)工验收办法》第4条规定:"公路工程验收分为交工验收和竣工验收两个阶段。(第1款)交工验收是检查施工合同的执行情况,评价工程质量是否符合技术标准及设计要求,是否可以移交下一阶段施工或是否满足通车要求,对各参建单位工作进行初步评价。(第2款)竣工验收是综合评价工程建设成果,对工程质量、参建单位和建设项目进行综合评价。(第3款)"第14条第2款规定:"公路工程各合同段验收合格后,质量监督机构应向交通主管部门提交项目的检测报告。交通主管部门在15天内未对备案的项目交工验收报告提出异议,项目法人可开放交通进入试运营期。试运营期不得超过3年。"第16条第1项规定:"公路工程进行竣工验收应具备以下条件:(一)通车试运营2年后……"由此可知,公路项目交工验收合格后,即进入试运营,待试运营2年后再进行竣工验收。需要特别讨论的是,这里的试运营以及竣工验收,是建设期验收程序中动态验收的程序,还是运营期试运营阶段结束后的查验程序?笔者认为,解释上应以后者为是,原因是如果属于前者,则 2 年的试运营期间需算入工期中,这显然是不合理的。因此,各位读者不要一看到"竣工验收"就认为一定是建设期的验收,还需通读其他条文,一同判读才是。

视频 13.1　静态验收与动态验收

(三)验收标准,以及验收与接收、结算之间的关系

国家工程质量标准属于强制规定,因此合同中约定的验收标准,不能低于国家强制标准,但是可以高于国家强制标准。例如,实践中常见合同约定,建设工程项目质量需取得鲁班奖,这类高于国家强制标准的合同约定,笔者认为是有效的,但是在违反约定的合同效果上会有所不同。如果经过验收程序,承包人的建设质量低于国家强制标准,一般按合同约定,发包人可以根据情节,要求返工、减价或拒收。而如果承包人的建设质量低于合同标准(例如没有取得鲁班奖)但是高于国家强制标准,这时的效果就不见得是返工、减价或是拒收,有的合同会约定,承包人不能请求质量奖金,或是发包人有权对承包人进行扣款,具体情况需以合同约定为主。

另外,笔者实践中也观察到,很多项目的发包人,在项目验收合格后,不签发验收合格证明书,或是工程接收证书;而是将验收程序与结(决)算程序混在一起[或是说不签发验收合格证明书、工程接收证书,直接进入结(决)算程序],等到工程结算或是决算完成后,再通知承包人最终结(决)算的金额。笔者认为,验收与结(决)算是两个独立的程序,不该混为一谈,因为一个是确认工程质量,一个是确认付款金额,如果发包人把结(决)算当成是验收程序的一个部分,会将结(决)

算款项的时间计入工期,这不仅对承包人不公平,而且结(决)算程序尚未完成前代表验收程序没有完成,这时发包人理论上不能接收工程使用,这对发包人也不见得是有利的处理。

视频 13.2 验收与结算不该混为一谈

三、建设工程交付后的甩项验收及保修责任

（一）甩项验收

有关甩项验收的问题,与竣工程度密切相关,可分为基本竣工与完全竣工两种,本书在第六章中已有详细说明;而只有在基本竣工的情况下,才需要讨论甩项验收的问题。

由于合同当事人希望尽快交付建设工程,因此双方签订甩项竣工协议,将工程中一些收尾工作、修补工作或是某些工程细目(以下简称甩项工作)甩下,而对整个工程先行验收,由于双方约定的竣工程度不包含甩项工作,因此称此种竣工程度为基本竣工。基本竣工将工程验收分为两个部分:第一,非甩项工作在竣工验收阶段进行验收;第二,甩项工作则根据甩项竣工协议,待甩项工作完成后,再进行甩项验收。

另外,《2017 版 CONS 合同》第 1.1.27 项规定:"'缺陷通知期限'或'DNP'系指根据第 11.1 款〔完成扫尾工作和修补缺陷〕的规定,通知工程或某分项工程或某部分工程(视情况而定)存在缺陷和/或损害的期限,如合同数据中所述(如未规定,则为一年),也可以根据第 11.3 款〔缺陷通知期限的延长〕的规定提出延长期。该期限从工程或分项工程或部分工程的竣工日开始计算。"第 11.1 款〔完成扫尾工作和修补缺陷〕第 1 段规定:"为了使工程、承包商文件和每个分项工程和/或部分工程在相应缺陷通知期限期满日期或其后,尽快达到合同

要求(合理的损耗除外),承包商应:(a)在接收证书规定的时间内或工程师指示的其他合理时间内,完成在相关竣工日期时尚未完成的扫尾工作;(以及)(b)在工程或分项工程或部分工程(视情况而定)的缺陷通知期限期满日期前,按照雇主(或其代表)向承包商发出通知的要求,完成修补缺陷或损害所需的所有工作。"这里所称的缺陷责任期包括了扫尾工作(或是甩项工作)的完成时间,以及质量缺陷责任的期间。但是,《建设工程质量保证金管理办法》(建质〔2017〕138号)第2条第3款规定:"缺陷责任期一般为1年,最长不超过2年,由发、承包双方在合同中约定。"第9条第1款规定:"缺陷责任期内,由承包人原因造成的缺陷,承包人应负责维修,并承担鉴定及维修费用。如承包人不维修也不承担费用,发包人可按合同约定从保证金或银行保函中扣除,费用超出保证金额的,发包人可按合同约定向承包人进行索赔。承包人维修并承担相应费用后,不免除对工程的损失赔偿责任。"这里的缺陷责任期解释上应认为属于质量缺陷责任的期间,不包括甩项工作的完成时间。

有关质量缺陷责任与完成甩项工作责任的区别在于:如果承包人没有尽到质量缺陷责任,发包人有权要求承包人针对承包人原因造成的缺陷进行维修,如果承包人不进行维修,发包人有权将相应的维修费用从质保金中扣除;但是如果承包人没有完成甩项工作,则承包人无权请求发包人支付甩项工作相应的工程款。

(二)保修责任

有关建设工程项目承包人的保修责任,《2020版工程总承包合同文本》第1.1.4.7项规定:"保修期:是指承包人按照合同约定和法律规定对工程质量承担保修责任的期限,该期限自缺陷责任期起算之日起计算。"保修责任可以区分为法定的保修责任和约定的保修责任,《质量管理条例》第40条第1款、第2款规定:"在正常使用条件下,建设工程的最低保修期限为:(一)基础设施工程、房屋建筑的地基基础工程和主体结构工程,为设计文件规定的该工程的合理使用年限;

（二）屋面防水工程、有防水要求的卫生间、房间和外墙面的防渗漏，为5年；（三）供热与供冷系统，为2个采暖期、供冷期；（四）电气管线、给排水管道、设备安装和装修工程，为2年。（第1款）其他项目的保修期限由发包方与承包方约定。（第2款）"以上内容是法定保修期限的具体规定，在法律没有规定保修期限的情况下，可以由当事人自行约定。

承包人是否仅因承包人原因造成的工程质量问题才承担保修责任？《民法典》第801条规定："因施工人的原因致使建设工程质量不符合约定的，发包人有权请求施工人在合理期限内无偿修理或者返工、改建。经过修理或者返工、改建后，造成逾期交付的，施工人应当承担违约责任。"由此可知，该条属于承包人对工程的质量责任规定，而且是以承包人原因造成的工程质量为前提，并非就全部发生的工程质量问题都需承担质量责任。另外，《2020版工程总承包合同文本》第11.1项规定："在工程移交发包人后，因承包人原因产生的质量缺陷，承包人应承担质量缺陷责任和保修义务。……"因此，笔者认为，承包人仅对承包人原因造成的工程质量缺陷才需承担保修责任。需特别说明的是，《施工合同解释一》（法释〔2020〕25号）第18条规定："因保修人未及时履行保修义务，导致建筑物毁损或者造成人身损害、财产损失的，保修人应当承担赔偿责任。（第1款）保修人与建筑物所有人或者发包人对建筑物毁损均有过错的，各自承担相应的责任。（第2款）"由此可知，承包人未及时履行保修责任，造成人身损害、财产损失的，应承担赔偿责任。因此，明确非属于承包人原因的质量缺陷，承包人可以不用进行保修，但在原因不明时，笔者建议承包人可以附条件（即未来保修费用的负担，交由合同纠纷处理程序认定）先进行保修，以避免承担承包人未及时履行保修的赔偿责任。至于保修责任与质量缺陷责任的区别在于：这两种责任的内容都是要求承包人对于自身导致的工程瑕疵，需负担维修责任。但是前者的责任期限，法律基本上有明文规定；而后者对于责任期限，则委由双方当事人自行约定,但是一般不超过 2 年,同时这个期限也是预留工程质量保证金的期限。另外,《施工合同解释一》(法释〔2020〕25 号)第 17 条第 2 款规定:"发包人返还工程质量保证金后,不影响承包人根据合同约定或者法律规定履行工程保修义务。"由此可知,质量缺陷责任到期后,并不影响承包人应负担的保修责任。

第二节　拖延验收争议

拖延验收争议是指承包人完成工程建设后,依据合同约定向发包人请求办理验收,发包人未在合同约定的期限内办理验收的,承包人有权请求给付工程款、顺延工期以及赔偿与时间关联的费用损失而产生的争议。根据前述对于拖延验收争议的描述,此类争议的要件包括:第一,承包人已经完成工程建设,并依合同约定提出验收申请;第二,发包人未在合同约定时间内完成验收程序。实践中合同不约定发包人应完成验收程序的时间,或是发包人不签发验收合格证书,直接进入结(决)算程序的情况比比皆是。验收是建设工程项目的重要节点,完成验收程序也是发包人不可逃避的合同责任,如果发包人为了逃避责任,而拖延完成验收程序,笔者认为在合同的解释上应让发包人承担相应的责任。具体的责任有哪些,笔者说明如下:

《施工合同解释一》(法释〔2020〕25 号)第 14 条规定:"建设工程未经竣工验收,发包人擅自使用后,又以使用部分质量不符合约定为由主张权利的,人民法院不予支持;但是承包人应当在建设工程的合理使用寿命内对地基基础工程和主体结构质量承担民事责任。"由此可知,发包人未经竣工验收擅自使用建设工程的,除未使用部分、地基基础工程、主体结构或是其他合理理由外,不得主张工程质量不符合约定。笔者认为,发包人不得主张工程质量不符合约定,解释上应认为是不得主张验收不合格,但是仍然可以主张质量缺陷责任或是保修责任。

另外,发包人虽然拖延验收,但没有擅自使用建设工程的情况,如果合同约定,期末进度款的请款条件包括验收合格,这时承包人可否请求期末进度款?《民法典》第159条规定:"附条件的民事法律行为,当事人为自己的利益不正当地阻止条件成就的,视为条件已经成就;不正当地促成条件成就的,视为条件不成就。"由此可知,为自己的利益不正当阻止条件成就的,视为条件已经成就,而发包人无正当理由拖延验收,解释上可以认为发包人以不正当理由阻止期末进度款的条件成就,因此,承包人有权请求期末进度款。

第三节 验收不合格争议

验收不合格争议是指发包人经过验收程序,认为承包人的建设工程验收不合格,但是承包人自认为不存在质量问题,或是存在质量问题,但是对于如何计算减少的工程价款双方的看法不同从而产生的争议。针对这两类争议说明如下:

一、双方对于是否存在质量问题看法不同

在实践中常见的情形是,承包人主张是发包人的原因所导致的质量问题,例如设计有瑕疵,或是甲供材料设备有问题,或是发包人有些变更的需求,但是发包人却说成是质量有瑕疵。面对这种情况,如果双方可以共同委托第三方的鉴定机构,来确认项目质量问题的原因,固然是最好的处理方法,但是很少有发包人愿意这样处理。实践中比较常见的是,承包人如果不按照发包人的整改意见进行整改,验收就不会通过,验收通不过后面的结(决)算和请款就通通无法推进。因此笔者给承包人的意见是,如果发包人不愿意配合,只能由承包人自己记录所谓的缺失现状,并自行委托第三人鉴定,整个过程都要通知发包人参与,结果也要让发包人知悉,要让人感觉到整个程序是希望发包人全程深度参与的,是发包人自己放弃机会,承包人对于瑕疵问题

的鉴定已经尽了最大的努力与诚意。等这些动作完成后,再按照发包人的整改意见进行整改,未来再通过合同的索赔程序对整改费用进行索赔。

二、发包人请求减少工程价款

承包人向发包人起诉请求工程款,实践中常见发包人主张工程质量问题,而要求减少支付工程款,此时发包人的主张属于反诉还是抗辩?笔者认为,这不完全是非此即彼的问题,而是要看发包人的主张内容来决定。

以下笔者用一个例子来说明前述的概念。例如,承包人向发包人请求给付3000万元的工程款,而发包人有以下几种主张方式:第一,发包人主张承包人工程验收不合格,发包人也没有擅自使用建设工程,由于验收合格是工程款的请款条件,所以承包人请款条件未成就,承包人的请求不成立。这是发包人对于承包人工程款请求权条件不成立的抗辩。第二,发包人主张承包人工程有瑕疵,发包人要求承包人修缮,承包人始终拒绝修缮,因此发包人要求相应减少工程价款。这是发包人对于承包人工程款请求权的抵销抗辩。第三,双方合同中约定,发包人可以向承包人请求逾期违约金4000万元。这时在诉讼上发包人有以下两种主张方式:(1)发包人可以主张其违约金请求权,与承包人的工程款请求权相互抵销,这时发包人的主张是一种抵销抗辩;(2)发包人可以主张其违约金请求权在3000万元的范围内,与承包人的工程款请求权相互抵销,另外,发包人向承包人请求1000万元的违约金,这个请求属于反诉。

此外,《施工合同解释一》(法释〔2020〕25号)第12条规定:"因承包人的原因造成建设工程质量不符合约定,承包人拒绝修理、返工或者改建,发包人请求减少支付工程价款的,人民法院应予支持。"由此可知,必须是承包人"拒绝"修理、返工或者改建,发包人才有权请求减少工程价款。这里减少的工程价款,是指相应的瑕疵工作的工程款,还是发包人聘请第三人修理、返工或是改建的费用？《施工合同解释一》（法释〔2020〕25号）第16条规定："发包人在承包人提起的建设工程施工合同纠纷案件中，以建设工程质量不符合合同约定或者法律规定为由，就承包人支付违约金或者赔偿修理、返工、改建的合理费用等损失提出反诉的，人民法院可以合并审理。"笔者认为，该规定中所称的"赔偿修理、返工、改建的合理费用等损失"就是《施工合同解释一》（法释〔2020〕25号）第12条中规定的"发包人请求减少支付工程价款"的金额。

第十四章　清单缺陷争议

——兼论计价争议的共性问题、错项、漏项、漏数量

本书第十四章进入到计价争议的讨论。所谓计价争议,是指工程款计算所发生的争议。本章作为计价争议的第一个章节,笔者将详细介绍计价争议中涉及的一些共性问题,其中包括:第一节工程款的种类,第二节工程款的计价文件1——工程量清单,第三节工程款的计价文件2——项目及价格清单,第四节工程款的计价方式——总价合同与单价合同。

此外,笔者将计价争议区分为清单缺陷争议与结算争议两种。清单缺陷争议是指以合同中的缺陷工程量清单办理计价时所产生的争议,笔者拟于本章第五节中讨论;至于结算争议顾名思义是指工程款结算所产生的争议,本书拟于第十五章中讨论。

第一节　工程款的种类

从建设工程全过程的角度,有关工程款的类型可以区分为八种:招标控制价、投标价、签约合同价、预付款、进度款、合同调整款、竣工结算款和质量保证金(如图14.1所示),具体内容说明如下:

一、招标控制价、投标价与签约合同价

招标控制价与投标价都是在投标阶段出现的一种工程款的类型。招标控制价是指招标人根据定额所计算投标的最高限价,投标价是投标人投标时的报价。《2013版工程量清单计价规范》第6.1.5条规定:"投标人的投标报价高于招标控制价的应予废标。"第6.1.3条规定:

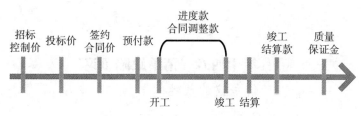

图 14.1 工程款的类别(从建设工程项目全过程看)

"投标报价不得低于工程成本。"由此可知,投标价不可高于招标控制价,不可低于工程成本。此外,如果建设工程项目采取工程量清单计价,则承包人投标报价报的是合同总价,但是如果项目采取的是定额计价,承包人投标的报价一般是指按工程下浮率计算的合同总价。

在投标阶段经常会听到的另一种工程款类型叫作"标底"。所谓标底,是指发包人计算合理的工程款基本价格,有许多的项目在计算投标人投标偏差程度时,会以标底作为基准。《招标投标法》第22条第2款规定:"招标人设有标底的,标底必须保密。"因此,招标人在招标时,应于招标文件中公布招标控制价的金额,但是对于标底需进行保密。

此外,《2023版工程量清单计价标准(征求意见稿)》将招标控制价改为最高投标限价,并将定额从最高投标限价的编制依据中删除,其目的是适应工程造价的市场化改革。

另外,《工程总承包计价规范》(T/CCEAS 001-2022)第5.2.5条规定:"标底或最高投标限价应依据拟定的招标文件、发包人要求,宜按下列规定形成:1. 在可行性研究或方案设计后发包的,发包人宜采用投资估算中与发包范围一致的估算金额为限额按照本规范的规定修订后计列;2. 在初步设计后发包的,发包人宜采用初步设计概算中与发包范围一致的概算金额为限额按照本规范的规定修订后计列。"这条规定是针对工程总承包模式中标底或最高投标限价编制的依据,其考虑了同阶段发包的情形。

最后,所谓签约合同价,是指如果建设工程项目采取工程量清单计价时,以中标承包人的投标报价,作为签约的合同总价;但是如果项目采取的是定额计价,以中标承包人投标时所报的按工程下浮率计算的合同总价,作为签约的合同总价。

二、预付款

所谓预付款,是指工程开工前,由发包人预付给承包人的工程款价款。预付款金额一般以签约合同价的 10%~30% 计算之。由于合同中经常约定,承包人使用预付款,必须专款专用于特定工程中,且预付款支付后该金额应于进度款中扣回,再加上承包人在会计账上将预付款登录为负债科目中的预付账款,因此有人认为预付款在性质上属于发包人对于承包人的借款,笔者并不认同此一观点。虽然承包人进行工程项目的备料与动员所需的费用,可以直接使用预付款而不需要使用银行流动性贷款,所以在某种程度上预付款对于承包人有融通资金的功能,但是有关预付款的性质,笔者认为解释上必须从合同的性质加以认定,而合同的性质必须探求当事人之间的合意。由于发包人与承包人之间并没有借贷的意思表示,所以无从认定预付款具有借款性质。如果预付款具有发包人对承包人借款的性质,则质保金可否认定为是承包人对于发包人的借款?因此,笔者认为预付款属于工程款的先付,而不应认定为是借款。

三、进度款与合同调整款

所谓进度款,是指按承包人实际的工程进度计算拟支付的工程款金额。计算进度款有两种方式:一种是在合同约定的计价周期时点,按实际工程数量计算工程款金额;另一种是按合同中约定付款里程碑的金额,作为进度款的付款金额。实践上,在工程总承包合同中较常约定按付款里程碑进行付款。

另外,《2020 版工程总承包合同文本》第 14.3.1 项〔工程进度付款申请〕第 1 目〔人工费的申请〕规定:"人工费应按月支付,工程师应在收到承包人人工费付款申请单以及相关资料后 7 天内完成审查并报送发包人,发包人应在收到后 7 天内完成审批并向承包人签发人工费支付证书,发包人应在人工费支付证书签发后 7 天内完成支付。已支付的人工费部分,发包人支付进度款时予以相应扣除。"由此可知,示范文本要求项目的进度款如果不是按月支付,但是人工费一定要按月先行支付,按月已付的人工费再从进度款中予以扣除。其目的在于保证农民工工资能按月正常发放。

最后,《2013 版工程量清单计价规范》第 9.1.1 条规定:"下列事项(但不限于)发生,发承包双方应当按照合同约定调整合同价款:1. 法律法规变化;2. 工程变更;3. 项目特征不符;4. 工程量清单缺项;5. 工程量偏差;6. 计日工;7. 物价变化;8. 暂估价;9. 不可抗力;10. 提前竣工(赶工补偿);11. 误期赔偿;12. 索赔;13. 现场签证;14. 暂列金额;15. 发承包双方约定的其他调整事项。"由此可知,前述15 种事由,都属于调整合同价款的事由。

四、竣工结算款与质量保证金

所谓竣工结算款,是指当工程竣工验收合格并完成结算后,扣除质保金金额以及尚未扣回的预付款后的最后剩余款项。实践中有人称竣工结算款为期末进度款,它和一般进度款不一样的地方在于增加了竣工结算作为付款条件。

另外,《建设工程质量保证金管理办法》(建质〔2017〕138 号)第 2条第 1 款规定:"本办法所称建设工程质量保证金(以下简称保证金)是指发包人与承包人在建设工程承包合同中约定,从应付的工程款中预留,用以保证承包人在缺陷责任期内对建设工程出现的缺陷进行维修的资金。"由此可知,质保金是从工程款中预留,用以保证承包人在缺陷责任期内的缺陷责任。该办法第 7 条规定:"发包人应按照合同约定方式预留保证金,保证金总预留比例不得高于工程价款结算总额的 3%。合同约定由承包人以银行保函替代预留保证金的,保函金额不得高于工程价款结算总额的 3%。"由此可知,质保金金额不得高于结算总额的 3%,合同可以约定采取现金或是银行保函的形式。

此外,《施工合同解释一》(法释〔2020〕25 号)第 17 条第 1 款规定:"有下列情形之一,承包人请求发包人返还工程质量保证金的,人民法院应予支持:(一)当事人约定的工程质量保证金返还期限届满;(二)当事人未约定工程质量保证金返还期限的,自建设工程通过竣工验收之日起满二年;(三)因发包人原因建设工程未按约定期限进行竣工验收的,自承包人提交工程竣工验收报告九十日后当事人约定的工程质量保证金返还期限届满;当事人未约定工程质量保证金返还期限的,自承包人提交工程竣工验收报告九十日后起满二年。"由此可知,合同约定缺陷责任期期限届满后,或是如果合同未约定期限以 2 年为期,承包人可以请求退还质保金。至于缺陷责任期的起算,自竣工合格起算;发包人拖延验收的,自提交验收报告 90 日后起算。

有的国际上的建设工程合同,会将每期工程款预留的金额不称为质保金而称为保留款,这是因为该等合同将预留金额定性为双方当事人约定后付的工程款。如果按照《建设工程质量保证金管理办法》将每期工程款预留的金额定性为保证金,则解释上应该认为,发包人与承包人之间就瑕疵缺陷责任成立了类似让与担保的法律关系。笔者认为,当事人之间针对工程款预留金额的性质究竟是成立工程款后付的法律关系,还是让与担保的法律关系,应该根据当事人之间的真意来确定,并无法一味地都认定是质保金。

第二节　工程款的计价文件 1——工程量清单

一、定额计价与工程量清单计价的区别

工程款的计价方式一般分为两种:一种是按工程定额计价;另一

种是按工程量清单计价。工程定额计价方式下,工程定额中直接用于工程计价的定额或指标,包括预算定额、概算定额、概算指标和投资估算指标等。[①] 而工程量清单计价方式下,在招标人提供统一工程量清单的基础上,各投标人进行自主竞价,由招标人择优选择形成最终的合同价格。[②] 这两种计价方式的区别如表 14.1 所示。

表 14.1　工程定额计价与工程量清单计价的区别[③]

名称	工程定额计价	工程量清单计价
单位工程基本构造要素	定额项目	清单项目
工程量计算规则	各类工程定额规定的计算规则	《房屋建筑与装饰工程工程量计算规范》《通用安装工程工程量计算规范》等各专业计算规范中规定的计算规则
计算依据的性质	指导性	含有强制条款的国家标准
编制工程量的主体	由招标人和投标人分别按图计算	由招标人统一计算或委托有关工程量造价咨询质量单位统一计算
单价的组成	人工费、材料费、机械台班费	人工费、材料费、施工机具使用费、管理费、利润,并考虑风险因素

《工程造价改革工作方案》(建办标〔2020〕38 号)规定:"(二)……加快转变政府职能,优化概算定额、估算指标编制发布和动态管理,取

---

① 全国造价工程师职业资格考试培训教材编审委员会编:《建设工程计价》,中国计划出版社 2023 年版,第 74 页。

② 全国造价工程师职业资格考试培训教材编审委员会编:《建设工程计价》,中国计划出版社 2023 年版,第 43 页。

③ 尹贻林:《工程价款管理》,机械工业出版社 2018 年版,第 12 页。

消最高投标限价按定额计价的规定,逐步停止发布预算定额。……"由此可知,工程造价的改革方向是将逐步停发预算定额,可以看得出来目前国内的工程造价管理,正由定额计价模式转型为工程量清单计价模式。因此,本节将以工程量清单计价为核心进行讨论。

二、工程量清单与综合单价

《2013 版工程量清单计价规范》第 2.0.1 条〔工程量清单〕规定:"载明建设工程分部分项工程项目、措施项目、其他项目的名称和相应数量以及规费、税金项目等内容的明细清单。"由此可知,工程量清单由分部分项工程项目、措施项目、其他项目及规费税金项目等四项明细清单所组成。工程量清单又分为招标工程量清单和已标价工程量清单两种:所谓招标工程量清单,是指招标人编制,随招标文件供投标人报价的工程量清单;而已标价工程量清单,是指已标明价格经承包人确认的工程量清单,并且构成合同文件的一部分。由于工程量清单对应的图纸深度是施工图,所以一般是适用于施工总承包模式。

工程量清单在合同文件中扮演了施工图纸与工程款计价之间桥梁的角色,一个编制清楚的工程量清单可以把施工图纸中的工作项目拆解成一一对应的计价项目、工程量及单价,而一个编制充满瑕疵的工程量清单,就很容易发生计价的问题。由于建设工程项目中计价项目繁多,编制工程量清单难免出现瑕疵或是不清楚的地方,这时瑕疵工程量清单计价所产生的风险该由谁承担,就变成很多人所关注的问题,也是本章所要讨论的重点。工程量清单属于施工总承包模式下合同文件中的计价文件。实践中,其他合同模式采取其他类型的计价模式,合同中其他的计价文件还有模拟清单、预算书、概算书等,这些计价文件在编制上也会出现瑕疵的情形,同样会造成计价的争议。

此外,《2013 版工程量清单计价规范》第 3.1.4 条规定:"工程量清单应采用综合单价计价。"至于何谓综合单价,该规范第 2.0.8 条〔综合单价〕规定:"完成一个规定清单项目所需的人工费、材料和工程设备费、施工机具使用费和企业管理费、利润以及一定范围内的风险费用。"由此可知,综合单价是由人工、材料、机具、管理、利润、风险费用等所组成。这里需要对比说明的是有关预算定额基价的问题。预算定额基价是预算定额分项工程或结构构件的单价,目前我国各省预算定额基价的表达内容不尽统一。有的定额基价只包括人工费、材料费和施工机具使用费,即工料单价;也有的定额基价包括了直接费以外的管理费、利润的清单综合单价,即不完全综合单价;还有的定额基价包括了规费、税金在内的全费用综合单价,即完全综合单价。① 因此,定额与工程量清单中的单价内涵是很不一样的。

有关工程量清单综合单价中的风险费用范围的问题,《2013 版工程量清单计价规范》第 2.0.9 条〔风险费用〕规定:"隐含于已标价工程量清单综合单价中,用于化解发承包双方在工程合同中约定内容和范围内的市场价格波动风险的费用。"第 3.4.1 条规定:"建设工程发承包,必须在招标文件、合同中明确计价中的风险内容及其范围,不得采用无限风险、所有风险或类似语句规定计价中的风险内容及范围。"由此可知,综合单价中的风险费用必须限于合同约定的一定范围之内。

视频 14.1　完全与不完全综合单价

三、分部分项工程项目清单

何谓分部分项工程?《2013 版工程量清单计价规范》第 2.0.4 条〔分部分项工程〕规定:"分部工程是单项或单位工程的组成部分,是按结构部位、路段长度及施工特点或施工任务将单项或单位工程划分为

---

① 全国造价工程师职业资格考试培训教材编审委员会编:《建设工程计价》,中国计划出版社 2023 年版,第 79 页。

若干分部的工程;分项工程是分部工程的组成部分,是按不同施工方法、材料、工序及路段长度等将分部工程划分为若干个分项或项目的工程。"由此可知,分部分项工程是永久工程的组成部分,与措施项目对应的临时工程部分有所不同。

此外,《2013版工程量清单计价规范》第4.2.1条规定:"分部分项工程项目清单必须载明项目编码、项目名称、项目特征、计量单位和工程量。"这是编制清单时的几个重要元素,其中项目特征与工程量在编制清单时是比较容易出现瑕疵的。例如:第一,项目特征是指图纸中工作项目如何对应计价项目的一种描述,如果项目特征的描述与工作项目特征不相符,就会出现工作项目与计价项目无法对应的情况,称为错项。第二,图纸中有这个工作项目,但是在清单中却没有对应的计价项目,称为漏项。第三,图纸中工作项目计算出来的工程数量多于清单中所填写的工程数量,称为漏数量。这些问题本章都将进行详细的说明。

四、措施项目费清单

何谓措施项目?《2013版工程量清单计价规范》第2.0.5条规定:"为完成工程项目施工,发生于该工程施工准备和施工过程中的技术、生活、安全、环境保护等方面的项目。"由此可知,措施项目基本上属于临时工程的范畴。

有关措施项目费的分类,根据措施项目的用途,可以区分为:组织措施费与技术措施费。组织措施是指建设工程项目中通用的措施项目,其中包括:(1)安全文明施工(含环境保护、文明施工、安全施工、临时设施);(2)夜间施工、二次搬运、冬雨季施工;(3)大型机械设备进出场及安拆;(4)施工排水、施工降水;(5)地上、地下设施,建筑物的临时保护设施;(6)已完工程及设备保护等。而技术措施是指专业工程的措施项目,常见的有:(1)大型机械设备进出场及安拆;(2)混凝土、钢筋混凝土模板及支架;(3)脚手架;(4)施工排水、降水等。

　　另外,根据措施项目是否可以计算工程数量,而区分为总价措施项目和单价措施项目。总价措施项目是指无法计算工程数量的措施项目,此类计价单位一般采用"项",例如安全文明施工、夜间施工、非夜间施工照明、二次搬运等。至于单价措施项目是指可以计算工程量的项目,如脚手架工程、混凝土模版及支架、垂直运输等。

　　最后,《2013版工程量清单计价规范》第9.3.2条规定:"工程变更引起施工方案改变并使措施项目发生变化时,承包人提出调整措施项目费的,应事先将拟实施的方案提交发包人确认,并应详细说明与原方案措施项目相比的变化情况。拟实施的方案经发承包双方确认后执行,并应按照下列规定调整措施项目费:1. 安全文明施工费应按照实际发生变化的措施项目依据本规范第3.1.5条的规定计算。2. 采用单价计算的措施项目费,应按照实际发生变化的措施项目,按本规范第9.3.1条的规定确定单价。3. 按总价(或系数)计算的措施项目费,按照实际发生变化的措施项目调整,但应考虑承包人报价浮动因素,即调整金额按照实际调整金额乘以本规范第9.3.1条规定的承包人报价浮动率计算。(第1段)如果承包人未事先将拟实施的方案提交给发包人确认,则应视为工程变更不引起措施项目费的调整或承包人放弃调整措施项目费的权利。(第2段)"由此可知,措施项目变更,引起措施项目费用需调整的,必须由承包人事先拟定实施方案提交发包人确认,否则视为不变更措施项目费用,这是因为措施项目大部分都是临时工程,工作完成后也就拆除了,如果不事先通过施工方案确认工作内容与费用,等到事后再想确认,必定会徒生争议,因此措施项目的变更与调整措施项目费用一定要事前与发包人进行确认。

五、其他项目费清单、规费及税金清单

　　《2013版工程量清单计价规范》第4.4.1条规定:"其他项目清单应按照下列内容列项:1. 暂列金额;2. 暂估价,包括材料暂估单价、工程设备暂估单价、专业工程暂估价;3. 计日工;4. 总承包服务费。"这

里需要特别说明的是暂列金额、暂估价以及总承包服务费等问题。暂列金额是由发包人掌握，用于签约时不可预见或是尚未确定的工作或费用。而暂估价是用于必然发生但是暂时不能确定价格的材料或是工程。总包服务费是针对平行包的情形，承包人为配合发包人平行包的材料供应商、设备供应商或是承包人，进行现场管理所产生的费用。

有关暂估价费用如何确定的问题，一般常见的方式有两种：一种是由发包人与承包人担任共同招标人，针对暂估价项目进行公开招标，以最后中标金额作为暂估价项目的金额；另一种是由承包人担任招标人，发包人作为招标程序的监督人，具有对招标文件内容以及中标人的最终确认权，并以最后中标金额作为暂估价项目的金额。笔者认为，这两种方式以后者为佳，因为发包人并不与中标人签订合同，而是由承包人签订，因此发包人不宜担任招标人。

至于规费及税金主要是指社会保险费、住房公积金以及增值税等。

第三节　工程款的计价文件2——项目及价格清单

项目及价格清单作为工程总承包合同的计价文件，与施工总承包合同的计价文件即工程量清单，在合同效果上存在着较为显著的差异。

何谓项目及价格清单？《工程总承包计价规范》（T/CCEAS 001-2022）第2.0.19条〔项目清单〕规定："发包人提供的载明工程总承包项目工程费用、工程总承包其他费和预备费的名称和其他要求承包人填报内容的项目明细。"第2.0.20条〔价格清单〕规定："构成合同文件组成部分的，由承包人按发包人要求或发包人提供的项目清单格式填写并标明价格的项目报价明细。"由此可知，项目清单类似于未标价工程量清单，而价格清单类似于已标价工程量清单。

至于项目清单对应建设工程项目哪一个发包阶段，《工程总承包计价规范》(T/CCEAS 001-2022)第4.2.1条后段规定:"项目清单可根据不同的发承包阶段,分为可行性研究或方案设计后清单、初步设计后清单。"这个和工程量清单对应的设计深度是施工图设计而有所不同。至于模拟清单所对应项目的设计深度,《福建省房屋建筑工程总承包模拟清单计量规则(2022年版)》(闽建筑〔2023〕1号)总说明规定:"三、本清单适用于我省房屋建筑工程在初步设计阶段实施工程总承包的计价活动,不适用于初步设计图纸深度未达到《建筑工程设计文件编制深度规定》要求的工程总承包项目计价。"由此可知,模拟清单是适用于工程总承包合同模式,对应一定的初步设计深度,所编制的一种项目及价格清单。

有关价格清单的工程数量与单价的合同效力问题,《工程总承包计价规范》(T/CCEAS 001-2022)第3.2.8条规定:"价格清单列出的建筑安装工程量仅为估算的数量,不得将其视为要求承包人实施工程的实际或准确的数量。(第1段)价格清单中列出的建筑安装工程的任何工程量及其价格,除按本规范第3.2.3条第二段规定在专用合同条件中约定的单价项目外,应仅限于作为合同约定的变更和支付参考,不得作为结算依据。(第2段)"由此可知,价格清单中的单价及数量仅供变更和支付参考,不可作为结算依据。之所以这样规定,与总价合同的计价和结算方式有关,如果是单价合同办理计价与结算,则清单中单价不会仅供参考,清单中的数量也会作为是否发生漏数量与数量偏差的依据。此外,《2020版工程总承包合同文本》第14.1.2项规定:"除专用合同条件另有约定外:……(3)价格清单列出的任何数量仅为估算的工作量,不得将其视为要求承包人实施的工程的实际或准确的工作量。在价格清单中列出的任何工作量和价格数据应仅限用于变更和支付的参考资料,而不能用于其他目的。"该文本同样明确了工程总承包合同如果采取总价合同结算,价格清单中的工程数量与单价仅供参考。

另外有关承包人是否参与编制清单的问题,《工程总承包计价规范》(T/CCEAS 001-2022)第 5.2.4 条规定:"发包人对工程费用项目清单可只提供项目清单格式不列工程数量,由承包人根据招标文件和发包人要求填写工程数量并报价。"第 5.3.3 条规定:"初步设计后发包,发包人提供的工程费用项目清单应仅作为承包人投标报价的参考,投标人应依据发包人要求和初步设计文件、详细勘察文件按下列规定进行投标报价:1. 对项目清单内容可增加或减少;2 对项目应进行细化,原项目下填写投标人认为需要的施工项目和工程数量及单价。"由此可知,承包人可以对清单进行修改以及细化,由于承包人参与制作与填写清单内容,因此承包人不得再主张清单瑕疵。

第四节　工程款的计价方式——总价合同与单价合同

单价合同是指按实际工程数量以及合同约定的单价计算工程价款的合同。而总价合同是指建设工程合同中图纸对应的工作范围竣工验收后,以签约合同总价作为结算金额的一种合同形式。

有关总价合同可否调整价格的问题,《工程总承包管理办法》(建市规〔2019〕12 号)第 16 条第 1 款规定:"企业投资项目的工程总承包宜采用总价合同,政府投资项目的工程总承包应当合理确定合同价格形式。采用总价合同的,除合同约定可以调整的情形外,合同总价一般不予调整。"由此可知,工程总承包合同采取总价合同结算,除非合同中有特别约定,否则价款一般不予调整。此外,《工程总承包计价规范》(T/CCEAS 001-2022)第 3.2.3 条第 3 段规定:"发承包双方可根据本规范第 6 章的规定在合同中约定合同价款调整的内容,形成可调总价合同,据此进行调整,否则视为固定总价合同,合同价格不予调整。"由此可知,总价合同分为固定总价合同与可调总价合同,两者的区别在于如果合同中约定了合同价款调整的内容,则总价可以调整的合同可称为可调总价合同,固定总价合同是指合同中没有约定合同价款调整的内容的合同。但是需强调的是,合同虽然没约定调价的内容,不代表不可以根据《民法典》第 533 条第 1 款情势变更原则的规定进行调整,所以各位读者不要被"固定"这两个字给混淆了。

视频 14.2 固定总价合同其实不固定

有关总价合同与预备费之间的关系,《工程总承包计价规范》(T/CCEAS 001-2022)第 3.2.10 条规定:"预备费按下列规定使用:1. 工程总承包为可调总价合同,已签约合同价中的预备费应由发包人掌握使用,发包人按照合同约定支付后,预备费如有余额应归发包人所有;2. 工程总承包为固定总价合同,预备费可作为风险包干费用,在合同专用条件中约定,预备费归承包人所有。"第 5.3.5 条规定:"工程总承包采用可调总价合同的,预备费应按招标文件中列出的金额填写,不得变动,并应计入投标总价中;采用固定总价合同的,预备费由投标人自主报价,合同价款不予调整。"由此可知,对于固定总价合同,预备费是作为风险包干费归承包人所有,投标时由投标人自主填写。这里需要说明的是,从条文内容来看,这里规定的风险包干是包括了所有的风险,不管是否可以预见,这样的规定是否合理恐有讨论的余地。另外,有关总价合同结算金额的计算方式,《工程总承包计价规范》(T/CCEAS 001-2022)第 7.4.2 条第 2 段规定:"竣工结算价可依据合同形式按照下列规定计算:1. 可调总价合同的竣工结算价=签约合同价−预备费±合同约定调整价款和索赔的金额;2. 固定总价合同的竣工结算价=签约合同价±索赔金额。"由此可知,由于预备费的归属不同,因此在计算竣工结算价金额时,应有所区别。

有关工程总承包合同的结算方式,实践中有一种常见的情形,就是部分工作项目采取总价结算,部分工作项目采取单价结算。之所以会采取这种结算方式,很可能是发包人认为部分工作项目概算总价包得住,也就是概算金额比较准确,有些总价项目概算总价包不住,也就是概算金额未来可能会产生比较大的误差,所以才会采取这种"总价合同+单价合同"的结算方式。《工程总承包计价规范》(T/CCEAS 001-2022)第3.2.3条第1段、第2款规定:"建设项目工程总承包应采用总价合同,除工程变更外,工程量不予调整。(第1段)总价合同也可在专用合同条件约定,将发承包时无法把握施工条件变化的某些项目单独列项,按照应予计量的实际工程量和单价进行结算支付。(第2段)"上述方式就是这种结算方式。

实践中工程总承包合同还有另一种常见的结算方式,即采取"单价结算+概算总价为上限"的方式,其中可以分为几个环节:第一,发包人做到初步设计深度,并以概算图纸及概算金额进行招标;第二,承包人根据概算图纸以及概算金额,提交施工图纸以及工程量清单,发包人审查工程量清单或是财政评审时,合同要求清单计算的合同总价不能高于概算金额;第三,发包人办理工程结算时,以审核通过的工程量清单的单价,以及实际工程量计算结算金额,合同中同样要求结算金额不得高于概算金额。这种结算方式,相当于以单价合同与总价合同进行工程价款结算时,哪个金额较低用哪种方式办理结算。《工程总承包计价规范》(T/CCEAS 001-2022)第3.2.7条规定:"采用工程总承包模式,发包人对建筑安装工程价款的计价,除专用合同条件约定的按照应予计量的实际工程量进行结算支付的单价项目外,不得以项目的施工图为基础对合同价款进行重新计量或调整。"由此可知,该规范并不鼓励此种结算方式。

第五节　工程量清单瑕疵争议

所谓工程量清单瑕疵,《2023版工程量清单计价标准(征求意见稿)》第2.0.28条〔工程量清单缺陷〕规定:"招标工程量清单的分部分项工程项目清单中所列的清单项目与对应的合同图纸及合同规范所要求的清单项目在列项、项目特征、工程数量上存在的差异。包括工程量清单多列项、错漏项、项目特征不符、工程数量偏差及其他同类。"由此可知,工程量清单瑕疵包括出现错项、漏项、漏数量或是数量偏差等情形。笔者认为,工程量偏差是否属于清单瑕疵恐有讨论的余地,因为预计数量与实际数量发生偏差,属于建设工程项目中常见的技术问题,由于项目在进行测量时,没办法做到完全正确,根据项目条件的不同,会出现程度不同的误差,因此笔者将该类争议归类为技术情势变更争议,并在本书第十章已有详细说明。

如果是单价合同发生工程量清单瑕疵争议,《2023版工程量清单计价标准(征求意见稿)》第8.2.1条规定:"采用单价合同的工程,应依据本标准第7.2节规定计算施工图纸分部分项工程项目清单工程量,并按以下计价规则调整分部分项工程项目清单由于工程量清单缺陷引致的合同价格调整:1. 工程量清单缺陷引致清单项目增加或减少的,增减工程量未超过相应清单项目已标价工程量清单所含工程量的15%(含15%),应按本标准第8.9.1条规定计算调整合同价格;2. 工程量清单缺陷引致清单项目增加或减少的,增减工程量超过相应清单项目已标价工程量清单所含工程量的15%(不含15%)的,应按本标准第8.9.2条规定计算调整合同价格。"笔者想要补充说明的是,错项、漏项并不属于合同变更,解释上应认为属于合同漏洞,有关错项、漏项工作项目所对应计价项目的认定,应比照合同变更办理;至于漏数量或是发生数量差异,应按实际数量办理结算。

如果是总价合同发生工程量清单瑕疵争议,《2023版工程量清单计价标准(征求意见稿)》第6.1.7条规定:"采用总价合同的招标工程,且招标文件含有工程量清单的,投标人应在接收招标文件后,在约定时间内对招标工程量清单的分部分项工程项目清单进行复核。如投标人对分部分项工程项目清单有疑问或异议的,应按招标文件的规定及时以书面形式提请招标人澄清,招标人核实后作出修正的,投标人应按修正后的分部分项工程项目清单进行报价。如投标人经复核认为招标工程量清单的分部分项工程项目清单及其修正后的(如有)分部分项工程项目清单存在项目列项及其工程数量等工程量清单缺陷的,可在已标价工程量清单的分部分项工程项目清单中进行补充完善及报价,并对已标价分部分项工程项目清单的完整性和准确性负责。无论投标人是否已提出疑问或异议或已按修正后的分部分项工程项目清单报价或对分部分项工程项目清单做出补充完善及报价,合同总价不因已标价的分部分项工程项目清单或修正后的分部分项工程项目清单存在工程量清单缺陷而调整。"由此可知,总价合同工程量清单缺陷的风险是由承包人所承担。

第十五章　竣工结算争议

所谓结算,是指双方当事人将合同各类款项,包括但不限于工程款、违约金、损害赔偿等作出一个全面的清算,性质上类似于交互清算。建设工程合同的结算分为两种,分别是竣工结算与最终结算:竣工结算是指在建设工程竣工验收合格后,双方当事人所做的结算;而最终结算是指在建设工程合同缺陷责任期届满后,双方当事人所做的结算。实践中,这两类结算最常出现争议的是竣工结算,因此本章将针对竣工结算争议进行分析。第一节将针对有效合同竣工结算争议进行讨论,第二节将分析无效合同的竣工结算争议所面临的问题。

第一节　有效合同的竣工结算争议

有效合同的竣工结算争议基本上可以再分为三类:第一类是拖延结算争议;第二类是金额结算争议;第三类是付款争议。具体内容说明如下:

一、拖延结算争议

所谓拖延结算争议,是指建设工程验收合格后,发包人没有在合同约定的期间内完成结算所产生的争议。在实践中,拖延结算争议的具体表现常为发包人拖延验收,由于拖延验收的关系,也导致无法进入结算程序,所以拖延结算争议与拖延验收争议经常会伴随发生;或是发包人将验收与结算两个程序合并成一个程序,也就是在验收完成后不发给承包人验收合格证明书或是接收证书,直接进入结算程序。

针对发包人拖延结算的法律效果为何?《施工合同解释一》(法释〔2020〕25 号)第 21 条规定:"当事人约定,发包人收到竣工结算文件后,在约定期限内不予答复,视为认可竣工结算文件的,按照约定处理。承包人请求按照竣工结算文件结算工程价款的,人民法院应予支持。"由此可知,发包人违反合同约定拖延结算的,应承担认可竣工结算文件的不利益结果。但要拟制发包人认可竣工结算文件,前提必须是:第一,合同中约定了结算期限;第二,合同中约定结算期限内没有完成结算及未提出答复,视为认可承包人所提交的竣工结算文件。

至于合同约定不符合《施工合同解释一》(法释〔2020〕25 号)第21 条的规定,或合同中未约定时,虽不能发生发包人认可竣工结算文件的不利益结果,但在承包人提起诉讼请求发包人给付建设工程价款时,仍可通过法院委托第三人做造价鉴定的方式,来确认建设工程价款的金额。只是通过鉴定需要花费更多的劳力、时间与费用。

此外,如果合同约定,期末进度款的请款条件包括完成结算,这时发包人拖延结算,承包人可否请求期末进度款?《民法典》第 159 条规定:"附条件的民事法律行为,当事人为自己的利益不正当地阻止条件成就的,视为条件已经成就;不正当地促成条件成就的,视为条件不成就。"由此可知,为自己的利益不正当阻止条件成就的,视为条件已经成就,而发包人无正当理由拖延结算,可以被认为发包人是以不正当理由阻止期末进度款的条件成就,因此,承包人有权请求期末进度款。

二、金额结算争议

(一)概述

金额结算争议是指发包人与承包人之间对于款项结算的金额看法不一致而产生的争议。结算的内容,不限于工程款,还包括:损害赔偿、损害补偿、逾期违约金等。此外,金额结算争议并不是一个单独类型的争议,而是综合类型的争议,其中包含了本书先前所介绍的工期争议、变更争议、质量争议、计价争议等。所以讨论金额结算争议,必须进一步分析是哪个部分的金额发生了争议,以及属于哪种争议类型。

有关结算的依据,《施工合同解释一》(法释〔2020〕25 号)第 2 条第 1 款规定:"招标人和中标人另行签订的建设工程施工合同约定的工程范围、建设工期、工程质量、工程价款等实质性内容,与中标合同不一致,一方当事人请求按照中标合同确定权利义务的,人民法院应予支持。"第 22 条规定:"当事人签订的建设工程施工合同与招标文件、投标文件、中标通知书载明的工程范围、建设工期、工程质量、工程价款不一致,一方当事人请求将招标文件、投标文件、中标通知书作为结算工程价款的依据的,人民法院应予支持。"由此可知,中标后双方另行签订的合同与中标合同有实质性的偏差,应以中标合同为准。另外,招标文件、投标文件、中标通知书与当事人之间签订的合同不一致,以招标文件、投标文件、中标通知书为准。

此外,《施工合同解释一》(法释〔2020〕25 号)第 29 条规定:"当事人在诉讼前已经对建设工程价款结算达成协议,诉讼中一方当事人申请对工程造价进行鉴定的,人民法院不予准许。"由此可知,当事人之间就结算金额达成协议的,对双方当事人具有拘束力,承包人不可以再请求结算金额以外的款项。实践中,有的发包人会要求承包人必须签订结算协议,否则就拒绝付款,很多承包人因此同意签订结算协议,这等同于承包人放弃了索赔其他款项的权利,建议承包人在签订结算协议之前,要多加考虑。

（二）行政审计

关于当事人在合同中自行约定"依审计机关作出的审计报告作为工程价款结算依据"条款的效力问题,笔者认为,合同当事人基于自由真实的意愿,约定"依审计机关作出的审计报告作为工程价款结算依据"的条款并无违反、违背《民法典》第 153 条规定的强制性规定、公序良俗的情形,自属有效,当事人双方应受拘束。另外,国务院《保障中小企业款项支付条例》第 11 条规定:"机关、事业单位和国有大型企业不得强制要求以审计机关的审计结果作为结算依据,但合同另有约定或者法律、行政法规另有规定的除外。"该条例亦认为当事人得以合同明确约定"依审计机关作出的审计报告作为工程价款结算依据"的条款。

至于住房和城乡建设部办公厅于2020年2月26日出台的《有序推进开复工工作的通知》（建办市〔2020〕5号）虽指出，"规范工程价款结算，政府和国有投资工程不得以审计机关的审计结论作为工程结算依据，建设单位不得以未完成决算审计为由，拒绝或拖延办理工程结算和工程款支付"，但笔者认为，此规定究竟是指当事人在无约定"依审计机关作出的审计报告作为工程价款结算依据"的条款下，不得以审计机关的审计结论作为工程价款结算依据的抗辩，还是指当事人之间根本不得约定"依审计机关作出的审计报告作为工程价款结算依据"的条款，不无疑问。而且，若认为不得约定"依审计机关作出的审计报告作为工程价款结算依据"的条款，显与前述《保障中小企业款项支付条例》第11条规定的情形相冲突，因此，也不宜据此即认为当事人之间不得约定"依审计机关作出的审计报告作为工程价款结算依据"的条款。

实务相关见解如下：

第一，最高人民法院（2021）最高法民再82号民事裁定书指出："虽然财政部门或审计部门对工程款的审计，是监控财政拨款与使用的行政措施，对民事合同当事人不具有法律约束力，但如果当事人明确约定以政府审计结果作为结算依据的，应尊重当事人意思自治。如果政府审计长期没有结果，致使工程总结算价无法计算，或审计结果与工程实际情况不符或与合同约定不符的，不应当直接以政府审计结果作为民事案件的判决依据。根据查明的事实，A公司与B公司约定通过业主委托的第三方审计或政府审计部门审计两种方式计算工程总结算价，故不论《报告书》是业主委托的第三方审计还是政府审计部门的审计，均是双方约定的计算案涉工程总结算价的依据。"

第二，最高人民法院（2019）最高法民终1588号民事判决书指出："……以审计机关作出的审计报告作为工程价款结算依据，应当以双方合同有明确约定为前提。本案中,《建设工程施工合同》并未明确约定以审计报告作为工程价款结算依据……"

第三,北京市高级人民法院(2020)京民再41号民事判决书指出:"本院再审认为,根据我国审计法的规定,国家审计机关对工程建设单位进行审计是一种行政监督行为,审计人与被审计人之间因国家审计发生的法律关系与当事人之间的民事法律关系性质不同。因此,在民事合同中,当事人对接受行政审计作为确定民事法律关系依据的约定,应当具体明确,而不能通过解释推定的方式,认为合同签订时,当事人已经同意接受国家机关的审计行为对民事法律关系的介入。本案中,双方当事人在合同约定工程款累计支付至合同总价的80%时不再支付,待工程竣工结算(含设计变更和工程洽商)经同期审计完成后30日内支付至审计额的95%,其余的5%作为质量保证金。双方当事人在合同中没有明确约定行政审计作为支付的依据,反而在补充条款中约定了报送发包人的审计部门审核,故二审判决认定本案的审计应为行政审计,进而驳回A公司要求支付剩余工程款的诉求,没有事实依据,应当予以纠正。"

另一个常见的问题是,如果合同当事人已明确约定"依审计机关作出的审计报告作为工程价款结算依据",但审计部门却迟迟未作出审计结论,应该如何处理?笔者认为可分以下情形说明:

第一种情形,最高人民法院(2020)最高法民终630号民事判决书指出:"一般而言,当事人约定以审计部门的审计结果作为工程款结算依据的,应当按照约定处理。但审计部门无正当理由长期未出具审计结论,经当事人申请,且符合具备进行司法鉴定条件的,人民法院可以通过司法鉴定方式确定工程价款。本案中,A公司于2014年1月7日向郴州市审计局出具《关于郴州市苏仙湖、王仙湖项目竣工结算报送审计的函》后,至B某2017年提起本案诉讼,郴州市审计局始终未作出审计结论,原审法院根据B某的申请,委托进行造价鉴定,并无不当。"该判决即认为属于审计部门无正当理由长期未出具审计结论的,可以通过司法鉴定方式确定工程价款。

第二种情形，最高人民法院（2019）最高法民再 56 号民事判决书指出："A 公司与 B 公司在《道路工程施工承包合同》中约定工程结算按现行长沙市政定额标准计取，工程最终造价及支付以财政、审计部门最后审计结果为最终结算依据。虽然 A 公司及官渡镇政府均主张工程造价应以财政、审计部门最后审计结果为最终结算依据，但在上述道路工程已使用近两年的情况下，A 公司尚未向相关财政、审计部门提交工程建设资料，启动财政、审计部门审计。在本案审理过程中也无法提供审计结果，故一审法院根据 B 公司的申请，依法委托湖南日升工程咨询有限公司对 B 公司完成的工程进行造价鉴定，该鉴定机构作出湘日（2016 基）鉴字 111 号《工程造价鉴定报告》，该鉴定报告可以作为认定涉案工程造价的依据。"该判决即认为属于发包人无正当理由迟迟未提交工程建设资料，启动审计部门审计的，可以通过司法鉴定方式确定工程价款。

第三种情形，如果是承包人的原因，承包人无正当理由迟迟不提交工程建设资料给发包人，以致无法启动审计部门审计的，笔者认为此时承包人不得以申请司法鉴定方式确定工程价款，否则法院若允许，这无异是同意承包人以此方式规避合同约定的"依审计机关作出的审计报告作为工程价款结算依据"。[①]

（三）竣工结算审定签署表

我们在建设工程案件中，也常会看到以竣工结算审定签署表作为工程价款认定依据的情形。例如，最高人民法院（2019）最高法民申 1218 号民事裁定书指出："关于案涉建设工程价款如何确定问题。……在涉案工程竣工后，临泉县审计局进行了工程结算审计，但临泉县审计局的

---

① 关于此部分的讨论，可参阅王怀志：《建设工程结算"以行政审计为准"的理解及破局思考》，载德恒律师事务所网，https://www.dehenglaw.com/CN/tansuocontent/0008/026196/7.aspx？MID＝0902，最后访问日期：2023 年 4 月 6 日。

审计是其对工程建设单位的一种行政监督行为,与涉案工程款的结算属于不同性质的法律关系范畴,审计结论不能当然成为当事人之间结算的依据,案涉工程款的确定应按照双方当事人之间的约定和履行情况加以确定。在上述审计报告正式出具之前,A 某即在审定结算造价为92529283.65 元的《竣工结算审定签署表》上签字,并注明'同意',还加盖 B 公司印章,表明双方当事人对工程结算达成一致意见,可以作为确定涉案工程价款的依据。……原判将《竣工结算审定表》作为定案依据,并无不当。"但什么是"竣工结算审定签署表"?

《施工合同解释一》(法释〔2020〕25 号)第 19 条第 1 款规定:"当事人对建设工程的计价标准或者计价方法有约定的,按照约定结算工程价款。"《建设工程价款结算暂行办法》(财建〔2004〕369 号)第 14 条第 1 款第 2 项规定:"工程完工后,双方应按照约定的合同价款及合同价款调整内容以及索赔事项,进行工程竣工结算。……(二)工程竣工结算编审 1. 单位工程竣工结算由承包人编制,发包人审查;实行总承包的工程,由具体承包人编制,在总包人审查的基础上,发包人审查。2. 单项工程竣工结算或建设项目竣工总结算由总(承)包人编制,发包人可直接进行审查,也可以委托具有相应资质的工程造价咨询机构进行审查。政府投资项目,由同级财政部门审查。……"足见工程竣工后,按照双方合同约定的计价标准或者计价方法结算工程价款,并由承包人负责编制工程竣工结算,发包人可以自行直接审查或委托具有相应资质的工程造价咨询机构进行审查。

住房和城乡建设部为规范工程造价咨询业务活动,提高建设项目工程造价咨询成果文件的质量,于 2015 年 3 月 8 日批准《建设工程造价咨询规范》,编号为 GB/T 51095-2015,并自 2015 年 11 月 1 日起实施。《建设工程造价咨询规范》第 8.3.1 条规定:"竣工结算审核的成果文件应包括竣工结算审核书封面、签署页、竣工结算审核报告、竣工结算审定签署表、竣工结算审核汇总对比表、单项工程竣工结算审核汇总对比表、单位工程竣工结算审核汇总对比表等,采用工程量清单计价的竣工结算审核成果文件可按本规范附录 G 编制。"第 2.0.7 条〔竣工结算审定签署表〕规定："工程竣工结算审核报告中反映工程基本信息、送审金额、审定金额、调整金额等内容,并经发包人、承包人、工程造价咨询企业等相关方签署确认的最终工程竣工结算数额及变动情况对比的表格。"依此可知,工程造价咨询机构制作的"竣工结算审定签署表"属于竣工结算审核的成果文件且内容彰表了最终工程竣工结算数额。

发包人与承包人是否全然受工程造价咨询机构制作的"竣工结算审定签署表"的拘束? 笔者认为,可以区分为两种情形讨论:

第一种情形,当事人之间有明确的约定(包括合同约定或事后协议同意),表示以该工程造价咨询机构制作的"竣工结算审定签署表"意见作为工程价款认定的依据的,此时不论发包人与承包人有无在"竣工结算审定签署表"上签名确认或纵已表示不认同,都仅能以该"竣工结算审定签署表"彰表的最终工程竣工结算数额作为工程价款认定的依据。此时,承包人有权根据该"竣工结算审定签署表"确认的工程竣工结算数额,向发包人请求支付工程价款。

第二种情形,当事人之间仅约定(包括合同约定或事后协议同意)由工程造价咨询机构进行工程竣工结算审查,并无明确表示以该工程造价咨询机构制作的"竣工结算审定签署表"内容作为工程价款认定的依据的,笔者认为,应当经发包人与承包人签名盖章认可该"竣工结算审定签署表"内容后,当事人才受拘束,这时,承包人有权根据发包人、承包人认可的工程竣工结算数额向发包人请求支付工程价款。否则,未经发包人与承包人签名盖章确认的"竣工结算审定签署表"内容并不对当事人产生拘束力。

(四)关于施工过程结算问题

为了进一步加强房屋建筑和市政基础设施工程结算管理,有效解决"结算难"的问题,住房和城乡建设部于 2020 年 9 月 11 日出台了《关于落实建设单位工程质量首要责任的通知》(建质规〔2020〕9 号),

明确要求："（三）推行施工过程结算。建设单位应有满足施工所需的资金安排，并向施工单位提供工程款支付担保。建设合同应约定施工过程结算周期、工程进度款结算办法等内容。分部工程验收通过时原则上应同步完成工程款结算，不得以设计变更、工程洽商等理由变相拖延结算。政府投资工程应当按照国家有关规定确保资金按时支付到位，不得以未完成审计作为延期工程款结算的理由。……本通知适用于房屋建筑和市政基础设施工程。各省、自治区、直辖市住房和城乡建设主管部门可根据本通知要求，制定具体办法。"财政部、住房城乡建设部另于 2022 年 6 月 14 日出台了《关于完善建设工程价款结算有关办法的通知》（财建〔2022〕183 号），明确要求："二、当年开工、当年不能竣工的新开工项目可以推行过程结算。发承包双方通过合同约定，将施工过程按时间或进度节点划分施工周期，对周期内已完成且无争议的工程量（含变更、签证、索赔等）进行价款计算、确认和支付，支付金额不得超出已完工部分对应的批复概（预）算。经双方确认的过程结算文件作为竣工结算文件的组成部分，竣工后原则上不再重复审核。"

所谓"施工过程结算"的定义，《2023 版工程量清单计价标准（征求意见稿）》第 2.0.35 条〔施工过程结算〕规定："发承包双方根据有关法律法规规定和合同约定，在施工过程结算节点上对已完工程进行合同价款的计算、调整、确认的活动。"但由于目前尚无全国统一的法规或具体指导意见，加以规范施工过程结算的制度，而各省陆续出台的相关指导意见或通知也不尽相同。因此，在建设工程项目中推行施工过程结算制度时，应该特别留意自己省内出台的相关规定的内容。以下笔者将针对浙江省出台的《关于在房屋建筑和市政基础设施工程中推行施工过程结算的实施意见》（浙建〔2020〕5 号）的重点予以说明。

第一，适用的范围。本意见适用于本省行政区域内能够实行分段即时结算的新开工房屋建筑和市政基础设施工程。

第二,对招标文件与合同的要求。招标文件和施工合同中应明确施工过程结算周期、计量计价方法、风险范围、验收要求,以及价款支付时间、程序、方式、支付比例等内容。其中,施工合同中应明确措施项目费的支付方式,采用总价计算的措施项目费可依据施工过程结算当期实际完成的工程造价比例计算,采用单价计算的措施项目费可按当期完成的工程施工措施工作量进行计量及计价。

第三,合理划分施工过程结算节点周期。施工过程结算周期可按施工形象进度节点划分,做到与进度款支付节点相衔接。房屋建筑工程施工过程结算节点应根据项目大小合理划分,可分为桩基工程、地下室工程、地上主体结构工程和装饰装修工程。市政基础设施工程施工过程结算节点可采用分段、分单项或分专业合理划分。

第四,建设单位的责任。建设单位应当按照合同约定及时支付工程款。施工过程结算完成后,建设单位应依据已确认的施工过程结算文件,向施工单位及时足额支付本期已完工程施工过程结算价款。

第五,与工程竣工的关系。工程全部竣工,施工单位按合同约定向建设单位提交工程竣工结算报告后,建设单位应按照合同约定的程序、时间进行审核确认,并出具结算审核总报告。经双方确认的施工过程结算文件是竣工结算文件组成部分,对已完过程结算部分原则上不再重复审核。

三、付款争议

(一)付款条件的问题

所谓付款争议,是指发包人应付款而未付款而产生的争议。工程款的类型有很多,本书在第十四章中已有介绍。至于本章所称的付款争议,比较常见的是期末工程款未给付的争议。一般而言,工程完成验收结算后,发包人应依约办理付款,但是实践中常有发包人主张,尚未完成审计决算、财政评审或是调整概算程序,而拒绝付款,这样的主张是否有理? 笔者认为,除非合同中约定,以审计决算、财政评审或是调整概算程序作为付款条件,否则发包人无权以未完成审计决算、财政评审或是调整概算程序,而拒绝付款。

另外,有的分包合同约定,需等到发包人支付相应工作的工程款给承包人后,承包人才有义务支付相应的款项给分包人,也就是承包人对分包人的付款条件是发包已经完成付款,实践中俗称"背靠背"条款。承包人以合同约定背靠背条款而拒绝付款,是否有理由?笔者认为,这里的约定是有效的,承包人原则上可以根据约定拒绝付款,但承包人如果是无正当理由拒不向发包人请求款项的情形,根据《民法典》第159条的规定,"附条件的民事法律行为,当事人为自己的利益不正当地阻止条件成就的,视为条件已经成就;不正当地促成条件成就的,视为条件不成就",即应视为分包付款的条件已经成就,分包人有权向承包人请求工程款。

（二）时效起算与利息相关问题

有关工程款时效起算的问题,《民法典》第188条第1款规定:"向人民法院请求保护民事权利的诉讼时效期间为三年。法律另有规定的,依照其规定。"第189条规定:"当事人约定同一债务分期履行的,诉讼时效期间自最后一期履行期限届满之日起计算。"由此可知,诉讼时效期间为3年,如果同一债务分期履行,诉讼时效以最后一期履行期限届满之日起算,因此工程款诉讼时效的起算,应以末期进度款依合同约定可以请款时起算诉讼时效。但如果合同就工程款的付款时间没有约定或者约定不明时,诉讼时效应从何时起算?笔者认为,工程款的诉讼时效与利息起算时间应该是同一时间,因此,可以参考《施工合同解释一》(法释〔2020〕25号)第27条的规定,来认定发包人应付工程款的时间并开始起算诉讼时效。

有关工程款利息如何起算的问题,《施工合同解释一》(法释〔2020〕25号)第26条规定:"当事人对欠付工程价款利息计付标准有约定的,按照约定处理。没有约定的,按照同期同类贷款利率或者同期贷款市场报价利率计息。"第27条规定:"利息从应付工程价款之日开始计付。当事人对付款时间没有约定或者约定不明的,下列时间视为应付款时间:(一)建设工程已实际交付的,为交付之日;(二)建设工程没有交付的,为提交竣工结算文件之日;(三)建设工程未交付,工程价款也未结算的,为当事人起诉之日。"由此可知,工程款利息的计付标准,如果合同没有约定的前提下,应以同期同类贷款利率或者同期贷款市场报价利率计息。至于利息的起算日期,理论上应以发包人依合同约定应付工程款时,开始起算,所以如果合同约定,发包人应于竣工验收结算后支付期末工程款,则应以发包人完成结算时,或是依约应完成结算时,开始起算期末工程款的利息;但合同没有约定或者约定不明的,则依视为应付款时间日起算利息。

(三)发票问题

承包人没有开立发票,发包人可否以此为由拒绝支付工程款?这涉及发包人拒绝付款的理由:提送发票是承包人的请款条件,还是承包人未提送发票,发包人有权行使同时履行抗辩权?笔者认为,如果合同已经约定开立发票是承包人的请款条件,这时,发包人有权以承包人未开立发票为由而拒绝支付工程款,此部分可参考以下内容。《民法典合同编通则司法解释》(法释〔2023〕13号)第31条第1款规定:"当事人互负债务,一方以对方没有履行非主要债务为由拒绝履行自己的主要债务的,人民法院不予支持。但是,对方不履行非主要债务致使不能实现合同目的或者当事人另有约定的除外。"最高人民法院民事审判第一庭编的《民事审判实务问答》中第53个问答认为:"除非当事人明确约定:一方不及时开具发票,另一方有权拒绝支付工程价款。这种情况就意味着双方将开具发票视为与支付工程价款同等的义务。"[①]但如果合同没有约定这样的条件,发包人可否主张同时履行抗辩权?山东省日照市中级人民法院(2023)鲁11民终378号民事

[①] 最高人民法院民事审判第一庭编:《民事审判实务问答》,法律出版社2022年版,第77页。

判决书指出:"A公司主张因B机床厂未向其开具增值税专用发票,其有权行使同时履行抗辩权。但案涉产品购销合同并未约定开具增值税专用发票系B机床厂主债务,根据《中华人民共和国民法典》第五百零九条第二款规定,开具增值税专用发票应系合同附随义务,A公司以B机床厂未履行该附随义务为由拒不履行付款的主合同义务,不能成立。"该判决即认为发包人不得主张同时履行抗辩权;但笔者从利益衡平的角度,反而倾向于解释发包人有权行使同时履行抗辩权。这是因为,如果我们认为承包人不开立发票,不影响承包人请款的权利,这会导致发包人付了工程款,承包人还没提送发票;如果我们认为必须开立发票才可以请款,就很可能出现发票提交给发包人,发包人没支付工程款而承包人还需交税的问题。因此笔者认为,比较好的解决方式应是承包人一手交发票发包人一手支付工程款。这里需要特别讨论的是,提送发票是从给付义务,而支付工程款是主给付义务,发包人可否因为承包人没有履行从给付义务,而拒绝履行自己的主给付义务?笔者认为,从合同目的的实现角度观察,主给付义务与从给付义务之间具有密切关系时,可以认定彼此之间具有牵连关系,因此,如果承包人未交付发票给发包人,发包人可以行使同时履行抗辩权,法院即应该为同时履行的判决。

如果工程总承包合同是EPC合同(设计-采购-施工合同),承包人应该要开立多少税率的发票?按目前增值税销项税率的规定,设计服务税率是6%,销售货物税率是13%,建筑服务税率是9%,EPC合同中同时拥有设计、采购、施工等内容,销项税率是按不同的工作内容分别开立不同税率的发票,还是按最高税率开立发票?实践中这两种情况都曾发生过。但是财政部、国家税务总局《关于全面推开营业税改征增值税试点的通知》(财税〔2016〕36号)中的《营业税改征增值税试点实施办法》第40条第1款前段规定:"一项销售行为如果既涉及服务又涉及货物,为混合销售。从事货物的生产、批发或者零售的单位和个体工商户的混合销售行为,按照销售货物缴纳增值税……"因此如果是混合销售行为,税率应按销售货物税率13%开立发票。

　　另外,财政部、国家税务总局《关于全面推开营业税改征增值税试点的通知》(财税〔2016〕36号)中的《营业税改征增值税试点有关事项的规定》:"(七)建筑服务。……2.一般纳税人为甲供工程提供的建筑服务,可以选择适用简易计税方法计税。甲供工程,是指全部或部分设备、材料、动力由工程发包方自行采购的建筑工程。……"由此可知,如果采取甲供材料设备的建设工程项目,承包人开立发票可以采取一般计税方法计税,也可以采取简易计税方法计税。因此,发包人如果采取甲供材料设备的建设工程项目,由于两种计税方式成本的内涵会很不一样,笔者建议双方应于合同中明确约定采取何种计税及开票方式,这样才能避免争议。

视频15.1　EPC合同的请款发票税率是多少?

第二节　无效合同的竣工结算争议

　　《施工合同解释一》(法释〔2020〕25号)第1条规定:"建设工程施工合同具有下列情形之一的,应当依据民法典第一百五十三条第一款的规定,认定无效:(一)承包人未取得建筑业企业资质或者超越资质等级的;(二)没有资质的实际施工人借用有资质的建筑施工企业名义的;(三)建设工程必须进行招标而未招标或者中标无效的。(第1款)承包人因转包、违法分包建设工程与他人签订的建设工程施工合同,应当依据民法典第一百五十三条第一款及第七百九十一条第二款、第三款的规定,认定无效。(第2款)"第2条第2款规定:"招标人和中标人在中标合同之外就明显高于市场价格购买承建房产、无偿建设住房配套设施、让利、向建设单位捐赠财物等另行签订合同,变相降低工程价款,一方当事人以该合同背离中标合同实质性内容为由请求确认无效的,人民法院应予支持。"第3条第1款规定:"当事人以发包人未取得建设工程规划许可证等规划审批手续为由,请求确认建设工程施工合同无效的,人民法院应予支持,但发包人在起诉前取得建设工程规划许可证等规划审批手续的除外。"由此可知,建设工程合同无效的事由包括:第一,施工企业资质不符;第二,借用资质;第三,未依法进行招投标;第四,转包、违法分包;第五,另行签订让利合同;第六,未取得规划审批手续。

无效合同该如何处理?《民法典》第793条规定:"建设工程施工合同无效,但是建设工程经验收合格的,可以参照合同关于工程价款的约定折价补偿承包人。(第1款)建设工程施工合同无效,且建设工程经验收不合格的,按照以下情形处理:(一)修复后的建设工程经验收合格的,发包人可以请求承包人承担修复费用;(二)修复后的建设工程经验收不合格的,承包人无权请求参照合同关于工程价款的约定折价补偿。(第2款)发包人对因建设工程不合格造成的损失有过错的,应当承担相应的责任。(第3款)"由此可知,合同无效但是工程验收合格的,可以参照合同工程价款的约定,折价补偿承包人。这是有关无效合同工程款结算的规定。另外,《施工合同解释一》(法释〔2020〕25号)第6条规定:"建设工程施工合同无效,一方当事人请求对方赔偿损失的,应当就对方过错、损失大小、过错与损失之间的因果关系承担举证责任。(第1款)损失大小无法确定,一方当事人请求参照合同约定的质量标准、建设工期、工程价款支付时间等内容确定损失大小的,人民法院可以结合双方过错程度、过错与损失之间的因果关系等因素作出裁判。(第2款)"由此可知,合同无效,应由法院结合具体情况综合考量,裁量应该要赔偿的金额。

《施工合同解释一》(法释〔2020〕25号)第24条规定:"当事人就同一建设工程订立的数份建设工程施工合同均无效,但建设工程质量合格,一方当事人请求参照实际履行的合同关于工程价款的约定折价补偿承包人的,人民法院应予支持。(第1款)实际履行的合同难以确定,当事人请求参照最后签订的合同关于工程价款的约定折价补偿承包人的,人民法院应予支持。(第2款)"由此可知,当事人之间签订数个合同均无效,但是工程质量合格的,参照实际履行合同的约定进行折价补偿,如果难以认定实际履行合同的,以最后签订的合同为准。

有关建设工程无效合同的认定以及无效合同的处理,相关讨论的文献可以说是相当多。笔者对此问题的看法是,无效合同的处理,不论是工程款、损害赔偿或是其他合同的问题,都必须全面参照合同约定来处理,任何的部分参照合同的说法,都将无法处理相关问题,从而只会让问题更加棘手。也许有人会说,全面参照合同约定的结果,会导致无效合同与有效合同的处理方式一致,都会变成是按照合同处理而没有任何区别。笔者认为,前述五项合同无效事由,就不该被解释为效力规定,这些违法行为可以从行政法的角度去处理,属于违反取缔规定,而应给予处罚,但不影响合同的效力,否则将其解释为合同无效事由,后续的处理又不得不参照合同约定,只是把问题越搞越复杂。

笔者的看法是,将合同解释成无效是无法处理问题的。但由于目前司法解释已经如此规定,因此现在只能全面参照合同约定去处理,其结果与按照合同有效的结果处理无异。

第十六章　解除合同争议
——三阶段、六战场、决战预定竣工日

第一节　解约基本问题讨论

一、合同解除事由

《民法典》第562条规定:"当事人协商一致,可以解除合同。(第1款)当事人可以约定一方解除合同的事由。解除合同的事由发生时,解除权人可以解除合同。(第2款)"第563条第1款规定:"有下列情形之一的,当事人可以解除合同:(一)因不可抗力致使不能实现合同目的;(二)在履行期限届满前,当事人一方明确表示或者以自己的行为表明不履行主要债务;(三)当事人一方迟延履行主要债务,经催告后在合理期限内仍未履行;(四)当事人一方迟延履行债务或者有其他违约行为致使不能实现合同目的;(五)法律规定的其他情形。"第533条规定:"合同成立后,合同的基础条件发生了当事人在订立合同时无法预见的、不属于商业风险的重大变化,继续履行合同对于当事人一方明显不公平的,受不利影响的当事人可以与对方重新协商;在合理期限内协商不成的,当事人可以请求人民法院或者仲裁机构变更或者解除合同。(第1款)人民法院或者仲裁机构应当结合案件的实际情况,根据公平原则变更或者解除合同。(第2款)"由此可知,合同解除事由包括:当事人合意、当事人合同约定、不可抗力、拒绝履行、违约、法律规定、情势变更。

需要特别说明的是,发包人有没有任意解除建设工程合同的权

利？《民法典》第808条规定："本章没有规定的,适用承揽合同的有关规定。"第787条规定："定作人在承揽人完成工作前可以随时解除合同,造成承揽人损失的,应当赔偿损失。"由此可知,承揽合同中定作人有任意解除合同的权利,但是在建设工程合同中,发包人是否也有相同的权利？最高人民法院第二巡回法庭2021年第18次法官会议纪要指出："建设工程施工合同中,发包人是否享有任意解除权？……建设工程施工合同发包人不享有任意解除权。建设工程施工合同中发包人是否享有任意解除权,在司法实务中一直是个颇有争议的问题。根据原《合同法》第268条(该条已被《民法典》第787条修改)的规定,承揽合同中的定作人可以随时解除承揽合同,同时该法第287条(对应《民法典》第808条)还规定:'本章没有规定的,适用承揽合同的有关规定。'建设工程施工合同系特殊的承揽合同,《合同法》对于建设工程施工合同中发包人的解除权又无特殊规定,沿此逻辑推理,根据《合同法》的前述规定,建设工程施工合同中发包人享有任意解除权似乎是必然的结论。然而,一般承揽合同所指向的标的通常为价值相对较小的动产,而建设工程施工合同所指向的工作成果为工程项目,往往投资巨大,涉及主体众多,甚至事关国计民生。如果赋予发包人任意解除权,即使可以通过赔偿机制填补承包人的损失,也势必造成社会资源的极大浪费。定作人任意解除权制度能否当然适用于发包人,不无疑问。"由此可知,建设工程合同发包人并没有任意解除权。

二、解除合同的金额结算

有关合同解除的金额结算,根据不同的解除事由,结算的结果也会有所不同,笔者整理相关内容如下:

表 16.1　合同解约金额的结算

序号	合同解除事由	金额结算
1	因发包人违约而解除	1. 结算金额 = 应付未付工程款金额 + 发包人违约损害 - 承包人逾期违约金(如果有); 2. 发包人违约导致的损害 = 违约所导致的成本 + 预期利润
2	不可抗力、情势变更	1. 结算金额 = 应付未付工程款金额 + 补偿 - 承包人逾期违约金(如果有); 2. 补偿 = 不可抗力、情势变更所产生的成本
3	双方合意解除	结算金额 = 双方合意的金额 or 应付未付工程款
4	因承包人违约而解除	结算金额 = 应付未付工程款金额 - 承包人违约导致的损害 - 承包人逾期违约金(如果有)

一般而言,建设工程解除合同争议焦点在于:第一,解除合同的事由;第二,合同解除后金额如何结算。笔者针对建设工程合同的各类解除事由以及金额的结算通过表 16.1 作出了整理。这四类解除事由中,因发包人违约而解除合同争议的问题较为复杂,因此笔者将于第二节中介绍。至于其他类型的合同解除争议,各位读者可以参考第二节的内容,举一反三。

第二节　因发包人违约而解除合同争议

有关因发包人违约而解除合同的争议需要考虑的问题,笔者总结成一句话,也就是"三阶段、六战场、决战预定竣工日"。所谓三阶段,就是指承包人发动解除合同程序可以分为三个阶段。第一阶段:违约与损害搜证;第二阶段:违约催告、解约、证据保全、财产与行为保全、保函止付;第三阶段:承包人起诉。所谓六战场,是指承包人启动诉讼程序(也就是进入第二阶段以及第三阶段),可能会涉及六个部分的问题,分别是:解除合同的合法性、请求工程款、请求损害赔偿(本章第二节讨论)、履约担保诉讼(本章第三节讨论)、证据保全程序、财产与行为保全程序(本章第四节讨论)。所谓决战预定竣工日,是指承包人要解除合同,最迟必须在预定竣工日前完成解除合同。

视频 16.1　三阶段、六战场、决战预定竣工日

一、解除权的理解

（一）解除权行使的方式

《民法典》第 565 条规定:"当事人一方依法主张解除合同的,应当通知对方。合同自通知到达对方时解除;通知载明债务人在一定期限内不履行债务则合同自动解除,债务人在该期限内未履行债务的,合同自通知载明的期限届满时解除。对方对解除合同有异议的,任何一方当事人均可以请求人民法院或者仲裁机构确认解除行为的效力。(第 1 款)当事人一方未通知对方,直接以提起诉讼或者申请仲裁的方式依法主张解除合同,人民法院或者仲裁机构确认该主张的,合同自起诉状副本或者仲裁申请书副本送达对方时解除。(第 2 款)"该条规定即明确了解除权的行使方式与可以提起确认诉讼。

（二）解除权的消灭

《民法典》第 564 条规定:"法律规定或者当事人约定解除权行使期限,期限届满当事人不行使的,该权利消灭。(第 1 款)法律没有规定或者当事人没有约定解除权行使期限,自解除权人知道或者应当知道解除事由之日起一年内不行使,或者经对方催告后在合理期限内不行使的,该权利消灭。(第 2 款)"该条规定即明确了解除权因除斥期间的经过,或是对方当事人催告后在合理期限内不行使而消灭。

（三）解除权的效力

《民法典》第 566 条第 1 款规定："合同解除后，尚未履行的，终止履行；已经履行的，根据履行情况和合同性质，当事人可以请求恢复原状或者采取其他补救措施，并有权请求赔偿损失。"由此可知，合同已经履行的，根据合同性质可以采取其他补救措施的，解释上可以不用恢复原状，也就是可以不用溯及既往。由于建设工程合同属于继续性合同，解除权的行使理论上仅使合同向将来消灭，而无溯及消灭的效力。

二、承包人行使合同解除权的把握原则

（一）慎重行使合同解除权

承包人先向发包人作出解除合同的意思表示后，很可能会面临双重挑战：第一，承包人解约不成，反遭发包人回击；第二，发包人兑现履约保函，承包人可能会面临银行的追索，以及承担相关的损害赔偿。也就是说，将来如果被法院认定承包人此次解除合同不合法的话，由于承包人在解除合同的这段时间，对工程不作为，反而容易造就发包人有合法解除合同的具体事由，最终并导致建设工程合同由发包人合法解除，此时，承包人反而须对发包人承担相关的损害赔偿以及兑现履约保函等。因此，承包人要对发包人行使合同解除权时，务必要慎重，必要时，亦应寻求法律专业人士作初步合法与否的判断，以避免出现上述的情况。

（二）不要一枝独秀，要万箭齐发+决战预定竣工日

承包人在搜证的过程中，发现发包人有十个违约事由，如果要进行违约催告，这十个违约事由是写在一封催告函一次发出，还是写在十封催告函分十次发出？其实这两种催告方法在法律上的效果是一样的，但是在心理上的效果是不一样的，我们希望通过这个过程，刺激发包人让发包人来解除合同。这是因为，法院针对解除合同合法性的判断，往往系于当事人提出的证据的证明力强度以及违约方的违约是

否导致合同目的不达,因此承包人所持的事由是否能合法解除合同也就存在变数,所以应该尽量让发包人先要求解除合同。但是如果发包人一直不发动合同解除权,承包人也不能一味迟迟不行使合同解除权,笔者建议,承包人最迟应该在预定竣工日之前行使合同解除权,否则承包人有承担逾期违约金的问题。这就是为何要决战预定竣工日的原因。另外,承包人在行使合同解除权时,也不要遗漏任何符合的违约事由,以避免出现承包人解除合同不合法的情况。

视频 16.2　解约不要一枝独秀,要万箭齐发

(三)合同部分解除之可行性

在建设工程合同中如果标的可以分割,例如合同约定建设数栋建筑物,该建筑物之间彼此独立与可分割,笔者认为应该允许承包人可就合同部分解除,而不是一律合同全部解除。此部分可参考江苏省泰州医药高新技术产业开发区人民法院(2018)苏 1291 民初 356 号民事判决书。

三、金额结算

(一)工程款

《民法典》第 566 条第 1 款规定:“合同解除后,尚未履行的,终止履行;已经履行的,根据履行情况和合同性质,当事人可以请求恢复原状或者采取其他补救措施,并有权请求赔偿损失。”此为合同解除的一般效力规定。另《民法典》第 806 条第 3 款规定:“合同解除后,已经完成的建设工程质量合格的,发包人应当按照约定支付相应的工程价款;已经完成的建设工程质量不合格的,参照本法第七百九十三条的规定处理。”该规定则属于特别规定,应优先适用。因此,承包人就达

到合同计价条件且经验收质量合格的建设工程,有权请求发包人按照合同约定的计价方法与标准结算工程款。验收质量不合格,经修复合格的建设工程,按照上述情形处理;于修复后,验收仍不合格的,这时工程对发包人而言,并无实益,因此,承包人不得向发包人请求工程款,但发包人对不合格造成的损失有过错的,应承担相应的责任。

由于建设工程合同在经合法解除时,工程大多属于尚未竣工的状态,对于未竣工的工程(质量合格的)如何结算?在合同约定单价合同结算的情形,可以根据核算的已完成工程的实际数量乘以单价,即可以计算出工程款。但在合同约定总价合同结算的情形,最高人民法院(2020)最高法民终871号民事判决书指出:"由于双方合同约定的是固定总价,北方嘉园二期住宅项目为未完工程,固定总价合同中未完工程的造价计算原则应采用比例折算法,即以合同约定的固定价为基础,根据已完工工程占合同约定施工范围的比例计算工程款。"另辽宁省高级人民法院(2020)辽民申5464号民事裁定书指出:"本院认为,对于约定了固定价款的建筑工程施工合同,双方未能如约履行,致使合同解除的,在确定争议合同的工程价款时,不能简单地依据政府部门发布的定额计算工程价款,除应当综合考虑案件实际履行情况外,还特别应当注重双方当事人的过错和司法判决的价值取向等因素,以此确定已完工程的价款。司法实践中通过鉴定方式确定工程价款,大致有两种方法,一是依据政府部门发布的定额进行计价;二是在相应同一取费标准下分别计算出已完工程部分的价款和整个合同约定工程的总价款,两者对比计算出相应系数,再用合同约定的固定价乘以该系数确定发包人应付的工程款。"由上,我们可以了解到,实务中针对此问题,通过鉴定方式确定工程价款的方法有三种:第一,以合同约定的总价为基础,根据已完工工程占合同约定施工范围的比例计算工程款。第二,在相应同一取费标准下分别计算出已完工程部分的价款和整个合同约定工程的总价款,两者对比计算出相应系数,再用合同约定的总价乘以该系数确定发包人应付的工程款。第三,依据政府部门发布的定额进行计价。至于有些市、省高级人民法院颁布的相关规定究系采何种方式,读者可自行参考。但笔者建议,法院在送鉴定前,可以先询问双方当事人就上述各种方法的意见,并尽量取得双方的一致意见,以避免当事人日后再就"方法"为争执。

(二)赔偿损失

《民法典》第566条第1款、第2款规定:"合同解除后,尚未履行的,终止履行;已经履行的,根据履行情况和合同性质,当事人可以请求恢复原状或者采取其他补救措施,并有权请求赔偿损失。(第1款)合同因违约解除的,解除权人可以请求违约方承担违约责任,但是当事人另有约定的除外。(第2款)"第584条规定:"当事人一方不履行合同义务或者履行合同义务不符合约定,造成对方损失的,损失赔偿额应当相当于因违约所造成的损失,包括合同履行后可以获得的利益;但是,不得超过违约一方订立合同时预见到或者应当预见到的因违约可能造成的损失。"足见承包人解除合同后,有权向发包人请求赔偿损失,而损失赔偿的范围包括实际损失与可得利益的损失。笔者特别针对建设工程类型中常见的损失加以说明:

1. 原合同范围的履约成本,扣除已达计价条件工作的相应成本

由于承包人完成工作已达到合同计价条件的部分,应如前所述按照《民法典》第806条规定处理。因此,原合同范围内的履约成本如果要主张损害赔偿,应扣除已达计价条件工作的相应成本。当然这些可以赔偿的成本应符合损害赔偿的请求要件。实践中常见费用包括:材料、机具设备、人员费用等直接成本,人员动员或复原费用、临时工程费用等间接成本,以及相当于质保金的损失(因为发包人保留的质保金,尚未达到付款条件)。

2. 增加的成本

这里所称的增加的成本,是指承包人原合同范围外所增加的成本。当然这些增加的成本,如果要请求损害赔偿,还须符合损害赔偿的请求要件,实践中常见的有与时间关联的费用以及与时间无关的费

用,具体内容说明如下:

(1)与时间关联的费用。在建设工程领域中,常见与时间关联的成本有以下六项费用:第一,工资。承包人项目部管理人员的工资。第二,资金成本。承包人交付预付款保函与履约保函给发包人,支付给银行的费用或是称为手续费等;承包人特别针对本项目借贷周转金的融资成本(此项费用证明有难度);因此增加的保险费用。第三,机具设备的租金与折旧摊销的成本。第四,工地管理费。例如,承包人项目部的水费、电费、电话费、交通费以及其他相关费用。第五,总公司管理费。总公司管理费平摊到项目部的费用。第六,分包人向承包人索赔与时间关联的成本。

(2)与时间无关联的费用。例如,发包人提供的设计有缺陷,造成建设工程质量缺陷,而产生的修复费用。

3. 预期利润

最高人民法院(2019)最高法民申 3542 号民事裁定书指出:"本院认为,本案的争议焦点是 A 公司是否可以主张预期可得利益损失以及损失确定的问题。……合同解除后,当然产生恢复原状的法律后果,非违约方对于已实际发生的损失可以主张固有利益损失。一方面,《合同法》中并无由谁主动行使合同解除权来区分预期可得利益损失能否获赔的规定;另一方面,非违约方因对方当事人违约行为遭受的损失没有因合同解除而得到清算,依完全赔偿原则,允许非违约方主张预期可得利益损失,较为公平。《最高人民法院关于当前形势下审理民商事合同纠纷案件若干问题的指导意见》指出,人民法院在计算和认定预期可得利益损失时,应当综合运用可预见规则、减损规则、损益相抵规则以及过失相抵规则等,从非违约方主张的可得利益赔偿总额中扣除违约方不可预见的损失、非违约方不当扩大的损失等。显然,预期可得利益不仅应是主观上可能的,客观上还应是确定的,即因违约行为的发生使此利益丧失,若无违约行为,这种利益按通常情形是必得的。而建设工程的预期可得利益具有很强的不确定性,即使案涉合同顺利履行完毕,也可能受施工管理及原材料价格上涨等诸方面因素影响,未必产生预期利润、利益等。原审法院认为 A 公司主张案涉合同实际履行的预期利益,并无不当;但本案诉请内容已经超过了 B 公司订立合同时应预见的违约损失范围,符合本案实际情况。"另最高人民法院(2022)最高法民终 364 号民事判决书指出:"案涉合同并未对可得利益损失做任何约定,反而对工程的缓建、停建进行了约定,即在合同继续履行的情况下如 A 公司原因导致工程缓建、停建,A 公司对 B 公司的损失不承担赔偿责任。由合同内容可知,案涉合同签订时双方即对工程不能如约施工存在预期,当事人追求的履约目的很大可能难以实现。2015 年 1 月 6 日,A 公司向 B 公司发函称项目开发进度放缓;2015 年 1 月 9 日,双方会同监理单位共同对施工现场进行盘点;2015 年 5 月 20 日,工程造价初审报告作出;2015 年 6 月 2 日各方当事人签署会议纪要;此后,双方并未对复工做任何商讨和准备,以实际行动终止了合同的履行。B 公司请求 A 公司应向其赔偿因违约造成的可得利益损失,缺乏合同和法律依据。A 公司主张其不应赔偿 B 公司的可得利益损失,理由成立,本院予以支持。"该判决似乎对于预期利润的损失采取较严格的认定。

(三)履约担保、承包人应承担的逾期违约金(如果有)

承包人如果提供履约保证金、履约保函等履约担保的,亦有返还承包人的问题,此部分如后章节所述。另外,如果承包人在建设工程中有承担的逾期违约金的,在结算时,应当予以扣减。

第三节　建设工程履约担保

一、履约保证金

《招标投标法》第 46 条第 2 款规定:"招标文件要求中标人提交履约保证金的,中标人应当提交。"第 60 条第 1 款规定:"中标人不履行与招标人订立的合同的,履约保证金不予退还,给招标人造成的损失超过履约保证金数额的,还应当对超过部分予以赔偿;没有提交履约保证金的,应当对招标人的损失承担赔偿责任。"《招标投标法实施条例》第 58 条规定:"招标文件要求中标人提交履约保证金的,中标人应当按照招标文件的要求提交。履约保证金不得超过中标合同金额的10%。"由此可知,履约保证金是为担保合同履行,经由当事人在建设施工合同中予以约定,交付一定金额给发包人,并可用来扣抵承包人应承担的赔偿金额。但笔者认为,此等规定仍未明确履约保证金的性质,基于合同自由原则,自应该依当事人对于履约保证金的具体约定内容,综合判断和认定履约保证金的性质,并适用相关法律规定。

目前实务上常见的履约保证金约定的方式,有以下几种情形:

(1)合同当事人约定的内容为:"……为保证其在建设工程施工合同中承诺的履约义务得到切实履行,愿意按本合同约定向甲方提供履约保证金。第二条保证范围为乙方未按建设工程施工合同约定履行义务,包括但不限于乙方原因不能按约定竣工日期竣工、工程质量达不到标准时应向甲方支付的违约金或赔偿的损失。……第五条保证期限自本合同生效之日起至建设工程竣工验收合同后 7 日内。保证期中乙方如约履行建设工程施工合同的,由甲方按工程进度款所占施工合同总价款的比例,将履约保证金(无息)按比例划回乙方账户。竣工验收合格后,保证金全额返还。……"①此时履约保证金应该是让与担保的性质,其担保范围包括债务不履行的损害赔偿、违约金等,也就是在合同约定的返还期限届至时,没有承包人需承担的担保责任事由发生的,或者纵有需承担的担保责任事由发生的,但在扣除相应的赔偿金额后,还有剩余,发包人应即返还履约保证金给承包人。而承包人向发包人请求返还履约保证金的依据是建设施工合同的约定。

(2)合同当事人约定的内容为:"如 A 公司逾期付款累计超过十

① 江苏省盐城市大丰区人民法院(2020)苏 0982 民初 4857 号民事判决书。

五日的,B 公司有权单方解除本合同,并可要求 A 公司支付已发生的广告代理费及滞纳金,且 B 公司有权不向 A 公司退还履约保证金。”“如 A 公司延迟付款累计超过十五日时,B 公司有权单方终止或解除本合同并可要求 A 公司支付已发生的广告代理费及滞纳金,且 B 公司有权不向 A 公司退还履约保证金。”“如 B 公司无故停止或中断 A 公司所代理的广告播放累计超过十五日时,A 公司有权单方中止或解除本合同,退回已收取但未实际发生的广告代理费和履约保证金,并应承担 A 公司由此而造成的是损失。”“因 A 公司原因(包括但不限于 A 公司破产、被吊销、终止经营等)导致提前终止本合同,A 公司须提前 6 个月通知 B 公司,且 A 公司应向 B 公司支付广告代理费未付部分的 20%作为违约金,履约保证金不予退还。因 B 公司原因导致提前终止合同,B 公司应向 A 公司支付合同未履行部分广告代理费的 20%作为违约金,履约保证金退还。”①此时履约保证金除具有让与担保的性质外,在合同约定的违约情形出现时,对违约行为及因此造成的损失有一定的惩罚性和补偿性,兼具违约金的性质。因此,笔者认为,当发包人有权依具有违约金性质的条款不予退还履约保证金时,仍有《民法典》第 585 条第 2 款关于违约金是否过高的问题,承包人可以向发包人主张酌减,并于酌减后,就溢领的履约保证金部分,依不当得利的法律关系,请求返还溢领的履约保证金。

二、独立保函概述

《独立保函规定》(经法释〔2020〕18 号修正)第 1 条第 1 款规定:“本规定所称的独立保函,是指银行或非银行金融机构作为开立人,以书面形式向受益人出具的,同意在受益人请求付款并提交符合保函要求的单据时,向其支付特定款项或在保函最高金额内付款的承诺。”由此可知,所谓独立保函,即是指银行或非银行的金融机构以书面形式

---

①　最高人民法院(2019)最高法民申 994 号民事裁定书。

向受益人出具的,同意在受益人请求付款并提交符合保函要求的单据时,向其支付特定款项或在保函最高金额内付款的承诺。

另《九民会议纪要》(法〔2019〕254号)第54条规定:"【独立担保】从属性是担保的基本属性,但由银行或者非银行金融机构开立的独立保函除外。独立保函纠纷案件依据《最高人民法院关于审理独立保函纠纷案件若干问题的规定》处理。需要进一步明确的是:凡是由银行或者非银行金融机构开立的符合该司法解释第1条、第3条规定情形的保函,无论是用于国际商事交易还是用于国内商事交易,均不影响保函的效力。银行或者非银行金融机构之外的当事人开立的独立保函,以及当事人有关排除担保从属性的约定,应当认定无效。但是,根据'无效法律行为的转换'原理,在否定其独立担保效力的同时,应当将其认定为从属性担保。此时,如果主合同有效,则担保合同有效,担保人与主债务人承担连带保证责任。主合同无效,则该所谓的独立担保也随之无效,担保人无过错的,不承担责任;担保人有过错的,其承担民事责任的部分,不应超过债务人不能清偿部分的三分之一。"由此可知,独立保函具有独立性,是担保从属性的例外,其适用范围包括国际商事交易以及国内商事交易。不符合法定要求的保函根据"无效法律行为的转换"原理,应当被认定为属于从属性担保的效力。

关于独立保函诉讼常见的类型有:第一,申请人(承包人)起诉请求确认受益人(发包人)索兑保函的行为构成欺诈而无效,并请求开立人(银行)终止支付保函项下的款项。[①] 第二,受益人起诉请求开立人支付保函项下的款项。[②] 第三,开立人起诉请求申请人支付垫付保函款项。[③] 而承包人提起的即是第一种类型,其所涉及的相关非讼、诉讼

[①] 参考最高人民法院(2019)最高法民终349号民事判决书。
[②] 参考北京市朝阳区人民法院(2021)京0105民初80637号民事判决书。
[③] 参考上海金融法院(2022)沪74民初1723号民事判决书。

案件,包括保全程序、本案诉讼,具体内容说明如后。

三、独立保函诉讼的保全程序

案情:甲与业主签订总承包合同后,甲再和乙签订分包合同,由乙负责土建和设备安装施工,工程天数为 730 日历天。后经乙申请,丙向甲开具履约保函,而甲在 2014 年间向丙提出书面索赔通知书,索兑履约保函。

乙提出的诉前保全申请:要求丙停止支付向甲开立的金额为×××元的履约保函项下的款项。

法院的裁定:(1)丙停止支付向甲所开立的金额为×××元的履约保函项下的款项。(2)对乙×××元的担保财产予以查封、扣押或冻结。[①]

《独立保函规定》(经法释〔2020〕18 号修正)第 13 条规定:"独立保函的申请人、开立人或指示人发现有本规定第十二条情形的,可以在提起诉讼或申请仲裁前,向开立人住所地或其他对独立保函欺诈纠纷案件具有管辖权的人民法院申请中止支付独立保函项下的款项,也可以在诉讼或仲裁过程中提出申请。"第 12 条规定:"具有下列情形之一的,人民法院应当认定构成独立保函欺诈:(一)受益人与保函申请人或其他人串通,虚构基础交易的;(二)受益人提交的第三方单据系伪造或内容虚假的;(三)法院判决或仲裁裁决认定基础交易债务人没有付款或赔偿责任的;(四)受益人确认基础交易债务已得到完全履行或者确认独立保函载明的付款到期事件并未发生的;(五)受益人明知其没有付款请求权仍滥用该权利的其他情形。"由此可知,丙在甲请求付款并提交符合保函要求的单据时,原则上即应向其支付特定款项,但例外于甲违背诚实信用和权利不得滥用原则,利用独立保函进行欺诈时,乙可以针对独立保函向法院申请中止支付的保全程序。

---

① 参考青海省高级人民法院(2015)青民保字第 29 号民事裁定书。

此处保全程序的目的是防止甲利用独立保函进行欺诈,并保护乙,但经法院准许止付裁定后,为避免当事人之间关于独立保函欺诈纠纷久悬未决,因此,《独立保函规定》(经法释〔2020〕18 号修正)第16 条第 3 款规定:"止付申请人在止付裁定作出后三十日内未依法提起独立保函欺诈纠纷诉讼或申请仲裁的,人民法院应当解除止付裁定。"亦即乙需在止付裁定作出后 30 日内向法院提起独立保函欺诈诉讼,否则,逾期不起诉的,法院将会解除保全的程序。

四、独立保函欺诈诉讼

乙起诉请求:(1)确认甲向丙索兑履约保函的行为构成欺诈而无效;(2)判令丙终止向甲支付履约保函项下款人民币×××元。经法院驳回其起诉后,乙提起上诉,再经法院驳回上诉请求。[①]

乙提起独立保函诉讼后,笔者整理出该案中最高人民法院的几个重要见解:

(1)关于国际商会《见索即付保函统一规则》URDG758 规则。URDG758 规则是任意性规则,只有保函当事人在保函中明确约定适用,才发生法律效力。保函未载明审单标准,在认定是否构成表面相符时,可以参照 URDG758 规则确定的审单标准。

(2)甲提交的单据需与保函条款构成表面相符。

(3)甲仅需提出基础合同项下的初步证据,佐证其索赔请求具有事实依据。而本案《分包合同》约定,工程的既定工期共计 24 个月,乙负责的土建施工和设备安装工程为 730 日历日,与《总承包合同》工期相同。甲向丙发出《书面索赔通知》,距离既定工期届满已经不足 2 个月时间。甲致乙的《关于转发业主第二次解约意向函的函》表明,业主终止与甲的合同的调查结论为:施工组织不力,资源投入不足,未能完成七八月赶工计划且多次无视业主、监理的赶工指令。业主《第二次

---

①　参考最高人民法院(2019)最高法民终 349 号民事判决书。

解约意向函》主要系针对土建施工和设备安装工程等事项的证明。综上,法院认为甲已有初步证据佐证其索赔请求。

(4)甲是否具有基础合同项下的违约行为并不必然影响其行使保函索赔权。独立保函开立后,应视为乙(即保函申请人)放弃了在基础关系项下对甲(即保函受益人)违约的抗辩。因此,本案基础合同项下是否有违约事实及其因果关系,并不影响甲行使保函权利。

根据笔者在中国裁判文书网上的搜寻案例与观察,承包人提起独立保函欺诈诉讼的成功率并不高(很难主张发包人属于独立保函欺诈的情形),因此,承包人很难据此阻止发包人继续向开立人索兑款项。

五、本案合同诉讼与行为保全

在中国裁判文书网上,笔者并没有找到甲与乙之间后续关于本案分包合同的纠纷案件。但独立保函欺诈诉讼与本案诉讼是两个不同的诉讼,不可相互混淆。在独立保函欺诈诉讼中,依保函独立性的原则,可以不受基础法律关系项下的抗辩的影响;但在本案分包合同诉讼中,履约保函则是承包人为担保合同履行而提供,因此,纵然发包人行使保函权利后,其能否终局保有履约保函项下索兑的款项,仍需依发包人与承包人之间签订的分包合同中关于履约保函约定的内容以及具体履约情形,加以确定。笔者认为,此时与前述履约保证金的情形并无差异,读者可加以参考。

至于承包人在提起本案合同诉讼之前或之后,可否根据《民事诉讼法》的相关规定,申请行为保全,并禁止发包人向开立人请求支付履约保函项下的款项?《民事诉讼法》第103条第1款规定:"人民法院对于可能因当事人一方的行为或者其他原因,使判决难以执行或者造成当事人其他损害的案件,根据对方当事人的申请,可以裁定对其财产进行保全、责令其作出一定行为或者禁止其作出一定行为;当事人没有提出申请的,人民法院在必要时也可以裁定采取保全措施。"第104条第1款规定:"利害关系人因情况紧急,不立即申请保全将会使其合法权益受到难以弥补的损害的,可以在提起诉讼或者申请仲裁前向被保全财产所在地、被申请人住所地或者对案件有管辖权的人民法院申请采取保全措施。申请人应当提供担保,不提供担保的,裁定驳回申请。"足见保全程序可以分为财产保全和行为保全。所谓行为保全,是指为了维护当事人的合法权益,避免造成损失,法院可以裁定被申请人禁止或作出一定的行为以确保申请人的利益不受损害。《民事诉讼法》第 105 条规定:"保全限于请求的范围,或者与本案有关的财物。"即申请人请求保全的范围可以与本案诉讼请求的范围重合或小于,另外,保全的财物是指本案的诉讼标的或与本案有牵连的其他财物。[①] 因此,笔者认为,承包人依合同约定请求返还履约保函时,应该允许承包人申请行为保全,并禁止发包人向开立人请求支付履约保函项下的款项。不过此项见解,还需待法院陆续表示意见后,始能加以确认。

第四节　财产保全、行为保全与证据保全

一、财产保全、行为保全

关于财产保全、行为保全的说明已如前面所述。笔者建议,承包人在发包人违约情形,依具体情况,可以于诉前或诉讼中利用保全制度,保全其将来胜诉判决的执行,或者防止损害的发生或扩大。

二、证据保全

《民事诉讼法》第 84 条规定:"在证据可能灭失或者以后难以取得的情况下,当事人可以在诉讼过程中向人民法院申请保全证据,人民

---

① 江必新主编:《新民事诉讼法理解适用与实务指南》,法律出版社 2012 年版,第395 页。

法院也可以主动采取保全措施。(第1款)因情况紧急,在证据可能灭失或者以后难以取得的情况下,利害关系人可以在提起诉讼或者申请仲裁前向证据所在地、被申请人住所地或者对案件有管辖权的人民法院申请保全证据。(第2款)证据保全的其他程序,参照适用本法第九章保全的有关规定。(第3款)"因此,申请证据保全是当事人或利害关系人重要的诉讼权利,也是查明案件事实的重要方式。尤其在建设工程纠纷中,有时证据会留存于他方,因此一方可以通过证据保全的方式来搜集事证资料,补强自己的举证能力。

需特别说明,证据保全的必要性应包含以下情形①:

(一)证据存在可能灭失或以后难以取得的必要性

对于已经提起诉讼或仲裁的案件,保全的证据需存在可能灭失或以后难以取得的情形。至于尚未提起诉讼或仲裁的案件,保全的证据除需具备前述存在可能灭失或以后难以取得的情形外,尚需具备情况急迫的情形。所谓情况急迫,是指情况刻不容缓,来不及提起诉讼或仲裁。例如,重要证人已病危,即将死亡,就具有刻不容缓的急迫情况。

(二)证据与本案待证事实关联的必要性

证据应该与本案待证事实具有关联性,如果证据与本案的待证事实没有关联性,即便证据存在可能灭失或者以后难以取得的情形,也不能准许证据保全。

(三)以证据保全方式取得证据的必要性

证据保全应该是合理、不可替代的取得证据手段。如果申请人可以经由其他合理、合法方式取得该证据的,笔者认为,此时并不具备证据保全的必要性,而且法院纵然未准许申请人的证据保全,也不会造成申请人权益的损害。

至于申请人是否提供担保的问题,最高人民法院《关于民事诉讼

① 参考最高人民法院(2020)最高法知民终2号民事裁定书。

证据的若干规定》(经法释〔2019〕19 号修正)第 26 条第 1 款规定:"当事人或者利害关系人申请采取查封、扣押等限制保全标的物使用、流通等保全措施,或者保全可能对证据持有人造成损失的,人民法院应当责令申请人提供相应的担保。"足见申请人在符合采取查封、扣押等保全措施,或者保全可能对证据持有人造成损失的情况下,才需提供担保。而建设工程案件中常见的证据保全标的、保全方法,例如复制工程档案资料,查阅与复制工程变更单、工程结算书、审计报告、拨付工程款凭证,对工程外观现状情况进行录像与拍照,制作证人笔录等,并不会造成证据价值的减损,因此,法院裁定准许对这类证据保全时,通常也不会要求申请人提供担保。

第十七章　实际施工人争议

第一节　实际施工人概述及定义

一、概述

在建设工程项目中,我们常会遇到发包人与总承包人签订建设工程施工合同后,承包人再将项目转包、违法分包给实际施工人的营建模式,或者没有资质的实际施工人与有资质的建筑施工企业达成借用资质的协议,再由有资质的建筑施工企业与发包人签订建设工程施工合同的营建模式。由于发包人与实际施工人之间没有签订建设工程施工合同,基于合同相对性原则,发包人与实际施工人之间本无权利义务关系,但《施工合同解释一》(法释〔2020〕25 号)第 43 条第 2 款规定:"实际施工人以发包人为被告主张权利的,人民法院应当追加转包人或者违法分包人为本案第三人,在查明发包人欠付转包人或者违法分包人建设工程价款的数额后,判决发包人在欠付建设工程价款范围内对实际施工人承担责任。"第 44 条规定:"实际施工人依据民法典第五百三十五条规定,以转包人或者违法分包人怠于向发包人行使到期债权或者与该债权有关的从权利,影响其到期债权实现,提起代位权诉讼的,人民法院应予支持。"由此可见,实际施工人可以向发包人主张权利。因此,厘清实际施工人的定义与其所面临的相关法律问题,在从事司法实务中就变得非常重要。此外,为了说明实际施工人所涉及的法律关系及相关问题,笔者将实际施工人争议再区分为三类:第一,实际施工人突破合同相对性争议(本章第二节讨论);第二,实际施工人代位求偿争议(本章第三节讨论);第三,实际施工人挂靠争议(本章第四节讨论）。笔者将以案例方式，分析实际施工人在建设工程施工合同中可能遭遇的问题。

二、实际施工人的定义

（一）实际施工人

最高人民法院民事审判第一庭编著的关于施工合同司法解释的理解与适用一书对"实际施工人"作出了说明："我国《民法典》《建筑法》《建设工程质量管理条例》等法律法规在表述承包人的概念时使用了以下几个概念：承包人、建筑施工企业、施工人、承包建筑工程的单位等，均没有出现过'实际施工人'的表述。……'实际施工人'是《2004年解释》创制的概念，旨在描述无效合同中实际承揽工程干活的低于法定资质的施工企业、非法人单位、农民工个人等，包括：（1）转包合同的承包人；（2）违法分包合同的承包人；（3）缺乏相应资质而借用有资质的建筑施工企业名义与他人签订建设工程施工合同的单位或者个人。"①

基于上述的说明，可以得知实际施工人存在于转包、违法分包、借用资质的营建模式中，且相对单纯的营建模式固然可以轻易判断出何者是实际施工人，但建设工程往往存在层层转包、违法分包的情形，因此也增加了实际施工人的判断难度。最高人民法院（2021）最高法民申5427号民事裁定书指出："本院认为，实际施工人一般是指，对相对独立的单项工程，通过筹集资金、组织人员机械等进场施工，在工程竣工验收合格后，与业主方、被挂靠单位、转承包人进行单独结算的自然人、法人或者其他组织。"上述理解与适用一书则认为："……实际施工人一般指最终投入资金、人工、材料、机械设备实际进行施工的施工人。一般而言：（1）实际施工人是实际履行承包人义务的人，既可能是

---

① 最高人民法院民事审判第一庭编著：《最高人民法院新建设工程施工合同司法解释（一）理解与适用》，人民法院出版社2021年版，第445页。

对整个建设工程进行施工的人,也有可能是对建设工程部分进行施工的人。(2)实际施工人与发包人没有直接的合同关系或者名义上的合同关系。……(3)实际施工人同与其签订转包合同、违法分包合同的承包人或者出借资质的建筑施工企业之间不存在劳动人事关系或劳务关系。"①以上内容更明确了实际施工人是指最终投入资金、人工、材料、机械设备实际进行施工的施工人。

关于转包、违法分包与借用资质的定义,《发包与承包违法行为认定办法》(建市规[2019]1号)第7条规定:"本办法所称转包,是指承包单位承包工程后,不履行合同约定的责任和义务,将其承包的全部工程或者将其承包的全部工程肢解后以分包的名义分别转给其他单位或个人施工的行为。"第9条第1款规定:"本办法所称挂靠,是指单位或个人以其他有资质的施工单位的名义承揽工程的行为。"第11条规定:"本办法所称违法分包,是指承包单位承包工程后违反法律法规规定,把单位工程或分部分项工程分包给其他单位或个人施工的行为。"有关转包、违法分包与借用资质的进一步认定,则可根据《发包与承包违法行为认定办法》(建市规[2019]1号)第8条、第10条与第12条的规定处理。至于转包、违法分包与借用资质的建设工程施工合同的效力,《施工合同解释一》(法释[2020]25号)第1条第1款第2项以及第2款规定:"建设工程施工合同具有下列情形之一的,应当依据民法典第一百五十三条第一款的规定,认定无效:……(二)没有资质的实际施工人借用有资质的建筑施工企业名义的……承包人因转包、违法分包建设工程与他人签订的建设工程施工合同,应当依据民法典第一百五十三条第一款及第七百九十一条第二款、第三款的规定,认定无效。"可见承包人转包、违法分包建设工程并与实际施工人签订建设工程施工合同,或者没有资质的实际施工人借用有资质的建筑施工

---

① 最高人民法院民事审判第一庭编著:《最高人民法院新建设工程施工合同司法解释(一)理解与适用》,人民法院出版社2021年版,第445~446页。

企业名义与发包人签订建设工程施工合同的,该等建设工程施工合同均为无效。

(二)内部承包人

在实践中内部承包人与实际施工人的概念该如何区别,也是一个很值得关注的问题。关于内部承包人的认定,最高人民法院(2018)最高法民申 4718 号民事裁定书指出:"本院认为,内部承包应当体现在以下三个方面:(1)主体方面,承包人须为本单位人员,即为与本单位有合法的人事或者劳动合同、工资以及社会保险关系的人员;(2)经营投入方面,承包人以使用单位的财产为主,自己投入的财产仅占次要的地位;(3)企业管理方面,内部承包虽然是自主经营,但企业对其管理相对紧密。"上述裁定即认为内部承包人是本单位的人员,与本单位有合法的人事或劳动合同关系。在经营管理上,内部承包人以使用本单位的财产为主,本单位对内部承包人进行必要的安全、质量管理等。因此,合法有效的内部承包,内部承包人所为的行为是本单位内部的行为,并不构成转包、违法分包与借用资质的问题。

第二节 实际施工人突破合同相对性争议案例讨论

一、案例说明

为了说明实际施工人所涉及的法律关系及相关问题,以下笔者将以案例方式,分析实际施工人在建设工程施工合同中可能遭遇到的问题。案例内容如下:

案例一:甲为发包人,乙为承包人,甲、乙签订建设工程施工合同,乙将项目工程转包、违法分包给丙,乙、丙签订建设工程施工合同,由丙负责资金、人工、材料、机械设备安排并实际组织进行施工,施工期间发生停工事件,丙因此产生停工损失。后丙根据《施工合同解释一》

（法释〔2020〕25号）第43条第2款的规定向甲提起民事诉讼。

问题一：丙可向甲起诉请求给付的范围为何？是工程款？是工程款利息？还是停工损失？

问题二：丙可否向甲行使建设工程价款优先受偿权？

问题三：丙向甲起诉后，可否要求甲停止对乙继续支付工程款？

问题四：甲主张其与乙之间存在有仲裁条款的约定，丙是否受此条款的拘束？

问题五："欠付建设工程价款范围"所指为何？甲可否主张其对乙有逾期违约金债权并在积欠乙的工程款债务中为扣抵？

问题六：甲若对其欠付乙的金额有争执，关于"欠付建设工程价款范围"应由何人负举证责任？

问题七：乙破产后，对丙的请求权行使是否产生影响？

《施工合同解释一》（法释〔2020〕25号）第43条第2款规定："实际施工人以发包人为被告主张权利的，人民法院应当追加转包人或者违法分包人为本案第三人，在查明发包人欠付转包人或者违法分包人建设工程价款的数额后，判决发包人在欠付建设工程价款范围内对实际施工人承担责任。"适用本条款应注意，发包人是采狭义见解，专指建设单位，不包括总承包人等其他人员，①且仅适用于转包、违法分包的情形。另外，需特别说明的是，最高人民法院民事审判第一庭2021年第20次专业法官会议纪要指出："本条解释为保护农民工等建筑工人的利益，突破合同相对性原则，允许实际施工人请求发包人在欠付工程款范围内承担责任。对该条解释的适用应当从严把握。该条解释只规范转包和违法分包两种关系，未规定借用资质的实际施工人以及多层转包和违法分包关系中的实际施工人有权请求发包人在欠付工程款范围内承担责任。因此，可以依据《建工解释（一）》第四十三

① 最高人民法院民事审判第一庭编著：《最高人民法院新建设工程施工合同司法解释（一）理解与适用》，人民法院出版社2021年版，第446页。

条规定突破合同相对性原则请求发包人在欠付工程款范围内承担责任的实际施工人不包括借用资质及多层转包和违法分包关系中的实际施工人。"足见实务见解认为本条规定的实际施工人并不包括借用资质及多层转包和违法分包关系中的实际施工人。

二、问题一的讨论

本案甲、丙确实为《施工合同解释一》(法释〔2020〕25 号)第 43 条第 2 款规定的发包人与实际施工人,且属于转包、违法分包的情形,因此,丙可以向甲主张权利。而丙、乙签订的建设工程施工合同,根据《施工合同解释一》(法释〔2020〕25 号)第 1 条第 2 款的规定,属于无效。关于合同无效的处理,《民法典》第 157 条规定:"民事法律行为无效、被撤销或者确定不发生效力后,行为人因该行为取得的财产,应当予以返还;不能返还或者没有必要返还的,应当折价补偿。有过错的一方应当赔偿对方由此所受到的损失;各方都有过错的,应当各自承担相应的责任。法律另有规定的,依照其规定。"由此可知,除法律另有规定外,取得财产的,应予返还,返还不能或者没有必要返还的,折价补偿;因无效合同所产生的损失赔偿,则按过错原则承担责任。而《民法典》第 793 条第 1 款规定:"建设工程施工合同无效,但是建设工程经验收合格的,可以参照合同关于工程价款的约定折价补偿承包人。"该条即是就建设工程施工合同的特别规定,也就是工程经验收合格的,针对工程(财产)不采返还原则,而是采取"参照合同关于工程价款的约定"折价补偿方式。另《施工合同解释一》(法释〔2020〕25 号)第 6 条规定:"建设工程施工合同无效,一方当事人请求对方赔偿损失的,应当就对方过错、损失大小、过错与损失之间的因果关系承担举证责任。(第 1 款)损失大小无法确定,一方当事人请求参照合同约定的质量标准、建设工期、工程价款支付时间等内容确定损失大小的,人民法院可以结合双方过错程度、过错与损失之间的因果关系等因素作出裁判。(第 2 款)"该条明确了当事人的举证责任与请求赔偿损失的标准。第 24 条规定：“当事人就同一建设工程订立的数份建设工程施工合同均无效，但建设工程质量合格，一方当事人请求参照实际履行的合同关于工程价款的约定折价补偿承包人的，人民法院应予支持。（第 1 款）实际履行的合同难以确定，当事人请求参照最后签订的合同关于工程价款的约定折价补偿承包人的，人民法院应予支持。（第 2 款）”该条则明确了存在数份无效合同时，应参照合同工程价款约定的依据。

根据《施工合同解释一》（法释〔2020〕25 号）第 43 条第 2 款的规定，丙可以向甲请求债权的类型范围究竟为何？是否如上一段的说明或有所限制？笔者认为，丙对乙的工程款债权，以及工程款利息（属于法定孳息，是工程款的一部分），自属于可请求的范围。此部分可参考最高人民法院（2021）最高法民申 1400 号民事裁定书：“因利息系法定孳息，实际施工人根据上述司法解释第二十六条之规定请求发包人在欠付工程款范围内承担责任的，该责任既包括转包人、违法分包人欠付的工程款本金，也包括相应利息。”该裁定即认为可请求的范围包括工程款本金及其相应的利息。至于停工损失部分，可参考最高人民法院（2019）最高法民申 1901 号民事裁定书：“逾期付款利息和临时设施费损失系违约损失赔偿性质，保证金属于履约担保性质，均不属于《最高人民法院关于审理建设工程施工合同纠纷案件适用法律问题的解释》第二十六条规定突破合同相对性原则向发包人追溯的工程款范围，A 某与 B 某作为多层转包关系的最后实际施工人，不能援引该司法解释第二十六条规定向与其没有直接合同关系的 C 公司主张非工程款性质的损失赔偿和返还保证金，而应当遵循合同相对性原则，向与其有合同关系的中间转包人主张权利。”该裁定则认为非工程款性质的损失赔偿与返还保证金都不属于丙可以向甲请求的范围。笔者亦赞同此见解，因本条款是为保护农民工合法权益而作出的突破合同相对性的特殊规定，自应从严解释。

三、问题二的讨论

《施工合同解释一》(法释〔2020〕25号)第35条规定:"与发包人订立建设工程施工合同的承包人,依据民法典第八百零七条的规定请求其承建工程的价款就工程折价或者拍卖的价款优先受偿的,人民法院应予支持。"由此可知,行使建设工程价款优先受偿权的主体是"与发包人订立建设工程施工合同的承包人",而本案丙未和甲签订有建设工程施工合同,故丙不能向甲行使《民法典》第807条规定的建设工程价款优先受偿权。

四、问题三的讨论

根据《施工合同解释一》(法释〔2020〕25号)第43条第2款的规定,固然未赋予丙可以请求甲停止向乙给付工程款的权利,但吉林省高级人民法院(2017)吉民申3092号民事裁定书指出:"……根据《最高人民法院关于审理建设工程施工合同纠纷案件适用法律问题的解释》第二十六条规定,A电厂作为发包人应当在欠付B公司工程款范围内对C承担工程款的连带给付责任。而在C某提起本案诉讼时,A电厂仍欠付B公司工程款金额(4109676.44元)远超B公司应向C某给付的案涉工程款数额(1444298元),故A电厂应当承担向C某给付工程款的连带责任。……一审判决作出后,A电厂明知B公司因面临破产而极有可能不具备向C某清偿债务的能力,仍以B公司请求为由将该笔工程欠款全部以转移支付方式支付他人,二审法院据此认定A电厂与B公司恶意串通,损害了C某的合法权益,A电厂属于恶意转移债务,其仍应承担向C某给付工程欠款的连带责任,并无不当。"由此可见,如果甲属于恶意继续向乙付款,且损害丙的合法权益的,甲可能需要对丙负给付工程款责任。

五、问题四的讨论

实务关于此问题存在争议,有人认为受拘束,有人认为不受拘束,具体内容说明如下:

受拘束说认为,丙应受甲、乙之间的仲裁约定拘束,也就是本案非法院审理范围,丙不得提起诉讼。参考案例最高人民法院(2021)最高法民申1073号民事裁定书指出:"《最高人民法院关于审理建设工程施工合同纠纷案件适用法律问题的解释》第二十六条规定:'实际施工人以转包人、违法分包人为被告起诉的,人民法院应当依法受理。实际施工人以发包人为被告主张权利的,人民法院可以追加转包人或者违法分包人为本案当事人。发包人只在欠付工程价款范围内对实际施工人承担责任。'根据上述法律规定,通常情况下,实际施工人以发包人为被告主张发包人在欠付工程价款范围内承担责任的,人民法院应当受理。然而,本案的特殊之处在于A公司与B公司及B公司与C公司均约定有仲裁条款,排除了人民法院管辖。……故C公司应当受到仲裁条款的约束。发包人在欠付工程价款范围内对实际施工人承担责任,需以发包人与承包人之间的工程价款结算为前提,而前述事实的认定业经仲裁条款排除人民法院管辖。"

不受拘束说认为,丙不受甲、乙之间的仲裁约定拘束,丙可以对甲提起诉讼。笔者赞同此见解,因为丙对甲的请求权利是基于《施工合同解释一》(法释〔2020〕25号)第43条第2款的规定,与甲、乙之间合同约定无涉,自不该拘束丙。参考案例最高人民法院(2014)民申字第1575号民事裁定书指出:"《最高人民法院关于审理建设工程施工合同纠纷案件适用法律问题的解释》第二十六条第二款规定,实际施工人在一定条件下可以向与其没有合同关系的发包人主张权利。该规定是一定时期及背景下为解决拖欠农民工工资问题的一种特殊制度安排,其不等同于代位权诉讼,不具有代位请求的性质。同时,该条款规定发包人只在欠付工程价款范围内对实际施工人承担责任,目的是防止无端加重发包人的责任,明确工程价款数额方面,发包人仅在欠付承包人的工程价款数额内承担责任,这不是对实际施工人权利范围的界定,更不是对实际施工人程序性诉讼权利的限制。实际施工人向发包人主张权利,不能简单地理解为是对承包人权利的承继,也不应受承包人与发包人之间仲裁条款的约束。"

六、问题五的讨论

所谓"欠付建设工程价款范围",是指甲、乙之间签订的建设工程施工合同中关于甲欠付乙建设工程款项的范围。本案乙、丙之间签订的建设工程施工合同虽然无效,但不影响甲、乙之间签订的建设工程施工合同的有效性,[①]因此,甲欠付乙建设工程款项的范围,应依甲、乙之间签订的建设工程施工合同的约定确定。另外,《施工合同解释一》(法释〔2020〕25 号)第 43 条第 2 款规定的目的是保护农民工合法权益,解决拖欠农民工工资问题,而提供实际施工人向发包人请求建设工程价款的途径,不应该使发包人陷于更不利的地位或发生损害,因此,甲、乙签订的建设工程施工合同中,甲可以主张的权利都应该给予保障才是。笔者认为,甲于本案诉讼中可以主张在积欠乙的工程款债务中扣抵逾期违约金。

七、问题六的讨论

笔者认为,根据民事诉讼法的举证责任原则即谁主张谁举证原则,本案甲若对"欠付建设工程价款范围"有争执的,应由丙负最终事实不明的举证责任。但需说明的是,若丙主张甲欠付乙的建设工程价款金额为 1000 万元,为甲所不否认,或甲否认但丙提出证据例如已经司法鉴定证明价款金额为 1000 万元后,甲反驳已经给付或清偿的部分,根据《民事诉讼法司法解释》(经法释〔2022〕11 号修正)第 90 条

---

① 参考最高人民法院(2021)最高法民申 1684 号民事裁定书。

"当事人对自己提出的诉讼请求所依据的事实或者反驳对方诉讼请求所依据的事实,应当提供证据加以证明,但法律另有规定的除外。(第1款)在作出判决前,当事人未能提供证据或者证据不足以证明其事实主张的,由负有举证证明责任的当事人承担不利的后果。(第2款)"的规定,甲应提出反驳的证据,若甲无法提供或不愿提供,甲需承担不提供反驳证据及举证不能的法律后果。此时,丙主张甲"欠付建设工程价款范围"是1000万元,应被认为是有理由的。

八、问题七的讨论

关于《施工合同解释一》(法释〔2020〕25号)第43条第2款规定与《企业破产法》相关规定的适用问题,可参考以下判决内容。江苏省高级人民法院(2021)苏民再139号民事判决书指出:"……发包人在欠付范围内向实际施工人支付工程款并非对转包人债务的个别清偿,不违反债权平等原则。首先,《破产法》第十六条禁止个别清偿,是禁止破产企业对其同顺位债务的差别清偿,而非禁止其他债务人向债权人进行清偿。依据《司法解释》第二十六条第二款规定,实际施工人向发包人主张权利的,发包人即在欠付工程款范围内对实际施工人负有相应债务,应由发包人向实际施工人支付工程款,并非转包人向实际施工人清偿债务,不构成《破产法》所禁止的个别清偿。"浙江省高级人民法院(2019)浙民终1104号民事判决书指出:"且《最高人民法院关于审理建设工程施工合同纠纷案件适用法律问题的解释》第二十六条第二款系为保护农民工的合法权益作出的特殊规定,原审基于司法解释规定的特殊性优先予以适用并无不当。A公司提出应优先适用《中华人民共和国企业破产法》的理由不能成立。"依此实务见解则认为,乙虽破产,并不影响丙行使《施工合同解释一》(法释〔2020〕25号)第43条第2款规定的权利。

第三节　实际施工人代位求偿争议案例讨论

一、案例说明

　　案例二：甲为发包人，乙为承包人，甲、乙之间签订建设工程施工合同，乙将项目工程转包、违法分包给丙，乙、丙之间签订建设工程施工合同，由丙负责资金、人工、材料、机械设备安排并实际组织进行施工，施工期间发生停工事件，丙因此产生停工损失。后丙根据《施工合同解释一》（法释〔2020〕25号）第44条的规定向甲提起民事代位权诉讼。

　　问题一：丙可向甲起诉请求给付的范围为何？是工程款？是工程款利息？还是停工损失？

　　问题二：丙可否代位行使建设工程价款优先受偿权？

　　问题三：甲主张其与乙之间存在仲裁条款的约定，丙是否受此条款的拘束？

　　问题四：甲可否主张其对乙有逾期违约金债权并在积欠乙的工程款债务中为扣抵？

　　问题五：乙破产后，对丙的请求权行使是否产生影响？

　　《施工合同解释一》（法释〔2020〕25号）第44条规定："实际施工人依据民法典第五百三十五条规定，以转包人或者违法分包人怠于向发包人行使到期债权或者与该债权有关的从权利，影响其到期债权实现，提起代位权诉讼的，人民法院应予支持。"以下就实际施工人行使代位权的要件说明如下：

　　（一）债权人对债务人存在合法的到期债权

　　本案乙、丙之间签订的建设工程施工合同虽然因转包、违法分包而无效，但丙可依无效合同的法律效果，向甲主张相关债权，因此，丙对乙的债权属于合法债权。另外,丙对乙的工程款债权需属于到期债权,未到期债权,不能请求甲履行。

(二)债务人的债权已到期

乙对甲的债权需已到期,如未到期,甲本无履行债务义务,丙自不得代位请求甲履行。

(三)债务人怠于行使其到期债权或者与该债权有关的从权利,影响债权人的到期债权实现

关于"债务人怠于行使其到期债权"该如何解释?《民法典合同编通则司法解释》(法释〔2023〕13号)第33条规定:"债务人不履行其对债权人的到期债务,又不以诉讼或者仲裁方式向相对人主张其享有的债权或者与该债权有关的从权利,致使债权人的到期债权未能实现的,人民法院可以认定为民法典第五百三十五条规定的'债务人怠于行使其债权或者与该债权有关的从权利,影响债权人的到期债权实现'。"即是指债务人不履行其对债权人的到期债务,又不以诉讼方式或者仲裁方式向其债务人主张其享有的具有金钱给付内容的到期债权。本案乙若已对甲提起给付工程款诉讼,乙显无怠于行使其到期债权,则丙就不得对甲提起代位权诉讼。本案乙需怠于行使其对甲的到期工程款债权,影响丙的到期工程款债权实现。

(四)债务人的债权不是专属于债务人自身的债权

《民法典合同编通则司法解释》(法释〔2023〕13号)第34条规定:"下列权利,人民法院可以认定为民法典第五百三十五条第一款规定的专属于债务人自身的权利:(一)抚养费、赡养费或者扶养费请求权;(二)人身损害赔偿请求权;(三)劳动报酬请求权,但是超过债务人及其所扶养家属的生活必需费用的部分除外;(四)请求支付基本养老保险金、失业保险金、最低生活保障金等保障当事人基本生活的权利;(五)其他专属于债务人自身的权利。"足见专属于债务人自身的债权包括抚养费请求权等,乙对甲的工程款债权并非专属于乙自身的债权。

二、问题一的讨论

法院审理代位权诉讼时,需审理丙对乙债权的数额与乙对甲债权的数额,并判决甲对丙履行乙的债务数额。而丙对乙债权的数额,根据《民法典》第 157 条、第 793 条第 1 款以及《施工合同解释一》(法释〔2020〕25 号)第 6 条的规定处理,乙对甲的债权数额依甲、乙之间签订的建设工程施工合同约定确定。因此,丙提起代位权诉讼时,可以请求的金额包括工程款及其利息及损失赔偿。

三、问题二的讨论

学者对于此问题存在不同见解,说明如下:

否定说认为,行使建设工程价款优先受偿权的主体是"与发包人订立建设工程施工合同的承包人",实际施工人与发包人之间未有建设工程施工合同关系,不应该享有建设工程价款优先受偿权。而《施工合同解释一》(法释〔2020〕25 号)第 44 条规定突破合同相对性,对实际施工人的利益予以保护,是以不加重发包人的责任为前提,如果允许实际施工人向发包人主张建设工程价款优先受偿权,对发包人明显不公平。另外,关于《民法典》第 535 条的从权利是指担保物权,应注意建设工程价款优先受偿权与担保物权的区别。

肯定说认为,行使建设工程价款优先受偿权的主体虽然是"与发包人订立建设工程施工合同的承包人",但实际施工人可以向发包人代位求偿,实际施工人代"与发包人订立建设工程施工合同的承包人"求偿的债权包括工程款债权以及从权利(包括建设工程价款优先受偿权)。[①] 笔者认为应以肯定说为是。

---

① 史鹏舟主编:《建设工程实际施工人法律问题深度解析》,法律出版社 2022 年版,第 280~281 页。

四、问题三的讨论

《民法典合同编通则司法解释》(法释〔2023〕13号)第35条规定:"债权人依据民法典第五百三十五条的规定对债务人的相对人提起代位权诉讼的,由被告住所地人民法院管辖,但是依法应当适用专属管辖规定的除外。(第1款)债务人或者相对人以双方之间的债权债务关系订有管辖协议为由提出异议的,人民法院不予支持。(第2款)"第36条规定:"债权人提起代位权诉讼后,债务人或者相对人以双方之间的债权债务关系订有仲裁协议为由对法院主管提出异议的,人民法院不予支持。但是,债务人或者相对人在首次开庭前就债务人与相对人之间的债权债务关系申请仲裁的,人民法院可以依法中止代位权诉讼。"由此可知,代位权诉讼只能由相对人住所地法院管辖,即代位权诉讼适用一般地域管辖,既排除其他法院的地域管辖,也排除丙、乙之间和乙、甲之间的管辖协议和仲裁协议。① 因此,丙不受此仲裁条款约定的拘束。另外,需补充的是,涉及建设工程施工合同纠纷的,属于专属管辖,并专属于工程所在地的法院管辖,而此专属管辖并优先于前述的一般地域管辖。

五、问题四的讨论

《民法典》第535条第3款规定:"相对人对债务人的抗辩,可以向债权人主张。"由此可知,甲得向丙主张其对乙有逾期违约金债权并在积欠乙的工程款债务中为扣抵。

六、问题五的讨论

《民法典》第537条规定:"人民法院认定代位权成立的,由债务人

---

① 最高人民法院民法典贯彻实施工作领导小组主编:《中华人民共和国民法典合同编理解与适用[一]》,人民法院出版社2020年版,第504页。

的相对人向债权人履行义务,债权人接受履行后,债权人与债务人、债务人与相对人之间相应的权利义务终止。债务人对相对人的债权或者与该债权有关的从权利被采取保全、执行措施,或者债务人破产的,依照相关法律的规定处理。"由此可知,一旦乙进入破产程序,丙的代位权诉讼即应该根据相关法律的程序处理。此部分可根据以下规定处理。最高人民法院《关于适用〈中华人民共和国企业破产法〉若干问题的规定(二)》(经法释〔2020〕18号修正)第21条规定:"破产申请受理前,债权人就债务人财产提起下列诉讼,破产申请受理时案件尚未审结的,人民法院应当中止审理:(一)主张次债务人代替债务人直接向其偿还债务的……(第1款)债务人破产宣告后,人民法院应当依照企业破产法第四十四条的规定判决驳回债权人的诉讼请求。但是,债权人一审中变更其诉讼请求为追收的相关财产归入债务人财产的除外。(第2款)债务人破产宣告前,人民法院依据企业破产法第十二条或者第一百零八条的规定裁定驳回破产申请或者终结破产程序的,上述中止审理的案件应当依法恢复审理。(第3款)"第23条第1款规定:"破产申请受理后,债权人就债务人财产向人民法院提起本规定第二十一条第一款所列诉讼的,人民法院不予受理。"

第四节 实际施工人挂靠争议案例讨论

一、案例说明

案例三:甲为发包人,甲知情丙没有资质借用有资质的乙与其签订建设工程施工合同,并由丙负责资金、人工、材料、机械设备安排并实际组织进行施工,施工期间发生停工事件,丙因此产生停工损失。

问题一:丙可否向甲起诉请求给付工程款?工程款利息?停工损失?

问题二:丙可否行使建设工程价款优先受偿权?

　　问题三：甲主张有仲裁条款的约定,丙是否受此条款的拘束?

二、问题一的讨论

　　没有资质的实际施工人借用有资质的建筑施工企业名义与发包人签订建设工程施工合同,在发包人知道或者应当知道是借用资质的实际施工人进行施工的情况下,发包人、建筑施工企业、实际施工人三者就发包人与建筑施工企业之间签订的建设工程施工合同存在通谋虚伪意思表示,该合同无效,但因当事人之间的真意是由发包人与实际施工人签订建设工程施工合同,并由实际施工人施工,因此,发包人与实际施工人之间形成事实上的建设工程施工合同关系。此事实上的建设工程施工合同关系,再因实际施工人不具备相应资质,依据《施工合同解释一》(法释〔2020〕25号)第1条第1款第2项的规定,亦属于无效。而合同无效的法律效果,根据《民法典》第157条、第793条第1款以及《施工合同解释一》(法释〔2020〕25号)第6条的规定处理。因此,丙可以根据《民法典》第157条、第793条第1款以及《施工合同解释一》(法释〔2020〕25号)第6条的规定,主张工程款及其利息、损失赔偿。

　　附带说明的是,虽然《施工合同解释一》(法释〔2020〕25号)第1条第1款第2项规定的建设工程施工合同无效情形,并无区分发包人是否善意或恶意,但有不少学者认为此处应限缩解释为发包人属于恶意即知道、应当知道没有资质的实际施工人借用有资质的建筑施工企业名义与其签订合同的情况,如果发包人属于善意的情况,基于保护发包人,应该认为该建设工程施工合同有效。[①] 则依此见解,本案若甲不知道借用资质一事,甲、乙之间签订的建设工程施工合同有效。此时,笔者认为在符合《民法典》第535条规定的要件下,丙可以根据《民

---

　　① 最高人民法院民事审判第一庭编著:《最高人民法院新建设工程施工合同司法解释(一)理解与适用》,人民法院出版社2021年版,第22页。

法典》第 535 条的规定对甲提起代位权诉讼。

三、问题二的讨论

甲、丙之间成立的事实上建设工程施工合同关系,虽然因丙不具备相应资质而归于无效,但《民法典》第 807 条规定的建设工程价款优先受偿权属于法定权利,不因合同无效而受影响。而且建设工程价款优先受偿权的立法目的即系保护承包人已经劳动物化到工程上的支出能够优先得到偿付,则不论甲、丙之间事实上建设工程施工合同关系是否无效,都应给予保护才是。因此,丙可以向甲主张建设工程价款优先受偿权(当然丙还是要符合建设工程价款优先受偿权的其他要件,可参照本书第二十章的讨论)。此部分可参考最高人民法院民事审判第一庭编的《民事审判实务问答》第 40 个回答的内容:"我们倾向认为,建设工程施工合同无效,不应影响优先受偿权的行使。建筑工程款优先受偿权的立法目的是保护劳动者的利益。因为在发包人拖欠承包人的工程款中,有相当部分是承包人应当支付给工人的工资和其他劳务费用。在无效建筑工程合同中,上述有关费用也已实际支出,应当由发包人予以支付。即便合同无效,认定承包人就该笔费用享有优先受偿权,依然有利于促进劳动者利益的保护,符合建设工程优先权制度的立法目的。最高人民法院《关于审理建设工程施工合同纠纷案件适用法律问题的解释(一)》第三十八条规定:'建设工程质量合格,承包人请求其承建工程的价款就工程折价或者拍卖的价款优先受偿的,人民法院应予支持。'该条明确规定承包人的工程价款优先受偿权与建设工程质量是否合格相关,不与合同效力直接相关。"[1]

四、问题三的讨论

甲、丙之间成立的事实上建设工程施工合同关系,虽然因丙不具

---

[1] 最高人民法院民事审判第一庭编:《民事审判实务问答》,法律出版社 2022 年版,第 60~61 页。

备相应资质而归于无效,但当事人之间既有仲裁条款约定的真意,以及对将来仲裁的期待,笔者认为应予尊重,故丙应受其拘束。

第五节　其他问题的讨论

前面所述均是实际施工人突破合同相对性原则或是根据事实上的合同关系无效后,可以对发包人主张权利的说明,至于对发包人的保护,则有以下规定:

第一,《施工合同解释一》(法释〔2020〕25号)第7条规定:"缺乏资质的单位或者个人借用有资质的建筑施工企业名义签订建设工程施工合同,发包人请求出借方与借用方对建设工程质量不合格等因出借资质造成的损失承担连带赔偿责任的,人民法院应予支持。"由此可知,在借用资质的营建模式中,不论发包人知情时,发包人与借用资质的人之间成立事实上的建设工程施工合同关系,或是发包人不知情时,发包人与出借资质的人之间成立建设工程施工合同关系,这两者情形下,无合同关系的出借资质的人或借用资质的人,对于因建设工程质量原因造成损失的,都需与借用资质的人或出借资质的人一同对发包人负连带赔偿责任。

第二,《施工合同解释一》(法释〔2020〕25号)第15条规定:"因建设工程质量发生争议的,发包人可以以总承包人、分包人和实际施工人为共同被告提起诉讼。"由此可知,在程序上明确关于建设工程质量发生争议的,发包人可以以总承包人、分包人和实际施工人为共同被告提起诉讼。而发包人可以请求转包、违法分包的实际施工人承担连带赔偿责任的依据,笔者认为是《建筑法》第67条的规定:"承包单位将承包的工程转包的,或者违反本法规定进行分包的,责令改正,没收违法所得,并处罚款,可以责令停业整顿,降低资质等级;情节严重的,吊销资质证书。(第1款)承包单位有前款规定的违法行为的,对因转包工程或者违法分包的工程不符合规定的质量标准造成的损失,与接受转包或者分包的单位承担连带赔偿责任。(第2款)"另发包人可以请求借用资质的实际施工人承担连带赔偿责任的依据,是《施工合同解释一》(法释〔2020〕25号)第7条的规定。

视频 17.1　保理与实际施工人

第四篇　其他相关法律问题讨论

第十八章　执行第三人到期债权法律问题研究

——以承包人工程款债权遭法院冻结为例

有关执行第三人到期债权的问题,在建设工程领域中很常见,例如分包人或是材料供应商,执行承包人对发包人的到期工程款债权。关于能否执行第三人到期债权,在该制度的讨论上一直存在着两种意见:第一种意见认为,执行第三人到期债权制度破坏合同相对性,并且要保护债权人对于次债务人的代位权利,应该通过代位诉讼方式进行,不该在执行程序中,因此认为应该删除此一制度。第二种意见认为,该制度以第三人不提出异议为前提,并未突破合同相对性原则,而该制度的目的恰恰是跟代位权制度相衔接。目前我国的制度是在第二种意见的基础上,吸收了第一种意见关于保护相关权利人的内容。

目前我国执行第三人到期债权制度,以及保护相关权利人的规定,主要规定在《民事诉讼法司法解释》(经法释〔2022〕11号修正)第499条以及《执行规定》(经法释〔2020〕21号修正)第45条至第53条的条文中。这些条文内容只是针对执行第三人到期债权制度原则性的规定,该如何操作由于缺乏具体的规定,因此在实践中产生许多问题。本文借用案例的形式,逐一分析此类案例在执行过程中可能会遭遇的法律问题并提出笔者的看法。

一、案例情形

承包人B(本案的债务人以及被执行人)拖欠材料供应商C(本案的债权人以及执行人)材料款一案,C取得确定判决,法院判决B应向C支付材料款5000万元。进入执行程序后,根据C的申请,法院向业主A(本案的次债务人以及执行程序中的第三人)发出协助执行通知书以及执行裁定书(即概括查封、扣押、冻结被执行人财产的裁定)冻结 B 在 A 处的工程款债权,并且随后发出履行到期债务通知要求 A 向 C 支付 A 原先应支付给 B 的工程款。A 认为工程尚未竣工结算,无从支付该工程款,请问 A 该如何保障自己的权利?

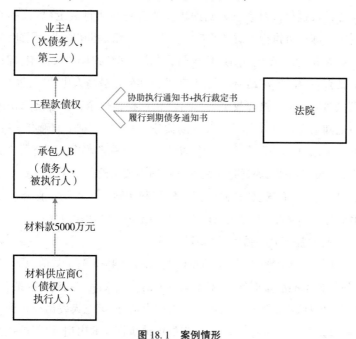

图 18.1 案例情形

二、本案例所涉及的相关法律问题

(一)执行对第三人到期债权的文书,法院应采用通知还是裁定?

《民事诉讼法司法解释》(经法释〔2022〕11 号修正)第 499 条第 1 款、第 2 款规定:"人民法院执行被执行人对他人的到期债权,可以作出冻结债权的裁定,并通知该他人向申请执行人履行。(第 1 款)该他人对到期债权有异议,申请执行人请求对异议部分强制执行的,人民法院不予支持。利害关系人对到期债权有异议的,人民法院应当按照民事诉讼法第二百三十四条规定处理。(第 2 款)"由此可知,执行法院在执行对第三人到期债权时,应严格按照执行到期债权的程序向次债务人送达冻结到期债权裁定、履行到期债务通知书。

1. 针对冻结到期债权裁定的部分

冻结被执行人对第三人到期债权的裁定与执行裁定(即概括查封、扣押、冻结被执行人财产的裁定)不同,也无法相互取代。因此,执行法院在执行对第三人到期债权时,本应为冻结到期债权裁定,却仅为概括查封、扣押、冻结财产裁定,其效力如何? 最高人民法院(2017)最高法执监 441 号执行裁定书指出:"采取概括保全裁定辅之以协助执行通知书方式对 A 公司相关到期债务进行保全,程序上确有瑕疵,但客观上已对 A 公司产生了冻结涉案债权的法律效果。A 公司收到协助执行通知书后,亦通过回复的方式向赣州中院说明了工程资金情况,该回复已具有异议的特征,其程序权利实际上也得到了保障。"足见其程序虽有瑕疵,但仍足以产生冻结特定债权的法律效果。

2. 针对履行到期债务通知书的部分

《执行规定》(经法释〔2020〕21 号修正)第 45 条第 1 款前段规定:"被执行人不能清偿债务,但对本案以外的第三人享有到期债权的,人民法院可以依申请执行人或被执行人的申请,向第三人发出履行到期债务的通知……"由此可知,法院根据申请执行人的申请,执行被执行人对于第三人的到期债权的,应该要制作履行到期债务通知书,并送达第三人。

此外,《执行规定》(经法释〔2020〕21 号修正)第 45 条第 2 款规定:"履行通知应当包含下列内容:(1)第三人直接向申请执行人履行其对被执行人所负的债务,不得向被执行人清偿;(2)第三人应当在收到履行通知后的十五日内向申请执行人履行债务;(3)第三人对履行到期债权有异议的,应当在收到履行通知后的十五日内向执行法院提出;(4)第三人违背上述义务的法律后果。"因此,如果法院送达的履行到期债务通知书中未记载上述规定的内容,应认定执行行为违反法律规定。

（二）第三人收到法院发出的裁定和通知的法律效果为何？

1. 针对冻结到期债权裁定的部分

冻结到期债权裁定属于对被执行人的执行措施，而不是对第三人的执行措施。

2. 针对履行到期债务通知书的部分

《执行规定》（经法释〔2020〕21号修正）第51条规定："第三人收到人民法院要求其履行到期债务的通知后，擅自向被执行人履行，造成已向被执行人履行的财产不能追回的，除在已履行的财产范围内与被执行人承担连带清偿责任外，可以追究其妨害执行的责任。"由此可知，第三人收到履行通知后，如果擅自履行造成履行财产不能追回的，在该范围内第三人与被执行人负担连带责任。

此外，《执行规定》（经法释〔2020〕21号修正）第49条规定："第三人在履行通知指定的期限内没有提出异议，而又不履行的，执行法院有权裁定对其强制执行。此裁定同时送达第三人和被执行人。"由此可知，第三人收到履行到期债务通知书后，未在期限内异议以及履行债务的，法院必须制作裁定后才可以对第三人强制执行。

（三）第三人如何提出异议？

1. 针对冻结到期债权裁定的部分

执行法院为冻结到期债务裁定仍属于执行程序中的执行行为，因此，笔者认为第三人对于冻结到期债权裁定有异议的，可以根据《民事诉讼法》第236条"当事人、利害关系人认为执行行为违反法律规定的，可以向负责执行的人民法院提出书面异议。当事人、利害关系人提出书面异议的，人民法院应当自收到书面异议之日起十五日内审查，理由成立的，裁定撤销或者改正；理由不成立的，裁定驳回。当事人、利害关系人对裁定不服的，可以自裁定送达之日起十日内向上一级人民法院申请复议"的规定，向执行法院提出书面异议。

另外，根据前述案例中以执行裁定（即概括查封、扣押、冻结被执行人财产的裁定,或概括保全裁定)辅之以协助执行通知书方式对第三人到期债务进行保全的,既然产生冻结特定债权的法律效果,笔者认为即与冻结到期债权裁定无异,应该允许第三人根据《民事诉讼法》第236条的规定提出书面异议。

2. 针对履行到期债务通知书的部分

有关第三人收到法院送达的履行到期债务通知书后,该如何提出异议,根据《执行规定》(经法释〔2020〕21号修正)可以从异议的期限、形式以及内容说明如下:

(1)异议的期限

《执行规定》(经法释〔2020〕21号修正)第45条第2款第3项规定:"履行通知应当包含下列内容:……(3)第三人对履行到期债权有异议的,应当在收到履行通知后的十五日内向执行法院提出……"由此可知,第三人应该在收到通知后15日内提出异议。但是如果第三人未在期限内提出异议,是否因此丧失提出异议的权利?最高人民法院执行工作办公室《关于到期债权执行中第三人超过法定期限提出异议等问题如何处理的请示的答复》(〔2005〕执他字第19号)规定:"第三人在收到履行到期债务通知书后,未在法定期限内提出异议,并不发生承认债务存在的实体法效力。第三人在法院开始强制执行后仍有异议的,应当得到司法救济。"由此可知,第三人未于期限内提出异议的,仍有权提出异议。

(2)异议的形式

《执行规定》(经法释〔2020〕21号修正)第46条规定:"第三人对履行通知的异议一般应当以书面形式提出,口头提出的,执行人员应记入笔录,并由第三人签字或盖章。"根据上述规定,第三人提出异议的方式有两种:第一,提出书面声明;第二,口头提出的应记入笔录中,并由第三人签字或盖章。

(3)异议的内容

《民事诉讼法司法解释》(经法释〔2022〕11号修正)第499条第2

款前段规定："该他人对到期债权有异议,申请执行人请求对异议部分强制执行的,人民法院不予支持。"《执行规定》(经法释〔2020〕21号修正)第47条规定："第三人在履行通知指定的期间内提出异议的,人民法院不得对第三人强制执行,对提出的异议不进行审查。"第48条规定："第三人提出自己无履行能力或其与申请执行人无直接法律关系,不属于本规定所指的异议。(第1款)第三人对债务部分承认、部分有异议的,可以对其承认的部分强制执行。(第2款)"由此可知,第三人提出异议的异议内容可分为否认债权存在、无履行能力或其与申请执行人无直接法律关系、对债务部分承认与部分有异议等情形,并影响执行法院是否继续执行。

　　至于如何理解到期债权,笔者认为所谓到期债权,是指符合以下三个条件的债权:第一,债权已经成立并且生效;第二,债权的期限已经届至;第三,债权的金额已经确定或可以确定。这里需要特别讨论的是,未来的债权是否属于这里讨论的到期债权?《制裁规避执行若干意见》(法〔2011〕195号)第13条规定："依法保全被执行人的未到期债权。对被执行人的未到期债权,执行法院可以依法冻结,待债权到期后参照到期债权予以执行。第三人仅以该债务未到期为由提出异议的,不影响对该债权的保全。"由此规定可知,未来的债权也就是期限尚未到期的债权,不属于《民事诉讼法司法解释》(经法释〔2022〕11号修正)第499条第2款前段规定的到期债权,经过第三人异议后,法院应停止对于该债权的执行,但是根据《制裁规避执行若干意见》(法〔2011〕195号)的规定,未来债权可以成为保全措施的对象,并且待债权到期后可以参照到期债权予以执行。

　　另一个需要讨论的问题是,工程款债权上未完成竣工验收结算,是否属于这里讨论的到期债权?笔者认为,这个问题涉及"竣工验收结算"是工程款债权的条件还是期限的问题。如何区分条件与期限?虽然两者皆为法律行为的附款,但是一般认为条件属于将来客观上不确定的事实,而期限属于将来客观上确定的事实,而"竣工验收结算"

应该属于将来客观上不确定的事实，因此属于工程款的条件而非期限。尚未完成竣工验收结算，该工程款债权的条件尚未成就，并未生效，因此不属于这里所讨论的到期债权。

（四）法院针对第三人所提出的异议该如何处理？

1. 立案程序

第三人提出异议，是否要经过法院的立案程序重新立案，或是直接向发出履行到期债务通知书的执行法院表示提出异议即可？《执行异议和复议规定》（经法释〔2020〕21 号修正）第 2 条第 1 款规定："执行异议符合民事诉讼法第二百二十五条（现第 236 条）或者第二百二十七条（现第 238 条）规定条件的，人民法院应当在三日内立案，并在立案后三日内通知异议人和相关当事人。不符合受理条件的，裁定不予受理；立案后发现不符合受理条件的，裁定驳回申请。"由此可知，第三人根据《民事诉讼法》第 236 条、第 238 条规定提出异议的，应该经过法院的立案程序。

2. 如何理解不予审查

《执行规定》（经法释〔2020〕21 号修正）第 47 条规定："第三人在履行通知指定的期间内提出异议的，人民法院不得对第三人强制执行，对提出的异议不进行审查。"最高人民法院《关于认真贯彻实施民事诉讼法及相关司法解释有关规定的通知》（法〔2017〕369 号）第 3 条规定："……对于次债务人在法定期限内提出异议的，除到期债权系经生效法律文书确定的外，人民法院对提出的异议不予审查，即应停止对次债务人的执行……"这几个条文中都规定了对于异议不予审查，并停止对于次债务人的强制执行，这里所规定的不予审查究竟所指为何？由于第三人提出的异议理由，往往是涉及其与被执行人之间实体法律关系的事项，但实体法律关系事项本应通过诉讼程序来处理，是无法经由执行法院加以审理的，因此，执行法院对于第三人所提出的异议内容，仅需形式审查是否符合法律所规定的程序事项，无须审查被执行人与第三人之间的实体法律关系事项。此部分可参考最高人民法院(2017)最高法民申 349 号民事裁定书:"根据《最高人民法院〈关于人民法院执行工作若干问题的规定〉(试行)》第 63 条规定:'第三人在履行通知指定的期间内提出异议的,人民法院不得对第三人强制执行,对提出的异议不进行审查。'即人民法院依据《民事诉讼法解释》第五百零一条规定,对'他人'执行到期债权时,如'他人'对到期债权有异议,人民法院不做实质性审查,即应中止执行。"

3. 冻结到期债权裁定、履行到期债务通知书的异议程序

《执行异议和复议规定》(经法释〔2020〕21 号修正)第 17 条规定:"人民法院对执行行为异议,应当按照下列情形,分别处理:(一)异议不成立的,裁定驳回异议;(二)异议成立的,裁定撤销相关执行行为;(三)异议部分成立的,裁定变更相关执行行为;(四)异议成立或者部分成立,但执行行为无撤销、变更内容的,裁定异议成立或者相应部分异议成立。"因此,第三人根据《民事诉讼法》第 236 条规定对冻结到期债权裁定提出异议的,法院经审理后的结果,分别为裁定驳回异议、撤销相关执行行为,或者裁定变更相关执行行为。法院应否撤销冻结到期债权的裁定,实务则有不同见解。陕西省西安市中级人民法院(2018)陕 01 执异 419 号执行裁定书指出:"本院认为,本院执行机构按照法律规定,在发出履行债务通知书的同时,有权冻结 A 公司对 B 公司享有的到期债权。B 公司对履行债务通知提出异议后,虽执行机构不能对其强制执行,但作出的冻结债权裁定书依然有效,B 公司仍然受到该裁定的约束,冻结债权裁定与 B 公司存在法律上的利害关系,B 公司可以作为利害关系人享有执行异议的诉权。B 公司对履行到期债务通知提出异议后,C 公司有权依法在合理期间内提起对 B 公司的代位权诉讼。C 公司在 B 公司提出异议的 5 个多月后且经本院释明未提起代位权诉讼,因执行程序中冻结到期债权的客观条件已经发生变化,继续冻结已无法律依据,本院作出的冻结债权裁定应予撤销。"该裁定即认为应该撤销冻结到期债权裁定。另河南省高级人民法院(2021)豫执复 479 号执行裁定书指出:"……执行中人民法院可

以作出裁定和协助执行通知书对被执行人在第三人处的到期债权采取冻结措施，冻结到期债权的实质是冻结抽象的债权债务关系，而不是直接冻结该第三人所拥有或支配的财产，该冻结对第三人没有实质财产的损害。对第三人到期债权采取冻结措施只是要求第三人对被执行人在第三人处的到期债权不得清偿，如果第三人未向被执行人清偿即履行了协助执行的义务。本案中，郑州中院（2021）豫 01 执 252 号执行裁定及协助执行通知书也只是要求 A 管委会不得擅自向 B 公司支付相应的款项，并未对 A 管委会与 B 公司之间债权债务关系进行确认，并不损害 A 管委会的合法权益。如果 A 管委会未向被执行人 B 公司清偿即履行了协助执行的义务，故上述裁定及协助执行通知书没有撤销的必要。"该裁定即认为不应撤销冻结到期债权裁定。

第三人提出履行到期债务通知书的异议后，根据《民事诉讼法司法解释》（经法释〔2022〕11 号修正）第 499 条第 2 款前段的规定，法院经审查，认为符合规定的，即应停止执行程序，并由申请执行人另行提起代位权诉讼解决。至于法院应否撤销履行到期债务通知书，实务则有不同见解。河北省昌黎县人民法院（2016）冀 0322 执异 35 号执行裁定书指出："本院认为，异议人 A 公司对本院令其向申请执行人 B 水泥厂履行所欠被执行人 C 公司债务的通知提出异议，按《最高人民法院关于适用〈中华人民共和国民事诉讼法〉的解释》第五百零一条第二款、《最高人民法院关于人民法院执行工作若干问题的规定（试行）》第 63 条的规定，本院不能再对异议人强制执行，本院的（2016）冀 0322 执 376 号之二履行到期债务通知书应当予以撤销。……依照《中华人民共和国民事诉讼法》第二百二十五条、《最高人民法院关于人民法院办理执行异议和复议案件若干问题的规定》第十七条第（三）项的规定，裁定如下：撤销本院的（2016）冀 0322 执 376 号之二履行到期债务通知书。"该裁定即认第三人所提出的异议，属于执行行为异议，且法院应撤销履行到期债务通知书。另北京市昌平区人民法院（2021）京 0114 执异 66 号执行裁定书指出："本院认为，被执行人不能清偿债务，但对本案以外的第三人享有到期债权的,人民法院可以依申请执行人或被执行人的申请,向第三人发出履行到期债务的通知。第三人在履行通知指定的期间内提出异议的,人民法院不得对第三人强制执行,对提出的异议不进行审查。本案中,本院于 2020 年 10 月 16 日向 A 公司送达《履行到期债务通知书》,A 公司在该通知书确定的十五日异议期内已向本院提出异议,否认 B 公司对其享有到期债权,故本院对于 A 公司的异议不予审查。"(经二审维持)该裁定即认为无须撤销履行到期债务通知书,并驳回第三人的撤销申请。

三、本案例中业主 A 该如何寻求救济

本案例中业主 A 在收到法院的概括保全财产裁定、协助执行通知书、履行到期债务通知书后,有权以工程款债权尚未完成竣工验收结算等否认债权存在为由提出异议。法院针对 A 所提出的异议应于 3 日内完成立案,对于 A 所提出的债权不存在的实体事项,不予审查,但应该停止对于第三人的执行,由 C 另行对于 B 以及 A 提出代位诉讼。至于法院针对 A 所提出的撤销裁定、协助执行通知书、履行到期债务通知书的申请,应为如何处理,实务虽有不同的见解,但笔者认为,执行法院既然是以概括保全财产裁定辅之以协助执行通知书方式对第三人到期债务进行保全,已产生冻结特定债权的法律效果,与冻结到期债权裁定无异,应该允许第三人根据《民事诉讼法》第 236 条的规定,对该裁定及协助执行通知提出异议。且若申请执行人迟迟不提起代位诉讼,相关人的权益关系亦不宜久悬不解决,笔者倾向此时法院应撤销协助执行通知(概括保全财产裁定不撤销,但若执行法院发的是冻结到期债权裁定,笔者认为应撤销冻结到期债权裁定)。另外,笔者认为,《民事诉讼法司法解释》(经法释〔2022〕11 号修正)第 499 条第 2 款前段的规定,是法律基于保护第三人的特别规定,并不意味着第三人丧失根据《民事诉讼法》第 236 条提出对一般执行行为异议的权利,更何况《执行规定》(经法释〔2020〕21 号修正)第 45 条第 2 款第

1 项规定:"履行通知应当包含下列内容:(1)第三人直接向申请执行人履行其对被执行人所负的债务,不得向被执行人清偿……"由此可知,履行到期债务通知书要求履行义务人向申请执行人履行债务等情形,属于影响第三人权益事项,自应允许第三人根据《民事诉讼法》第236条规定提出异议,并撤销履行到期债务通知书。

第十九章　以房抵工程款法律问题的讨论

第一节　概　　述

在建设工程施工实践上,时有耳闻发包人拖欠工程款的情形,承包人为保护自己的权益,避免工程款无法受偿,因而产生为数不少的以房抵工程款的问题。最高人民法院《关于当前商事审判工作中的若干具体问题》指出:"债权人与债务人之间存在金钱债务,有时双方约定以特定物替代原金钱债务的清偿。实务上将该种替代履行债务的方式称为以物抵债。"因此,笔者认为所谓的"以房抵工程款"协议,即是指在建设工程施工中,发包人与承包人之间存在工程款债务,双方约定以房屋所有权移转的方式代替发包人一定金额工程款债务的清偿而达成的协议。

根据《民法典合同编通则司法解释》(法释〔2023〕13号)第27条、第28条的规定,则将"以房抵工程款"协议区分为:履行期届满前达成的"以房抵工程款"协议与履行期届满后达成的"以房抵工程款"协议。

第二节　履行期届满前达成的"以房抵工程款"协议

一、该协议的法律性质

由于工程款债务履行期尚未届至,当事人又签订"以房抵工程款"协议,此时签订"以房抵工程款"协议的主要目的是对工程款债务提供担保。关于履行期届满前达成的"以房抵工程款"协议的性质,在学说与实务见解上可区分为"让与担保说""后让与担保说""代物清偿预约说""债权担保说"。①

最高人民法院民事审判第二庭等在编著的《九民会议纪要》《民法典合同编通则司法解释》理解与适用中已明确表示,"以房抵工程款"协议的性质是采取"让与担保说"。② 另外,《民法典合同编通则司法解释》(法释〔2023〕13 号)第 28 条第 2 款规定:"当事人约定债务人到期没有清偿债务,债权人可以对抵债财产拍卖、变卖、折价以实现债权的,人民法院应当认定该约定有效。当事人约定债务人到期没有清偿债务,抵债财产归债权人所有的,人民法院应当认定该约定无效,但是不影响其他部分的效力;债权人请求对抵债财产拍卖、变卖、折价以实现债权的,人民法院应予支持。"由此可知,纵然"以房抵工程款"协议中约定发包人到期没有清偿债务,房产归承包人所有的,仅该部分约定无效,"以房抵工程款"协议仍然有效。而关于此种"以房抵工程款"协议的效力,依据抵工程款的房屋是否完成所有权移转登记(即公示)而有所不同。

二、尚未将抵工程款债务的房屋移转登记给承包人的情形

尚未将抵工程款债务的房屋移转登记给承包人的,《民法典合同编通则司法解释》(法释〔2023〕13 号)第 28 条第 3 款前段规定:"当事人订立前款规定的以物抵债协议后,债务人或者第三人未将财产权利转移至债权人名下,债权人主张优先受偿的,人民法院不予支持……"且《九民会议纪要》第 45 条规定:"【履行期届满前达成的以物抵债协

---

① 有关履行期届满前达成的"以房抵工程款"协议性质的讨论,可参阅郭树霞:《以房抵债协议的法律问题研究——以债务履行期届满前的以房抵债协议为中心》,河北经贸大学 2020 年硕士学位论文,第 19~21 页。

② 最高人民法院民事审判第二庭编著:《〈全国法院民商事审判工作会议纪要〉理解与适用》,人民法院出版社 2019 年版,第 307 页;最高人民法院民事审判第二庭、研究室编著:《最高人民法院民法典合同编通则司法解释理解与适用》,人民法院出版社 2023 年版,第 331 页。

议】当事人在债务履行期届满前达成以物抵债协议,抵债物尚未交付债权人,债权人请求债务人交付的,因此种情况不同于本纪要第71条规定的让与担保,人民法院应当向其释明,其应当根据原债权债务关系提起诉讼。经释明后当事人仍拒绝变更诉讼请求的,应当驳回其诉讼请求,但不影响其根据原债权债务关系另行提起诉讼。"由此可知,因房屋尚未移转给承包人,不构成让与担保,承包人不得请求移转抵债房屋,承包人请求发包人移转登记抵债房屋的,人民法院应当向其释明,其应当根据原债权债务关系提起诉讼,经释明后承包人仍拒绝变更诉讼请求的,驳回其诉讼请求。另外,最高人民法院《关于审理民间借贷案件适用法律若干问题的规定》(经法释〔2020〕17 号修正)第23 条规定:"当事人以订立买卖合同作为民间借贷合同的担保,借款到期后借款人不能还款,出借人请求履行买卖合同的,人民法院应当按照民间借贷法律关系审理。当事人根据法庭审理情况变更诉讼请求的,人民法院应当准许。(第 1 款)按照民间借贷法律关系审理作出的判决生效后,借款人不履行生效判决确定的金钱债务,出借人可以申请拍卖买卖合同标的物,以偿还债务。就拍卖所得的价款与应偿还借款本息之间的差额,借款人或者出借人有权主张返还或者补偿。(第 2 款)"即承包人在建设工程施工合同的诉讼中,取得胜诉判决,发包人又拒不履行确定判决的工程款债务时,承包人可以申请拍卖抵工程款债务的房屋,以偿还债务。但因为抵工程款债务的房屋未经移转登记给承包人,不具有物权作用,不能享有优先偿还其债权的权利。①

三、已将抵工程款债务的房屋移转登记给承包人的情形

已将抵工程款债务的房屋移转登记给承包人的,《民法典合同编

---

① 最高人民法院民事审判第二庭编著:《〈全国法院民商事审判工作会议纪要〉理解与适用》,人民法院出版社 2019 年版,第 308 页;最高人民法院民事审判第二庭、研究室编著:《最高人民法院民法典合同编通则司法解释理解与适用》,人民法院出版社 2023 年版,第 331 页。

通则司法解释》(法释〔2023〕13 号)第 28 条第 2 款后段规定:"当事人约定债务人到期没有清偿债务,抵债财产归债权人所有的,人民法院应当认定该约定无效,但是不影响其他部分的效力;债权人请求对抵债财产拍卖、变卖、折价以实现债权的,人民法院应予支持。"第 3 款后段规定:"债务人或者第三人已将财产权利转移至债权人名下的,依据《最高人民法院关于适用〈中华人民共和国民法典〉有关担保制度的解释》第六十八条的规定处理。"《九民会议纪要》第 71 条第 2 款规定:"当事人根据上述合同约定,已经完成财产权利变动的公示方式转让至债权人名下,债务人到期没有清偿债务,债权人请求确认财产归其所有的,人民法院不予支持,但债权人请求参照法律关于担保物权的规定对财产拍卖、变卖、折价优先偿还其债权的,人民法院依法予以支持。债务人因到期没有清偿债务,请求对该财产拍卖、变卖、折价偿还所欠债权人合同项下债务的,人民法院亦应依法予以支持。"由此可知,承包人不得以无效的条款主张抵工程款债务的房屋为自己所有,但承包人有权参照法律关于担保物权的规定对该房屋进行拍卖、变卖、折价程序,并享有优先偿还其债权的权利。

四、关于办理网签备案登记的性质

最高人民法院(2021)最高法执复 90 号执行裁定书指出:"……根据《城市商品房预售管理办法》《房屋登记办法》《中华人民共和国物权法》等规定,签订买卖合同后网签备案并非物权预告登记。网签备案是行政强制性行为,实际上是商品房买卖的公示而非抵押担保的公示,并不具有物权预告登记的公示效力,A 公司抗辩网签备案即为物权预告登记没有事实和法律依据。"由此可知,当事人签订"以房抵工程款"协议后,纵办理网签备案手续,也仅是满足行政管理要求,若未将抵工程款债务的房屋移转登记给承包人的,仍不具有物权公示效力,不能享有优先偿还其债权的权利。

第三节　履行期届满后达成的"以房抵工程款"协议

一、该协议的法律性质

工程款债务履行期届满后,当事人签订"以房抵工程款"协议的目的是对清偿债务作出的新安排。因此,笔者认为履行期届满后达成的"以房抵工程款"协议的性质,可能为以下几种情形:

（一）代物清偿

代物清偿是指债权人与债务人约定,由债权人受领他种给付,以代原定的给付,债务人原有之债务关系消灭。代物清偿是要物合同,即债权人受领他种给付,才能成立。代物清偿是有偿合同,得准用买卖合同的规定。代物清偿的要件:（1）当事人之间的合意;（2）须有债权存在;（3）须为异于原定给付的他种给付;（4）他种给付须代原定的给付而为之。代物清偿合同成立时,旧债务消灭,纵代物清偿的物有瑕疵,债权人亦只能依代物清偿合同行使权利。①

（二）新债清偿

新债清偿是指因清偿旧债务而对债权人负担新债务,且新旧债务并存,唯有新债务履行时,旧债务才会消灭。新债清偿的要件:（1）当事人之间的合意;（2）须有旧债务存在;（3）须以负担新债务为清偿旧债务的方法。②

（三）债之更改

债之更改是指成立新债务而消灭旧债务的合同,也就是新债务成立,旧债务消灭。债之更改为要因合同、有偿合同,得准用买卖合同的

---

① 孙森焱:《民法债编总论（下册）》（修订版）,台湾地区作者自版 2001 年版,第 1031~1034 页。

② 孙森焱:《民法债编总论（下册）》（修订版）,台湾地区作者自版 2001 年版,第 1036~1037 页。

规定。债之更改的要件:(1)当事人之间的合意;(2)须有旧债务存在;(3)须有债之要素的变更;(4)须有新债务的成立。债务人不履行新债务,债权人也只能根据新的债务关系来主张权利。①

　　由上面的说明可知,关于债务清偿的方式,不论是代物清偿、新债清偿,或是债之更改等方式,都各有不同的效力与履行方式,差异很大,而"以房抵工程款"协议既然是当事人为清偿债务并就债务清偿的方式作出的新安排,并无违反公序良俗、强制规定的情况下,自应当完全尊重当事人的意愿,也就是当事人可以自由选择"以房抵工程款"协议的性质并约定于建设工程施工合同中。因此,"以房抵工程款"协议的性质,可能是代物清偿性质,也可能是新债清偿性质,或者是债之更改性质,这完全是依凭当事人自由意思项下的协议结果。此部分可参考最高人民法院(2016)最高法民终 484 号民事判决书:"以物抵债,系债务清偿的方式之一,是当事人之间对于如何清偿债务作出的安排,故对以物抵债协议的效力、履行等问题的认定,应以尊重当事人的意思自治为基本原则。一般而言,除当事人明确约定外,当事人于债务清偿期届满后签订的以物抵债协议,并不以债权人现实地受领抵债物,或取得抵债物所有权、使用权等财产权利,为成立或生效要件。只要双方当事人的意思表示真实,合同内容不违反法律、行政法规的强制性规定,合同即为有效。"该判决亦认为"以房抵工程款"协议的效力、履行等问题的认定,应尊重当事人的意思自治原则。另外,笔者认为,该判决并无排除当事人签订代物清偿性质的"以房抵工程款"协议,此可以从"除当事人明确约定外"等用语得知,也就是当事人可以在协议中明确约定交付或移转登记抵债物的,该协议才成立。此外,《民法典合同编通则司法解释》(法释〔2023〕13 号)第 27 条第 2 款规定:"债务人或者第三人履行以物抵债协议后,人民法院应当认定相应

---

　　① 孙森焱:《民法债编总论(下册)》(修订版),台湾地区作者自版 2001 年版,第 1038~1040、1042 页。

的原债务同时消灭；债务人或者第三人未按照约定履行以物抵债协议，经催告后在合理期限内仍不履行，债权人选择请求履行原债务或者以物抵债协议的，人民法院应予支持，但是法律另有规定或者当事人另有约定的除外。"由此可知，最新公布的司法解释也认为"以房抵工程款"协议的性质以新债清偿为原则，但并不排除当事人之间明确约定代物清偿或是债之更改等性质的"以房抵工程款"协议。

当事人对"以房抵工程款"协议的性质发生争执，应如何处理？笔者认为，在解释"以房抵工程款"协议条款时，若该条款已约定明确，毫无疑义的，即为当然的解释性质，并适用相应的效力、履行等规定；但若条款内容不明确时，则可以在双方当事人所提供的证据中，探求当时当事人签订协议的真意，并作具体判断。需特别说明，探求当事人的真意中，若无相关证据可以证明当事人签订协议当时是选择代物清偿、债之更改的，笔者倾向将"以房抵工程款"协议的性质认定为新债清偿的债务清偿方式，因为，除对债权人的保护外，解释为双方当事人另行增加一种清偿债务的方式，使新债务与旧债务并存，更符合一般人的法律情感。此部分亦可参考最高人民法院（2016）最高法民终484号民事判决书："当事人于债务清偿期届满后达成的以物抵债协议，可能构成债的更改，即成立新债务，同时消灭旧债务；亦可能属于新债清偿，即成立新债务，与旧债务并存。基于保护债权的理念，债的更改一般需有当事人明确消灭旧债的合意，否则，当事人于债务清偿期届满后达成的以物抵债协议，性质一般应为新债清偿。换言之，债务清偿期届满后，债权人与债务人所签订的以物抵债协议，如未约定消灭原有的金钱给付债务，应认定系双方当事人另行增加一种清偿债务的履行方式，而非原金钱给付债务的消灭。"

二、《九民会议纪要》第 44 条的适用问题

《九民会议纪要》第 44 条第 1 款规定："当事人在债务履行期限届满后达成以物抵债协议，抵债物尚未交付债权人，债权人请求债务人

交付的,人民法院要着重审查以物抵债协议是否存在恶意损害第三人合法权益等情形,避免虚假诉讼的发生。经审查,不存在以上情况,且无其他无效事由的,人民法院依法予以支持。"笔者认为,此时仅能适用在当事人签订性质为新债清偿或是债之更改的"以房抵工程款"协议的情形。至于传统民法定义下的代物清偿既然属于要物合同,发包人未移转登记房屋给承包人前,"以房抵工程款"协议尚未成立,承包人自无权向发包人请求移转登记抵工程款债务的房屋给自己。另外,由于新债清偿性质的"以房抵工程款"协议中,新债与旧债并立,有学者认为此时新债务未届清偿期,承包人也不得向发包人请求旧债务,因为承包人同意新债务的延期清偿,同时也是同意旧债务的延期清偿,嗣新旧债务均已届清偿期后,发包人仍未清偿,承包人则可请求发包人履行新债务或旧债务。反之,发包人选择履行新债务,新债务清偿后,旧债务也消灭,发包人选择履行旧债务,新债务因失其原因,新债务也消灭(新债务若属于无因债务的,则属于不当得利的问题)。①

《九民会议纪要》第44条第2款规定:"当事人在一审程序中因达成以物抵债协议申请撤回起诉的,人民法院可予准许。当事人在二审程序中申请撤回上诉的,人民法院应当告知其申请撤回起诉。当事人申请撤回起诉,经审查不损害国家利益、社会公共利益、他人合法权益的,人民法院可予准许。当事人不申请撤回起诉,请求人民法院出具调解书对以物抵债协议予以确认的,因债务人完全可以立即履行该协议,没有必要由人民法院出具调解书,故人民法院不应准许,同时应当继续对原债权债务关系进行审理。"上述内容则是关于法院对当事人在诉讼中达成"以房抵工程款"协议的处理方式。其中,人民法院不宜出具调解书的原因是法院难以审查"以房抵工程款"协议是否存在恶

---

① 孙森焱:《民法债编总论(下册)》(修订版),台湾地区作者自版2001年版,第1037页。

意串通损害他人的情形,为慎重起见的缘故。①

三、"以房抵工程款"协议的法律适用问题

履行期届满后达成的"以房抵工程款"协议即是为清偿债务的目的而作出的新安排,笔者认为此阶段"以房抵工程款"协议并不属于《民法典》规定的典型合同类型,应该尊重当事人意思自治原则,以及依据《民法典》第467条第1款"本法或者其他法律没有明文规定的合同,适用本编通则的规定,并可以参照适用本编或者其他法律最相类似合同的规定"的规定来处理。

四、关于"以房抵工程款"协议的承包人是否需具备购房登记资格的问题

最高人民法院(2016)最高法民申2800号民事裁定书指出:"以房抵债协议主要特征是双方当事人达成以债务人转移房屋所有权替代原合同所约定的金钱给付义务的协议。由于以房抵债协议在现行法上系无名合同,在法律适用上,首先应适用或者类推适用最相类似的合同类型的法律规范。虽然以房抵债协议的目的在于以债务人转移房屋所有权替代合同约定的原给付义务,但在外观上与房屋买卖合同最为接近,因此,应当适用合同法关于买卖合同的规定。其次,由于以物抵债协议为无名合同,即使不适用合同法关于买卖合同的规定,也应适用合同法总则的规定,或者说,在合同法关于买卖合同无明确规定的前提下,就以房抵债协议的相关法律问题,应适用合同法总则的规定。所以,关于以房抵债协议的效力问题,也应适用合同法关于买卖合同和合同法总则的规定。"该裁定即认为"以房抵工程款"协议可以参照适用买卖合同的规定。另北京市高级人民法院民一庭《关于妥

---

① 最高人民法院民事审判第二庭编著:《〈全国法院民商事审判工作会议纪要〉理解与适用》,人民法院出版社2019年版,第303页。

善处理涉及住房限购政策的房屋买卖合同纠纷案件若干问题的会议纪要》第8条规定:"当事人双方在订立合同时明知或应当知道该合同不符合当时的住房限购政策,一方当事人要求继续履行的,不予支持,但一审法庭辩论前买受人家庭具备'京十五条'规定的购房资格的除外;合同约定待买受人符合住房限购政策后再办理房屋过户登记的,依照其约定。"第9条规定:"因住房限购政策的限制,当事人约定一方以他人名义购买房屋,并将房屋登记在他人名下,借名人以其系实际买受人为由,要求确认房屋归其所有或办理房屋过户登记的,不予支持;借名人因自身条件变化或政策发生调整等原因符合住房限购政策的,可以判决登记人为其办理房屋过户登记手续。"第10条规定:"本纪要所称的'房屋买卖',包括商品房买卖和二手房买卖。当事人依据房屋赠与合同或以房抵债合同要求办理房屋过户登记的,可以参考适用本纪要相关内容。"该会议纪要亦认为"以房抵工程款"协议可以参考适用该会议纪要相关内容执行。因此,若承包人不具备购房登记资格的,虽然"以房抵工程款"协议仍属有效,但恐将面临事实上或法律上均不能实际履行的情况,此需特别注意。此外,最高人民法院《关于人民法院司法拍卖房产竞买人资格若干问题的规定》(法释〔2021〕18号)第5条亦规定:"司法拍卖房产出现流拍等无法正常处置情形,不具备购房资格的申请执行人等当事人请求以该房抵债的,人民法院不予支持。"

五、关于"以房抵工程款"协议其他法律适用的问题

至于"以房抵工程款"协议有无最高人民法院《关于审理商品房买卖合同纠纷案件适用法律若干问题的解释》(经法释〔2020〕17号修正)第2条"出卖人未取得商品房预售许可证明,与买受人订立的商品房预售合同,应当认定无效,但是在起诉前取得商品房预售许可证明的,可以认定有效"的规定的适用,贵州省高级人民法院(2018)黔民终932号民事裁定书指出:"《最高人民法院关于审理商品房买卖合同纠

纷案件适用法律若干问题的解释》第二条规定:'出卖人未取得商品房
预售许可证明,与买受人订立的商品房预售合同,应当认定无效,但是
在起诉前取得商品房预售许可证明的,可以认定有效。'因此,无论是
以房抵债协议还是商品房买卖合同,都必须符合上述条款关丁合同效
力的规定。"另黑龙江省高级人民法院(2014)黑民终字第25号民事判
决书则认为:"A公司、B某签订的协议虽然名为《商品房预售协议
书》,但实为A公司与B某以房抵顶材料款行为的延续,非最高人民法
院《关于审理商品房买卖合同纠纷案件适用法律若干问题的解释》第
一条所称的'向社会销售'情形,故不因出卖人未取得商品房预售许可
证明,而认定其与买受人订立的商品房预售合同无效。"显见实务上就
此问题存在不同的见解。

另依"以房抵工程款"协议取得房屋之承包人是否有最高人民法
院《执行异议和复议规定》(经法释〔2020〕21号修正)第28条规定的
适用?最高人民法院(2022)最高法民终389号民事判决书指出:"A
某对案涉房屋系通过以物抵债方式取得,目前《执行异议和复议规定》
第二十八条能否适用以物抵债,裁判尺度不尽统一。在参照适用《执
行异议和复议规定》第二十八条的情况下,该条明确规定,金钱债权执
行中,买受人权利能够排除执行须同时符合四个方面的条件:(一)在
人民法院查封之前已签订合法有效的书面买卖合同;(二)在人民法院
查封之前已合法占有该不动产;(三)已支付全部价款,或者已按照合
同约定支付部分价款且将剩余价款按照人民法院的要求交付执行;
(四)非因买受人自身原因未办理过户登记。……况且,案涉履行期满
后双方达成的以房抵债协议,系以消灭金钱债务为目的,无论其是新
债清偿还是债务更新,与买卖合同在债的性质以及对其他债权人合法
利益的保护上均存在不同。加之以物抵债产生的物权期待权缺乏物
权变动的公示方法,判断其真实性具有较大难度,故在执行异议之诉
中不宜简单适用《执行异议和复议规定》第二十八条的规定,轻易认定
以物抵债权利人可以对抗金钱债权人。"由此可知,实务就此问题的见

解亦有分歧,而本案例中法院否定以物抵债权利人可以适用最高人民法院《执行异议和复议规定》(经法释〔2020〕21号修正)第28条的规定。

第四节 其他问题讨论

一、"以房抵工程款"协议与房屋买卖合同的辨别

履行期届满前达成的"以房抵工程款"协议属于让与担保合同,履行期届满后达成的"以房抵工程款"协议属于非典型合同,已说明如前,因此,"以房抵工程款"协议与买卖典型合同不同,法律效果亦不尽相同,自然不可以相互混为一谈。但是在建设工程施工合同的实务中,我们常见到当事人之间就"以房抵工程款"的约定是以商品房买卖的方式呈现。例如,发包人与承包人为担保债务的清偿,或者为清偿债务的目的,而签订商品房销售合同,并于合同中说明以房屋抵偿工程款债务事宜。此时,商品房销售合同究竟是让与担保合同、非典型合同还是买卖合同?笔者认为,解释合同中当事人的意思表示,应探求当事人之真意,不得拘泥于所使用的文字,当事人之间所达成的合意是以房屋所有权的移转为债务的担保,或是债务清偿方式,则不论其签订的合同名称为何,本质上都是"以房抵工程款"协议,且应该依让与担保合同或非典型合同的相关规定来处理。①

附带说明,湖北省鄂州市中级人民法院(2018)鄂07民初17号民事判决书指出:"A某之夫B某……向C公司法定代表人D某转款40万元,双方形成借贷关系;2013年6月7日,D某与A某、B某就所借

①　关于买卖型以房抵债合同的讨论,可参阅《审判实务:买卖型以房抵债合同的性质及效力(法官超详解析)》,载澎湃新闻,https://m.thepaper.cn/baijiahao_8135709,最后访问日期:2023年3月23日。

款项进行结算,在 D 某、C 公司无力通过现金方式履行还款义务的情况下,经双方协商同意以债务人所有的商品房抵所欠借款,A 某遂与 C 公司签订《商品房买卖合同》达成以房抵债协议。该房屋买卖合同体现的是双方对偿还债务方式的合意,该合意使得本案 A 某与 C 公司的基础法律关系发生了变化,即双方同意终止借款合同关系,建立商品房买卖合同关系,并将双方之前的借款本金及利息转为购房款。"但是笔者认为,本案例法院认定当事人合意终止借贷合同关系后,成立新的商品房买卖合同关系,当事人之间后续的权利义务关系自然是依循商品房买卖合同来处理。此与前述原建设工程施工合同关系仍存在,并无终止,仅是新增让与担保合同或是对工程款债务的清偿方式作出新安排(即"以房抵工程款"协议),有所不同。

二、"以房抵工程款"协议与《民法典》第 807 条规定的建设工程价款优先受偿权之间的关系

《民法典》第 807 条规定:"发包人未按照约定支付价款的,承包人可以催告发包人在合理期限内支付价款。发包人逾期不支付的,除根据建设工程的性质不宜折价、拍卖外,承包人可以与发包人协议将该工程折价,也可以请求人民法院将该工程依法拍卖。建设工程的价款就该工程折价或者拍卖的价款优先受偿。"此为承包人对于其所建设的工程享有建设工程价款优先受偿权的规定,且该权利属于法定权利。笔者认为,当事人之间签订的"以房抵工程款"协议的性质将影响原工程款债权及其优先受偿权是否消灭。例如,在新债清偿的情形中,"以房抵工程款"协议未履行时,原工程款债权及其优先受偿权都不应消灭。

值得关注的是,最高人民法院(2020)最高法民再 352 号民事判决书指出:"A 公司承建了 B 公司开发的'邑都上城'项目土建、水电安装工程。B 公司欠付 A 公司该工程项目的工程款 6830778 元。双方于 2013 年 7 月 11 日签订《协议书》,约定以案涉位于'邑都上城'项目的

13 套房屋在内的共 15 套房屋作价 7330778 元抵偿 B 公司欠付 A 公司的工程款,后 A 公司与 B 公司就案涉房屋签订《商品房买卖合同》,A 公司以冲抵工程款的方式购买案涉房屋,其实质是通过协商折价抵偿实现 A 公司就案涉项目房屋所享有的建设工程价款优先受偿权,A 公司与 B 公司以案涉房屋折价抵偿欠付工程款,符合《中华人民共和国合同法》第二百八十六条①规定的工程价款优先受偿权实现方式。"该判决即认为承包人在除斥期间内,与发包人签订"以房抵工程款"协议,双方约定以所建设工程的房屋,抵偿发包人欠付承包人的工程价款,属于实现《民法典》第 807 条规定的建设工程价款优先受偿权的方式。

三、建设工程施工合同无效对"以房抵工程款"协议的影响

最高人民法院民事审判第一庭编的《民事审判实务问答》中第 37 个问答认为:"以房抵债协议的效力是否受施工合同无效的影响,应根据该协议的内容进行综合分析判定。首先,从以房抵顶工程款的协议看,当事人约定的是用房屋(通常是在建房屋)抵顶已欠的工程款。《民法典》第七百九十三条第一款规定:'建设工程施工合同无效,但是建设工程经验收合格的,可以参照合同关于工程价款的约定折价补偿承包人。'最高人民法院《关于审理建设工程施工合同纠纷案件适用法律问题的解释(一)》第三十八条也规定:'建设工程质量合格,承包人请求其承建工程的价款就工程折价或者拍卖的价款优先受偿的,人民法院应予支持。'据此,即便施工合同因为未经法定招标程序无效,但只要工程合格,发包人都负有支付工程价款的义务。既然被抵顶的债务不因合同无效而受影响,则以房抵债协议也不应在效力上遭受负面评价。其次,该以房抵顶工程款协议为当事人对欠付的工程款进行结算的约定,性质上属于发包人与承包人对既存债权债务关系的清理。

---

① 即现行《民法典》第 807 条规定的建设工程价款优先受偿权。

相较于施工合同,以房抵顶工程款的协议具有相对的独立性,根据《民法典》第五百六十七条(原为《合同法》第九十八条,已废止)'合同的权利义务终止,不影响合同中结算和清理条款的效力'之规定背后的立法精神,应肯定其效力。"①笔者赞同此见解。

四、关于"以房抵工程款"协议的税务处理问题

有关"以房抵工程款"协议的税款问题,可以参考以下相关规定处理:

(1)国家税务总局《房地产开发经营业务企业所得税处理办法》(国税发〔2009〕31号)第7条规定:"企业将开发产品用于捐赠、赞助、职工福利、奖励、对外投资、分配给股东或投资人、抵偿债务、换取其他企事业单位和个人的非货币性资产等行为,应视同销售,于开发产品所有权或使用权转移,或于实际取得利益权利时确认收入(或利润)的实现。……"

(2)国家税务总局《关于房地产开发企业土地增值税清算管理有关问题的通知》(国税发〔2006〕187号)第3条规定:"……房地产开发企业将开发产品用于职工福利、奖励、对外投资、分配给股东或投资人、抵偿债务、换取其他单位和个人的非货币性资产等,发生所有权转移时应视同销售房地产……"

(3)财政部、国家税务总局《关于全面推开营业税改征增值税试点的通知》(财税〔2016〕36号)之附件1《营业税改征增值税试点实施办法》第1条第1款规定:"在中华人民共和国境内(以下称境内)销售服务、无形资产或者不动产(以下称应税行为)的单位和个人,为增值税纳税人,应当按照本办法缴纳增值税,不缴纳营业税。"第10条规定:"销售服务、无形资产或者不动产,是指有偿提供服务、有偿转让无形

---

① 最高人民法院民事审判第一庭编:《民事审判实务问答》,法律出版社2022年版,第56~57页。

资产或者不动产……"

（4）财政部、国家税务总局《关于印花税若干政策的通知》（财税〔2006〕162 号）第 4 条规定："四、对商品房销售合同按照产权转移书据征收印花税。"

（5）《契税法》第 1 条规定："在中华人民共和国境内转移土地、房屋权属，承受的单位和个人为契税的纳税人，应当依照本法规定缴纳契税。"财产部《中华人民共和国契税暂行条例细则》（财法字〔1997〕52 号）第 8 条规定："土地、房屋权属以下列方式转移的，视同土地使用权转让、房屋买卖或者房屋赠与征税：……（二）以土地、房屋权属抵债；……"

（6）财政部、国家税务总局《关于房产税、城镇土地使用税有关政策的通知》（财税〔2006〕186 号）的规定。

第二十章 建设工程价款优先受偿权法律问题的讨论

一、建设工程价款优先受偿权的定义与目的

由于发包人在建设工程中常有融通资金需求，并会在建设工程上设立抵押权，且基于抵押权的优先效力、追及效力，承包人请求工程价款的债权请求权，如果没有法律特别规定的保护，即有可能会落空，那么农民工的工资权益也无从加以保护。因此，立法政策为维护社会公平和社会秩序，以法律赋予承包人建设工程价款优先受偿权，保护其已经劳动物化到工程上的支出能够优先得到偿付，也就是《民法典》第807条的规定："发包人未按照约定支付价款的，承包人可以催告发包人在合理期限内支付价款。发包人逾期不支付的，除根据建设工程的性质不宜折价、拍卖外，承包人可以与发包人协议将该工程折价，也可以请求人民法院将该工程依法拍卖。建设工程的价款就该工程折价或者拍卖的价款优先受偿。"由于最高人民法院《关于建设工程价款优先受偿权问题的批复》《关于审理建设工程施工合同纠纷案件适用法律问题的解释》《关于审理建设工程施工合同纠纷案件适用法律问题的解释(二)》已于2020年12月29日经最高人民法院废止，不再援用，而最高人民法院于同日另颁布《施工合同解释一》(法释〔2020〕25号)，因此，本章将针对承包人建设工程价款优先受偿权的内涵重新给予详细说明，并讨论建设工程价款优先受偿权所衍生的常见法律问题。

另外，补充说明，《施工合同解释一》(法释〔2020〕25号)第37条规定："装饰装修工程具备折价或者拍卖条件，装饰装修工程的承包人请求工程价款就该装饰装修工程折价或者拍卖的价款优先受偿的，人民法院应予支持。"由此可见，装饰装修工程的承包人就装饰装修工程

价款享有优先受偿权。

二、建设工程价款优先受偿权的要件一——权利主体与债权范围

（一）权利的主体

1. 与发包人签订建设工程施工合同的承包人

《施工合同解释一》（法释〔2020〕25号）第35条规定："与发包人订立建设工程施工合同的承包人，依据民法典第八百零七条的规定请求其承建工程的价款就工程折价或者拍卖的价款优先受偿的，人民法院应予支持。"由此可见，"与发包人订立建设工程施工合同的承包人"是建设工程价款优先受偿权的权利主体。至于支解发包（合同虽然无效，但可主张建设工程价款优先受偿权的理由如下所述）的情况下，笔者倾向认为仅承包主体工程的承包人才可以享有建设工程价款优先受偿权，而非承包主体工程的承包人不能主张享有建设工程价款优先受偿权，否则无异于让非承包主体工程的承包人可以以自己一小小权利，撬动整个建设工程，使其折价、拍卖，并不合理。

关于合同无效的承包人可否行使建设工程价款优先受偿权的问题，有一种观点认为，建设工程优先受偿权的行使受到合同效力的影响；另一种观点则认为，建设工程施工合同无效，不应影响优先受偿权的行使。而最高人民法院民事审判第一庭编的《民事审判实务问答》中第40个问答认为："我们倾向认为，建设工程施工合同无效，不应影响优先受偿权的行使。建筑工程款优先受偿权的立法目的是保护劳动者的利益。因为在发包人拖欠承包人的工程款中，有相当部分是承包人应当支付给工人的工资和其他劳务费用。在无效建筑工程合同中，上述有关费用也已实际支出，应当由发包人予以支付。即便合同无效，认定承包人就该笔费用享有优先受偿权，依然有利于促进劳动者利益的保护，符合建设工程优先权制度的立法目的。最高人民法院《关于审理建设工程施工合同纠纷案件适用法律问题的解释（一）》第三十八条规定：'建设工程质量合格，承包人请求其承建工程的价款就工程折价或者拍卖的价款优先受偿的,人民法院应予支持。'该条明确规定承包人的工程价款优先受偿权与建设工程质量是否合格相关,不与合同效力直接相关。"①笔者赞同不受影响的见解,《民法典》第807条规定的建设工程价款优先受偿权属于法定权利,不因合同无效而受影响,而且建设工程价款优先受偿权的目的即系保护承包人已经劳动物化到工程上的支出能够优先得到偿付,则不论建设工程施工合同是否无效,都应给予保护才是。因此,笔者认为即便建设工程施工合同无效,承包人就建设工程价款仍享有优先受偿权。

2. 实际施工人

关于实际施工人的说明,可以参考本书第十七章,其中发包人与承包人签订建设工程施工合同后,承包人转包、违法分包给实际施工人施工的类型中,因实际施工人并未与发包人签订建设工程施工合同,故实际施工人不是《民法典》第807条规定的建设工程价款优先受偿权的权利主体。

但是在借用资质(俗称挂靠)的类型中,没有资质的实际施工人借用有资质的建筑施工企业名义与发包人签订建设工程施工合同,在发包人知道或者应当知道系借用资质的情况下,发包人、建筑施工企业、实际施工人三者就发包人与建筑施工企业之间签订的建设工程施工合同存在通谋虚伪意思表示,该合同无效,但因当事人之间的真意是由发包人与实际施工人签订建设工程施工合同,并由实际施工人施工,因此,发包人与实际施工人之间形成事实上的建设工程施工合同关系。虽然该事实上的建设工程施工合同关系,终因实际施工人不具备相应资质而归于无效,但《民法典》第807条规定的建设工程价款优先受偿权属于法定权利,不因合同无效而受影响。而且建设工程价款优先受偿权的目的即系保障承包人已经劳动物化到工程上的支出能

① 最高人民法院民事审判第一庭编:《民事审判实务问答》,法律出版社2022年版,第60~61页。

够优先得到偿付,则不论此事实上建设工程施工合同关系是否无效,都应给予保护才是。因此,此类型的实际施工人是建设工程价款优先受偿权的权利主体。至于没有资质的实际施工人借用有资质的建筑施工企业名义与发包人签订建设工程施工合同,在发包人不知道借用资质的情况下,基于对发包人的保护,应该认为发包人与建筑施工企业之间签订的建设工程施工合同有效,则没有资质的实际施工人因没有与发包人签订建设工程施工合同,不得主张享有建设工程价款优先受偿权。

3. 勘察人、设计人

由于规范建设工程价款优先受偿权的目的是保障承包人已经劳动物化到工程上的支出能够优先得到偿付,而勘察人与设计人并无参与建设工程的实际施工、搭建,因此,勘察人与设计人不是建设工程价款优先受偿权的权利主体。

(二)权利主体的债权范围

《施工合同解释一》(法释〔2020〕25 号)第 40 条规定:"承包人建设工程价款优先受偿的范围依照国务院有关行政主管部门关于建设工程价款范围的规定确定。(第 1 款)承包人就逾期支付建设工程价款的利息、违约金、损害赔偿金等主张优先受偿的,人民法院不予支持。(第 2 款)"因此,权利主体的债权范围的认定包括以下几个问题:

1. 包括人工费、材料费、施工机具使用费、企业管理费、利润、规费和税金

住房和城乡建设部、财政部《关于印发〈建筑安装工程费用项目组成〉的通知》(建标〔2013〕44 号)第 1 条第 1 款规定:"一、《费用组成》调整的主要内容:(一)建筑安装工程费用项目按费用构成要素组成划分为人工费、材料费、施工机具使用费、企业管理费、利润、规费和税金(见附件 1)。……"足见建设工程价款优先受偿的债权范围包括人工费、材料费、施工机具使用费、企业管理费、利润、规费和税金。

2. 不包括逾期支付建设工程价款的利息、违约金、损害赔偿金

3. 关于垫资的问题

《施工合同解释一》（法释〔2020〕25 号）第 25 条第 1 款、第 2 款规定："当事人对垫资和垫资利息有约定，承包人请求按照约定返还垫资及其利息的，人民法院应予支持，但是约定的利息计算标准高于垫资时的同类贷款利率或者同期贷款市场报价利率的部分除外。（第 1 款）当事人对垫资没有约定的，按照工程欠款处理。（第 2 款）"此即系针对建设工程中垫资约定的效力及未对垫资进行约定的处理规定。另建设工程价款优先受偿权的债权范围是否包括垫资部分，学者间则存在不同的见解，①而最高人民法院（2021）最高法民申 6551 号民事裁定书指出："《最高人民法院关于审理建设工程施工合同纠纷案件适用法律问题的解释》（法释〔2004〕14 号）第六条第二款的规定：'当事人对垫资没有约定的，按照工程欠款处理。'本案中，A 公司系与 B 公司签订借款协议，且双方多次通过《借款财务成本展期支付协议》《函证》并在诉讼中以达成调解协议的方式明确上述款项性质为借款。因此 A 公司主张 8500 万元应按工程欠款处理，并可就该部分享有优先受偿权，无事实和法律依据。"该裁定即认为当事人之间已经明确约定垫资属于借贷款的，不属于建设工程价款优先受偿权的债权范围。另四川省宜宾市中级人民法院（2021）川 15 民再 5 号民事判决书指出："承包人的优先受偿权范围限于建设工程合同约定的工程价款，包括承包人应当支付的工作人员报酬、材料款、用于建设工程的垫资等实际支出的费用，未用于建设工程的以及发包人应当支付的违约金或者因为发包人违约所造成的损失不属于建设工程价款优先受偿权的受偿范围。"该判决即认为用于建设工程的垫资属于建设工程价款优先受偿权的债权范围。

---

① 最高人民法院民事审判第一庭编著：《最高人民法院新建设工程施工合同司法解释（一）理解与适用》，人民法院出版社 2021 年版，第 264~265 页。

4. 关于履约保证金、质量保证金问题

根据笔者之前所述,建设工程价款优先受偿权的立法目的是保护承包人已经劳动物化到工程上的支出能够优先得到偿付,因此对于实际投入到建设工程中的支出并形成工程成果的,无论其表现形式如何,都应该承认享有工程价款优先受偿的权利,反之则否。

关于履约保证金,承包人为担保合同履行,而交付履约保证金给发包人,通常具有让与担保性质或让与担保兼具违约金性质(关于履约保证金的论述,可参照本书第十六章),显然履约保证金并非实际投入到建设工程中的支出。另参考绍兴市柯桥区人民法院(2015)绍柯民初字第 1325 号民事判决书:"本院认为,《最高人民法院关于建设工程价款优先受偿权问题的批复》第三条规定:'建设工程价款包括承包人为建设工程应当支付的工作人员报酬、材料款等实际支出的费用,不包括承包人因发包人违约所造成的损失。'显然本案履约保证金不属于建设工程价款优先受偿权的范围……"该判决亦认为应返还的履约保证金不属于建设工程价款优先受偿权的债权范围。

关于质量保证金,《建设工程质量保证金管理办法》(建质〔2017〕138 号)第 2 条第 1 款规定:"本办法所称建设工程质量保证金(以下简称保证金)是指发包人与承包人在建设工程承包合同中约定,从应付的工程款中预留,用以保证承包人在缺陷责任期内对建设工程出现的缺陷进行维修的资金。"由此可知,质量保证金原本是工程款的一部分,属于实际投入到建设工程中的支出,应该属于建设工程价款优先受偿权的债权范围。而且,最高人民法院(2020)最高法民申 1318 号民事裁定书指出:"《最高人民法院关于审理建设工程施工合同纠纷案件适用法律问题的解释(二)》第二十一条规定:'承包人建设工程价款优先受偿的范围依照国务院有关行政主管部门关于建设工程价款范围的规定确定。承包人就逾期支付工程价款的利息、违约金、损害赔偿金等主张优先受偿的,人民法院不予支持'。A 公司主张工程质量保证金不属于建设工程价款优先受偿权的范围,于法无据,不予支持。"该裁定亦认为应返还的质量保证金属于建设工程价款优先受偿权的债权范围。

以上为承包人行使建设工程价款优先受偿权的债权范围的说明，但这些债权转让时，建设工程价款优先受偿权是否也一并转让？目前实务见解并不一致，最高人民法院（2021）最高法民申 33 号民事裁定书指出："《中华人民共和国合同法》第八十一条规定：'债权人转让权利的，受让人取得与债权有关的从权利，但该从权利专属于债权人自身的除外。'……《最高人民法院关于审理建设工程施工合同纠纷案件适用法律问题的解释（二）》第十七条规定：'与发包人订立建设工程施工合同的承包人，根据合同法第二百八十六条规定请求其承建工程的价款就工程折价或者拍卖的价款优先受偿的，人民法院应予支持。'该条虽然规定由承包人主张优先受偿权，但是并不能得出建设工程价款优先受偿权具有人身专属性。本案中，A 某系作为 B 公司承建案涉工程全额投资人受让案涉工程款债权及相关权利，一二审判决基于债权转让并结合 A 某系全额投资人身份的事实，认定建设工程价款主债权转让，建设工程价款优先受偿权一并转让，A 某取得相关工程款债权优先受偿权并不违反上述法律规定。"该裁定即认为该权利并非人身专属的权利，债权受让人可以取得建设工程价款优先受偿权。另外，安徽省芜湖市镜湖区人民法院（2019）皖 0202 民初 5543 号民事判决书指出："与发包人订立建设工程施工合同的承包人，对其承建工程的价款就工程折价或者拍卖的价款享有优先受偿权。……本案讼争的优先受偿权即专属于承包人（A 公司）自身的权利，受让人并不能因债权转让而取得该项从权利。结合本案，原告虽受让取得 A 公司对被告 B 公司享有的工程款及利息，但原告并非建设工程的承包人，并不能取得对工程折价或拍卖的价款享有优先受偿的权利。"（二审维持）该判决即认为该权利属于人身专属的权利，债权受让人不能取得建设工程价款优先受偿权。

三、建设工程价款优先受偿权的要件二——权利的客体、权利的行使与实现及除斥期间

(一)权利的客体

1. 质量合格的建设工程(包括未竣工的建设工程)

《施工合同解释一》(法释〔2020〕25号)第38条规定:"建设工程质量合格,承包人请求其承建工程的价款就工程折价或者拍卖的价款优先受偿的,人民法院应予支持。"该条将建设工程质量合格作为承包人行使建设工程价款优先受偿权的条件,因此,承包人对质量合格的建设工程享有建设工程价款优先受偿权。至于承包人对于未竣工的建设工程是否享有建设工程价款优先受偿权,《施工合同解释一》(法释〔2020〕25号)第39条规定:"未竣工的建设工程质量合格,承包人请求其承建工程的价款就其承建工程部分折价或者拍卖的价款优先受偿的,人民法院应予支持。"由此可见,无论建设工程是否竣工,只要建设工程质量合格,承包人就对建设工程享有建设工程价款优先受偿权。

另外,笔者认为,承包人对建设工程因征收、灭失而转化取得的补偿金、保险金、赔偿金也享有建设工程价款优先受偿的权利。实务上对此亦有相同的见解,例如浙江省高级人民法院(2019)浙民申1791号民事裁定书指出:"本案在法律上需要进一步研究的问题是当事人享有法定优先权的标的被征收后,其优先权能否及于该标的的征收补偿款。《中华人民共和国物权法》第一百七十四条规定'担保期间,担保财产毁损、灭失或者被征收等,担保物权人可以就获得的保险金、赔偿金或者补偿金等优先受偿。被担保债权的履行期未届满的,也可以提存该保险金、赔偿金或者补偿金等',抵押权作为担保物权具有物上代位性。根据《最高人民法院关于建设工程价款优先受偿权问题的批复》'人民法院在审理房地产纠纷案件和办理执行案件中,应当依照《中华人民共和国合同法》第二百八十六条的规定,认定建筑工程的承

包人的优先受偿权优于抵押权和其他债权'之规定,建设工程价款优先权优先于抵押权。根据'举轻以明重'之法律解释原则,建设工程价款优先权可以就获得的保险金、赔偿金或者补偿金等优先受偿。"

建设工程经转让后,建设工程价款优先受偿权是否能追及？基于建设工程价款优先受偿权是依附于所担保的工程而存在,因此即使建设工程发生转让,也不影响承包人优先受偿权的行使。①

2. 质量不合格且难以修复的建设工程、违章建筑以及以公益为目的的事业单位、社会团体的社会公益设施

由于质量不合格且难以修复的建设工程、违章建筑以及以公益为目的的事业单位、社会团体的社会公益设施等属于不宜折价、拍卖的客体,因此,承包人对该等建筑不享有建设工程价款优先受偿权。此部分可参考最高人民法院(2019)最高法民申 6931 号民事裁定书:"《中华人民共和国合同法》第 286 条规定的不宜折价、拍卖的工程一般是指违章建筑、工程质量不合格且难以修复的建筑、国防设施,以及学校、幼儿园、医院等以公益为目的的事业单位、社会团体的教育设施、医疗卫生设施和其他社会公益设施等。"

需附带说明,最高人民法院(2016)最高法民申 1281 号民事裁定书指出:"因涉案工程为公路建设工程,属于特殊建设工程,无法直接拍卖或折价,该工程的主要经济价值即体现在其通行费用上,故对其收益即年票补偿款作为优先受偿权的行为对象符合实际情况。再审申请人 A 中行认为涉案公路年票补偿款不属于工程价款优先受偿权的对象的申请理由不成立。"该裁定即认为建设工程虽然属于不宜折价、拍卖的,但可以将体现建设工程价值的收益作为建设工程价款优先受偿权的客体。

---

① 最高人民法院民事审判第一庭编著:《最高人民法院新建设工程施工合同司法解释(一)理解与适用》,人民法院出版社 2021 年版,第 366 页。

3. 土地使用权

承包人对该土地使用权是否也享有优先受偿的权利？最高人民法院民事审判第一庭编的《民事审判实务问答》中第 42 个问答认为："……建设工程优先受偿权是法定优先权，原因在于，承包方在整个建设的过程当中，承包人的建筑材料和劳动力已经被物化在建设工程当中，它的所有投入已经转化为建设工程，与建设工程不可分离。因此，根据添附制度的原理，承包人对建设工程的价款享有优先受偿的权利。建设用地是建设工程的一个载体，但是承包人对建设用地本身没有任何的投入，或者说承包人的建筑材料与劳动力并没有被物化在建设用地上。从这个角度来讲，建设用地使用权不应该作为建设工程优先受偿权的客体。"①由此可知，实务见解认为即便基于房地一体原则，而对建设工程及其所占用范围内的建设用地使用权一并折价、拍卖时，承包人对该土地使用权也不能享有建设工程优先受偿的权利。

（二）权利的行使与实现

1. 前置程序

《民法典》第 807 条规定："发包人未按照约定支付价款的，承包人可以催告发包人在合理期限内支付价款。发包人逾期不支付的……"由此可知，承包人行使工程价款优先受偿权的前提是发包人未支付已到期的工程价款，经承包人向发包人进行催告程序后，发包人在合理期限内仍未付款的情形。何谓"合理期限"？有学者根据《2017 版施工合同文本》的规定，认为是 28 日或 56 日；有学者根据留置权实现的规定，认为是 2 个月。② 笔者则认为，应依个案具体情形，综合判断合理期限，但无论如何都不宜过短。

---

① 最高人民法院民事审判第一庭编：《民事审判实务问答》，法律出版社 2022 年版，第 62~63 页。

② 中国建设工程法律评论第四工作组编著：《建设工程优先受偿权》，法律出版社 2017 年版，第 102~103 页。

2. 权利的行使方式

最高人民法院(2020)最高法民再 352 号民事判决书指出:"本院认为,承包人享有的建设工程价款优先受偿权系法定权利,承包人行使优先受偿权的形式包括且不限于通知、协商、诉讼、仲裁等方式,承包人在除斥期间内以上述形式主张过建设工程价款优先受偿权的,应当认定其主张未超过优先受偿权行使的法定期限。……"由此可知,实务见解认为承包人行使建设工程价款优先受偿权的方式包括通知、协商、诉讼、仲裁等。

另外,最高人民法院(2020)最高法民申 5386 号民事裁定书指出:"承包人享有的工程价款优先受偿权系法定权利,该条规定承包人可以通过协议折价或者申请拍卖的方式主张优先受偿权,并未限定承包人必须通过诉讼的方式主张。本案中,A 公司以发函的方式向 B 公司主张工程价款优先受偿权,并不违反法律规定。根据《最高人民法院关于建设工程价款优先受偿权问题的批复》第四条规定'建设工程承包人行使优先受偿权的期限为六个月,自建设工程竣工之日或者建设工程合同约定的竣工之日起计算。'上述司法解释规定了承包人行使优先受偿权的除斥期间为六个月,本案所涉工程的竣工日期为 2014 年 12 月 16 日,A 公司于 2015 年 1 月 21 日向 B 公司发送《函件》,B 公司于同月 23 日签收,A 公司在除斥期间内向 B 公司发出主张工程款优先权的催款函,B 公司对此无异议,故原审认定 A 公司以发函的形式行使工程款优先受偿权,亦无不当。"该裁定即认为"发函"也是承包人行使建设工程价款优先受偿权的方式。

3. 权利的实现

根据《民法典》第 807 条的规定,承包人实现建设工程价款优先受偿权的方式,可以是与发包人协商将工程折价,或者请求人民法院将工程依法拍卖。最高人民法院(2020)最高法民再 352 号民事判决书指出:"A 公司承建了 B 公司开发的'邑都上城'项目土建、水电安装工程。B 公司欠付 A 公司该工程项目的工程款 6830778 元。双方于

2013 年 7 月 11 日签订《协议书》,约定以案涉位于'邑都上城'项目的 13 套房屋在内的共 15 套房屋作价 7330778 元抵偿 B 公司欠付 A 公司的工程款,后 A 公司与 B 公司就案涉房屋签订《商品房买卖合同》,A 公司以冲抵工程款的方式购买案涉房屋,其实质是通过协商折价抵偿实现 A 公司就案涉项目房屋所享有的建设工程价款优先受偿权,A 公司与 B 公司以案涉房屋折价抵偿欠付工程款,符合《中华人民共和国合同法》第二百八十六条规定的工程价款优先受偿权实现方式。"该判决即认为承包人在除斥期间内,与发包人签订"以房抵工程款"(关于"以房抵工程款"的论述,可参照本书第十九章)协议,就是通过协商折价实现建设工程价款优先受偿权的情形。

当事人可否未经诉讼程序,直接向执行机构主张建设工程价款优先受偿权?最高人民法院民事审判第一庭编的《民事审判实务问答》中第 39 个问答认为:"……法院在执行程序中收到承包人要求行使未经生效法律文书确认的建设工程优先权申请的,可分两种情况予以处理:一是如果被执行人对其申请的工程款金额无异议,且经法院审查承包人提供的建设工程合同及相关材料合法有效,亦未发现承包人与被执行人恶意串通损害国家、集体和第三人利益的,应准许其优先受偿;二是如果被执行人对其申请的工程款金额有异议,法院应当告知承包人另行诉讼,但法院对工程变价款的分配程序需待诉讼有结果后方可继续执行。"①需特别说明,笔者认为这里的生效法律确认文书是指当事人取得确认享有建设工程价款优先受偿权及其具体金额的裁判文书,与当事人取得工程款的执行名义并不相同。

(三)除斥期间

已废止的最高人民法院《关于建设工程价款优先受偿权问题的批复》第 4 条的规定:"建设工程承包人行使优先权的期限为六个月,自

---

① 最高人民法院民事审判第一庭编:《民事审判实务问答》,法律出版社 2022 年版,第 58~59 页。

建设工程竣工之日或者建设工程合同约定的竣工之日起计算。"已废止的最高人民法院《关于审理建设工程施工合同纠纷案件适用法律问题的解释(二)》第22条规定:"承包人行使建设工程价款优先受偿权的期限为六个月,自发包人应当给付建设工程价款之日起算。"而新出台的《施工合同解释一》(法释〔2020〕25号)第41条则规定:"承包人应当在合理期限内行使建设工程价款优先受偿权,但最长不得超过十八个月,自发包人应当给付建设工程价款之日起算。"这几条规定差异甚大,应加注意。

　　关于如何认定"发包人应当给付建设工程价款之日"的问题,可以根据最高人民法院民事审判第一庭编的《民事审判实务问答》中第44个问答的内容来理解:"首先,施工合同对应当给付工程价款之日有约定,应当遵从当事人的约定。其次,在合同无效,但建设工程经竣工验收合格的情况下,可参照合同约定确定应付工程款的时间。……再次,合同解除或者终止履行,应区分具体情况认定应付工程款日。合同解除后,根据《民法典》第八百零六条第三款的规定,已经完成的建设工程质量合格的,优先受偿权行使的起算时间也应当遵从合同约定,已经完成的建设工程质量不合格的,参照《民法典》第七百九十三条的规定处理。实践中,大多数合同解除或者终止履行时,工程尚未完工,合同约定的工程价款结算条件尚未成就。若发包人与承包人就合同解除后的工程价款的支付另行达成合意,则应当尊重当事人的意思自治,以该协议约定确定工程款的支付时间作为优先受偿权的起算时间。若双方对工程款的数额有争议,可能需进行鉴定,如当事人向司法机关或仲裁机关正式主张权利,人民法院及仲裁机关确认发包人欠付承包人工程款,应付款之日应为当事人提起诉讼之日起。最后,当事人对付款时间没有约定或者约定不明的,可借鉴《解释(一)》第二十七条关于发包人向承包人支付工程价款利息起算时间的规定。具体来说:第一,建设工程实际交付的,以建设工程交付之日为应付款时间。第二,建设工程没有交付,但承包人已经在建设工程竣工验收合格后按照合同约定的时间提交了竣工结算文件,应当认定提交竣工结算文件之日为应付款时间。第三,建设工程价款未结算,建设工程也未交付,大多数为工程未完工或者完工后未经验收的情形。此时,合同约定的工程价款结算条件尚未成就,应当规定一个拟制的应付款时间,以一审原告起诉时间作为应款时间是适当的。"①笔者将上述"发包人应当给付建设工程价款之日"的认定整理如下:

表20.1　"发包人应当给付建设工程价款之日"的认定

	合同有效的	按照合同的约定
	合同无效,但工程经验收合格的	参照合同的约定
施工合同对应当给付工程价款之日有约定		已完成的工程质量合格的,按照合同的约定
	合同解除或终止履行的	已经完成的工程质量不合格的,参照《民法典》第793条的规定处理
		当事人另达成合意的,按协议内容
		当事人对数额有争议,需进行鉴定的,以当事人提起诉讼之日
上述合同条款若没有约定工程价款付款时间或者约定不明时,则依下列方式认定:(1)工程实际交付的→工程交付之日;(2)工程未交付,但验收合格,且按合同约定提交竣工结算文件的→提交竣工结算文件之日;(3)工程未交付,且工程价款未结算(工程未完成或未验收)→当事人提起一审诉讼之日		

四、建设工程价款优先受偿权的效力位阶

(一)建设工程价款优先受偿权与购买商品房消费者的关系

已废止的最高人民法院《关于建设工程价款优先受偿权问题的批复》第2条规定:"消费者交付购买商品房的全部或者大部分款项后,

—————————

① 最高人民法院民事审判第一庭编:《民事审判实务问答》,法律出版社2022年版,第65页。

承包人就该商品房享有的工程价款优先受偿权不得对抗买受人。"2023 年 4 月 20 日起施行的最高人民法院《关于商品房消费者权利保护问题的批复》(法释〔2023〕1 号)第 2 条规定:"商品房消费者以居住为目的购买房屋并已支付全部价款,主张其房屋交付请求权优先于建设工程价款优先受偿权、抵押权以及其他债权的,人民法院应当予以支持。(第 1 款)只支付了部分价款的商品房消费者,在一审法庭辩论终结前已实际支付剩余价款的,可以适用前款规定。(第 2 款)"第 3 条规定:"在房屋不能交付且无实际交付可能的情况下,商品房消费者主张价款返还请求权优先于建设工程价款优先受偿权、抵押权以及其他债权的,人民法院应当予以支持。"由此可见,在符合上述条件时购买商品房消费者的房屋交付请求权或价款返还请求权优先于建设工程价款优先受偿权。

(二)建设工程价款优先受偿权与抵押权的关系

《施工合同解释一》(法释〔2020〕25 号)第 36 条规定:"承包人根据民法典第八百零七条规定享有的建设工程价款优先受偿权优于抵押权和其他债权。"由此可知,建设工程价款优先受偿权优先于抵押权。

(三)建设工程价款优先受偿权与普通债权的关系

《施工合同解释一》(法释〔2020〕25 号)第 36 条规定:"承包人根据民法典第八百零七条规定享有的建设工程价款优先受偿权优于抵押权和其他债权。"由此可知,建设工程价款优先受偿权优先于普通债权。

(四)建设工程价款优先受偿权与破产清算程序中的破产费用、共益债权、职工债权、税收债权的关系

《企业破产法》第 109 条规定:"对破产人的特定财产享有担保权的权利人,对该特定财产享有优先受偿的权利。"第 113 条规定:"破产财产在优先清偿破产费用和共益债务后,依照下列顺序清偿:(一)破产人所欠职工的工资和医疗、伤残补助、抚恤费用,所欠的应当划入职

工个人账户的基本养老保险、基本医疗保险费用,以及法律、行政法规规定应当支付给职工的补偿金;(二)破产人欠缴的除前项规定以外的社会保险费用和破产人所欠税款;(三)普通破产债权。(第1款)破产财产不足以清偿同一顺序的清偿要求的,按照比例分配。(第2款)破产企业的董事、监事和高级管理人员的工资按照该企业职工的平均工资计算。(第3款)"该条系就不同的破产财产(特定财产、一般财产)分别规定清偿的顺序。而依前所述,建设工程价款优先受偿权的清偿顺序先于抵押权,因此,在破产程序中,笔者认为建设工程价款优先受偿权的顺位应依《企业破产法》第109条的规定处理。

需特别说明,承包人就特定财产即建设工程行使建设工程价款优先受偿权(以及担保权人行使担保权)后若有剩余,该剩余财产与一般财产无异,应依《企业破产法》第113条规定的顺序先清偿破产费用和共益债务后,再清偿职工债权,次清偿税款债权,最后清偿普通债权。另外,若承包人行使建设工程价款优先受偿权后,债权未能完全受偿的或放弃优先受偿权利的,根据《企业破产法》第110条的规定处理:"享有本法第一百零九条规定权利的债权人行使优先受偿权利未能完全受偿的,其未受偿的债权作为普通债权;放弃优先受偿权利的,其债权作为普通债权。"由此可知,该未能完全受偿或放弃优先受偿权利的债权仅为普通债权,并依《企业破产法》第113条规定的顺位受偿。

五、建设工程价款优先受偿权的放弃或限制的问题

《施工合同解释一》(法释〔2020〕25号)第42条规定:"发包人与承包人约定放弃或者限制建设工程价款优先受偿权,损害建筑工人利益,发包人根据该约定主张承包人不享有建设工程价款优先受偿权的,人民法院不予支持。"由此可知,承包人原则上可以放弃或限制建设工程价款优先受偿的权利,但该抛弃或限制若已损害建筑工人利益,则属无效。另外,《民法典》第148条规定:"一方以欺诈手段,使对方在违背真实意思的情况下实施的民事法律行为,受欺诈方有权请求人民法院或者仲裁机构予以撤销。"第 149 条规定："第三人实施欺诈行为,使一方在违背真实意思的情况下实施的民事法律行为,对方知道或者应当知道该欺诈行为的,受欺诈方有权请求人民法院或者仲裁机构予以撤销。"第 150 条规定："一方或者第三人以胁迫手段,使对方在违背真实意思的情况下实施的民事法律行为,受胁迫方有权请求人民法院或者仲裁机构予以撤销。"基于此,承包人若有遭欺诈或胁迫的情况,则可以请求人民法院或者仲裁机构撤销其抛弃或限制建设工程价款优先受偿权的意思表示。

第二十一章　建筑施工企业参与破产重整程序中的房产企业续建项目工程的法律问题

近年来我们时常可以见到一些房地产企业因资金链断裂,经营发生困难,导致在建工程被迫停工,甚至公司还达到了资不抵债的情况,并进入破产的程序。由于在建工程是房地产企业的重要资产,如果存在不能完工的情形,不但损害购房者的合法权益,影响社会稳定,而且在建工程的价值明显降低,也会造成承包人的工程款、农民工的工资、材料供应商的货款等都无法获得偿付的情形。因此,2022 年下半年间住房和城乡建设部等多部门陆续出台了相关政策文件,推动"保交楼、稳民生"的目标的达成。而根据笔者的观察,目前实践中常见房地产企业通过破产重整的模式,推动在建工程的复工与续建,完成楼房的交付工作,并保障各方债权人的权益。以下笔者将通过案例来说明建筑施工企业如何参与破产重整房产企业的复工续建在建工程,并对相关法律问题进行讨论。

案情:甲公司于 2003 年 8 月 29 日成立,公司经营范围:房地产开发、物业管理、房地产信息咨询服务(不含中介服务)、销售、建筑材料、五金交电。后于 2022 年 7 月 11 日向重庆市第五中级人民法院申请重整,该法院于 2022 年 7 月 13 日通知对甲公司预重整,于 2022 年 10 月 13 日裁定受理甲公司破产重整申请,并指定管理人,再于 2022 年 12 月 27 日裁定批准甲公司重整计划,并终止甲公司重整程序。裁定所附的重整计划内容为:……一、重整模式……不调整出资人权益,在重整计划执行完毕后,由债务人自行清算注销。该模式拟通过复工续建盘活停工的开发项目,主要以实物分配的方式实现债务受偿,在重整程序中制定对债务人财产优于破产清算时的受偿方案,充分利用企业现有优质资源,实现资产价值最大化,最大限度地清偿债权人。……清偿顺位债权类别:1. 破产费用、共益债务;2. 消费者购房人优先债权;3. 建设工程价款优先债权;4. 有财产担保债权;5. 职工债权;6. 税收债权;7. 普通债权;8. 劣后债权……(四)项目重整思路。1. 引入复工续建方,垫资复工续建 C 地块在建工程,在以共益债务方式收回其垫资成本及合理利润后,已销售给消费者购房人的部分实现交付办证,其他剩余新增财产按照破产法的规定顺序用于分配清偿甲公司债务……①

由上述案件的法院裁定书暨所附重整计划内容,笔者认为该建筑施工企业参与破产重整房产企业的复工续建方式是采取"垫资施工+共益债务"的模式(也有学者称之为债权型投资),也就是破产重整企业引入建筑施工企业担任复工方,由该建筑施工企业垫资复工续建在建工程后,再以共益债务方式收回其垫资成本及合理利润。依此,我们需要讨论以下几个问题:

一、将建筑施工企业的垫资成本及合理利润归属于共益债务的依据

《企业破产法》第42条规定:"人民法院受理破产申请后发生的下列债务,为共益债务:(一)因管理人或者债务人请求对方当事人履行双方均未履行完毕的合同所产生的债务;(二)债务人财产受无因管理所产生的债务;(三)因债务人不当得利所产生的债务;(四)为债务人继续营业而应支付的劳动报酬和社会保险费用以及由此产生的其他债务;(五)管理人或者相关人员执行职务致人损害所产生的债务;(六)债务人财产致人损害所产生的债务。"此即为共益债务范围的规定,也就是法院受理企业破产申请后,为全体债权人共同利益而发生上述所列范围的债务,即属于共益债务。因此,房地产企业进入破产程序后,如果是为全体债权人的共同利益,由建筑施工企业垫资复工续建在建工程的,建筑施工企业所产生的垫资费用应该属于《企业破

---

① 重庆市第五中级人民法院(2022)渝 05 破 344 号之二民事裁定书。

产法》第 42 条第 4 项规定的共益债务。

然而,破产重整程序中房地产企业引入复工方垫资复工、续建在建工程的结果,是否必然都有利于全体债权人?笔者认为,应该就具体个案情形,分别作判断。例如,在建工程的全部房产都未出售时,复工续建完成,扣除复工方的垫资费用后,通常都能产生资产增值,这些资产增值利益即归属于全体债权人,复工方的垫资费用被认定为共益债务,应该没有争议。还有一种情形,即在建工程有部分房产已出售和部分房产未出售的情形,笔者认为这时需要谨慎评估整体(包括已出售及未出售)在建工程的续建,扣除复工方的预估垫资费用后,能否产生资产增值利益。若能带来利益,利益归属于全体债权人,此时,复工方垫资费用应该被认定为共益债务;若不能带来利益,甚至使原资产减少,这时整体复工续建,很难说是为全体债权人的利益,复工方垫资的费用也不应该被认定为共益债务。我们了解到,当复工方垫资的费用不被列入共益债务时,会影响复工方复工、续建在建工程的意愿,此时,重整管理人需要出面平衡各方债权人的利益,并且确保复工方的垫资费用能获得清偿,这样才有可能复工、续建在建工程。

根据本案法院裁定书暨所附重整计划内容,可知 C 地块属于在建工程,其现状为:"(1)住宅。7 栋已销售楼栋均属停工烂尾状态,其中 1 栋住宅 5 套未售,7 栋住宅 21 套未售,8 栋住宅 3 套未售,9 栋住宅 7 套未售,10 栋住宅 6 套未售。2、4、6 栋(C5、C7、C9)3 个楼栋未建。(2)车位。尚未完工,尚未销售。(3)幼儿园。规划幼儿园 1 所(面积 5414.85 平方米),尚未修建、尚未销售。(4)土地。土地 1 宗……"而实行复工、续建在建工程后,其效益为:"(二)重整状态下的偿债结果。经重整形成的资产价值,在减除复工续建主体的共益建设成本后,仍有高额的资产增值,可以明显提升普通债权人的受偿率……"①显然,复工续建在建工程可产生资产增值利益,且利益归属于全体债权人。

---

① 重庆市第五中级人民法院(2022)渝 05 破 344 号之二民事裁定书。

因此,本案将担任复工方的建筑施工企业的垫资成本及合理利润归属于共益债务,并非无据。

二、共益债务的清偿顺位

需要说明的是,《企业破产法》在破产清算程序中针对破产人不同的财产(特定财产、一般财产)分别规定了清偿的顺位。也就是,担保权的权利人依《企业破产法》第 109 条的规定,可以就特定财产享有优先受偿的权利;而共益债务的清偿顺位则依《企业破产法》第 113 条的规定处理,并仅能以破产人的一般财产获偿。但是在破产重整程序中,《企业破产法》对担保权作出限制,包括担保权的暂停行使,以及通过债权人会议决议与法院批准程序,调整了担保权的受偿范围及方式。① 因此,自然无法再以前述破产清算中的规定,来判断重整中相关债务的清偿顺位。

《企业破产法》第 86 条规定:“各表决组均通过重整计划草案时,重整计划即为通过。(第 1 款)自重整计划通过之日起十日内,债务人或者管理人应当向人民法院提出批准重整计划的申请。人民法院经审查认为符合本法规定的,应当自收到申请之日起三十日内裁定批准,终止重整程序,并予以公告。(第 2 款)”第 87 条规定:“部分表决组未通过重整计划草案的,债务人或者管理人可以同未通过重整计划草案的表决组协商。该表决组可以在协商后再表决一次。双方协商的结果不得损害其他表决组的利益。(第 1 款)未通过重整计划草案的表决组拒绝再次表决或者再次表决仍未通过重整计划草案,但重整计划草案符合下列条件的,债务人或者管理人可以申请人民法院批准重整计划草案:(一)按照重整计划草案,本法第八十二条第一款第一项所列债权就该特定财产将获得全额清偿,其因延期清偿所受的损失将得到公平补偿,并且其担保权未受到实质性损害,或者该表决组已

---

① 李忠鲜:《担保债权受破产重整限制之法理与限度》,载《法学家》2018 年第 4 期。

经通过重整计划草案;(二)按照重整计划草案,本法第八十二条第一款第二项、第三项所列债权将获得全额清偿,或者相应表决组已经通过重整计划草案;(三)按照重整计划草案,普通债权所获得的清偿比例,不低于其在重整计划草案被提请批准时依照破产清算程序所能获得的清偿比例,或者该表决组已经通过重整计划草案;(四)重整计划草案对出资人权益的调整公平、公正,或者出资人组已经通过重整计划草案;(五)重整计划草案公平对待同一表决组的成员,并且所规定的债权清偿顺序不违反本法第一百一十三条的规定;(六)债务人的经营方案具有可行性。(第2款)人民法院经审查认为重整计划草案符合前款规定的,应当自收到申请之日起三十日内裁定批准,终止重整程序,并予以公告。(第3款)"第92条第1款规定:"经人民法院裁定批准的重整计划,对债务人和全体债权人均有约束力。"由此可知,法院针对各表决组均通过的重整计划草案,或者部分表决组未通过重整计划草案但具备一定条件的,经法院裁定批准后,该重整计划内容即对重整企业和其全体债权人都有约束力。另《企业破产法》第81条规定:"重整计划草案应当包括下列内容:……(三)债权调整方案;(四)债权受偿方案……"由此足见,重整企业或管理人所提交的重整计划草案中应当包括各项债权的调整、清偿顺位,以及债权受偿情形的说明。因此,破产重整程序中有关共益债务的清偿顺位即应该依经法院裁定批准的重整计划内容来确定。本案根据法院裁定书暨所附重整计划内容可知,共益债务的受偿顺位优先于消费者购房人优先债权、建设工程价款优先受偿权以及担保权,这样就很有利于建筑施工企业参与破产重整程序,并担任复工方续建在建工程。

三、建筑施工企业参与破产重整程序的其他模式选择问题

与前述"垫资施工+共益债务"(也有学者称之为债权型投资)模式不同的参与破产重整方式,是"股权型投资"模式,所谓"股权型投资"模式,是指由投资企业取得破产重整房地产企业的股权,参与复工

续建在建工程并清偿债务。例如,乙房地产开发有限公司破产重整案件,①该重整计划中说明:"作为本次的重整投资方,投资人将在重整计划草案经龙口法院裁定批准后,以 0 元的对价受让原乙 100% 股权。投资人投入 129397805.00 元用于收购乙主要资产,包括存货房屋、应收账款、其他应收款、固定资产等。重整后的乙自行负责资产开发、房屋销售和经营管理,并自行承担因销售房屋所产生的各项销售费用等交易费用。"

对建筑施工企业参与房地产企业的破产重整程序而言,这两种不同的参与重整模式各有其优势。对于"垫资施工+共益债务"模式,建筑施工企业的垫资以共益债务的方式,获得优先受偿,有一定的保障,且建筑施工企业在续建完成在建工程后,即可退出,风险较低。而对于"股权型投资"模式,建筑施工企业可以取得整个房地产企业的经营、决策与财产权,但也需承担股东出资瑕疵、隐蔽债务等风险,且由于建筑施工企业后续尚需介入房地产企业的资产开发、续建在建工程、房屋销售和经营管理等情形,并非易事,因此,笔者建议建筑施工企业应当慎重选择以此模式参与房地产企业的破产重整程序。

---

① 山东省龙口市人民法院(2022)鲁 0681 破 1 号之四民事裁定书。

附　录

最高院、部分地方高院等审理建设工程纠纷重要规范性文件

序号	标题	发布机关	备注	文件性质	字号	实施日期
1	最高人民法院关于审理建设工程施工合同纠纷案件适用法律问题的解释（一）	最高人民法院	现行有效	司法解释	法释〔2020〕25号	2021.1.1
2	最高人民法院关于当前形势下进一步做好房地产纠纷案件审判工作的指导意见	最高人民法院	现行有效	规范性文件	法发〔2009〕42号	2009.7.9
3	最高人民法院关于人民法院在审理建设工程施工合同纠纷案件中如何认定财政评审中心出具的审核结论问题的答复	最高人民法院	现行有效	规范性文件	〔2008〕民一他字第4号	2008.5.16
4	最高人民法院关于如何理解和适用《最高人民法院关于审理建设工程施工合同纠纷案件适用法律问题的解释》第20条的请示的复函	最高人民法院	现行有效	规范性文件	〔2005〕民一他字第23号	2006.4.25
5	最高人民法院关于山东省青岛东方铁塔集团有限公司与河南省延津县广播电视局建设工程施工合同纠纷一案指定管辖的通知	最高人民法院	现行有效	规范性文件	〔2002〕民立他字第30号	2003.3.26

（续表）

序号	标题	发布机关	备注	文件性质	字号	实施日期
6	最高人民法院关于建设工程承包合同案件中双方当事人已确认的工程决算价款与审计部门审计的工程决算价款与审计部门审计的工程决算价款不一致时如何适用法律问题的电话答复意见	最高人民法院	现行有效	规范性文件	〔2001〕民一他字第2号	2001.4.2
7	最高人民法院对山西省高级人民法院《关于对县级以上人民政府设立的建设工程质量监督站是否应由计量行政主管部门进行计量认证问题的请示》的答复	最高人民法院	现行有效	规范性文件	〔1996〕法行字第7号	1997.8.29
8	最高人民法院审判庭关于国营黄羊河农场与榆中县第二建筑工程公司签订的两份建筑工程承包合同的效力认定问题函	最高人民法院	现行有效	规范性文件	〔1992〕法经字第10号	1992.1.13
9	最高人民法院经济审判庭关于建筑工程承包合同纠纷中工期问题的电话答复	最高人民法院	现行有效	规范性文件		1988.9.17
10	建设工程施工合同无效但工程竣工并交付使用的，应当依法参照合同关于工程价款的约定计算折价补偿款	最高人民法院民事审判第一庭		审判参考	最高人民法院民事审判第一庭2022年第22次专业法官会议纪要	

（续表）

序号	标题	发布机关	备注	文件性质	字号	实施日期
11	建设工程施工合同无效不影响结算协议的效力	最高人民法院民事审判第一庭		审判参考	最高人民法院民事审判第一庭2022年第3次专业法官会议纪要	
12	承包人已起诉发包人支付工程款的,实际施工人可以在一审辩论终结前申请作为第三人参加诉讼,其另诉请求发包人在欠付工程款范围内承担责任的,不应受理	最高人民法院民事审判第一庭		审判参考	最高人民法院民事审判第一庭2021年第21次专业法官会议纪要	
13	合同无效,承包人请求实际施工人按照合同约定支付管理费的,不予支持	最高人民法院民事审判第一庭		审判参考	最高人民法院民事审判第一庭2021年第21次专业法官会议纪要	
14	承包人对违章建筑不享有建设工程价款优先受偿权	最高人民法院民事审判第一庭		审判参考	最高人民法院民事审判第一庭2021年第21次专业法官会议纪要	
15	实际施工人不享有建设工程价款优先受偿权	最高人民法院民事审判第一庭		审判参考	最高人民法院民事审判第一庭2021年第21次专业法官会议纪要	
16	建设工程价款优先受偿权不因工程建成的房屋已经办理商品房预售合同网签而消灭	最高人民法院民事审判第一庭		审判参考	最高人民法院民事审判第一庭2021年第21次专业法官会议纪要	

（续表）

序号	标题	发布机关	备注	文件性质	字号	实施日期
17	可以突破合同相对性原则请求发包人在欠付工程款范围内承担责任的实际施工人不包括借用资质及多层转包和违法分包关系中的实际施工人	最高人民法院民事审判第一庭		审判参考	最高人民法院民事审判第一庭2021年第20次专业法官会议纪要	
18	借用资质的实际施工人与发包人形成事实上的建设工程施工合同关系且工程验收合格的，可以请求发包人参照合同约定折价补偿	最高人民法院民事审判第一庭		审判参考	最高人民法院民事审判第一庭2021年第20次专业法官会议纪要	
19	北京市高级人民法院关于审理建设工程施工合同纠纷案件若干疑难问题的解答	北京市高级人民法院	现行有效	规范性文件	京高法发〔2012〕245号	2012.8.6
20	河北省高级人民法院关于印发《建设工程施工合同案件审理指南》的通知	河北省高级人民法院	现行有效	规范性文件	冀高法〔2018〕44号	2018.6.13
21	天津市高级人民法院关于审理建设工程施工合同纠纷案件相关问题的审判委员会纪要	天津市高级人民法院	现行有效	规范性文件		2020.12.9
22	江苏省高级人民法院关于审理建设工程施工合同纠纷案件若干问题的意见	江苏省高级人民法院	现行有效	规范性文件	苏高法审委〔2008〕26号	2008.12.17

（续表）

序号	标题	发布机关	备注	文件性质	字号	实施日期
23	浙江省高级人民法院民事审判第一庭关于审理建设工程施工合同纠纷案件若干疑难问题的解答	浙江省高级人民法院	现行有效	规范性文件	浙法民一〔2012〕3号	2012.4.5
24	浙江省高级人民法院民事审判第二庭关于审理涉建筑施工企业项目部纠纷的疑难问题解答	浙江省高级人民法院	现行有效	规范性文件		2020.12.17
25	安徽省高级人民法院关于审理建设工程施工合同纠纷案件适用法律问题的指导意见	安徽省高级人民法院	现行有效	规范性文件		2009.5.4
26	安徽省高级人民法院关于审理建设工程施工合同纠纷案件适用法律问题的指导意见(二)	安徽省高级人民法院	现行有效	规范性文件		2014.1.1
27	福建省高级人民法院关于审理建设工程施工合同纠纷案件疑难问题的解答	福建省高级人民法院	现行有效	规范性文件		2007.11.22
28	福建省高级人民法院关于建设工程施工合同纠纷疑难问题解答	福建省高级人民法院	现行有效	规范性文件		2022.9
29	山东省高级人民法院关于审理建设工程施工合同纠纷案件若干问题的解答	山东省高级人民法院	现行有效	规范性文件		2020.11.4

（续表）

序号	标题	发布机关	备注	文件性质	字号	实施日期
30	山东省高级人民法院民事审判第一庭关于审理建设工程施工合同纠纷案件若干问题的解答	山东省高级人民法院民事审判第一庭	现行有效	规范性文件		2020.8.15
31	河南省高级人民法院关于强化建筑领域纠纷案件实质性化解的工作指引	河南省高级人民法院	现行有效	规范性文件		2021.8.27
32	河南省高级人民法院民事审判第四庭关于建设工程合同纠纷案件疑难问题的解答	河南省高级人民法院民事审判第四庭	现行有效	规范性文件		2022.11
33	湖南省高级人民法院关于审理建设工程施工合同纠纷案件若干问题的解答	湖南省高级人民法院	现行有效	规范性文件	湘高法〔2022〕102号	2022.11.17
34	四川省高级人民法院关于审理建设工程施工合同纠纷案件若干疑难问题的解答	四川省高级人民法院	现行有效	规范性文件	川高法民一〔2015〕3号	2015.3.16
35	四川省高级人民法院关于审理涉及招投标建设工程合同纠纷案件的有关问题的意见	四川省高级人民法院	现行有效	规范性文件		2010.6.22
36	重庆市高级人民法院、四川省高级人民法院关于审理建设工程施工合同纠纷案件若干问题的解答	重庆市高级人民法院、四川省高级人民法院	现行有效	规范性文件		2022.12.28

（续表）

序号	标题	发布机关	备注	文件性质	字号	实施日期
37	深圳市中级人民法院关于建设工程合同若干问题的指导意见（2010 修订）	深圳市中级人民法院	现行有效	规范性文件		2010. 3. 9
38	深圳市中级人民法院关于建设工程施工合同纠纷案件的裁判指引（2014 修订）	深圳市中级人民法院	现行有效	规范性文件		2014. 8. 28